本书获
国家现代农业产业技术体系水禽产业技术体系项目(CARS-42-28)
华中农业大学农林经济管理一流学科建设经费
支持

中国水禽产业发展与消费经济分析

刘灵芝　杨明媚　肖邦明/著

科学出版社

北　京

内 容 简 介

本书详细介绍并对比分析了目前我国水禽产业的养殖方式、经营管理模式和投入产出效率,深度考察了水禽产业链的协同效应,并提出了相应的优化方案。利用实证分析、数理分析、计量分析等多种经济研究方法,对水禽产业的产品市场细分、产品定价策略以及消费者行为进行了深入的分析和探讨,并对水禽产品的市场价格变化及市场供求趋势进行了预测。同时,以产业经济相关理论为指导,从政府、企业、农户三个不同经营主体的角度提出了推动水禽产业发展和竞争力提升的对策建议。

本书可供各级政府农牧业主管部门、水禽产业主管部门,从事水禽产业经营的企业、农户、合作经济组织,以及相关领域的科研院所的学者和高等院校经济管理专业、畜牧专业的师生参考。

图书在版编目(CIP)数据

中国水禽产业发展与消费经济分析 / 刘灵芝, 杨明媚, 肖邦明著. —北京: 科学出版社, 2019.4

ISBN 978-7-03-059391-7

Ⅰ. ①中⋯ Ⅱ. ①刘⋯ ②杨⋯ ③肖⋯ Ⅲ. ①水禽–产业发展–研究–中国 Ⅳ. ①F326.3

中国版本图书馆 CIP 数据核字(2018)第 250665 号

责任编辑:李 敏 / 责任校对:樊雅琼
责任印制:吴兆东 / 封面设计:无极书装

科学出版社 出版
北京东黄城根北街 16 号
邮政编码:100717
http://www.sciencep.com

北京中石油彩色印刷有限责任公司 印刷
科学出版社发行 各地新华书店经销

*

2019 年 4 月第 一 版 开本:B5(720×1000)
2020 年 1 月第二次印刷 印张:18 1/2
字数:410 000

定价:158.00 元
(如有印装质量问题,我社负责调换)

序

水禽产业作为重要的社会经济部门，除了为人类生存和发展提供食物、衣着等生活必需品的原料外，其产业的发展也是农民增收的重要来源。同时，水禽产业的发展也与自然界和社会经济其他部门进行着物质交换，也会影响到自然资源及环境生态系统的稳定。为此，认真研究、分析该产业发展的经济问题，无疑具有十分重要的意义。

21世纪之初，在农业改革不断深化，农业不断向现代化迈进的征程中，农业部在全国农业中选择了50种农产品，组建了现代农业产业技术创新体系，进行这50种农产品全产业链的技术创新和生产经营管理创新发展研究。水禽产业由于与人民生活息息相关，在我国畜牧产业中占有重要位置，因而被选择为首期建立现代农业产业技术创新体系的产业部门之一。

水禽产业技术创新体系自组建以来，在农业农村部及有关管理部门的正确领导和支持下，在以侯水生为首席专家的专家学者及广大科技人员的创新驱动下，在水禽产业部门内育种、养殖、饲料、防疫、加工、经销等企业和养殖户的共同努力下，产业经济有了长足的发展。生产经营实现了从千家万户小规模分散经营向规模化、企业化、工厂化生产经营的转变；产业链条在单一的养殖环节的基础上，逐步向育种、饲料加工、防疫等产前、产后环节拓展，实现了全产业链优化与发展。产业生产经营规模和产值产量与产业技术创新体系组建之初相比，几乎翻了两番。但是，水禽产业在规模化、企业化、工厂化、产业化发展的同时也带来了一些新的问题，如产业链各环节中各经营主体利益分配不均问题，产品价格市场波动大、生产经营不稳定问题，产业规模扩大与资源环境承载能力之间的矛盾问题，适宜于规模化集约经营的肉鸭品种过度依赖国外进口品种、具有自主知识产权的高产优质地方性品种缺失和供应不足的问题，等等。为此，2011年在"十二五"经济建设发展规划实施之初，国家在水禽产业技术创新体系内专门设立了产业经济专家岗位，组成了水禽产业经济创新团队，专门研究水禽产业经济问题。

水禽产业经济创新团队自组建以来，在国家水禽产业技术体系首席专家的正确指导下，在体系内其他岗位专家的协同支持下，在体系内各综合试验站的协作配合与帮助下，先后在全国20多个水禽主产省（自治区、直辖市），进行了大规模的产业经济发展调查研究，通过调查走访农户和水禽经营企业，走访地方畜牧经营管理部门，初步摸清了我国水禽产业的家底，初步建立了我国水禽产业经济数据库，明确了水禽产业的布局，生产结构及发展规模，明确了水禽产业的生产经营组织形式，生产经营各环节的利益分配和相互关系，实现了水禽产业经济统计数据的从无到有，为进一步研究水禽产业经济问题，进行产业经营管理的优化与创新奠定了基础。

"十三五"以来，水禽产业经济创新团队进行了力量充实，在"十二五"期间工作的基础上，对水禽产业的发展现状、布局和趋势，产业生产的技术效率，产业经营者的投入产出行为及效率，水禽肉类消费市场及城乡居民对水禽肉类消费的行为反应，产业链条各环节间的协同和协同效应，水禽市场价格波动和市场预测等有关产业发展的基本经济问题，进一步进行了深入的调查分析和研究，得到了一系列有助于产业发展和产业链条各环节协同的研究成果和有价值的结论，并将这些研究成果和结论集结成册，形成了《中国水禽产业发展与消费经济分析》一书，以期为我国水禽产业经济的发展和壮大助一臂之力。

《中国水禽产业发展与消费经济分析》一书，以全国水禽产业主产省（自治区、直辖市）的实地调研资料为基础，应用现代农业经济学、畜牧经济学及消费经济学的研究方法，对水禽产业发展中的系列经济问题进行了深入分析研究。研究认为：当前水禽产业依然存在着养殖环节资源环境约束增强，企业经营成本大幅度上升，消费者对产品质量要求日益提高，市场供求矛盾加剧等问题。产业发展主要呈现以下趋势：即技术进步速度加快，技术水平日益提高，产业布局集中度上升，逐步向优势产区集聚；养殖企业和农户的投入行为和技术选择行为受市场和经营效益的影响日益明显；我国城乡居民对水禽产品的消费量日趋上升，其中鸭肉的消费，由于质量和价格的原因日益增多；电子商务销售平台的出现，网络消费的兴起正在悄然改变着人们的消费行为，使得水禽熟食的消费量日益增加；以产业协同降成本，以外部市场开拓求发展，已成为水禽产业未来发展的重要路径；未来我国水禽产品产量和市场价格都会呈现走高的趋势，同时由于受其他畜禽产品替代性的影响，使得生产经营的风险也将随之提高。鉴于此，建议各地顺势而为，积极发展水禽产业，特别是要在品牌建设、产品质量提升、生态环境保护、市场信息披露、市场风险防御、产业合理布局、技术创新与技术推广、产业链各环节的协同发展、产业发展与资源环境的协调等方面下真功夫。

产业经济研究和产业技术研究是产业发展与创新的两个重要方面，但在不同的产业发展水平和市场供求形势下，两者对产业的稳定和发展所起的作用是不一样的。在供给不足的短缺经济时期，市场供求的主要矛盾是量的不足，产品市场属于卖方主导性市场，只要有供给就有收益，产业发展要解决的主要问题是通过技术进步来解决有效供给问题，相对于经济问题，技术问题显得极为重要；在生产发展产品供给处于供大于求的相对供给过剩时期，产品市场属于买方主导性市场，市场竞争激烈，市场供求矛盾主要是产品质量、价格等经济问题。在产业稳定发展中，经济问题相对于技术问题更为重要。我国目前的水禽产品及其与之具有很强的替代性的肉类、蛋类产品大部分都属于供大于求，供给季节性、结构性过剩的产品，因而，市场竞争十分激烈，市场信息、产品价格、经营成本、投入产出效益等一系列经济因素和经济问题，对产业的稳定发展影响很大，所以关注产业经济问题强化对产业经济的研究十分重要。

《中国水禽产业发展与消费经济分析》一书，从我国的水禽产业实际出发，从农户企业政府区域经济发展等层面分析了水禽产业发展问题，指出了一些经济问题产生的原因及影响，给出了未来解决这些经济问题的思路和措施，这对于推动水禽产业经济发展和进一步深入研究产业经济问题具有重要的参考价值。希望水禽产业界的专家学者、生产经营者、领导管理者能够阅读此书，密切的关注和研究产业发展中的经济问题，有针对性地调整产业发展中的经济行为和经济措施，共同推动我国水禽产业的发展。

王雅鹏
2018 年 9 月 2 日
中国第一个农民丰收节

前　言

近年来，中国水禽产业发展快速，产业发展有着广阔的前景，同时也面临着较大的风险。产业各个环节也出现了各种各样的问题，水禽产品市场存在着不同程度的供需矛盾问题，表现出结构性、季节性过剩的现象及市场价格在各种因素的影响下波动较大等问题。本书从产业布局、生产养殖效率、消费和市场价格等四个大的方面来对水禽产业进行研究，以期找到水禽产业目前存在的各方面的问题根源并给予适合的解决办法。

在产业布局方面，我国水禽产业布局呈现"东退西进，北向南移"的趋势。我国水禽养殖区主要分布在长江流域及其以南地区，以及山东、河北和东北三省，呈现出明显的区域性分布特征。但随着市场经济的发展及产业化、规模化和一体化的推进，水禽产业养殖分布格局逐渐改变，水禽产业集中分布所依托的优势正由传统的资源优势向现代化技术、资本优势转变，具体表现产业逐渐向珠三角、长三角、环渤海湾经济区转移。同时，环境约束虽然对于水禽产业的产量扩张有着一定的限制作用，但也激发了水禽产品质量优化和水禽产业转型升级的步伐。

在生产养殖效率方面，通过分析养殖模式、养殖规模、养殖周期、养殖品种等因素对养殖收益的影响，发现水养模式具有最高的产出收益，网上平养模式次之，同时也发现水禽养殖并不完全符合规模经济特征，随着养殖规模增大，养殖收益并不总是增加，而是呈现先增加后递减的倒 U 形趋势；在品种单一的情况下盲目扩大规模，不仅会促使市场竞争加剧，水禽产品价格下降，成本上升，养殖收益也随之下降，而且会诱导养殖户为了降低养殖风险和成本采取非常规手段，最终影响产品品质。通过对 2012~2018 年全国 29 个省份水禽投入、产出数据分析，约有 2/3 的省份水禽 TFP 增长率为负值，说明产业发展有比较大的地区差异。为进一步提高生产效率，需要继续加强水禽疫病防治工作，建立起水禽疫病的防预监控体系；加强对水禽产品相关替代品行业的市场监控，建立灵活的市场反应体系；建立高效的产业联盟，合理控制养殖规模和养殖品种，选择经济环保的养殖模式，确保水禽产业的优质高效发展。

在消费方面，水禽肉类的消费总量是持续增加的，说明未来几年，随着生活水平的逐渐改善，人们对于水禽肉类的消费还是稳步提升的。而水禽肉消费量增长的百分比甚至还大于猪肉的增长速率，说明在未来几年人们对于水禽肉的消费意愿可能会大于猪肉的消费意愿。通过对武汉市居民日常肉类消费的调研数据进行分析，得出鸭肉与猪肉和鸡肉存在较强的替代关系，而与鱼肉有一定的互补性，并且用户的家庭结构也对人们的水禽肉类消费量具有较大的影响，具体表现为当居民家中老人和小孩的数量更多的时候，居民用户选择水禽肉类消费的量会减少。在生活中，水禽熟食产品差异不大，产品区分度低，市场同质性强、高质量的优质名特产品价格上不去、销售市场半径无法延长，产业扩张困难，而且现在的消费者开始追求水禽产品质量与特色，因此地方性的风味产品和特色产品逐渐受到消费者的青睐。为迎合市场需求，水禽生产企业需要针对不同的消费者需求设计不同的产品结构，并针对不同的细分市场在包装、服务、价格、渠道、物流配送等方面强调差异，进一步推动消费多元化的发展。

在市场价格方面，通过对肉毛鸭、肉鸭苗、鸭蛋和活鹅分别进行长期价格变动的比较分析发现，水禽价格在每年的第三季度都会有一个较大幅度的走高趋势；鸭肉价格与鸡肉、猪肉和羊肉价格存在长期的平衡关系，猪肉价格、鸡肉价格的变动对于鸭肉价格的影响比较大，牛肉和羊肉价格对于鸭肉价格的影响很小。在市场供求方面，经过研究发现对国内产肉量影响最大的因素是国内市场价格，当国内市场价格每升高1%，国内产肉量提升约3.515%；其次是国内出栏量，当国内出栏量每提1%时，国内产肉量提升约1.153%。对鸭肉消费量影响最大的因素也是国内市场价格，当国内市场价格每升高1%，鸭肉消费量会提升约1.53%；其次是国内生产总值，当国内生产总值每提升1%，鸭肉消费量提升约0.84%。

总的来看，我国水禽产业的发展十分迅速，但是仍然面临着诸如环保政策收紧、禽流感事件冲击等问题，未来这些问题的解决将在相关主管部门的领导和支持下，在技术研发部门、企业和广大养殖户共同努力下，寻找产业可持续转型发展的路径。

本书由刘灵芝教授、杨明媚博士与肖邦明博士主笔撰写，其中第1章、第2章、第5章、第8章、第9章和第10章由刘灵芝编写，第3章和第4章由杨明媚编写，第6章和第7章由肖邦明编写。另外，杨志海博士与李思呈博士，以及博士生周正亮、李刚、秦昕，硕士生胡天娇、袁珂、夏强强、段琮琮和石梦薇等均参与相关资料的整理。正是在国家水禽产业技术体系产业经济岗研发团队的通力协作以及华中农业大学经济管理学院各位领导的大力支持下，本书才得以顺利出版。希望此书能够对水禽产业的发展有所推动，对产业经营者有所帮助，对未来的同类研究有一定的借鉴价值。

刘灵芝

2018 年 11 月于武汉狮子山

目　录

第1章　中国水禽产业发展现状及趋势分析 ……………………………………… 1

 1.1　水禽及水禽产业概述 …………………………………………………… 1
 1.2　水禽产业生产发展现状及特点 ………………………………………… 2
 1.3　水禽产业的贸易发展现状 ……………………………………………… 14
 1.4　水禽产业发展存在的问题与挑战 ……………………………………… 16
 1.5　水禽产业发展趋势 ……………………………………………………… 19

第2章　水禽产业生产布局变动趋势及影响因素 ………………………………… 22

 2.1　水禽产业生产布局现状 ………………………………………………… 22
 2.2　水禽产业布局变动分析 ………………………………………………… 30
 2.3　水禽产业集聚及趋势分析 ……………………………………………… 39
 2.4　水禽产业生产布局的影响因素及优化建议 …………………………… 48

第3章　水禽养殖主体行为分析 …………………………………………………… 54

 3.1　水禽养殖、经营模式分析 ……………………………………………… 54
 3.2　水禽养殖技术选择行为分析 …………………………………………… 64
 3.3　水禽养殖投入产出要素分析 …………………………………………… 73
 3.4　不同养殖行为的投入产出效益分析 …………………………………… 79
 3.5　水禽养殖行为选择与养殖收益优化 …………………………………… 88

第4章　水禽产业投入产出效率分析 ……………………………………………… 98

 4.1　水禽产业投入产出现状分析 …………………………………………… 98
 4.2　水禽产业全要素生产率测算 …………………………………………… 107
 4.3　水禽产业全要素生产率解析及策略 …………………………………… 117

第5章　中国水禽企业产业链的协同效应分析 ………………………… 120
5.1　水禽企业产业链现状分析 ……………………………………… 120
5.2　水禽企业产业链成本协同分析 ………………………………… 128
5.3　水禽企业产业链效益协同分析 ………………………………… 139

第6章　水禽肉类产品消费者行为分析 ………………………………… 155
6.1　水禽肉类消费行为的调研 ……………………………………… 155
6.2　水禽肉类消费行为监控及细分 ………………………………… 159
6.3　水禽熟食产品消费行为影响因素分析 ………………………… 161
6.4　水禽熟食品牌溢价和支付意愿分析 …………………………… 167
6.5　水禽熟食在线评论和消费偏好分析 …………………………… 172

第7章　水禽肉类与其他肉类消费替代关系研究 ……………………… 184
7.1　我国居民肉类总体消费特征分析 ……………………………… 184
7.2　鸭肉与其他肉类之间的消费替代关系研究 …………………… 194
7.3　基于BP神经网络的水禽肉类替代消费预测 ………………… 202

第8章　水禽产品市场价格波动与预测研究 …………………………… 207
8.1　水禽产品市场价格走势分析 …………………………………… 207
8.2　水禽市场产品价格波动预警研究 ……………………………… 216
8.3　水禽市场价格波动及传导机制分析 …………………………… 224

第9章　水禽产品市场供给与需求的分析与预测 ……………………… 240
9.1　水禽产品生产与供给预测 ……………………………………… 240
9.2　水禽产品消费预测 ……………………………………………… 254
9.3　水禽产品市场供求的影响因素分析 …………………………… 259

第10章　研究结论及政策启示 …………………………………………… 265
10.1　主要研究结论 …………………………………………………… 265
10.2　提升水禽产业经济发展水平的路径选择 …………………… 268
10.3　水禽产业发展的政策支撑 …………………………………… 270

参考文献 ……………………………………………………………………… 273

第1章
中国水禽产业发展现状及趋势分析

中国是世界第一大水禽生产国，水禽饲养量占世界饲养总量的75%以上，无论是水禽存栏量还是产肉量均稳居世界第一，生产区域主要分布在东北地区、长江流域、黄河流域及以西南、华南地区。水禽产业是农业产业和畜牧产业的重要组成部分，水禽产业的快速发展对调整农村产业结构、合理开发利用资源、改善人类膳食结构、提高人民生活水平、加快转移农村剩余劳动力、促进加工业和运输业的发展、促进农业增效及农民增收发挥了重要作用。

1.1 水禽及水禽产业概述

水禽包括鸭、鹅、鸿雁、灰雁、迁徙水鸟等以水面为生活环境的禽类动物。在我国，关于水禽的记载可追溯到南宋时期历史学家范晔编纂的《后汉书》，"水禽鸿鹄、鸳鸯、鸥、鹥、鸧鸹、鸨、鹔、鹭、雁、鹴鹴，乃安斯寝，戢翮其涯"（《后汉书·马融传》）。在国际上对于水禽的界定也存在较大差异，例如在美国，水禽是对各种鸭、雁和天鹅的统称，有时包括无亲缘关系的水栖鸟类，如䴘鸡、鹴鹴和潜鸟等；在英国，水禽一词仅指驯养的用以观赏的天鹅、雁、鸭类，野生的上述鸟类则称为野禽；加拿大百科全书对于水禽的定义是"喜在水边或水面生活的鸟类总称，最常见的有野鸭、大雁、天鹅等，既包括一些不能飞的鸟类，也包括一些能够长途迁徙的候鸟"。据报道，除南极洲之外，世界各地都可以见到水禽的踪迹，尤以北美洲数量最多，通常生活在各种湿地附近。

作为畜禽养殖业的重要组成部分，水禽养殖产业有着悠久的历史传统，特别是近年来，由于养殖成本低、周期短、见效快，水禽养殖业取得了突飞猛进的发展。水禽产业是指从事与水禽养殖、加工、设备制造等相关的生产、营销等各个环节构成的所有部门的统称。我国的水禽产业已经形成了不仅包括蛋鸭、肉鸭、鹅的养殖，还包括良种繁育、饲料研发与加工、产品加工贸易与流通、疫病防疫等纵向一体化、横向多元化发展的产业体系，其产业水平与规模在国际上处于领先地位。作为经济概念和产业经济的一个分支，水禽产业特定的内涵和外延使其具有了经营主体多元性、经营环节多重性、经营内容多样性的特点，这是水禽产业发展的必然结果。随着畜牧产业发展水平的不断提高，水禽产业的内涵不断充实，外延不断扩展，已经发展成为由政府、农民、合作组织、企业等多种利益主体相互联系的大系统，成为具有不同分工的、又由相关的多行业组成的产业经济体系。尽管经营模式、经营组织、企业制度和运营环节各不相同，但是，其经营适用对象和经营适用范围都是围绕水禽类产品而展开运作的，并且已经能在行业内部完成自我的调节与循环。我国经济保持着持续高速的发展态势，水禽产业有着广阔的发展空间。随着人民生活水平的不断提高，水禽产品烹饪技术的日渐丰富，水禽产品丰富的营养价值和独特的风味得到很好的挖掘，越来越多的水禽产品走上了人们的餐桌。除此之外，作为水禽产品的副产品，水禽羽绒制品也日益受到人们的追捧。如此种种，都促使市场对鸭、鹅相关产品的需求量越来越大，也使得水禽产业日益发展。

1.2　水禽产业生产发展现状及特点

1.2.1　我国水禽产业的世界地位及影响

1.2.1.1　水禽养殖量稳中有升，产量大国地位形成

改革开放40年多来，我国水禽产业发展迅猛，除1998年受洪灾影响和2013年受禽流感影响外，水禽存栏量和出栏量均逐年递增。其中，水禽出栏量的增长速度为每年5%~8%。目前，我国已经成为世界上最大的水禽生产国，鸭饲养量占到世界饲养量的70%以上，鹅的饲养量占到世界饲养量的90%以上。

依据中国畜牧业协会与世界粮农组织（FAO）提供的数据分析及对我国水禽产业市场供求关系推算，2018年世界肉鸭出栏量约47.4亿只，与2017年相比基本持平。其中，亚洲约占世界总产量的85%，欧洲约占11%，美洲与非洲约占4%。2018年世界肉鹅出栏量维持在6.3亿只左右，与2017年相比稳中有升。其中，亚洲约占世界总产量的95.2%，欧洲占约2.9%，美洲与非洲约占2.1%。2018年，中国鸭养殖量约占全球的74.3%，鹅养殖量约占93.3%，中国已然是世界上鸭鹅养殖量最多的国家。

1.2.1.2 对外贸易数量大，是全球水禽产品主要进出口国

从全球来看，包括水产品和禽产品在内的白肉的消费比例在不断增长，而红肉的消费比例则不断下降。根据世界粮农组织（FAO）的预测，禽肉有望在2020年或2021年取代猪肉成为全球第一大肉类供应来源。按区域看，全球禽肉的主要来源是亚洲，以美国为代表的北美洲和以巴西为代表的南美洲亦很活跃，但增速最快的则属非洲。

根据FAO和我国海关总署的数据估算，2018年主要进口国鸭肉及鸭肝进口总量为29.4万t，鹅肉及相关产品进口总量6.8万t，活鸭进口量在4950万只左右。中国是世界鸭肉进口量最大的国家，进口量达4万t以上，鹅肉进口量最大的国家为德国。出口方面，根据FAO的数据估算，2018年主要出口国鸭肉及鸭肝出口总量为37.6万t，鹅肉及相关产品出口总量6.7万t，出口活鸭2930万只左右。中国是世界鸭肉出口量最大的国家，鹅肉出口量最大的国家则是波兰。

1.2.2 中国水禽产业生产发展历程

我国水禽产业的发展是随着历史与经济变革的变化而不断变化的，新中国成立至今，我国水禽产业经济与技术水平总体上是在不断提高的。从我国水禽肉蛋总产量变化的特征来看，我国水禽产业在十一届三中全会以前，发展虽然比较稳定，但是比较缓慢，水禽产业主要集中在长江流域与东南沿海及西南地区，我国北方虽有水禽饲养，但在规模上远不如以上地区；十一届三中全会以后，我国的经济政策与农村经济开始发生重大的变化，伴随着改革开发的深入与不断推进，水禽产业的发展速度也得到了很大的提高，南方地区水禽饲养规模大幅增加，北方地区的水禽饲养数量也大幅提升，例如，山东、河南、河北及东北地区等；进入20世纪90年代以后，我国农业产业化经营组织开始大量涌现，得益于不断提高的农业产业化经营水平，我国水禽产业的发展开始迈入了更高的一个层次，进入了一个崭新的快速发展期。进入21世纪后，水禽产业有了更大、更广阔的发展空间，大规模水禽养殖加工企业大量涌现，例如，河南华英、江苏益客、安徽强英、内蒙古塞飞亚、广西桂柳、山东六和、北京金星、南京桂花鸭，等等。

对水禽产业影响很大的禽流感疫情于20世纪80年代在欧洲国家开始出现，随后蔓延到香港地区，这时期我国的水禽产业并没有深受影响，水禽产业依然呈增长趋势，直到2005年我国内地出现禽流感事件，水禽产业开始遭受挫折。2005年以来，我国水禽产业在应对禽流感疫情过程中曲折前进，2013年的H7N9禽流感更是给水禽产业带来了重大打击，使得水禽产业出现"寒冬"。由此，我国水禽产业开始由重视生产与养殖的环节向重视产品加工与销售环节转变，一大批水禽产品深加工企业开始出现并迅速发展，例如湖北周黑鸭食品有限公司、湖南绝味食品股份有限公司等。根据历史与经济变革的时期特征，我国水禽产业的发展与布局的形成及演变，大体上可分为五个时期：新中国成立至1978年——计划经济背景下的缓慢增长期；1979~1989年——改革开放背景下的积累与快速发展期；1990~2005年——农业产业化背景下的快速发展期；2006~2013年——禽流感疫情背景下的稳步增长与动荡期；2014以来——水禽产业转型发展期。

1.2.2.1 中华人民共和国成立至1978年：计划经济背景下的缓慢增长期

中华人民共和国成立后，我国社会经济开始快速发展，人民生活水平不断提高，人们对禽肉蛋产品的消费也随之增加，鉴于当时水禽产业经济基础薄弱，水禽产业增长较为缓慢，但增长比较稳定，每年增量在10万t左右，这与当时经济发展速度与水平是密切相关的（图1.1）。

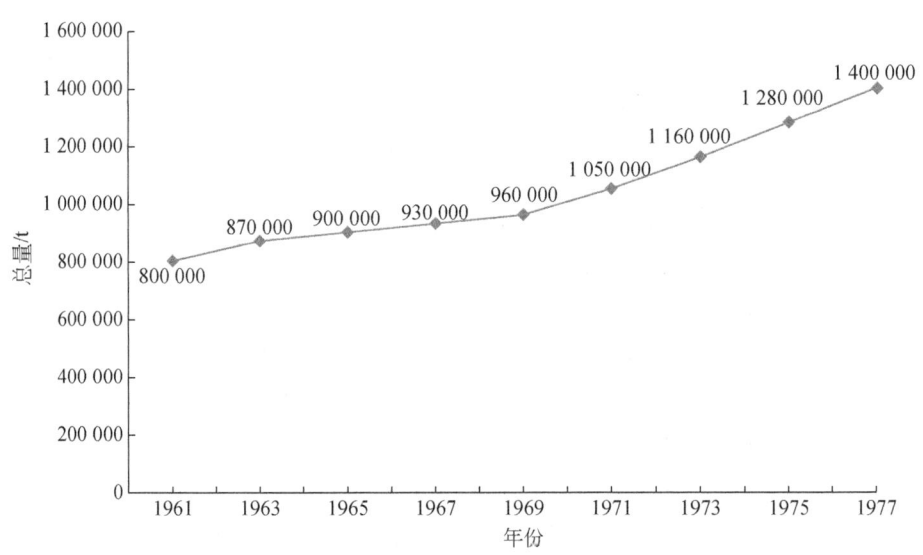

图1.1 1961~1977年我国水禽肉蛋总量时序图
资料来源：根据联合国粮食及农业组织与国家水禽产业技术体系资料汇总整理所得

在改革开放前，我国肉鸭生产主要集中在长江流域与东南沿海及西南地区，我国北方地区虽有水禽饲养，但在规模上远不如以上地区。可以说肉鸭生产主要集中在水资源条件丰富区，在这样的环境下，随着人们对肉鸭消费的增加，肉鸭养殖规模增加，但肉鸭疫病也随之增加，加上计划调节的因素，肉鸭产量时增时减，但总体上是呈现不断上升的趋势。这一时期我国鹅产量比较稳定，发展相对较快，其生产与消费主要集中在江浙、广东、广西一带。以这段时期的鹅出栏量为例，1961~1978年，我国鹅出栏量呈稳定性增长，从1961年的800万只增加到1978年的2500万只，年均增加量达到100万只。蛋鸭生产在1978年以前主要集中在长江流域与闽浙一带，缘于南方地区良好的经济基础与生产条件，鸭蛋产量呈稳步性增长，增长的幅度相对于肉鸭、鹅而言，变化较小。

1.2.2.2 1979~1989年：改革开放背景下的积累与快速发展期

自1979年以后，我国社会经济进入到一个新时期，在改革开放的大背景下，水禽产业得到快速发展。1979~1983年是经济发展的力量蓄积期，水禽产业发展相对于1978年以前较快，进入到1984年以后，改革开放的经济成效被释放出来，社会经济水平大幅提高，水禽产业进入到更快的发展期。1984年以来，我国水禽肉蛋产量相比前段时期有了大幅提升。水禽肉蛋产量从1984年的204.12万t增加到1988年的329.57万t，年平均增加量达25万t（图1.2）。相比第一阶段来说，水禽生产的地区数量并没有多大变化，只是各个地区的生产规模有了大幅的增加，特别是水禽生产的主产区——南方地区。

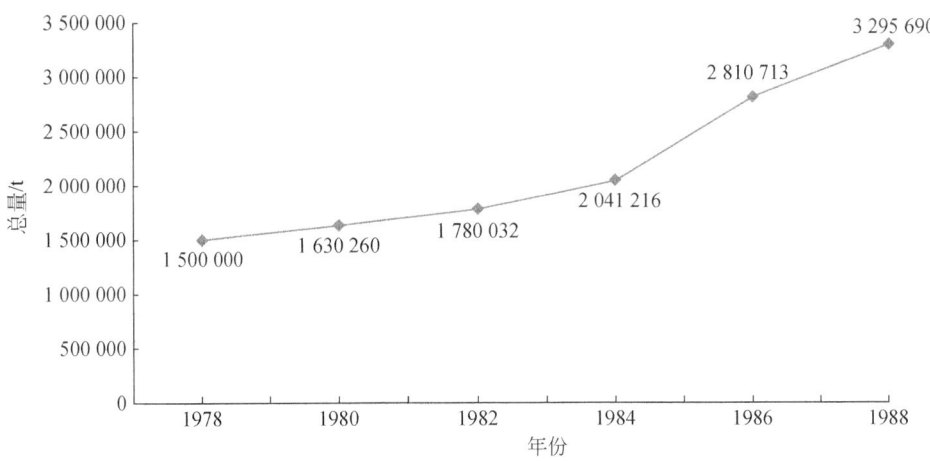

图1.2 1978~1988年中国水禽肉蛋总量时序图

资料来源：根据联合国粮食及农业组织与国家水禽产业技术体系资料汇总整理所得

1979～1989年，我国肉鸭产业可分为两个阶段，1979～1984年是肉鸭产业力量积蓄期，产量比较稳定，每年出栏量规模保持在2亿只以上。随着改革开放的深入，长江流域及东部沿海地区，特别是江苏、浙江、广东、四川地区的大量养殖户加入到肉鸭养殖中来，私人养殖规模的增加及私营企业的出现，使肉鸭养殖进入到一个新时期。1985～1989年，这五年肉鸭规模养殖得以井喷式爆发，规模达到6亿只以上。该时期肉鹅产业发展与肉鸭发展极为相似，也是大致分为两个时期：1979～1984年与1985～1989年。前期肉鹅产业经过长期的力量蓄积，一直连年稳步增长，后期肉鹅出栏量规模由原来的3000万只增加到6000万只以上，产量翻了一番。蛋鸭生产在这一阶段时期，也增长较快，产蛋量由1979年的40万t迅速上升到1989年的120万t。这一阶段增长最明显的地区是两湖地区与闽浙地区，从生产分布上来说，生产蛋鸭的地区在数量上并没有变化，只是地区规模有了很大的提升。

1.2.2.3　1990～2005年：农业产业化经营背景下的快速发展期

农业产业化是中国农业发展史上一次重大的革命。20世纪90年代初，我国开始实行以龙头企业带动农户为特色的贸工农一体化经营模式，随后出现了产加销一体化的发展策略。我国水禽产业在山东的大发展也是源于该时期，山东省委、省政府在认真总结潍坊地区农业产业一体化经营先进经验的基础上，在全国率先提出"确立主导产业，实行区域化布局，依靠龙头企业，发展规模经营"的农业产业化经营思路，并很快进入中央决策，得以全国推广。这一时期，山东水禽产业出现了六和集团和乐港集团两大超级农业产业化龙头企业，带动了整个山东乃至周边省份水禽产业的发展，为水禽产业发展做出了巨大的贡献。这个时期我国水禽产业进入了快速增长时期，一方面是水禽养殖地区增加与水禽养殖规模扩大，例如东北地区肉鹅与肉鸭养殖开始大量出现，蛋鸭也有了发展；另一方面，水禽产业链得到不断延伸与快速拓展，在南方地区水禽加工效益已经远超出了养殖效益，迎合了地方经济发展的潮流。该时期，水禽肉蛋总产量也由1990年的不到400万t，增加到2004年的1450万t左右（图1.3）。

20世纪90年代以来，肉鸭产业化发展进入调整期，一大批水禽产业农业产业化龙头企业涌现，例如1995年成立的山东六和集团业务涉及饲料生产、食品加工、种畜禽繁育、生物制品及兽药制造等产业，年生产能力达900万t，宰杀家禽能力160万只，年可生产畜禽种苗近亿只。另外河南华英集团1993年建成第一条生产线后，凭借品种优势和产品质量优势，很快成为南京桂花鸭集团的原料供应企业。这一时期的有两个突出的特征：一是肉鸭生产由南方地

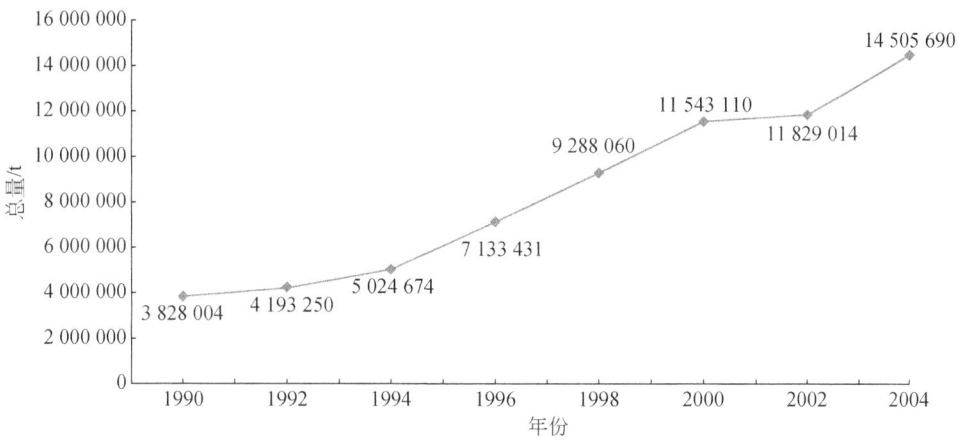

图 1.3　1990~2004 年中国水禽肉蛋总量时序图
资料来源：根据联合国粮食及农业组织与国家水禽产业技术体系资料汇总整理所得

区开始向北方转移，河南、河北、内蒙古、吉林、黑龙江、辽宁等地区的肉鸭产业得以迅速发展；二是肉鸭产量保持高速发展，相对于 90 年代以前，这一时期的肉鸭产业发展速度远高于前两个阶段。其原因一方面是水禽产业产业化经营水平的提高，使广大农民参与到产业中来，特别是劳动力丰富的北方地区；另一方面是养殖技术水平的提升，这就为相对缺水的北方地区发展水禽产业提供了条件。这段时期，肉鸭出栏量规模由 90 年代初的 5 亿只增加到 2005 年 24 亿只的规模，是肉鸭产业发展最快最大的时期。该时期肉鹅的规模化饲养也取得了很大的进步，肉鹅出栏量迅速增加。东北地区的豁眼鹅、皖西白鹅、广东狮头鹅等开始出现了集中养殖；另外以鹅肥肝为中心，形成东部沿海经济发达城市周边的朗德鹅养殖带、东北豁眼鹅养殖带。同时期，蛋鸭规模养殖在长江流域的两湖地区、苏浙闽地区及广东、广西、四川地区广泛推广，越来越多的农户加入到了合作社中来，越来越多的企业开始采用订单模式，利用公司农户基地的模式扩大生产，带动农民致富。此时，以湖南、湖北、浙江、江苏、福建为代表的蛋鸭主产区的规模迅速扩大，蛋鸭产蛋量由 90 年代初的 40 多万 t 迅速增加到 2005 年的 400 多万 t。

1.2.2.4　2006~2013 年：禽流感疫情背景下的稳步增长与动荡期

2004 年我国初次暴发禽流感，养鸡业受到很大冲击，水禽产业遭受损失不大。而 2005 年以来的禽流感事件的爆发，水禽产业开始受其影响。其中，2005 年高致病性 H5N1 亚型和 2013 年 3 月在人体上首次发现的新禽流感 H7N9 亚型尤为引人关注，不仅造成了人类的伤亡，同时重创了水禽养殖业。2006

年以来我国水禽产业呈现增长与下滑交错显现的态势，造成产业的不稳定与大幅波动。该时期我国水禽肉蛋产量波动较大，并开始出现下滑（图1.4）。

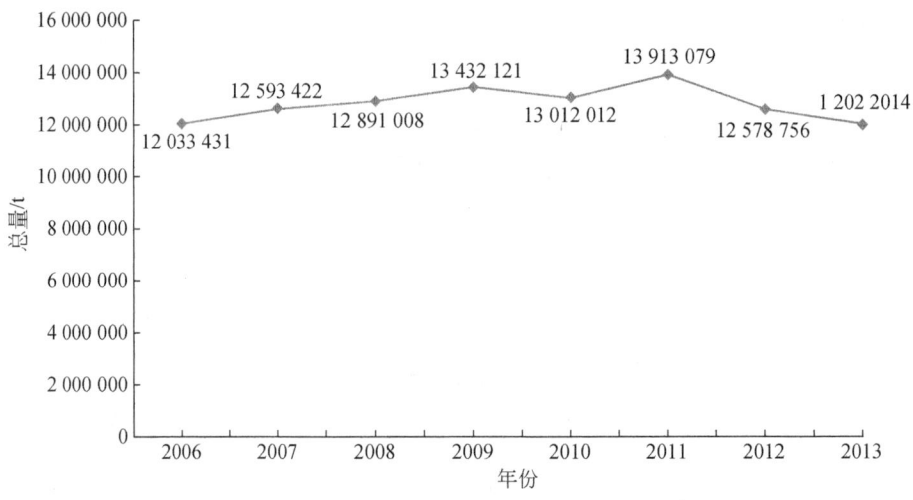

图1.4　2006～2013年中国水禽肉蛋总量时序图
资料来源：根据联合国粮食及农业组织与国家水禽产业技术体系资料汇总整理所得

2006～2009年这一段时期，肉鸭出栏量增长速度明显变缓，受国际及国内传染性疫病事件影响，肉鸭产业进入了缓慢增长期，直到2010年，形势才逐渐转好，2011年产业发展达到高峰。肉鸭产业界形容2011年是产业发展最好的一年，但2012年肉鸭形势又开始下滑，2013年更由于人患禽流感H7N9的误报，肉鸭产业遭受巨大损失。同时，该时期也出现了利好信息，由于禽流感的威胁，肉鸭产品结构开始调整，分割加工熟制产品开始更加受到欢迎，由于其在加工中已经灭杀了细菌，且延长了储存期，在禽流感发生时期，部分肉鸭深加工企业反而获利，以湖北周黑鸭、湖南绝味鸭与临武鸭为例，并未影响其加工产品业务的拓展。该时期，我国肉鹅产业总体上呈增长趋势，只是发展的速度相对之前比较缓慢。广东是最大的肉鹅产品消费市场，东北、江苏、浙江、安徽地区肉鹅养殖量很大，除了部分自产自销外，多输送往广东市场。禽流感是与活禽相关的，而蛋鸭产品大多是加工熟制后销售，因此，在禽流感发生时，禽蛋类制品所受影响较小。鸭蛋制品在禽蛋制品的份额中所占比例越来越大，蛋鸭规模依然保持较快的发展速度。除了蛋鸭发展较好的湖北、湖南、浙江、福建等地外，江西、四川、重庆、海南的蛋鸭产业也在迅速发展。

1.2.2.5 2014年以来：水禽产业转型发展期

2014年以来，水禽产业在经济、技术的发展上遇到瓶颈，产业发展谋求转型，进入"平稳期"，水禽产业规模和产量不断上下波动，但维持在一个相对稳定的范围内，说明水禽产业已经完成了量的扩张，进入提质增效的阶段（图1.5）。在绿色发展理念的倡导下，水禽产业不断调整生产方式以适应新的环保政策要求，肉鸭、蛋鸭、肉鹅的养殖方式逐步由水养转变为全室内、离水旱养模式。其中，肉鸭和蛋鸭主要采用全室内网床饲养、厚垫料饲养；而较大规模的农牧结合养鹅方式迅速发展，种草养鹅、林地种草养鹅、全室内网上养殖等饲养方式是目前我国养鹅的主体模式。此外，在政府宏观调控及政策引导下，水禽产业基本实现了从农户零星分散饲养到企业化、规模化集中饲养的转变。

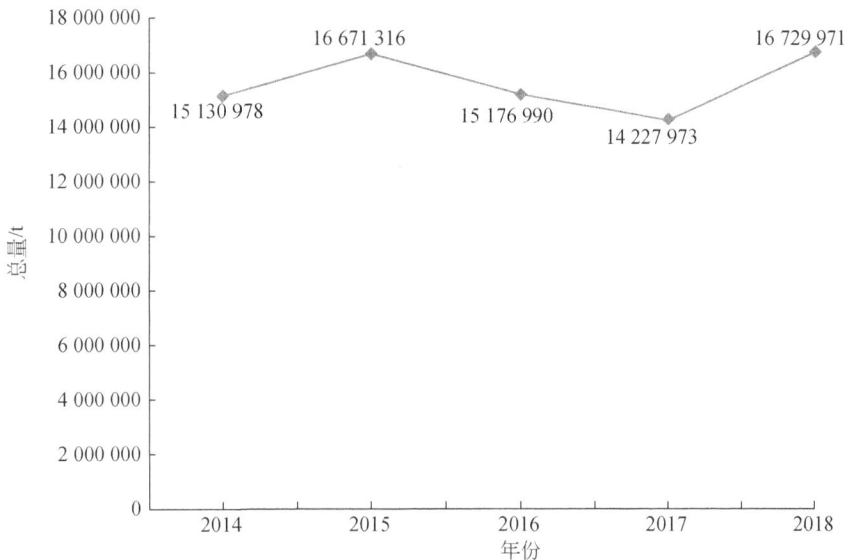

图 1.5 2014~2018年中国水禽肉蛋产值时序图
资料来源：根据联合国粮食及农业组织与国家水禽产业技术体系资料汇总整理

1.2.3 水禽产业2016~2018年发展现状

1.2.3.1 产值变化情况

我国水禽产业在2017年出现较大震荡，肉鸭出栏量大幅缩减，水禽产业总产值下降。根据国家水禽产业技术体系对全国22个水禽主产省（自治区、直辖市）2017年水禽生产情况的调查统计，全年商品肉鸭出栏31.78亿只，较2016年减少1.46%；肉鸭总产值880.25亿元，较2016年提高18.05%。出栏商品肉鸭包括白羽肉鸭25.24亿只、麻羽肉鸭3.71亿只、番鸭与半番鸭1.83亿只。淘汰蛋鸭0.995亿只，蛋鸭存栏量为1.89亿只，较2016年减少18.33%；鸭蛋产量为319.04万t，较2016年下降18.30%；蛋鸭总产值为307.57亿元，较2016年下降24.61%。商品鹅出栏量为5.44亿只，较2016年增长4.99%，肉鹅产值为447.21亿元，较2016年增长22.82%。2017年水禽产业总产值为1422.80亿元，较2016年下降6.25%。即使相较于2016年，2017年我国的水禽产业总产值有所下降，中国水禽总产值仍占世界水禽总产值的60%以上。

2018年我国水禽产业在肉鸭、蛋鸭及肉鹅三大产业方面产值都呈增加态势，全年水禽产业总产值1665.59亿元，较2017年上升17.06%。全年商品肉鸭出栏量为29.13亿只，较2017年增长6.22%；肉鸭总产值777.39亿元，较2017年上升16.37%。蛋鸭存栏量为1.87亿只，较2017年减少1.24%；鸭蛋产量为306.91万t，较2017年减少3.80%；蛋鸭总产值423.19亿元，较2017年上升37.59%。商品鹅出栏量为5.3亿只，比2017年减少2.51%，肉鹅产值465.01亿元，较2017年增长3.98%。总的来说，2018年肉鸭产业呈现的是产量和产值双增的局面；蛋鸭淘汰率和鸭蛋价格都比较高，在鸭蛋产量下降的情况下产值还有明显增加；相对而言，肉鹅产业还有一定上升空间。

1.2.3.2 价格变化情况

从水禽产品价格来看，2017年上半年产品价格异常低迷，如白羽肉鸭雏的供应量为16.13亿只，平均价格为1.45元/只，同比下降33.05%，而种鸭场的雏鸭生产成本大约为2元/只，行业亏损严重。肉鸭产品价格从第3季度开始迅速回升，并持续上涨。7月市场鸭苗价为2.17元/只，8月为3.16元/只，直到12月底，雏鸭价格一直维持在3.5元/只左右，种鸭场全年盈利。毛鸭价格在2017年上半年非常低迷，均价为5.93元/kg，同比降低8.06%，而2016年毛鸭盈亏平衡点为7.2元/kg。2017年下半年，大量养殖户的鸭舍被强拆，产业迅速萎缩，导致鸭分割产品综合售价达10179元/t，时隔5年再度突破万元大关。

相比于2015年、2016年和2017年，2018年活鸭大宗市场批发价上涨迅猛，一举超越前三年的价格水平，这可能与2016年、2017年年初都出现了较大规模的H7N9流感事件有关。而2018年的同期价格对比之前两年仍然具有较大优势,说明2018年的肉鸭市场相较于前两年已经火热许多,肉鸭产业已经有走出寒冬的趋势。鸭蛋批发价2018年的价格水平都比前两同期有明显上升,一直维持在12元/kg的高位浮动,与前两年相比,2018的价格具有非常明显优势,每千克价格要高出2~4元,说明鸭蛋市场与活鸭市场一样,价格持续拉高。鸭苗价格方面,2018年第三季度的三个月份涨幅明显且稳定,在进入九月份之后,平均价格达到5.76元/羽,最高一度突破6.7的高位,相对于2016年和2017年的同期价格,2018年的价格整体更有优势,达到了新的高度。

1.2.3.3 产业内部结构变动情况

2016年,我国全年肉类总产量为8625万t,比上年下降1.0%。其中,猪肉产量5487万t,下降3.3%;牛肉产量700万t,增长1.6%;羊肉产量441万t,增长2.9%;禽肉产量1826万t,增长4.3%。禽蛋产量2999万t,增长3.6%。牛奶产量3755万t,增长0.8%。2016年末生猪存栏45113万头,较上年下降3.2%;生猪出栏70825万头,下降3.7%。根据水禽体系产业经济岗位和25个综合试验站的调查数据,鸭肉和鹅肉产量在2016年达到829.07万t,仅次于猪肉和鸡肉,位居第三位,而且随着居民生活水平的提高和饮食结构的改善,禽肉的消费率将不断增长。在水禽产业内部,据对全国22个水禽主产省(自治区、直辖市)2018年水禽生产情况的调查统计,水禽总产值近几年波动较小,维持在一个相对稳定的范围;产业内部各类别产值上下波动也同样维持在一个稳定的范围。其中,肉鸭产值由2014年的54.04%,降至2018年的46.47%,占比逐年降低,但降低的速率越来越慢,产值约占水禽产业总产值一半;肉鹅与蛋鸭产值之和约占总产值一半,占比由2014年的46.96%,增加到2018年的53.53%,占比逐年增加,但两者产值占比交错波动,约各占1/4(图1.6,图1.7)。

1.2.4 水禽产业生产特点

总体而言,近年来,我国水禽产业主要特征有以下几个方面。

第一,生产方式转型取得新成效,产业结构调整稳步推进。由于政府限养政策出台,许多散养户的鸭舍、鹅舍被强制拆除,部分养殖户遭受较大损失,但水禽养殖技术和养殖方式得到了促进和升级,水禽离水旱养成为必然趋势。近年来,水禽企业围绕肉鸭健康养殖、标准化与生态养殖、零排放等问题开展了大量探索,取得了显著成效。肉鸭和蛋鸭生物床饲养、多层网上饲养、网床

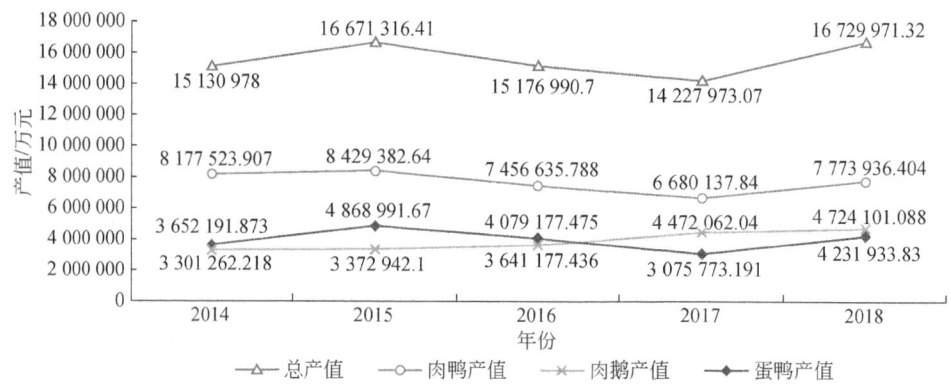

图1.6 2014~2018年中国水禽肉蛋产值变动时序

资料来源：根据联合国粮食及农业组织与国家水禽产业技术体系资料汇总整理所得

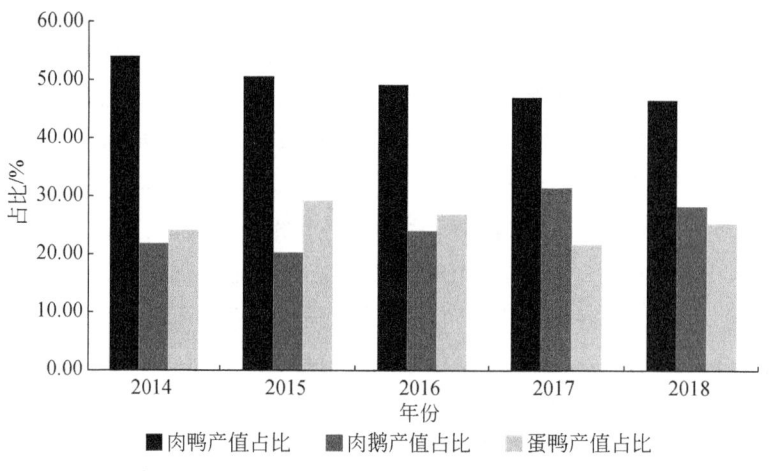

图1.7 2014~2018年中国水禽肉蛋产值占比时序

资料来源：根据联合国粮食及农业组织与国家水禽产业技术体系资料汇总整理所得

与生物床结合饲养等多种环保型饲养方式迅速发展，带动了产业升级和产业结构调整。

第二，应对市场波动的能力日益增强。经过近十余年的技术发展，产业结构和布局不断优化，水禽产业的规模日趋稳定，应对市场变化的能力日益增强。如2017年初，受H7N9影响以及政府相关部门对活禽市场的管控，各地市场普遍萎缩，水禽产品市场价格在年中跌至谷底。但由于养殖规模的及时调整与消费旺季来临，水禽产品供需格局在下半年步入良性轨道，价格不断回暖。

第三，消费结构多元化推进产业多元化逐步发展。我国水禽产品消费具有多元化特点，并且随着经济发展和人民生活水平不断提高，多元化特点更加突出，人们对水禽产品的质量安全更加关注。同时，分割产品、深加工产品越来越受到消费者喜爱；消费方式、消费渠道也更加多样化，从而催生了"互联网+水禽产业"电子商务等新业态，实现了互联网与水禽产业的深度融合。

第四，技术创新稳步推进，成效显著。水禽产业技术研发工作在遗传改良、疫病防控、营养与饲料、生产与环境控制、产品加工等方面都取得了重要进展，为产业的持续发展提供了驱动力。以市场需求为导向的技术研发逐渐成为主流，片面追求料肉比、过分强调产量的技术将逐渐被追求质量与安全、口味与特色的技术所替代。同时，产学研紧密联合，多个肉鸭、蛋鸭、肉鹅新品种与养殖新技术已经在生产中得到了广泛应用，促进了产业转型升级。

第五，产业组织一体化，产业经营企业化。在水禽产业的小生产与大市场的矛盾得不到有效解决、规模化养殖生产技术还不成熟的情况下，"公司+农户"的生产经营组织形式有效地形成集聚效应和市场谈判力；同时，作为以公司、企业形式存在的产业组织能够更多地按照现代企业制度建设与管理，在现阶段水禽产业发展中仍然具有较强的生命力，得到了社会的认可，也成为产业组织变革的一种趋势。

第六，发展动力技术化，养殖模式生态化。以新的设备制造技术、养殖环境控制技术、粪便转化利用技术为依托的现代化、集约化、规模化养殖方式将得到进一步发展，资源节约、环境优化、产品和排泄物多级循环利用的生态循环养殖模式发展将成为新趋势，高效生态的种养结合模式将会越来越多。

第七，生产方式集约化，生产规模稳定化。近年来的水禽产品价格波动和市场震荡，使得水禽产业界越来越多的经营主体认识到市场供求平衡的产业经营利润和产品价格稳定的重要性。白羽肉鸭专业委员会、鹅业专业委员会等产业联盟已开始制定行业标准，建立产业准入制度，从祖代鸭苗供应上控制产业规模，使水禽生产方式逐步转向集约化、标准化，生产数量和规模趋向稳定化。

第八，生产经营管理信息化、智能化。"互联网+水禽产业"等新业态的出现，实现了互联网与水禽产业的深度融合。水禽产品网上交易、直接配送，使生产厂家与消费者直接对接，减少了产品营销的中间环节，降低了交易成本，拓宽了销售渠道和范围，增强了水禽企业和产业的市场竞争力。在水禽生产过程的监控与管理中，互联网技术、信息技术的应用，使生产实现了智能化，减少输入性疾病的传播风险，有效地降低了生产成本，增加了产品的市场认可度和信誉度。

1.3 水禽产业的贸易发展现状

水禽饲养的技术门槛较低，水禽养殖遍布世界五大洲，属于较为广泛的养殖禽类。其中，亚洲为最大生产区，约占世界水禽产品总产量的90%，其他依次为欧洲、美洲、非洲、大洋洲。中国的水禽生产占全世界的80%左右，在国际贸易方面，中国还是世界第一大水禽产品输出国。水禽产品、禽肉及杂碎、禽蛋和种禽的国际贸易中，中国以加工水禽产品、禽肉及杂碎为主，种禽、禽蛋数量较小。近年来，中国获得水禽产品输出资质的企业数量不断增加。

中国水禽产品输出的主要目标是亚洲市场，输出量的70%~90%进入了亚洲市场，其他区域的输出量不大；而在亚洲市场中，日本、中国香港地区、中国澳门地区和韩国则是主要的目标市场，对于这些国家和地区的输出量显著高于其他地区。

1.3.1 国际水禽产业的贸易发展现状

从全球范围来看，由禽产品和水产品构成的白肉消费比例正不断增长，相对而言，红肉消费比例则是不断下降。根据世界粮农组织（FAO）的预测，禽肉供给量将在2021年之前超越猪肉供给量，成为全球第一大肉类供应来源，而亚洲则是禽肉主要产区，非洲地区的禽肉产值则增长最快，而以美国为代表的北美洲和以巴西为代表的南美洲亦非常的活跃。2018年，全球主要进口国鸭肉及鸭肝进口总量约为29.4万t，鹅肉及相关产品进口总量约为6.8万t，进口活鸭4950万只左右；鸭肉及鸭肝出口总量约为37.6万t，鹅肉及相关产品出口总量约6.7万t，出口活鸭2930万只左右。

禽肉价格走势与世界经济形势以及饲料原料的价格走势保持着密切的相关性。根据FAO的禽肉价格指数，自2004年以来，世界禽肉价格总体呈上涨态势。其中，2011~2014年，禽肉价格达到高峰，价格指数在200以上，其间的高位主要受饲料成本抬升的支撑。2015~2016年，国际粮价下跌，禽肉价格随之出现明显下滑，2017年开始呈现回暖迹象，但涨幅不大。2018年有明显上涨，相对于2017年同期，价格增幅普遍在20%左右。

另外，2018年疫病对水禽产品贸易造成了严重的影响。包括中国在内的全球多地暴发禽流感疫情。因爆发纽卡斯尔禽流感疫情，俄罗斯自2018年9月26日起禁止从哈萨克斯坦北哈萨克斯坦州进口未经高温处理的活禽及禽肉产品。2018年9月美国加利福尼亚州发生1起H7N3亚型低致病性禽流感疫情，3.5万只家禽被扑杀。2018年10月越南得乐省发生1起H5N6亚型高致病性禽流感疫情，100只家禽感染死亡，2400只被扑杀。保加利亚哈斯科沃大区发生2起H5亚型高致病性禽流感疫情，7718只家禽感染死亡，138 282只被扑杀。

1.3.2 我国水禽产业进出口贸易现状

从对外贸易来看，历年来我国都是水禽产品出口大国。海关数据显示，2017年我国输出的鸭肉和鸭肝10.56万t，输出的鹅肉1.96万t。输出的水禽产品中70%~90%面向日本、中国香港、中国澳门和韩国市场，对欧美输出较小。鹅肉的主要输出对象是中国香港和中国澳门。鸭绒、鹅绒的输出量近年增长较快，2017年我国输出原毛47 332t，输出额达5.23亿美元；羽绒及制品输出总额为32.91亿美元。羽绒主要输出对象是欧洲、美国、日本、韩国和中国台湾。2017年世贸组织认定欧盟对鸭肉产品采用的关税配额分配方法违反世贸规则，限制了其鸭肉产品的自由贸易。在国际市场上，我国是全球水禽第一生产大国，也是水禽产品的第一消费大国。我国每年从美国和韩国输入少量鸭肉，从匈牙利和波兰输入少量鹅肉。由于法国H5N1禽流感的侵袭，中国已禁止从法国输入鹅肝。2017年，按照国家质检总局要求，我国暂停输入波兰和智利的禽产品，禽肉输入量下降。以天津口岸为例，2017年5月禽肉产品输入量下降到370t，月均输入量约为700t，而2016年月均输入量近3000t，其中单月输入量2次突破5000t。

2018年1季度（从4月起，中国海关进出口数据由于技术原因暂停发布）我国整只冻鸭出口总量817.193t，出口贸易总额176.9342万美元。2018年1季度我国冻的鸭块及杂碎出口总量1885.49t，出口总额265.17万美元。2018年1季度鲜或冷的鸭块及杂碎出口总量2.640t，出口总额8439美元。2018年1季度我国鲜或冷的整只鹅出口总量2713.20t，出口总额1090.95万美元。从2018年第一季度数据可以看出，我国水禽产品对外贸易中以出口为主。分品种来看，鸭肉出口最主要的输出对象是中国香港，对香港地区的出口量占到出口总量的65%左右。由于2017年世贸组织认定欧盟对鸭肉产品采用的关税配额分配方法违反世贸规则，欧盟增加对我国鸭肉的进口配额，我国鸭肉出口竞争力得到显著提高。除此以外，根据中国海关等机构整理的数据，2018年1~9月中国羽绒出口量38 499t，比去年同期减少5.3%，出口金额68105.4万美元，比去年同期增加40.6%，表明我国羽绒对外出口量基本保持稳定，而价格优势逐渐凸显。

1.4 水禽产业发展存在的问题与挑战

1.4.1 政策方面

1.4.1.1 水禽养殖环境约束加剧，企业生产成本大幅增加，竞争力下降

水禽养殖的污染物主要有粪便、羽绒、药物、动物尸体等，这些污染物处理不当将直接对土地造成污染，破坏土壤结构，影响土壤正常使用。目前，地面平养模式较为普遍，养殖所占面积也较多；在新推出的养殖模式中，粪污对果园、林地、草地的破坏程度最大，虽然土壤有自净能力，但是粪污消纳容量有限，超过土壤承载能力，也会对土地造成破坏。因此，为了维持生态可持续发展，国家对产业发展中的环境控制越来越严，政府及社会给予水禽产业发展的空间越来越小。在治污减排成本高、政府环保政策补贴不到位、市场对环保产品价格不认同的形势下，生态环境压力日益增加，直接影响了水禽产业发展。在水禽粪便的利用价值和健康养殖的品质价值难以实现的情况下，污染处理的高额支出已经成为制约水禽企业发展的重要瓶颈。

1.4.1.2 融资难问题依然存在，企业规模扩张受限

随着经济下行压力的持续加大，金融机构对畜禽养殖企业的贷款更加谨慎，贷款门槛高、额度小、周期短，融资难已成为企业进一步发展的最大瓶颈。畜禽产业受市场波动等因素影响，自身抗风险能力较弱，比较效益低，市场主体投资热情不高；因抵押物门槛高，贷款融资十分困难，而民间借贷成本之高，也打击了水禽企业进一步扩张的积极性。

1.4.1.3 行业标准与规范不完善，产品质量安全的行业标准推进缓慢

随着水禽产品市场规模的快速扩大，消费者对水禽产品的需求也不再局限于数量上的满足，而是更加强调产品质量安全。然而，市场上频繁出现的食品质量安全问题却在不断打击消费者的信心，使消费者对水禽产品消费也产生了谨慎态度。这无疑要求水禽行业不仅要紧密结合市场消费需求，还需要加强自我监督，规范生产，不断提高水禽产品质量标准。我国水禽行业虽然已经制定了一些行业标准，但总体来说，依然存在行业标准水平偏低、现行的标准覆盖范围不全面、配套体系不统一、行业标准结构不合理等一系列问题，亟待加速推进相关行业标准的进一步完善。

1.4.2 生产方面

1.4.2.1 产业快速升级转换关键技术有待突破，养殖方式需进一步调整

为了适应复杂多变的外部环境对水禽产业发展提出的新标准和新要求，水禽产业结构开始升级转换，技术需求也开始提升；但一些新的关键技术有待进一步突破，养殖方式也亟须调整转变。譬如水禽营养数据库，地方性、特色性良种及配套系的繁育与推广，环境设施标准化和福利化技术、饲养管理精细化和程序化技术以及粪污处理洁净化和资源化技术等的开发和推广。

1.4.2.2 技术发展不平衡，产业结构有待进一步调整

一是技术发展不平衡。水禽育种、饲料、疫病防控技术研发相对较强，技术进展较快，而养殖技术、加工技术等相对落后，技术进步的不平衡使产业难以实现均衡发展。二是产业结构不合理。以水禽养殖为中心的第一产业发展较快，而加工、环保、养殖技术及设备制造等第二、第三产业发展较慢，直接影响了产业发展。三是产品结构不合理，例如鸭脖、鸭肠、鸭肝、鸭掌等肉鸭副产品市场走俏，而鸭胸肉、腿肉类食品滞销；鸭蛋产品种类传统单一，无新产品撬动市场；鹅的市场需求和定位仍相对模糊，需要调整产业内部结构，创新协同发展。

1.4.2.3 水禽粪污资源化利用技术支撑体系薄弱，集成配套技术较为缺乏

水禽产业生产的过程会产生大量的废水、废料和粪污，这要求水禽行业必须在粪污的再利用技术方面增加研发投入和进行实践探索，实现"变废为宝"，这是水禽产业实现绿色转型发展的必然要求。然而，现在水禽粪污资源化利用技术支撑体系仍然较为薄弱，源头减排、清洁生产、无害化处理以及在资源化利用等技术的研究、推广和服务的力量还有待加强。此外，虽然水禽粪污资源化利用的单项技术研究和突破进展较快，但整体性技术解决方案和集成配套技术较为缺乏，导致在生产中推广应用难度较大，存在落地难的问题。

1.4.2.4 水禽产业人才力量薄弱，需要积极加强人才培育及交流

长期以来，由于利益驱动或产业环境等因素，我国水禽产业人才比较缺

乏，加剧了产业分布的不平衡的现状。因此，产业内部必须加强对人才的培养，同时在产业范围内让人才合理流动起来。首先要通过政策杠杆加大行业调控力度，加强政府对人才流动政策的引导和监督，推动水禽产业、区域人才协调发展，促进人力资源有效配置。其次，要为人才流动提供制度保障，积极利用国家水禽产业体系的技术优势、人才优势，同时建立水禽产业内部的人才区域合作机制。最后，建立功能齐全服务多样化的人才市场，推进人才市场体系建设，完善市场服务功能，健全人才市场供求、价格、竞争机制。

1.4.3 市场方面

1.4.3.1 市场供需矛盾问题突出

在供给侧结构调整进展慢的背景下，水禽产品供需矛盾已从原来的数量矛盾转化为质量矛盾，新的供需矛盾凸显，主要体现在：①水禽产品市场供应量日益增多、市场价格日益走低；②产品同质化现象严重，质量信誉高、风味难替代的产品少，竞争力差；③产能过剩，地方性、特色性产品缺失，生产结构不适应消费需求变化。

1.4.3.2 品牌建设需要加强

我国水禽品种、养殖规模、养殖技术、产品品质已达国际先进水平，食品的安全性、营养性及品质不容置疑，但品牌建设力度的不足影响了产业快速发展与行业进步，特别是水禽产品消费具有明显的区域性特点，导致大多数水禽品牌产品只是地方性、区域性品牌，市场全覆盖能力弱，占有率低。

1.4.3.3 消费者对水禽产品的质量要求提高

随着国民食品的多元化发展，信息透明度提高，消费者对水禽食品的质量安全要求越来越高。在鸭鹅品种、养殖饲料、养殖环境、加工过程等方面，我国虽然取得了较大技术进步。然而，养殖过程中温度可控、卫生条件较好的工厂化笼养养殖方式刚刚起步，设施投入不足和卫生环境条件较差，直接影响水禽产品品质和食品安全，进而影响水禽产业的发展。

1.4.3.4 市场波动风险加剧，企业应对能力有待加强

由于水禽的特殊性，水禽养殖经营企业在生产过程中不可避免地会受到养殖风险、市场波动风险、技术风险和疫病防控等风险的冲击。如在2016年，

水禽产业所面临的最大风险是市场风险,市场价格波动剧烈。例如,鹅苗价格最低时仅为10元/只,最高时可达到80元/只;鲜鸭蛋价格最低时3元/斤[①],最高时为6元/斤,价格波动非常大。大多数中小企业产品单一、产业链条较短,缺乏市场定价权和谈判能力,应对市场波动风险的能力有限,最终导致利润大幅减少进而破产和被淘汰。

1.4.3.5 消费结构转变加快,供给侧结构调整缓慢

随着生活水平的提高,居民的消费水平不断提高,消费结构不断升级,居民对优质产品的消费需求越来越多,而肉鸭产业目前产品区分度低,市场同质性强、缺乏高质量的优质产品,与市场需求脱轨。譬如鸭肉供给,原来供给短缺、产量不足,由卖方主导市场,现在发生了转化,出现了结构性、季节性供给过剩,带来了肉鸭产品价格下跌,产销率降低,库存成本增加,行业效益下降等问题。肉鸭产品出现结构性相对过剩,一般性同质化产品量大价低,高品质产品供给无法满足消费需求,进一步反映了供给侧结构性改革缓慢的问题。

1.5 水禽产业发展趋势

水禽生产布局受到自然环境与社会条件的双重影响。水禽产业的生产对象是动物,其产量、生长及分布都要受到水、土、光、热的综合影响。同时,人类行为的干预作用也体现在水禽生产的全过程中,水禽产业的生产水平、生产规模、生产布局和发展方向往往取决于社会的需求和技术经济水平。我国是一个农业大国,地域广大、人口众多,农业的布局问题一直是人们关注的焦点。

在传统农业发展时期,水禽生产分布是极为广泛且分散的,但多是小规模的散养户,更没有专门的育种和屠宰部门,市场流通基本上是以活禽交易为主。随着农业现代化的逐步深入、市场经济的逐渐完善尤其是技术水平的不断提升,我国水禽产业分布呈现出由资源优势区域向技术和资本优势区域转变的特征。这一重大转变打破了自然等先天条件对水禽生产的束缚,使得后天条件优势区域能够凭借本身的先进技术和雄厚资本打造水禽从育种、养殖到屠宰、加工的全产业链生产线,大大加快了水禽产业规模化、集中化进程。这也恰恰符合中国现代农业产业化、规模化、集中化的基本发展趋势。

---

① 1斤=500g。

1.5.1 产业布局呈现出"东退西进"与"北向南移"的趋势

从区域布局来看，华中、华北、华南、东北、西南、华东6大区域中，华东地区的产值和产量均居全国第一，是全国水禽生产结构布局的主要区域，其次是华中和华南。不过，从布局变动情况来看，呈现出两种变化趋势。其一，受环保压力的影响，东部地区大量关停中小规模养殖场，养殖企业逐渐向西部地区转移，呈现出"东退西进"的趋势；其二，随着水禽养殖技术的不断革新，资源优势对水禽养殖企业的重要性逐渐下降，并逐步被资本与技术优势所取代，导致南方养殖规模快速扩大，呈现出"北向南移"的趋势。

1.5.2 经营趋向生态化，逐渐形成产业发展与资源环境相协调的发展趋势

在产业发展与资源环境的矛盾日趋尖锐化的背景下，生态化已成为水禽产业发展的大趋势。近年来，水禽产业切实把绿色发展、循环发展、低碳发展作为行业发展重要导向，创新水禽产业循环经济、生态水禽发展模式和现代"育养加"生态水禽业新模式，发展观光农业、绿色农业、有机农业，构建资源消耗低、环境污染少的产业结构，形成了产业发展与资源环境相协调的局面。此外，通过深入开展循环养殖技术、标准化与规模化的现代养殖技术，以及推广粪污防治的低成本技术和资源化模式，水禽产业可持续发展能力不断提升。

1.5.3 水禽产业生产经营管理信息化、智能化水平不断提高

在水禽生产经营管理的实践中，互联网技术、信息技术的广泛应用使得水禽产业信息化、智能化水平不断提高，不仅能够有效地降低生产成本，还有助于增加产品的市场认可度和信誉度。生产经营管理信息化、智能化已成水禽产业发展的大趋势，运用互联网、大数据、人工智能等现代技术，推动生产、管理和营销模式变革，实现从用户需求端到产品供给端全链条的智慧化，构建"互联网+水禽"公共服务平台，提升水禽产业生产智能化水平，促进信息化与水禽业的有效对接，已成为大势所趋。

1.5.4 消费渠道呈现转型趋势，消费者对口感属性的要求愈来愈高

"互联网+水禽产业"，农产品电子商务等新业态的出现，实现了互联网与水禽产业的深度融合。水禽产品网上交易、直接配送，使生产厂家与消费者直接对接，减少了产品营销的中间环节，降低了交易成本，拓宽了销售渠道和范围，增强了水禽企业和产业的市场竞争力，产品销售电子商务化已成为水禽产业发展的一种趋势。此外，水禽产品已经过了价格取胜的阶段，消费者变得更注重食品的质量属性和安全属性，对价格属性的关注度较低。水禽食品通常价格偏低，而且不同品牌间的价差并不明显，消费者往往对产品的价格缺乏关注，对口感的关注度却不断提升。

1.5.5 生产布局全产业链化，经营方式一体化

市场波动风险不断加剧，传统的单一环节生产布局已难以抵御风险，而全产业链经营方式可利用上下游多元化的产品结构调整有效规避市场风险，在很大程度上保障企业盈利能力。此外，消费者对水禽产品质量要求越来越高，全产业链布局下的一体化经营能够在更大程度上控制产品质量，也有助于推进养殖标准化，顺应市场和养殖的新要求。

第 2 章
水禽产业生产布局变动趋势及影响因素

产业布局是产业的空间分布和地域组合，它在某种程度上反映了产业与区域资源的协调性，以及产业在区域经济社会发展中的地位和作用。水禽产业作为我国农牧产业中的重要组成部分，以产业布局的基本理论为指导，在分析其布局现状和历史演变的基础上，对其进行科学合理的布局，无疑会有利于水禽产业的持续稳定发展。

2.1 水禽产业生产布局现状

水禽产业的科学合理布局，是其持续和稳定发展的前提和基础。根据2018年我国21省（自治区、直辖市）水禽产业分布现状绘制了直方图，用来展示2018年我国21个水禽主产省（自治区、直辖市）的肉鸭、蛋鸭、肉鹅等水禽产品的产量和产值分布的现状，并通过对分布现状的分析来总结水禽产品分布的特点。①

2.1.1 肉鸭产业生产布局现状及特点

2.1.1.1 分省产业布局现状

如图2.1所示，2018年我国21个主产省（自治区、直辖市）肉鸭出栏量达到了28.95亿只，肉鸭总产值为770.13亿元。其中，山东省在肉鸭生产中的优势十分明显，其肉鸭出栏量占到了全国肉鸭出栏量的42.02%，肉鸭产值

---

① 2017年开始调查增加了贵州省，调查汇总的数据达到22个省（自治区、直辖市），但是为了保持生产变动分析的一致性，本章用的是21个省（自治区、直辖市）的数据。

约占到了全国肉鸭总产值的35%，无论是出栏量还是产值都高居全国首位。川、湘、皖、粤等紧随其后，个别省市的出栏量和总产值的排名顺序有明显差异，这主要和当地的肉鸭的价格相关。例如，广东省的肉鸭出栏量仅在第五位，但是肉鸭产值却超越了湖南、安徽位居第三。

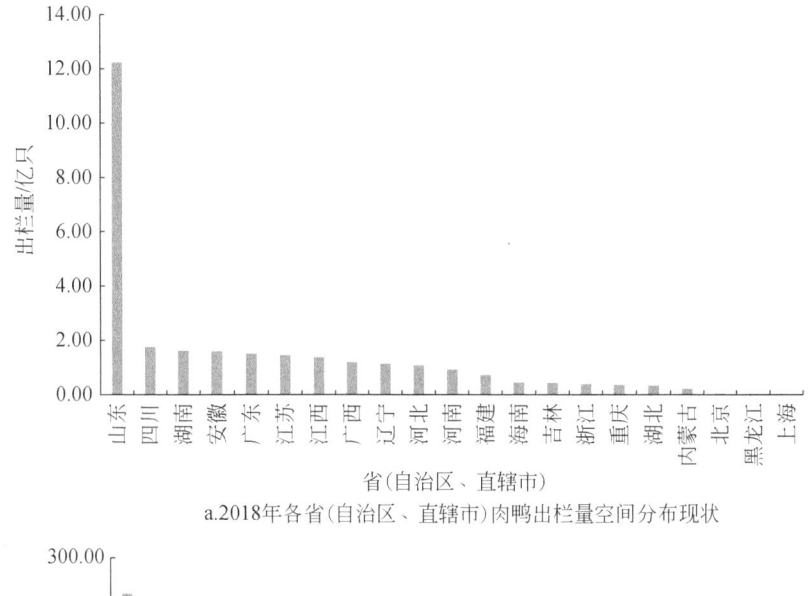

a.2018年各省(自治区、直辖市)肉鸭出栏量空间分布现状

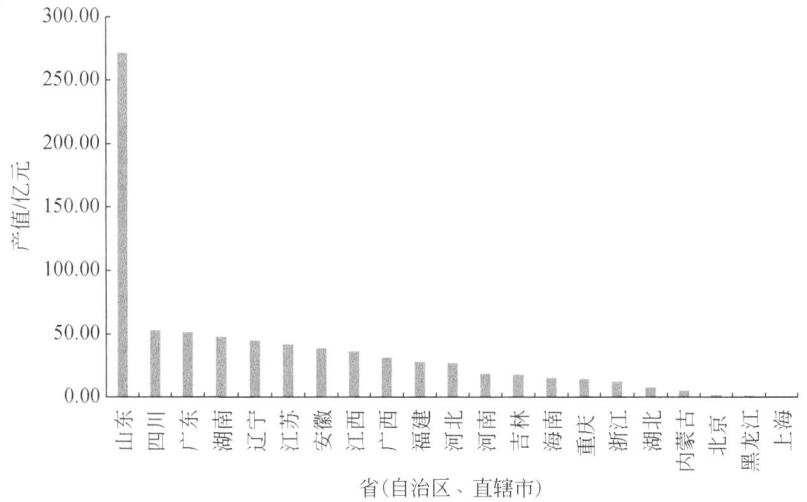

b.2018年各省(自治区、直辖市)肉鸭产值空间分布现状

图2.1 2018年我国21个水禽主产省（自治区、直辖市）肉鸭产量和产值分布现状

2.1.1.2 分区域产业布局现状

按照七大地理分区规则把我国肉鸭养殖区域划分为华北、东北、华东、华

中、华南、西南和西北七个区域。由于西北肉鸭养殖数量极少，可以忽略不计，故只列出其余六大地区肉鸭养殖的变动状况。

由图2.2可见，2018年华东地区（包括沪、浙、苏、皖、闽、赣、鲁）肉鸭出栏量占全国肉鸭总出栏量的55%以上，肉鸭产值占全国肉鸭总产值的55%以上。其次是华南地区（包括粤、桂、琼）、华中地区（豫、鄂、湘）、西南地区（包括川、渝）、东北地区（包括黑、吉、辽），其比例在5%~15%。最后，是华北地区（包括京、冀、内蒙古），其产量比例不足5%。

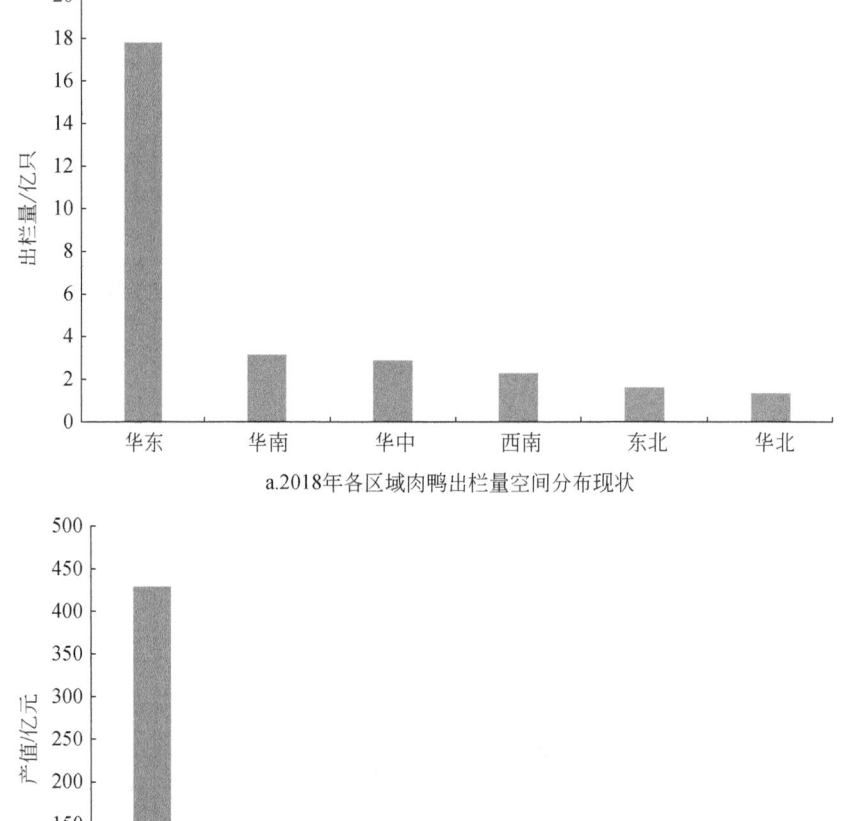

a.2018年各区域肉鸭出栏量空间分布现状

b.2018年各区域肉鸭产值空间分布现状

图2.2　2018年各区域肉鸭产量和产值空间分布现状

2.1.1.3 肉鸭产业布局特点

总体上看，山东省长期以全国40%左右的肉鸭产量成为肉鸭产业的主要集聚区，而山东省以南地区的肉鸭产业集中程度整体上超过山东省以北，局部省份会有零星变化。我国肉鸭产业形成了以山东省为中心向南辐射的产业集聚。

基于全国肉鸭产业21个主产省（自治区、直辖市）的肉鸭养殖状况，可以将其划分为三大核心产业圈和四大类型区域。第一核心产业圈以山东为核心，以辽宁、内蒙古、河北为骨干，以东北、华北、西北为重点辐射区域；第二核心产业圈以江苏为核心，安徽、湖北、湖南为骨干，以华东、华中为重点辐射区域；第三核心产业圈以广东为核心，四川、重庆、江西为骨干，以华南、西南为重点辐射区。

在我国21个水禽主产省（自治区、直辖市）中，山东、四川、广东等省份为肉鸭产量高产业集中度、高市场份额区域，故划分为A类区域；湖南、安徽、江西等省份为肉鸭高产业集中度、低市场份额的B类区域；辽宁、广西、福建等省份为肉鸭低产业集中度、高市场份额的C类区域；内蒙古、北京、黑龙江、上海等省（自治区、直辖市）为肉鸭低产业集中度、低市场份额的D类区域。

2.1.2 蛋鸭产业布局现状及特点

2.1.2.1 分省产业布局现状

如图2.3所示，2018年我国21个省（自治区、直辖市）商品蛋鸭总产值达到了423.19亿元，产蛋量达到了306.91万t。从图2.3中不难看出，蛋鸭生产较为集中在鄂、湘、闽、粤、赣、鲁、豫、辽、浙、川、皖等省（直辖市），这些省市的蛋鸭产蛋量占到了全国蛋鸭产蛋量的95%以上，其中湖北省蛋鸭产蛋量达到了581 153t，占全国蛋鸭产蛋量的18.9%；产值83.56亿元，占到了全国蛋鸭总产值的19.7%。

2.1.2.2 分区域产业布局现状

如图2.4所示，华中地区的商品蛋产量1 279 311t，蛋鸭产值169.6亿元，高居各区域的首位；华东地区紧随其后，商品蛋产量1 084 674t，蛋鸭产值153.8亿元，这两大蛋鸭产区的蛋鸭产值之和占到了全国蛋鸭总产值的76.4%，与其他蛋鸭产区的产值拉开了很大差距。华南、西南、东北、华北等

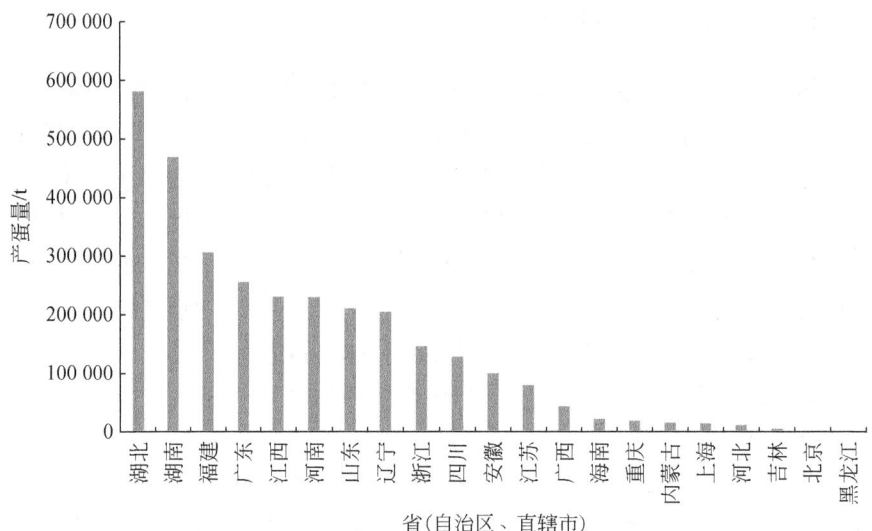

a.2018年各省(自治区、直辖市)蛋鸭产蛋量空间分布现状

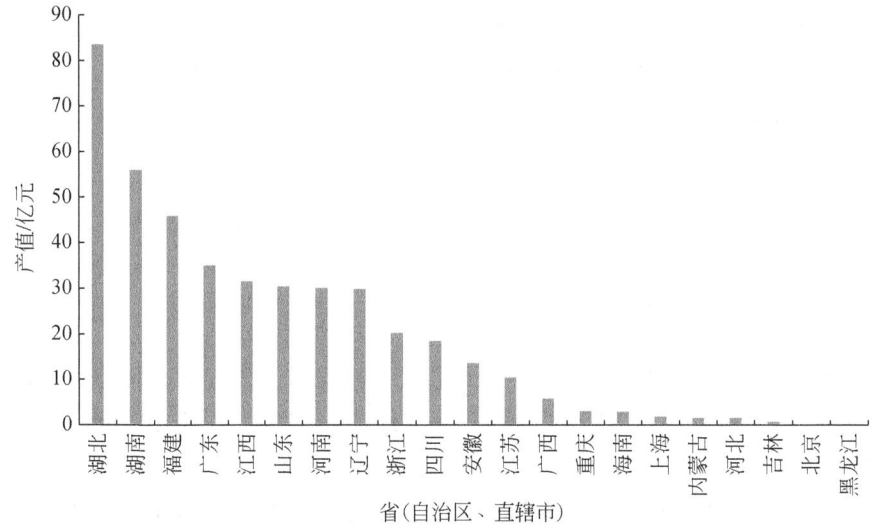

b.2018年各省(自治区、直辖市)蛋鸭产值空间分布现状

图 2.3　2018 年各省（自治区、直辖市）蛋鸭产蛋量和产值空间分布现状

地区的蛋鸭产量依次递减，其中华北地区的商品蛋产量（26 232t）和蛋鸭产值（3.13 亿元）均排在末位，其蛋鸭产值仅占全国蛋鸭总产值的 0.74%。

2.1.2.3　蛋鸭产业布局特点

按照产业分布的地区集中度与市场份额，利用水禽产业技术体系产业经济

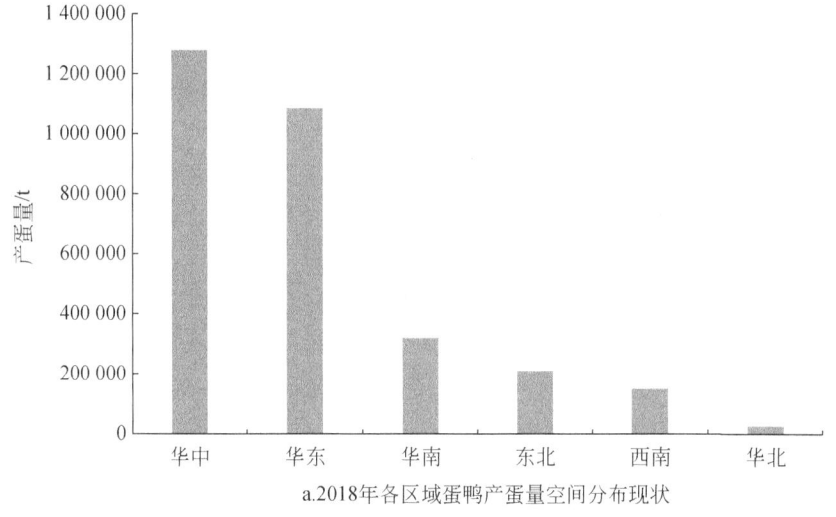

a.2018年各区域蛋鸭产蛋量空间分布现状

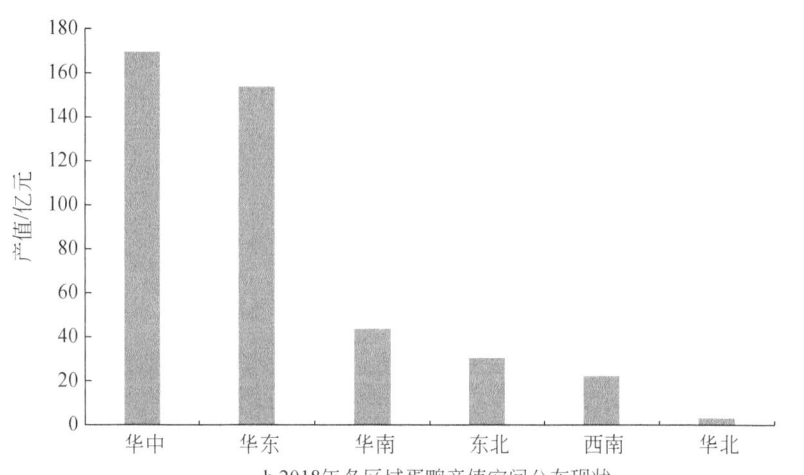

b.2018年各区域蛋鸭产值空间分布现状

图2.4 2018年各区蛋鸭产蛋量与产值

岗团队调查统计的数据计算分析,我国蛋鸭产业21个主产区可以划分为两大核心产业圈和四大类型区域。

第一核心产业圈以湖北、湖南为核心,以江苏、安徽、山东、上海、江西为骨干,以东北、华北、华中、西北为重点辐射区域;第二核心产业圈以广东、福建为核心,以四川、重庆、广东、广西为骨干,以华南、西南为重点辐射区域。

在我国21个水禽主产省(自治区、直辖市)中,湖北、湖南、福建、广东、江西、河南为蛋鸭高产业集中度、高市场份额的A类区域;河南、山东、辽宁、浙江、四川为蛋鸭高产业集中度、低市场份额的 B 类区域；安徽、江苏、广西、海南、重庆为蛋鸭低产业集中度、高市场份额的 C 类区域；内蒙古、上海、河北、吉林、北京、黑龙江为蛋鸭低产业集中度、低市场份额的 D 类区域。

2.1.3 肉鹅产业布局现状及特点

2.1.3.1 分省产业布局现状

如图 2.5 所示，2018 年，我国 21 个省（自治区、直辖市）肉鹅产业的总产值为 472.41 亿元，商品鹅出栏量达 5.36 亿只。其中，安徽省商品鹅出栏量为 0.9 亿只，广东省商品鹅出栏量为 0.74 亿只，四川省商品鹅出栏量为 0.61 亿只，这三个省份的商品鹅出栏量之和约占全国商品肉鹅出栏量的 42.1%。从图中不难看出，各区域的商品鹅产量集聚现象并不明显。值得注意的是肉鹅的总产值不仅包括商品鹅，还包括商品鹅蛋和淘汰种鹅的产值，再加上各地商品鹅价格的差异，所以出现了安徽省的商品鹅出栏量高于广东省，但是鹅产值却不及广东省的现象。

2.1.3.2 分区域产业布局现状

由图 2.6 可知，华东地区的商品鹅出栏量 1.89 亿只，鹅产值 144.95 亿元，均位居全国首位，该地区的肉鹅产值约占到了全国肉鹅产值的 30.7%。

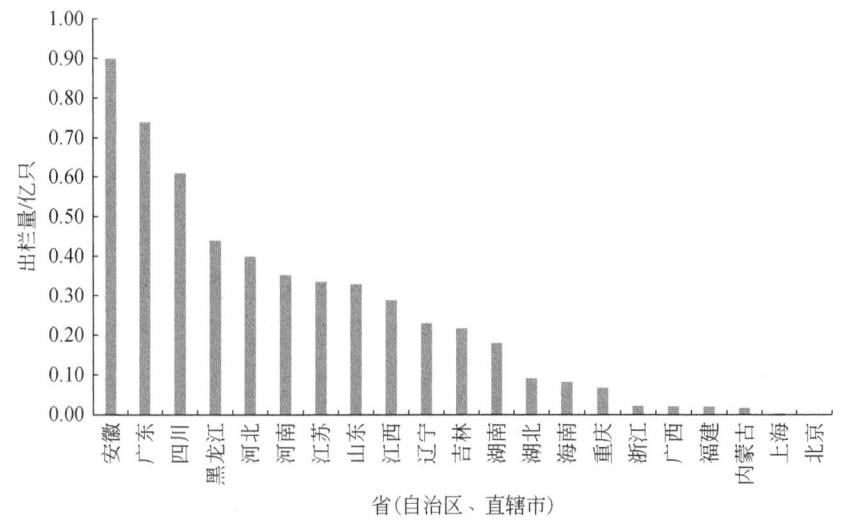

a.2018年各省(自治区、直辖市)商品鹅出栏量空间分布现状

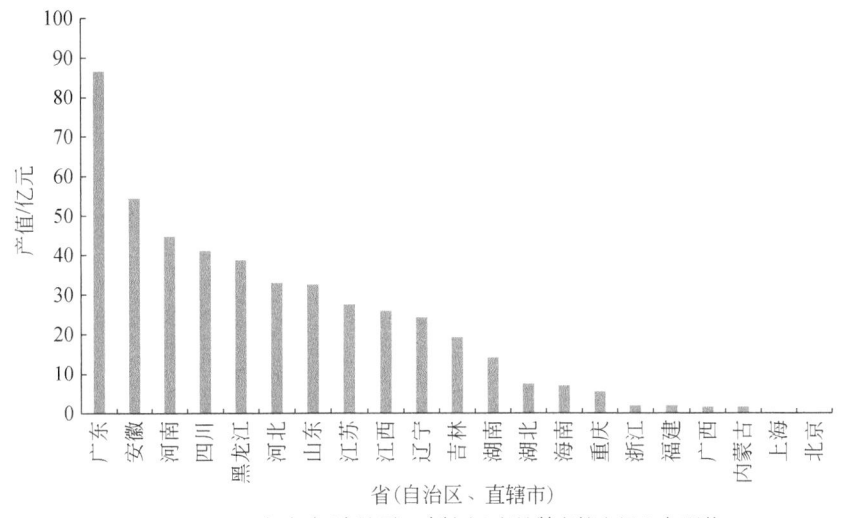

b.2018年各省(自治区、直辖市)商品鹅产值空间分布现状

图 2.5　2018 年各省（自治区、直辖市）商品鹅出栏量和鹅产值空间分布现状

比较图 2.6a 和 图 2.6b 不难发现，商品肉鹅出栏量和产值的排名并不是一一对应的关系，原因在于肉鹅的产值不仅与商品鹅数量有关，也与各地区商品肉鹅价格相关，我国不同区域饲养肉鹅的品种差异比较大，不同品种的肉鹅体型各异，形成不同品种单只鹅的价格有明显差异，这便导致了东北地区的商品肉鹅出栏量高于华南，但华南地区肉鹅产值却高于东北，同样的原因也可以用来解释西南和华北的商品肉鹅产量排名和肉鹅产值排名的差异。

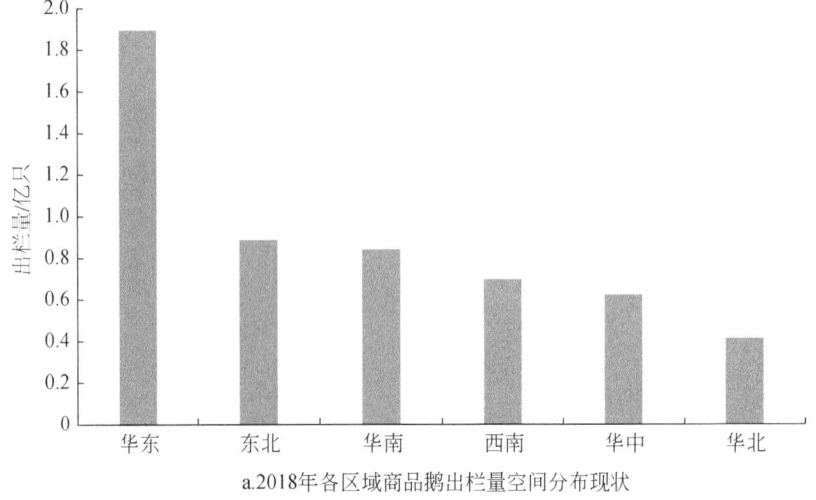

a.2018年各区域商品鹅出栏量空间分布现状

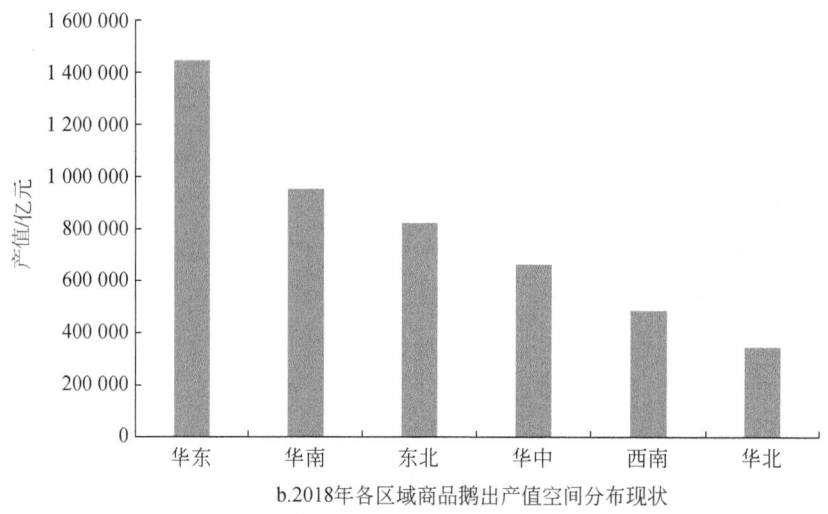

b.2018年各区域商品鹅出产值空间分布现状

图2.6 2018年各区域商品鹅出栏量与产值空间分布现状

2.1.3.3 肉鹅产业布局的特点

结合我国2018年肉鹅产业的商品肉鹅出栏量和肉鹅产值在各省份、各区域的分布情况来看，总体来看，有良好技术、经验和市场基础的华东、东北、华南地区为较大产区。技术相对薄弱的华中、西南地区有很大的发展空间，受农业劳动力短缺和环境政策影响的华北地区正处于产业的萎缩期。

按照产业分布的地区集中度与市场份额，我国肉鹅产业21个主产区可以划分为三大核心产业圈。第一核心产业圈以广东为核心，以江西、福建、四川为骨干，以华南、西南为重点辐射区域；第二核心产业圈以安徽、河南为核心，以江苏、湖北、湖南为骨干，以华中和华东地区为重点辐射区域；第三核心产业圈以河北、山东为核心，以江苏、辽宁、吉林为骨干，以华北、华东、东北地区为重点辐射区域。

2.2 水禽产业布局变动分析

2.2.1 肉鸭产业布局变动分析

2.2.1.1 分省产业布局变动分析

2011年与2010年相比变化不大，肉鸭生产集中度超过20%的省份是山东省，约占全国总产值的33.6%，其次是江苏省，而黑龙江、吉林、内蒙古、福建四省（自治区）的肉鸭生产集中度低于1%。

2012年肉鸭产业的生产格局出现了较大变化。山东省依旧一家独大，产值占到全国总产值的21.8%，其次是江苏省。但相比前两年肉鸭生产集中度低于1%的主产省份达到了9个，增加了一倍还多，在1%~10%水平上的省份减少到了10个，比2011年减少3个，表明肉鸭的产业集聚程度加剧。

2013年山东省、江苏省、广东省肉鸭生产集中度都在10%已上，东北各省、华北各省的肉鸭生产集中度均不足1%。华中各省和西南的四川、重庆依然在1%~10%的水平。肉鸭产业的集聚程度与2012年持平。

2014年可以清晰发现山东省依然领先全国，并以山东省为分界线，山东省以南各省的肉鸭产值均占全国总产值的1%以上。而山东省以北各省，除辽宁外肉鸭产值均不足全国肉鸭总产值的1%。

2015年与2014年肉鸭分布状况基本一致，变化不大。依旧是山东省领跑全国并以山东省为分界线，山东省以南的肉鸭产值显著高于山东省以北地区。

2016年的肉鸭产业布局集聚情形放缓，在山东省依旧高产的同时，山东以北的辽宁、河北两省肉鸭产值占全国总产值上升到1%以上，而山东省以南的安徽、福建两省的肉鸭产值下降到1%以下。

2017年的肉鸭产业布局聚集情进一步放缓，但山东省在肉鸭生产中的优势地位并没有动摇，仍然高居榜首，广东省紧随其后，继续保持着较好的上升势头，另外，安徽省肉鸭产业在全国的比例有了较大的跃升，达到了第三位。

2018年的肉鸭产业聚集状况较2017年变动不大，山东省的肉鸭产业的总产值在全国处于领先水平，在经历了2017年的下滑之后，重新回到了全国肉鸭产业遥遥领先的地位。

总的来看，2010~2018年，山东省长期以占全国20%以上的肉鸭总产值成为肉鸭产业的主要集聚区，而山东省以南地区的肉鸭产业集中程度整体上超过山东省以北，局部省份会有零星变化（表2.1）。肉鸭产业呈现出的这种布局和变动特点也和各地区肉鸭养殖技术和资源条件有着密切的关系，拥有大型养殖企业的山东省以其领先的肉鸭生产技术、适宜肉鸭生长的自然条件及良好的饲料资源优势，一直保持着在肉鸭生产上的优势地位，从而形成了以山东省为核心，江苏，浙江，安徽为骨干，向南辐射的产业集聚区。相比较而言，北京，上海等经济发达地区，受制于环境、土地、劳动力等因素的约束，在肉鸭生产上处于劣势地位。

表2.1 2010~2018年各省（自治区、直辖市）肉鸭产业产值变动表（单位：亿元）

年份 地区	2010	2011	2012	2013	2014	2015	2016	2017	2018
北京	10.62	9.76	4.35	8.28	8.068	5.41	4.64	4.73	1.81
河北	16.85	19.44	7.10	3.82	5.35	7.75	10.77	10.34	27.14
内蒙古	4.76	5.00	7.5	6.92	7.03	5.88	6.32	6.3	5.73
辽宁	49.9	49.9	0	0	13.51	46.51	30.45	33.13	45.15
吉林	11.28	5.4	13.28	8.01	10.61	3.69	6.59	15.50	18.24
黑龙江	7.09	2.40	0	0	0	0	0	0	1.20
上海	3.26	1.74	1.93	1.57	3.73	3.42	1.39	0.74	0.21
江苏	69.00	0	91.37	115.88	82.96	85.51	52.22	34.53	41.70
浙江	17.39	11.00	4.05	16.89	12.81	11.725	9.81	6.82	12.33
安徽	21.789	25.06	29.42	19.23	13.59	15.66	12.38	57.85	38.81
福建	34.24	1.03	14.9	39.55	41.26	25.03	38.68	31.85	28.12
江西	25.67	11.71	23.36	29.77	46.47	62.64	46.16	30.32	36.56
山东	194.98	310	135.37	114.95	220.93	254.05	226.19	162.66	272.05
河南	3.87	43.45	33.25	27.00	58.70	51.78	39.61	42.93	18.88
湖北	2.10	12.13	25.56	9.20	10.38	14.88	12.81	8.57	8.19
湖南	52.37	41.41	51.61	38.64	52.93	55.12	44.37	45.41	48.14
广东	143.3	147.00	138.20	134.8	105.7	72.00	81.5	61.53	51.61
广西	36.92	42.80	1.04	2.39	44.52	43.02	30.21	26.36	31.37
海南	13.91	15.04	14.57	10.36	15.26	12.73	15.87	12.24	15.36
四川	65.39	27.67	22.87	27.78	38.28	35.26	46.55	53.12	53.15
重庆	56.28	20.83	10.58	17.99	25.67	30.89	29.14	19.82	14.39
贵州	0	0	0					3.28	7.26
合计	840.95	802.76	630.28	633.18	817.75	842.94	745.66	668.01	777.39

2.2.1.2 分区域产业布局变动分析

通过统计2010~2018年各区域的肉鸭产业占全国肉鸭产业总产值的比例，制作成2010~2018年肉鸭产业生产空间分布变化图（图2.7）。

从图2.7可以看出，华东地区（包括上海、浙江、江苏、安徽、福建、江西、山东）肉鸭养殖数量占全国总养殖量的比例一直保持在50%以上，最高时（2013年）达到三分之二以上。其次是华中地区（包括河南、湖北、湖南）、华南（包括广东、广西、海南）、西南地区（包括四川、重庆），其比例

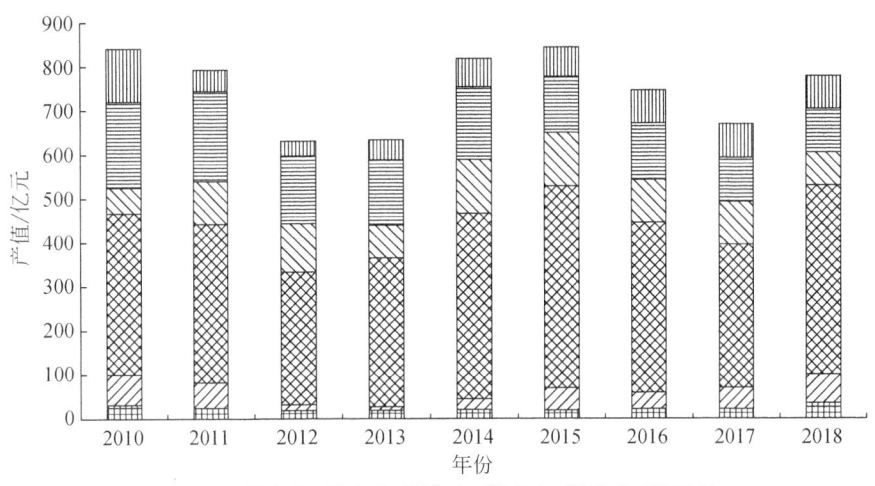

图 2.7 2010~2018 年我国各区域肉鸭产值变动

在 7%~15% 波动，最后是东北地区（包括黑龙江、吉林、辽宁）和华北地区（包括北京、河北、内蒙古），其产量比例不足 5%。

总体上来看，得益于现代肉鸭养殖模式的广泛使用和资本的良好运作，华东地区 2010 年以来一直是肉鸭的最主要产区，占全国肉鸭出栏总量的六成左右；而技术相对薄弱的华中、华南地区肉鸭产量占全国总产量的 10% 以上，且在逐年降低。资金相对不足的西南地区产量比例在 10% 上下波动。受到农业劳动力短缺和环境政策影响的华北地区肉鸭产量在最近几年下降了一半；而肉鸭养殖量一直相对较少的东北地区，除在 2013 年受媒体报道 H7N9 事件影响外，其产量基本稳定在 5% 以内。

2.2.2 蛋鸭产业布局变动分析

2.2.2.1 分省产业布局变动分析

近年来，育种人员在我国蛋鸭优秀资源基础上培育了不同品种的青壳系，使我国蛋鸭的生产性能一直处于世界领先水平。根据各个综合试验站提供数据，经由国家水禽产业技术体系产业经岗团队汇总及对全国各水禽生产省（自治区、直辖市）的调查，整理汇总制成 2010~2018 各省（自治区、直辖市）蛋鸭产业产值变动表（表 2.2）。

表 2.2 2010~2018 年各省（自治区、直辖市）蛋鸭产业产值变动表（单位：亿元）

地区\年份	2010	2011	2012	2013	2014	2015	2016	2017	2018
北京	0	0	0	0	0	0	0	0	0
河北	0	0	0	0	0.076	0.08	0	0	33.04
内蒙古	0	0	0	0	0	0	0	0	1.63
辽宁	0	0	0	0	8.72	4.98	7.28	9.04	24.26
吉林	0.16	0.08	0	0.08	0.10	0.14	0.34	0.48	19.30
黑龙江	0	2.40	0	0	0	0	0	0	38.8
上海	1.22	3.845	4.65	6.79	0.78	2.25	4.90	1.84	0.21
江苏	6.97	0	32.70	59.72	26.95	34.60	30.19	6.40	27.58
浙江	45.00	45.00	40.33	39.52	37.87	40.55	26.53	13.80	2.049
安徽	22.12	24.34	13.71	15.16	11.53	15.68	12.18	8.473	54.48
福建	39.24	43.16	20.66	30.56	29.18	34.46	45.59	33.29	2.04
江西	1.95	2.045	17.16	9.49	33.37	61.81	35.73	27.17	25.99
山东	8.82	0	2.45	29.5	54.36	54.00	55.43	40.48	32.60
河南	0	0	21.00	0	0	0	24.10	27.57	44.80
湖北	27.80	50.06	37.59	40.78	52.98	79.97	52.43	44.08	7.41
湖南	53.67	53.94	53.30	40.47	50.96	64.71	43.27	44.42	14.12
广东	6.55	62.00	6.00	74.09	65.35	67.05	44.84	27.3	86.74
广西	4.9	0.47	0.35	2.84	2.83	4.12	2.58	2.88	1.64
海南	2.1	2.05	2.48	2.43	3.28	4.10	2.47	2.06	7.04
四川	12.54	7.17	1.67	1.74	1.46	2.10	4.31	8.59	41.16
重庆	14.47	15.19	12.95	14.85	23.30	16.30	15.73	9.66	5.47
贵州	0	0	0	0	0	0	0	0.04	2.05
合计	247.71	311.75	267.01	368.01	365.22	486.90	407.92	307.58	472.41

2010 年蛋鸭生产较为集中，湖南、浙江、福建三省的蛋鸭生产量已经超过了全国蛋鸭总产值的一半以上，湖北、安徽、重庆紧随其后，占比也都在 5% 以上，其他省份所占的比例都较少。

2011 年与 2010 年相比，最大的变化就是 2010 年蛋鸭产值还排在第十位的广东超过了湖南，跃升到全国首位，其他区域的变化不大。湖北、湖南、福建、浙江和广东仍然是全国蛋鸭生产集中度较高的地区。

2012 年湖南重获自己在蛋鸭生产中的优势地位，回到全国蛋鸭生产的榜首位置，而 2011 年表现良好的广东，蛋鸭产值有所回落，河南成为 2012 年蛋鸭生产的最大黑马，成功地跻身前五。两湖和东部沿海各省份表现依旧稳健，蛋鸭产值依旧保持在较高水准。

2013年广东再次跃居全国蛋鸭生产的榜首，两湖地区的蛋鸭生产传统保证了它们在蛋鸭产值上的稳健地位，同时近年来蛋鸭产值榜上有名的江苏省在稳步提升，从2012年的全国第三位上升到了第二位。

2014年广东省依然居领先地位，两湖地区表现稳健，之前一直在蛋鸭生产中表现平平的山东省异军突起，导致了原有生产格局的一次震荡。

2015年，两湖和沿海省份仍然保持着自己的优势地位，湖北、湖南纷纷进入蛋鸭生产的全国前三。

2016年蛋鸭产业的布局变动依旧没有太大变化，山东省在2016年的蛋鸭生产中表现良好，湖北、福建分列第二位、第三位，两湖和东部沿海省份蛋鸭生产高集中度的格局依旧没有发生太明显的变化。

2017年的蛋鸭生产情况和2016年相比依旧变动不大，前十的省份基本上没有发生变化，只是各自的排名顺序发生了细微的变动，总体上的产业布局的聚集形势并没有发生太大变化。

2018年的蛋鸭生产市场，在经历了2016年、2017年连续两年的下滑之后，在2018有较大幅度的回升，虽然没有达到2015年那么高的水准，但也在近八年里位列第二。

总的来看，2010～2018年，湖南、湖北地区的蛋鸭产值虽有波动，但总体上来讲一直处于全国蛋鸭生产的优势地位，和肉鸭的集聚原因相同，两湖地区的蛋鸭产业的产业集聚和产业优势的形成除了当地的饮食习惯和自然环境条件外，龙头企业的带动，是该地区蛋鸭产业蓬勃发展的重要原因。自然地理条件方面两湖地区大小湖泊众多，适宜蛋鸭的养殖，但是也不难看出，迫于近年来环境保护政策的压力，两湖地区的蛋鸭生产也经历了产值上的波动和瓶颈。在湖南、湖北的带动下，蛋鸭产业呈现出向四周辐射的状态：向北以河南、安徽为骨干；向南以福建、广东、江西为骨干；向西以重庆、四川为骨干；向东以江苏、浙江为骨干，呈现出扩散式带动周边地区蛋鸭产业发展的良好态势。

2.2.2.2 分区域产业布局变动分析

华东地区（包括上海、浙江、江苏、安徽、福建、江西、山东）蛋鸭产值占全国比例在2010年、2012年、2013年和2016年等年份一直保持在50%以上，其余年份也保持着其在全国各地区的领先地位。华中地区（包括河南、湖北、湖南）和华北地区（包括北京、河北、内蒙古）紧随其后，最后是东北地区（包括黑龙江、吉林、辽宁）和西南地区（包括四川和重庆），所占比例常年不高。

总体上来看，得益于现代蛋鸭养殖模式的广泛使用，资本的良好运作，华东地区2010年以来一直是蛋鸭的最主要产区，占全国蛋鸭出栏总量的半数左右；而技术相对薄弱的东北和西南地区蛋鸭生产起色不大，在全国所占比例也鲜有提升（图2.8）。

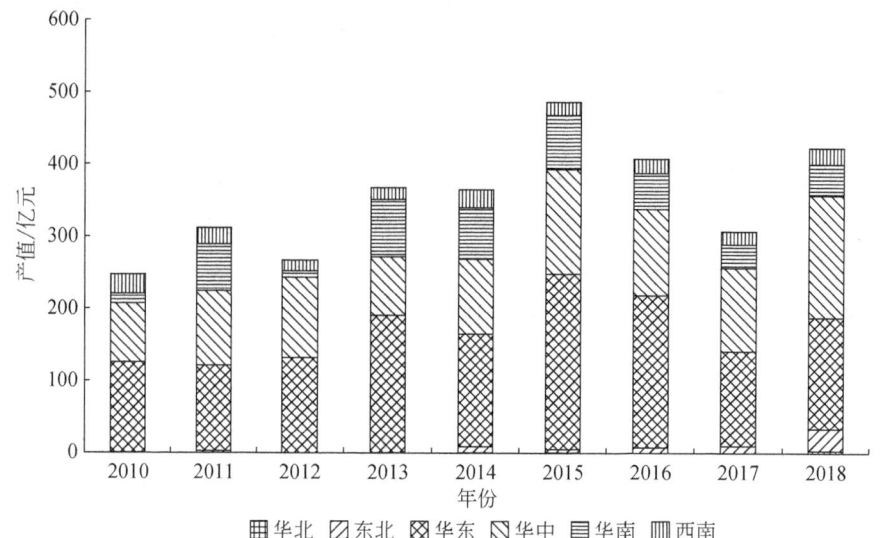

图2.8　2010~2018年各区域蛋鸭产值变动

2.2.3　肉鹅产业布局变动分析

2.2.3.1　分省产业布局变动分析

资源禀赋、技术与资本、市场和政策变化等因素的交替作用驱使肉鹅产业的空间布局发生了巨大变动，肉鹅生产格局的变动大致可以分为以下四个阶段。

第一阶段在2010~2011年，这一阶段肉鹅生产格局南北较为平衡。2010年广东省商品肉鹅出栏量为6500万只、肉鹅产业产值达69亿元，辽宁省商品肉鹅出栏量为3411万只、产值达71.6亿元，除此两省外，全国其余省份生产集中度都低于0.1，这意味着这些省份肉鹅生产不足全国的10%且多数省份不足1%。2011年，在全国技术与资本投入差距较小的情况下，气候适宜、平原开阔的黑龙江、吉林两省肉鹅出栏量分别为4482万只、3000万只，肉鹅生产均超过全国的10%，而剩余省份的肉鹅生产量不足10%甚至不足1%。

第二阶段是在2012年，这一阶段市场的调节作用更加明显，肉鹅的生产格局开始发生重大转变。2012年黑龙江、吉林、辽宁三省肉鹅出栏量共计1.04亿只、产值超49.8亿元，北方其余省份生产集中度不足0.001。同时，随着资本与技术投入力度逐渐加大，消费能力更强、市场更为活跃的东部、中部和南部共有14个省份的肉鹅的生产集中度达到0.01。其中，东部的山东、安徽肉鹅出栏量分别为2500万只、4135万只，肉鹅产值的全国占比分别达到22.4%和11.1%；中部的湖北肉鹅出栏量为944万只，产值超40亿元，肉鹅产值的全国占比达11.5%；南部的广东肉鹅出栏量为6500万只，产值达65亿元，产值的全国占比达18.4%。此时南方肉鹅产业生产规模较为明显地高于北方。

第三阶段在2013~2014年，这一时期资源禀赋影响力已十分微弱，技术与资本的作用成为主导，加上环境政策对北方部分地区肉鹅养殖的限制，"北向南移"的变动情形进一步加剧。此阶段东北三省的鹅产值均不足全国的1%，而东部的江西、山东、江苏、安徽四省和南部的广东省的肉鹅产值的全国占比超过10%。

第四阶段是2015年至今，随着环境保护力度的逐渐加大，在南方整体与北方拉开差距的同时，受环境政策影响相对较小的四川异军突起，2015年四川商品肉鹅出栏量达8000万只，产值超58亿元，一举达到全国总产值的17.2%，赶超广东57.7亿元的肉鹅生产总值。2016年在肉鹅产业生产南方多于北方的大格局下，南方生产布局也愈发均匀，除广东省肉鹅出栏量达8700万只，产值超108.8亿元，以占全国29.7%生产总量高居榜首外，其余省份的占比均在1%~10%，差距不大；同时，东部与西部也基本与中部持平。

总体上看，除广东省外，其余各省份生产集中度是在逐渐分散的。我国肉鹅产业的生产布局正在发生着巨大的变化——由北向南的纵向转移和由中部向东西的横向扩张（表2.3）。

在传统农业生产时期，中国水禽饲养区域主要分布在长江流域及其以南地区，再加上山东、河北和东北三省，这些地方都有许多共同点：平原开阔、江河湖泊众多，水生生物资源极其丰富。这些得天独厚的先天性资源是水禽养殖不可或缺的自然条件。因此，我国水禽产业早期的分布的特征十分明显——依托自然资源条件分散养殖。

但随着市场经济的向前发展，随着自动化、机械化的逐步推广，也随着现代养殖技术的不断进步，现今的水禽产业的养殖分布格局正在发生巨大改变。以前水禽产业分布所依赖的优势是良好的自然条件，如今则不然，区域内的先进技术和雄厚资本对水禽集中养殖的支柱作用正不断得到凸显。

肉鹅作为水禽的三大产业之一，虽然起步较晚，但其发展的规律也基本与其他禽类相似。但是相较于其他水禽，鹅对生存环境的要求更为苛刻，故而肉鹅生产布局的变动相较于其他禽类也会有些许差异。

表 2.3　2010~2018 年各省（自治区、直辖市）肉鹅产业产值变动表（单位：亿元）

年份 地区	2010	2011	2012	2013	2014	2015	2016	2017	2018
北京	0	0	0	0	0	0	0	0	0
河北	0	0	0	0	0	0	0	0	33.04
内蒙古	1.60	1.60	0.10	1.01	0	0.69	0.12	10.55	1.63
辽宁	71.60	71.60	17.30	24.30	25.30	16.32	27.52	62.69	24.26
吉林	16.20	16.20	10.50	15.76	26.35	28.53	29.65	11.01	19.30
黑龙江	26.02	26.17	22.05	30.84	24.76	22.55	25.71	24.34	38.80
上海	0.39	4.54	3.55	0.35	0.51	0.50	0.28	0.12	0.21
江苏	23.62	0	10.03	45.5	46.87	41.15	30.31	21.32	27.58
浙江	5.39	5.39	0.69	2.07	5.09	3.05	9.11	2.11	2.05
安徽	1.34	1.60	39.12	3.20	3.76	5.13	6.63	45.03	54.48
福建	1.86	1.80	2.03	2.13	2.23	1.30	1.85	1.80	2.04
江西	12.78	13.42	11.32	11.48	13.09	10.57	12.96	14.81	25.99
山东	2.40	0	79.00	30.12	30.2	31.9	34.17	33.09	32.60
河南	1.50	2.25	16.00	16.75	15.46	22.96	32.14	53.55	44.80
湖北	2.11	0	40.49	6.1	5.48	8.15	7.63	6.58	7.41
湖南	13.48	0	12.17	9.08	11.20	13.70	12.06	12.79	14.12
广东	69.00	69.00	65.00	78.52	103.40	57.75	108.82	87.53	86.74
广西	0.25	0.41	0.45	0.02	0	0.23	0.74	0.28	1.89	1.64
海南	4.52	4.97	4.44	5.29	7.075	4.64	8.24	8.43	7.04
四川	16.51	1.47	3.82	2.45	2.56	58.03	9.45	42.5	41.16
重庆	9.75	10.23	5.78	6.48	6.57	9.65	7.18	4.68	5.47
贵州	0	0	0	0	0	0	0	2.39	2.048
合计	280.31	230.63	343.84	291.47	330.13	337.29	364.12	447.21	472.41

2.2.3.2　分区域产业布局变动分析

肉鹅产业的区域集中程度不如肉鸭、蛋鸭明显，产业布局比较均衡。2010~

2011年鹅产值较高的东北地区，在随后的几年里所占比例总体下降，在2012年甚至降到了全国各区域的倒数第二，华东地区（包括上海、浙江、江苏、安徽、福建、江西、山东）肉鹅产值在全国的地位相对稳定并在稳步的提升，在2012年甚至占到了全国各区域肉鹅产值的40%以上，华东地区的水禽生产的传统优势可见一斑。华南地区、华东地区和东北地区是肉鹅产业相对集中的地区，除此之外，华北、西南等地的肉鹅产值相对较差（图2.9）。

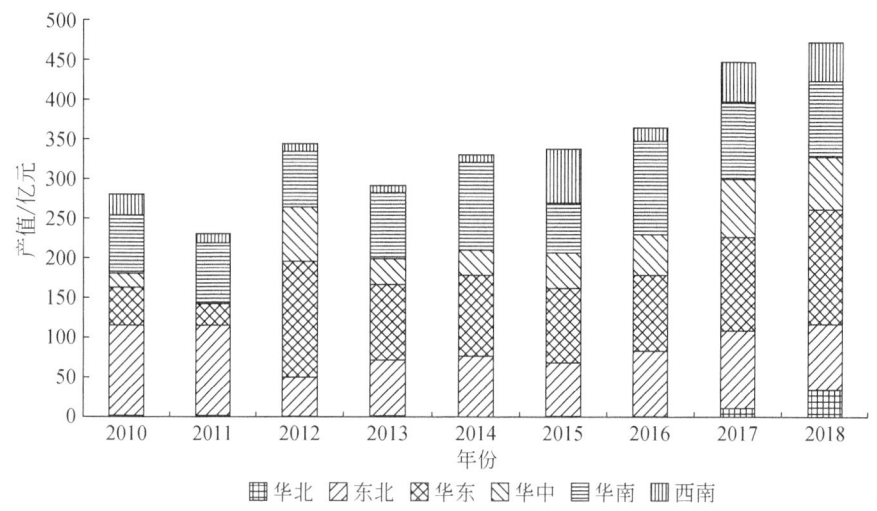

图2.9 2010~2018年各区域鹅产值变动分析

总体上来看，肉鹅产业生产技术相对较高，劳动力充足的华东地区的肉鹅产值在全国各地区中表现最为突出，提升步伐稳健；西南、华北等地区的肉鹅产业基础薄弱且近些年来占比甚至有不增反降的势头；华南地区保持着持续的增长势头，整个肉鹅产业甚至出现了向华南地区转移的势头。

2.3 水禽产业集聚及趋势分析

2.3.1 产业集聚的相关理论

与其他产业相比，水禽产业具有明显的独特性：水禽产业的劳动对象是有生命的水禽，水禽的生长受到外部环境与人类行为的双重影响；水禽产业本身起步虽晚，但成型迅速，规模化、集中化程度很高。在充分结合水禽产业本身的独特性之后，本书选择采用能够体现大规模生产的市场和行业状况的生产集中度理论与反映区域间资源、技术、劳动力等要素禀赋差异的比较优势理论，从两个不同的维度来综合考量水禽产业布局的状况及其产业集聚特征。

2.3.1.1 水禽产业生产集中度的特征分析

生产集中度也叫产业集中度或市场集中度，是指市场上的某种行业内少数生产地区的产量（或产值、资产）在该行业内的支配程度，它一般是用这些地区的产量（或产值、资产）占该行业地区生产总量的百分比来表示。量化的生产集中度能够更加清晰地从时间、空间等多维角度展现水禽产业时至今日的由分散到集中的演化路径。

在传统农业发展时期，水禽的生产分布是极为广泛且分散的，但多是小规模的散养户，更没有专门的育种和屠宰部门，市场流通基本上是以活禽交易为主。随着农业现代化的逐步深入、市场经济的逐渐完善尤其是技术水平的不断提升，我国水禽产业分布呈现出由资源优势区域向技术和资本优势区域转变的特征。这一重大转变打破了自然等先天条件对水禽生产的束缚，使得后天条件优势区域能够凭借自身的先进技术和雄厚资本打造水禽产业从育种、养殖到屠宰、加工的全产业链生产线，大大加快了水禽产业规模化、集中化进程。这也恰恰符合中国现代农业产业化、规模化、集中化的基本发展趋势。

水禽产业全产业链集中化生产模式的大力推广和有效运行极大地影响了水禽产业的空间分布与组合。原本气候温暖、雨水充足的水禽传统养殖地区逐渐被技术领先、财力雄厚的现代水禽养殖地区所取代。传统养殖地区的小型企业和散养户渐渐没落，而大中企业则要么谋求转型，要么向现代化养殖地区转移。如此一来，产业的集中化程度进一步加剧。

集中化的生产格局是肉鸭产业布局变动的大趋势，更为精细的演化路径需要具体量化。换句话说，就是对肉鸭产业生产集中程度这个"度"的精准把握。生产集中度的变化从养殖、产量、产值三个方面反映了肉鸭产业分散集中状况与变动趋势。进一步，可以从肉鸭主产省份的生产集中度、区域的产业集中度以及养殖集中度三个方面全面度量肉鸭产业从养殖、屠宰加工到销售的集中化分布趋势。

2.3.1.2 肉鸭产业布局分析中的比较优势分析框架

（1）区域比较优势——肉鸭产业的理论分析工具

区域比较优势是指一个区域所拥有的有利发展条件，这类有利发展条件由该地区的地理位置、自然禀赋、人力、财力等因素共同作用形成。区域内优势产业的崛起取决于区域拥有的比较优势，区域比较优势概念的产生是比较优势理论在区域经济和产业经济中的实际运用,也是比较优势理论的成功拓展。

在中国的市场经济逐渐走向完善的今天,区域经济想要得到发展,就必须依赖其自身拥有的区域比较优势产业的带动。在许多地区,肉鸭生产恰恰是该地区的优势产业,那么,在肉鸭产业的区域经济研究中,区域比较优势理论则是一种重要的理论分析工具。借助区域比较优势这一分析工具,可以探究区域内水禽产业发展的推动力,进而更好地对不同区域水禽产业发展状况进行比较,捋清水禽产业生产格局的脉络。

水禽产业包括育种、孵化、养殖、屠宰、加工、销售等诸多环节,且每一环节紧密相连。由于禽苗和活禽并不适宜长途运输,故水禽生产的各环节必须形成产业链条,聚合在一起谋求共同发展。因此在水禽这类活禽生产中,单纯考虑某一环节的自然基础和要素禀赋的比较优势是狭隘的,比较优势在水禽产业中运用时应该全盘总览,容纳更加广义的范畴。首先,水禽产业中的比较优势包含自然条件和要素禀赋,如土地、矿产等,这是先天优势;其次,包含资本的动态积累,资本的动态积累主要由市场变化、技术进步、生产资料流通等因素引起;再次,包括供求双方的比较优势,水禽产品的供给与需求相互影响,应该从市场经济的角度看待问题;最后,水禽产业中的比较优势还应包含消费人群的意识和观念的变化因素,不同区域的风俗习惯、文化发展的差异都会对比较优势理论在水禽产业中的运用结果产生影响。

(2)区域比较优势对水禽产业布局的作用路径

水禽产业布局是指水禽产业在全国范围的空间分布与组合。水禽产业的空间布局并不是一成不变的。

从比较优势理论的角度来看,水禽产业的空间发展应该按照比较优势的原则进行布局,并以自然演进为基础,适时、适当地对产业的转移与结构的调整加以引导。只有符合比较优势原则的规律,水禽产业才能健康、持续、高速地向前发展,才能真正做到优化产业结构、合理布局产业。

从区域经济发展的角度来看,比较优势理论能够指导水禽产业发展之路更好地发挥地方特色和地方优势,进而推动其成为优势产业,带动区域经济发展。

我国目前的水禽产业已经走上了现代化的生产道路,水禽生产格局也正不断发生着新的变化。其变动的规律有时并不能透过产值、数量、规模等客观数字直接反映,这时,比较优势的作用得以显现。一个地区内的水禽孵育、养殖、屠宰、加工等多个环节在规模、效率上与其他地区相比或许不具备绝对优势,但仍然可以从相对的角度找到自己可以发挥特长的环节,并且通过分工和交换使贸易双方都获得收益。这样的话,每个地区都可以在本区域内大力发展个别拥有比较优势的环节，通过市场流动弥补自身薄弱环节，从而盘活区域内的整个水禽产业。与此同时，在资本的强力驱动下，资本薄弱地区内优势生产环节里的非资本要素（技术、劳动等）会流向资本雄厚地区，进而产生产业布局的变动。通过对不同的水禽产品主产区域间要素禀赋的比较则能演绎水禽产业从传统养殖区域向比较优势区域靠拢的动态过程，从而理清我国水禽产业布局的变动规律。

2.3.2 肉鸭产业集聚及趋势分析

1）肉鸭的生产集中度指某地区肉鸭产值占同期全国肉鸭产值的比例。生产集中度可以准确地描述地区间肉鸭产业产值变动轨迹。

如图2.10所示，西南地区肉鸭产值占全国比例极小，即便在最高年份（2010年）其产值占全国肉鸭总产值的比例也没超过20%；而华东、华南、华中三大地区所占比例较大。华南的地区肉鸭产值占全国肉鸭产值比例随时间推移在逐步变小，由2010年的23%左右降至2018年的13%左右；华东地区却是在波动中上升，由2010年的44%左右到2018年的55%左右，由此也不难看出，华东地区的肉鸭生产不仅产值比例高，且在总体上升；东北地区从2010年到2018年，总体的产值比例变化不大，在2011~2013年经历了连续三年的连续下跌之后，从2013年到2018年逐渐复苏，并稳步提升，目前上具备较大上升空间；与东北地区的先下降后上升的趋势不同，华中地区则恰恰相反，2010~2013年的三年间华中地区的肉鸭产值占全国肉鸭总产值的比例在逐步上升，但在2013年后虽有波动但总体上是呈下降趋势。养殖集中度和生

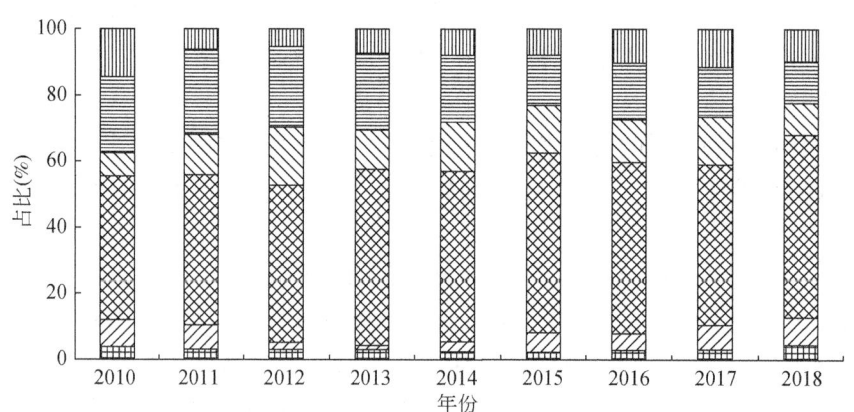

图2.10 2010~2018年肉鸭产业生产集中度变化

产集中度的变化均显示，产业的规模化不断扩大，但集中化程度并未发生太大变化，华东地区的肉鸭生产优势不仅没有被撼动，反而在不断加强。

2）产业集中率。可以从区域经济的角度衡量肉鸭生产靠前的省份占全国总产量的比例，用以体现产业的空间聚集程度。

$$CR_n = \sum_{i=1}^{n} W_i \qquad (2.1)$$

式中，CR_n表示肉鸭产量最大的n个省份占全国鹅肉总产量的比例，W_i为排名第i的主产省的肉鸭产量占全国鸭肉总产量。CR_n的值越大表明肉鸭产品生产空间布局的集中程度越高。

由图2.11可知，肉鸭产业相较于其他肉类产业来说具有较高的空间聚集程度。肉鸭行业集中率CR_8、CR_4两个指标在2010~2016年均呈现出先上升后下降的趋势，其中CR_8在2013年以前缓慢升至到0.85，意味着，产量最高的8个省份占到全国85%的份额。2013年开始下降，到2016年降至0.77；CR_4也是在2013年以前保持在0.64左右，意味着产量最高的4个省份占到全国64%的份额，2013年以后开始下降，到2016年降至0.55。

2010~2016年间肉鸭的养殖集中度系数呈现出先上升再下将然后回升的状况，肉鸭养殖集中度系数最高时在2012年达到0.69，之后降至2015年的最低点0.56，在2016年回升到0.61。

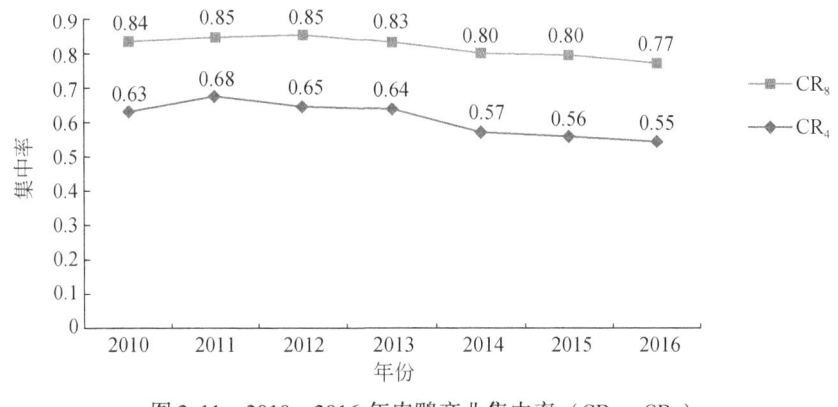

图2.11　2010~2016年肉鸭产业集中率（CR_8、CR_4）

3）基尼系数。基尼系数是综合考察区域内部产值差异状况的指标，可以体现产业的空间聚集趋势，将全国肉鸭主产省按肉鸭产值由高到低排列，划分为省份数相同的n组，算出从第1组到第n组的产值占全国肉鹅产值的累计百分比，计算公式如下：

$$G = 1 - \frac{1}{n}\left(2\sum_{i=1}^{n-1} W_i + 1\right) \qquad (2.2)$$

式中，G 表示肉鹅产业分布的基尼系数，W_i 表示从第 1 组累计至第 i 组的产值占全国肉鹅总产值的百分比。基尼系数数值基于 0 和 1 之间，越接近 0 表明肉鹅产业分布越平均，越接近 1 则意味着极度的集中。

如图 2.12，2010～2016 年肉鸭产业的基尼系数则显示出先缓慢上升再急速下降然后慢慢平稳的趋势，2010～2012 年为缓慢上升期，从 0.59 升到 0.62；2012～2014 年为快速下降期，在 2014 年降至 0.54，至 2016 年逐渐平稳在 0.52 左右。

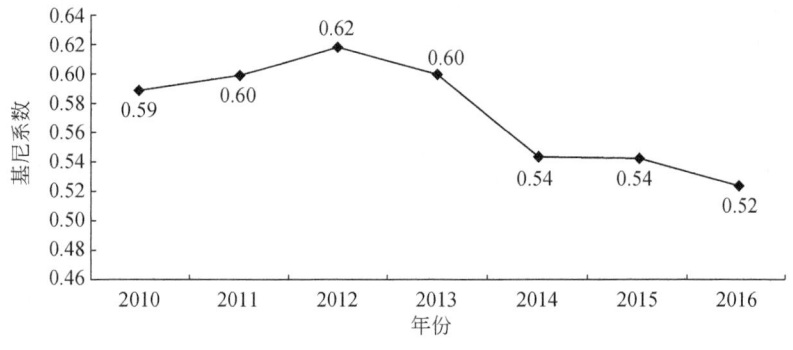

图 2.12　2010～2016 年肉鸭产业基尼系数（G）

行业集中率、养殖集中度系数以及基尼系数都显示我国肉鸭产业有集聚化趋势，具体表现为先上升再下降然后平稳的趋势，这表明在 2010～2012 年间肉鸭产业的分布快速聚集，产业的发展速度很快；2013 年成为了转折点，产业布局趋于分散，发展速度变慢；2015～2016 年为恢复期，产业分布和发展状况逐渐恢复稳定。

2.3.3　蛋鸭产业集聚及趋势分析

2.3.3.1　生产集中度

从图 2.13 可以看出，东北、西南地区蛋鸭产值占全国比例极小，8 年间没有超过 20% 的年份，东北地区的蛋鸭产值虽然是各区域中占比最小的，但在近年来在不断增加；西南地区的蛋鸭产值占比呈现出先下降后上升的态势，在经历了 2010～2013 年连续三年的下降之后，2014～2018 年西南地区的蛋鸭产值在波动中稳定上升。华东、华中两大地区的蛋鸭产值占全国的比例较大，其中华东地区的生产集中度最大,最低的年份也接近全国蛋鸭总产值的40%,但总的来看,华东地区的蛋鸭产值占比在不断的减小,从2010年的50%左右下降到2018年的40%左右,华东地区的蛋鸭生产优势地位不断受到来自华中、华南地区的冲击。同样占比较高的华中地区,在近些年的上升态势十分明显。

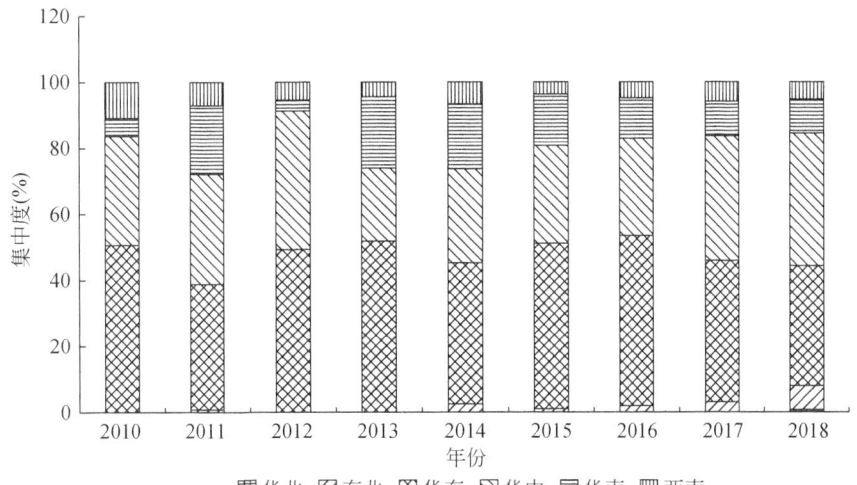

图 2.13 2010~2018 年蛋鸭产业生产集中度变化图

2.3.3.2 产业集中率

2010~2016年我国蛋鸭产业集中率CR_8、CR_4均呈现出先上升、后下降的特征,2016年达到最低水准。特别是最近几年CR_4表现出明显下降的趋势,说明蛋鸭产业前四的省份占比逐年缩小,一些后起之秀的省份在最近几年蛋鸭生产上有了明显的发展(图2.14)。

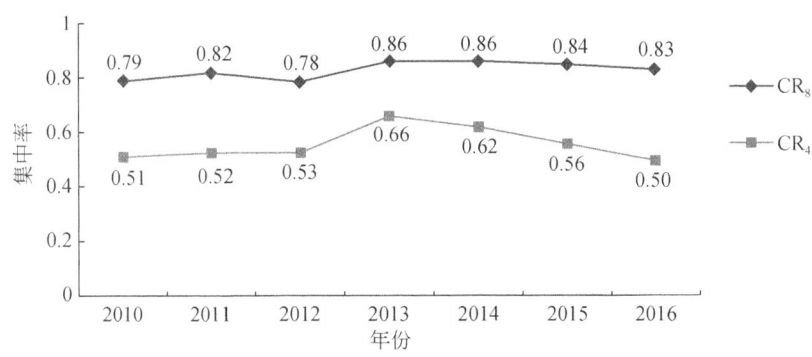

图 2.14 2010~2016 年蛋鸭产业集中率(CR_8、CR_4)

2.3.3.3 基尼系数

2010~2016年，蛋鸭产业布局的基尼系数呈现前期波动后期平稳下降的特点。峰值出现在2011年，这一年的基尼系数达到了0.69，最小值出现在2016年，这一年的基尼系数只有0.52，说明我国蛋鸭产业的区域集聚呈现出下降趋势，即蛋鸭产业的发展呈现集中度在逐渐分散，新的区域发展势头明显的趋势（图2.15）。

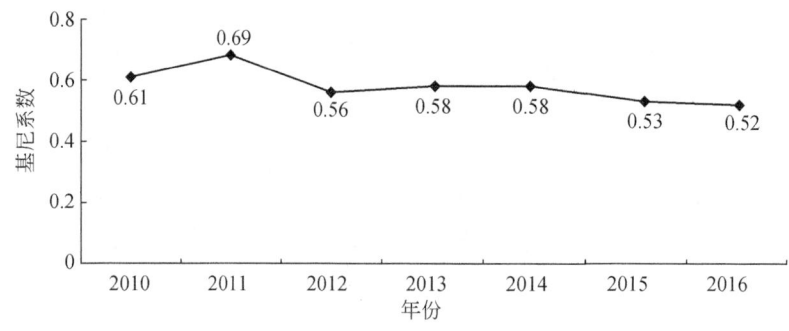

图2.15　2010~2016年蛋鸭产业分布基尼系数（G）

2.3.4 肉鹅产业集聚及趋势分析

2.3.4.1 生产集中度

从图2.16可以看出，东北地区的肉鹅产业在2010年、2011年的产值在全国范围内的优势十分明显，但在2011年之后东北地区的肉鹅产值迅速下降，虽然在2013年有所回升，但总体来看，东北地区的肉鹅产值呈下降态势。与之形成鲜明对比的是华东地区，华东地区的肉鹅产值在全国所占比例总体上升，并在2012年占全国总产值的比例达到了40%；华中地区的肉鹅产量整体呈上升态势；产量相对较高的华南地区的产值占比则波动较大；华北地区的肉鹅生产在近两年的表现也较好，2017年、2018连续两年上升；西南地区的肉鹅产值占全国的比例则呈先下降后上升的状态，在经历了2012~2014年度的低谷期之后，近年来西南地区的肉鹅产值比例在波动中上升。

2.3.4.2 产业集中率

2010~2016年我国肉鹅产业集中率CR_8、CR_4均呈现出先上升、后下降的

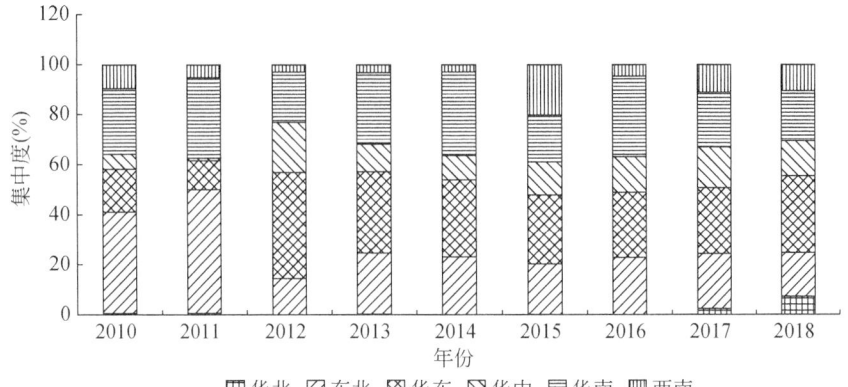

图 2.16 2010~2018 年肉鹅产业生产集中度变化

特征。CR_8 在 2013 年达到最大值（0.86），这意味着产量最高的 8 个省份产量占到全国总产量的 86%，2013~2016 年缓慢下降至 0.83；CR_4 同样在 2013 年达到最大的 0.66，即产量最高的 4 个省份产量约占全国总产量的三分之二，2013~2016 年逐步降至 0.5（图 2.17）。这一变动规律和蛋鸭产业类似，说明肉鹅产业在最近几年也呈现集中度下降的趋势，有一些后起之秀的省份肉鹅产业有较好的发展态势。

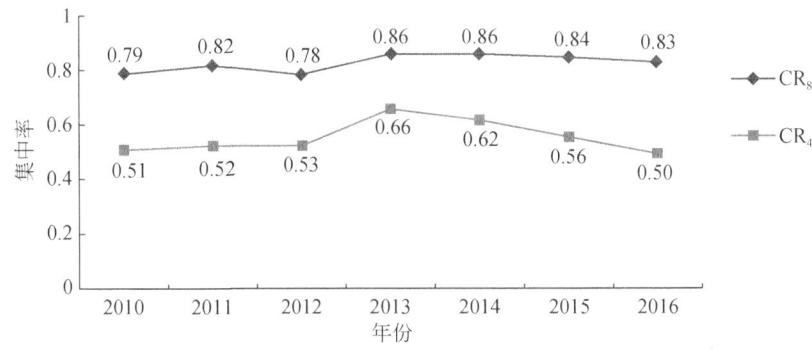

图 2.17 2010~2016 年肉鹅产业集中率（CR_8、CR_4）

2.3.4.3 基尼系数

2010~2016 年，肉鹅产业布局的基尼系数呈现前期波动后期平稳下降的特点。2010~2012 年，基尼系数在 0.56~0.69 波动，2012~2016 年，基尼系数逐渐降至 0.52（图 2.18）。

不论是生产集中度、产业集中率，还是基尼系数均显示，2010~2016 年

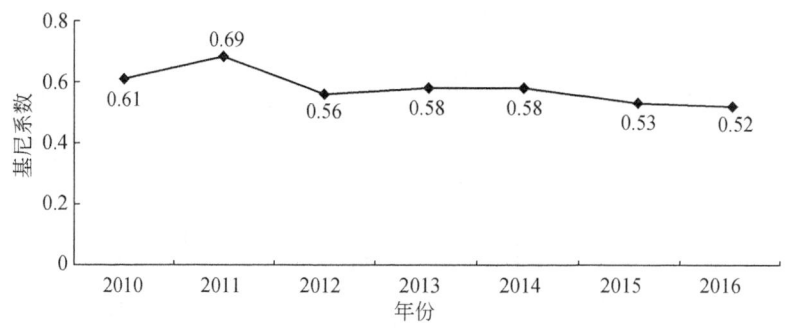

图 2.18　2010～2016 年肉鹅产业分布基尼系数（G）

我国肉鹅产业呈现"分散—集中—分散"的特征。当自然条件、劳动力资源对产业的发展占主导地位的时候，肉鹅产业处于较分散时期；当技术、资本等后天因素对产业发展推进作用变强后，肉鹅产业逐渐趋向集中；再往后，技术、市场的发展进入瓶颈期，受到环境政策的影响，产业发展又逐渐出现差异化发展趋势。

2.4　水禽产业生产布局的影响因素及优化建议

2.4.1　水禽产业生产布局的问题

我国的水禽养殖历史悠久，可真正走上产业化发展道路的时间较短，发展的基础相对比较薄弱。从整个水禽产业的发展来看，现阶段我国水禽产业的注意力主要集中在生产环节，缺乏对于产业的培养，导致产业发展的极不平衡，虽然产品总量和总产值较大，但是水禽产品同质化，产业布局状况模糊，区域发展不平衡等问题在很大程度上都限制了我国水禽产业的进一步发展。在人民消费水平不断提高，供给侧改革不断深入的大环境下，找出产业布局中存在的问题，并解决这些问题，已经迫在眉睫。总的来说，水禽产业布局中存在的问题可以概括为如下几点。

2.4.1.1　消费结构转变与水禽产品同质化的矛盾

随着生活水平的提高，居民的消费水平不断提高，消费结构不断升级，居民对优质产品的消费需求越来越多，而我国水禽市场的细分水平不高，肉蛋类产品同质化现象严重，产品档次差异较少，消费需求的规模扩张的难度较大。

另外，我国水禽品种、养殖规模、养殖技术、产品品质已达国际先进水平，食品的安全性、营养性、品质不容置疑，但品牌建设力度不足，这影响了水禽产品档次的区分度，不利于产业快速发展与行业进步，特别是水禽产品消费具有明显的区域性特点，导致大多数水禽品牌产品只是地方性、区域性品牌，市场全覆盖能力弱，占有率低。

2.4.1.2 地方风俗习惯、政策引导与产业布局的矛盾

我国水禽生产具有普遍性的特点，水禽产品也受到各地人民的喜爱，但是诸如甘肃、宁夏、陕西、新疆、青海、西藏等地区的水禽养殖量很少，一方面是由于水禽的饲养受制于这些地区的地理环境、自然条件、水源条件；另一方面，当地政策并没有积极的引导，也是限制当地水禽产业发展的重要因素。但是，随着科技水平的提高，旱养技术的发展和提升，水源条件等自然地理环境因素已经不是影响水禽产品发展的主导因素，水禽产品之所以止步于这些地区，还有一个重要原因是，水禽产品在当地的消费习惯和饮食文化中并没有一席之地。这种消费理念和文化差异也导致了水禽产业在这些地区的发展的复杂性。要解决这些问题，首先需要当地政府进行水禽产业的培育和发展引导，在这一过程中资金的注入、技术的引进至关重要，没有资金和技术，发展就无从谈起；水禽产品的生产问题解决之后，地方风俗习惯的问题也就迎刃而解，当地人民对于水禽产品的消费不足，并非是对水禽产品不够喜爱，比较现实的问题是产业空间布局问题导致的当地水禽产品价格竞争力不如其他替代产品。例如，西北地区的人民对于水禽蛋类，肉类产品颇为喜爱，但我国的水禽蛋肉产品的生产多集中于东南沿海地区、长江流域以及川渝地区，若把大量的禽蛋产品输送到西北市场，成本会比较高。

2.4.1.3 养殖环境约束与产业布局的矛盾

由于提倡绿色发展，国家对产业发展中的环境控制越来越严，政府及社会给予水禽产业发展的空间也越来越小。在治污减排成本高、政府环保政策补贴不到位、市场对环保产品价格不认同的形势下，生态环境压力日益增加，直接影响了水禽产业发展。在水禽粪便的利用价值和健康养殖的品质价值难以实现的情况下，污染处理的高额支出已经成为制约水禽企业发展的重要瓶颈。长期以来，水禽产业的发展布局与水资源息息相关，区域内水流、湖泊资源是有限的，其所能承载的水禽规模数量也会受到水资源的约束，若无限地在水源区布局水禽生产、增大水禽规模，会造成无法挽回的环境损失。例如，在西藏、青海、新疆等生态环境相对脆弱的地区大规模开展水禽养殖，可能会对诸多河流

的源头和湖泊造成较大的影响，对这些地方环境的损害巨大。

2.4.2 水禽产业生产布局的影响因素

综合上述理论，结合水禽产业的发展特点，可以从理论上对水禽产业的影响因素划分为以下几类。

2.4.2.1 资源禀赋

资源是限制农业发展最直接的因素，资源禀赋和地理条件影响水禽产业布局的渠道有两个：一是直接作用到水禽的生长和产出性能，二是通过影响饲料的生产和供给来影响水禽生长。水禽的生长、繁殖对水资源有一定要求同时要求气候保持温热，这在很大程度上限制了水禽的规模化养殖向寒冷、干旱地区的扩展。现代农业产业布局一大原则是因地制宜，即农业产业布局会尽量靠近原材料产地。水禽饲料的主要成分是玉米，所以水禽生产会主要向玉米的主产地靠拢。故资源和气候条件会极大地影响玉米的生产格局，进而从第二条渠道影响水禽的产业布局。

2.4.2.2 外部经济

外部规模经济理论指出，为了更好地利用四个专业化，即现有的专业化市场，专业化劳动力资源，专业化创新、销售、人才培养体系，产业化产业配套设施，同类型产业及相关类型产业会涌向某一特定经济区域。水禽产业包括育种、孵化、养殖、屠宰、加工、销售等多个环节，几乎每个环节都需要与之对应的专业化的市场，急需专业化的劳动队伍、专业化的人才培养体系，更需要专业化的配套设施。因此，区域经济对水禽产业的集聚影响难以忽略。

2.4.2.3 交通

传统观念认为产业生产所需原材料的大小、重量、易损变质特性对企业选址十分关键，将企业安置在原材料产地附近既可以克服上述困难又可以降低运输成本，可谓一举两得。但现代产业布局理论认为随着材料处理技术和运输手段的升级，以及产业发展生产链末端产品深加工环节的转移，生产资料的处理和运输对产业布局的影响度是逐渐下降的，相反，为了更快更好地了解诸如消费偏好、行情等市场信息，生产厂商会更加对注重产品消费市场的区位选择。

2.4.2.4 消费因素

中国作为世界最大的商品消费市场，吸引了无数中外企业的投资，这体现了消费对于投资的巨大吸引力。同样的，如果一个地区拥有可观数量的水禽消费人群，必然会引起水禽企业的关注。随着我国经济快速增长、民众收入水平不断提高，我国居民农产品消费呈现出总量快速增长、结构快速升级的新局面，其中动物性食品消费更是增长迅速。可以预计，在我国整体达到小康社会时，动物性食物消费将达到顶峰水平。当前阶段，我国肉类、水产品消费量快速增长，其中白肉消费增速明显快于红肉，而水禽肉就是白肉的典型代表。消费需求和产品供给向来一直处于动态的博弈当中，水禽肉消费需求逐渐旺盛一方面拉动产业不断扩大生产；另一方面使得拥有巨大水禽消费能力或潜力的地区成为水禽市场的主要集聚地。

2.4.2.5 劳动力因素

劳动力作为四大生产要素之一对任何产业的发展都会起到至关重要的作用，产业布局必须要考虑雇佣劳动力的难易程度。产业集聚理论认为劳动力因素分别从劳动力的供给、劳动力的成本、劳动力的素质三个方面影响产业集聚。水禽养殖、生产劳动力的供给主要取决于两个方面：一是劳动力的绝对数量即劳动人口，二是有水禽产业从业意愿劳动力实际数量即农业就业人口。如果一个企业所在地区的劳动人口或农业就业人口较少，则该企业必定会出现劳动力不足的问题。由于不同地区经济水平、工资水平、生活水平、社会保障水平等方面存在较大差异，雇佣劳动力的成本当然也不会相同。有些时候，劳动者的技能水平、道德水平、工作态度等素质可以在很大程度上削弱对劳动力数量的要求，尤其是对一些高新技术产业来讲更是如此。水禽产业一方面在养殖、销售等环节需要大量的廉价劳动力，另一方面在育种、疫病防治、熟食加工等环节也需要专门的技术性劳动者，是故水禽产业的布局往往遵循从中心城市向周边扩散的发展规律。

2.4.2.6 社会政策

随着我国市场经济的不断完善，政府对其与市场关系问题的处理越来越有经验，社会政策对产业发展的影响效果正在逐渐下降。政府影响产业布局的行为主要有三种类型，第一种是直接进行产业布局规划，这种行为多发生在产业发展的起步阶段，是一种早期的布局设计；第二种是鼓励性社会政策，以激励或补贴的形式对特定区域的特定产业予以扶持，例如政府对某地区某类产业的生产企业予以税务减免等；第三种是限制性社会政策，以限定或禁止的政策对特定地区的特定产业予以限制，例如在北京、浙江等地划定禽畜的限养或禁养区等。虽说政府行为对产业发展的影响因子有所减弱，但在有些时候一些强制性的限制性政策还是不可避免的会对现有水禽产业的生产格局带来巨大影响。

2.4.3 水禽产业生产布局的优化建议

第一，合理规划地方水禽生产布局，避免单纯的规模化扩张。由于长期进行产品的同质化生产，很多农产品产业已经出现了结构化生产过剩，这就给水禽产业的发展提出了警示。一方面，各地方政府要加大扶持力度，逐步建立并完善产业链条的生产模式。另一方面，企业应该着力提升水禽产品的生产工艺和效率，谨防产品同质化，实现产品的多样化生产。且应注重地区间资源与技术的优劣势互补，促进交流与合作，共同强化抗风险能力。

第二，因地制宜，促成水禽产业布局与地方文化的融合。我国几乎所有地区都有水禽的分布，各种水禽产品也深受普通百姓喜爱，但青海、西藏、甘肃、宁夏、新疆等西部地区水禽养殖难以形成产业。在以前是因为养殖技术落后，难以克服自然条件限制造成了这种局面，但目前更主要的制约因素是消费观念以及地方政府的无作为。由于历史上水禽养殖数量少，市场供给不足，没有形成广泛的水禽食用习惯，使得西部地区水禽消费市场缺乏活力。要实现水禽产业与地方文化的融合，一方面，地方政府要加强宣传引导工作，深化消费者对水禽产品食用的了解程度；另一方面，政府更应积极进行资金和技术引进，因地制宜发展适合本地特色的水禽产业。

第三，做好规模生产与环境保护的平衡工作。经济效益固然重要，但生态效益更关乎产业的持续稳定增长。产业的迅速扩张，很大程度上是以牺牲环境为代价换来的，水禽产业亦不例外，各个地区水禽产业的大量生产既浪费了许多资源也造成了诸多污染问题。水禽产业在继续保持以华南、东北、华东为生产核心的整体布局的同时，产业要积极开展资源节约型、环境友好型养殖以及生产技术的研发工作，从技术层面解决生产与污染的矛盾。政府在采取更高的环保政策的同时，也应对受影响的企业和养殖户给予扶持，鼓励生产企业购置环境控制设备并适当予以补贴。

第四，深化消费导向作用，提升抗风险能力。首先可以通过调查来自不同消费地区的水禽产品消费者评价，跟踪观测消费者的使用后评论，掌握不同层级市场消费人群的消费反馈信息，把握当前阶段的水禽消费分层状况，帮助企业做好自身定位，进而提升品牌影响力。其次，瞄准部分消费者受替代品影响程度较小的对水禽产品的个性化需求，满足他们的独特需求，开辟新市场。最后，建立消费需求变化的信息渠道，形成产品供给与市场需求的良性互动，从而提升市场抗击市场风险的能力。

第五，发挥品牌效应，带动产业发展。从其他产业发生空间集聚的经验来看，产业集聚往往伴随着品牌的崛起，要善于抓住机遇，树立品牌效应，带动产业转型。首先，要始终将产品质量放在生产的第一位，当前消费者对食品安全的关注度空前绝后，质量是品牌的生命所在。其次，因地制宜，发展地方特色产品，水禽产品的过度同质已经致使产业发展出现危机，树立优质品牌要打破产品同质性，最好的办法是发挥地方特色，形成地方标志，从而提升竞争力。最后，发挥售后服务的品牌支撑功能，恰到好处的售后服务可以极大地提高品牌形象，赢得良好口碑。

第 3 章
水禽养殖主体行为分析

3.1 水禽养殖、经营模式分析

3.1.1 水禽养殖模式分析

3.1.1.1 水禽养殖模式基本类型

目前，水禽的养殖经营模式主要有9种，即地面平养模式、网上平养模式、旱地圈养模式、立体笼养模式、生物发酵床模式、稻鸭共作模式、季节性"稻田赶鸭"模式、鱼鸭混养模式和生态循环模式。

地面平养模式是在平地上搭棚围栏、人工挖掘小水池或者提供饮水槽，为水禽提供活动和洗浴场所的养殖方式。养殖用水可通过回收沉淀发酵方式处理，减少水体污染。英国樱桃谷农场通过5年研究推出了舍饲加水浴的养殖方式，饮用水线与饲料线一起在鸭舍内供应，洗浴水在舍外水槽内供应，使肉鸭既可以享受阳光和新鲜空气，又避免其他食肉动物和疾病的威胁。

网上平养模式是在禽舍内利用塑料、竹板等材料架起离地面高出1m左右的网床，进行水禽养殖的方式，它对季节、气候、环境的要求较少，使用期较长。网上饲养方式极大提高了水禽的饲养效益，同时方便打扫禽舍卫生和消毒，有十分明显的经济效益和社会效益。肉鸭采用网上旱养可有效预防外界传播的各种寄生虫病，育肥性好，经济效益和社会效益十分显著，尤其是值得受水域限制而不能放养的地区推广。

旱地圈养是近年来为了适应水禽规模化、集约化养殖而普遍兴起的一种养殖方式，一般都建有鸭舍，鸭舍或采取平地垫料的生物发酵床养殖，或采取网床养殖，一般设有鸭的洗浴游水设施和运动场。生物发酵床实际上就是鸭舍垫料加发酵微生物用来分解鸭粪便而形成鸭舍的铺垫场。旱地圈养若采用生物发酵床养殖，主要是为了减少水禽粪便对环境的污染和节约垫料，为了使微生物能够在水禽粪便和垫料混合中良好地完成生物发酵过程，以除掉鸭舍内的粪臭和氨气，保持鸭舍干燥和鸭体卫生，一般都辅助以一定的人工或简单的机械对生物发酵床定期进行翻耕、松土和整平。

立体笼养模式是在封闭的鸭舍内充分利用鸭舍内空间，实行立体分层笼养或错层笼养。这种养殖模式的优点是能充分利用鸭舍的空间，有效节约土地和鸭舍内的照明、通风、保温等设施；由于鸭笼设计有斜坡蛋槽用于收集鸭蛋，防止了鸭蛋的污染，使鸭蛋不用清洗、打蜡就可以直接上市或孵化；此外鸭笼使鸭的活动空间受到了限制，排粪点相对集中，易于清理。缺点是鸭笼投资较高，对制笼材料要求严格；鸭的生活生长环境的变得狭小受限，所产的鸭蛋内在品质有可能下降。

生物发酵床模式开始出现到水禽饲养领域，这是传统水禽养殖模式的一次转型，属于一种生态养殖新技术。生物发酵床养殖技术不但可以解决水禽饲养对环境的压力，同时也保障了农业生产的经济效益及农牧结合问题，取得了难得的双赢局面。生物发酵床养鸭是一项值得广泛推广发展的新技术，该技术能减少药品、饲料及人工投入，获得高经济效益、高社会效益和高生态环境效益。

稻鸭共作模式起源于我国的稻田养鸭，完善于日本，在亚洲各国都得到广泛推广，在我国也有很多地区在探索推广。稻鸭共作的方法是在田边建一围网和小棚，按每亩地15~20只鸭子的标准，将出壳7~10天的雏鸭放入稻田，每天喂食一次。鸭子的其他饲料来自稻田杂草、害虫、蛙、田螺、龙虾之类，农民不需要再花钱买化肥、农药。

圈养与放养结合的"稻田赶鸭"养殖模式，这是我国传统农业的精华，它很好地实现了农牧结合。据说久负盛名的南京桂花鸭早期在加工制作前的原料选取主要是这种稻田赶鸭。历史上湖北、湖南、江西一带的农民在早稻或中稻收割前一个月孵化出雏鸭，待水稻收获后赶着鸭在收割后的稻田里放牧，让鸭在运动中自由觅食遗留的稻穗，沿着长江两岸一路直下，当桂花盛开之时，鸭也长大长肥，然后将其卖给南京加工制作盐水鸭的作坊，被制作加工成著名的桂花鸭。

鱼鸭混养模式是我国南方水源充足、渔业生产相对发达地区所采取的一种水禽养殖模式。一般在鱼塘、河流、湖泊、水库岸边建造一个结构比较简单的开放式或半开放式鸭舍，在鸭舍与水面之间建一运动场，在水面围栏一定的区域供鸭进行水上运动。这种养殖模式一方面充分利用了水资源，使水资源供鸭和鱼双重利用；另一方面在鸭和鱼之间建立了互生共养的关系，符合生态规律。

生态循环模式是使畜牧养殖与农作物种植相结合，并利用禽畜排泄物和农田剩余秸秆生产沼气的方式成为综合利用生态模式。这种农业种养模式一方面减轻了禽畜排泄物对造成的环境污染，减少了燃烧农田秸秆带来的大气污染，另一方面节约大量成本。

3.1.1.2 水禽养殖模式现状分析

从9大类养殖模式的机构分布图（图3.1）可以看出，2016年所登记的养殖机构中有68%采用了地面平养方式，13%采用网上平养方式，还有3%采用地面平养和网上平养混合模式，或者正在由地面平养向网上平养模式转变。说明现有肉鸭养殖方式主要是地面平养和网上平养两种，共有85%的机构采用了这两种养殖模式。

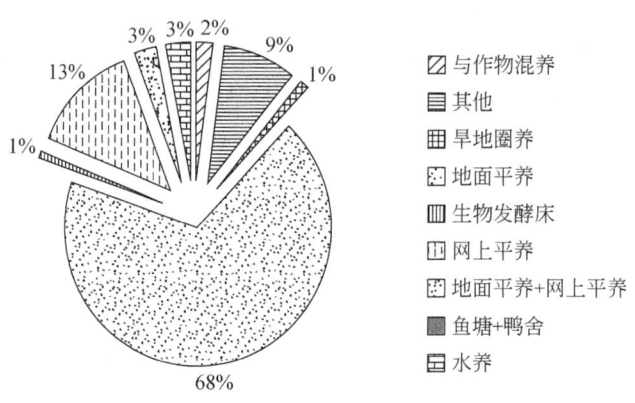

图3.1　不同养殖模式的机构所占百分比

3.1.2　水禽经营模式分析

3.1.2.1　经营模式类型

我国水禽产业化经营模式目前主要有三种：龙头企业带动型模式、中介组织联动型模式和一体化模式。龙头企业带动型模式是指以龙头企业为主导，围绕水禽业的饲料、养殖、加工和销售等环节，形成的"龙头企业+基地+养殖户""龙头企业+养殖户"等经营组织形式。该模式对应的利益联结机制主要是合同式（图3.2）。

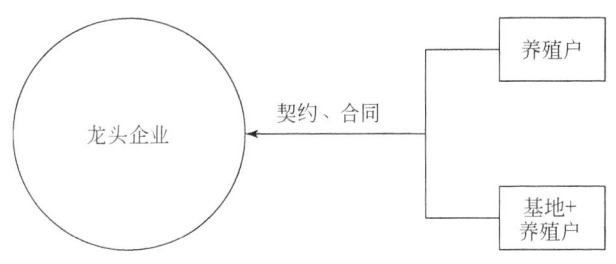

图 3.2　龙头企业带动型模式

中介组织联动型模式是指以中介组织为纽带，在龙头企业与养殖户之间起联结和协调作用，形成的"龙头企业+合作组织+养殖户""龙头企业+专业合作社+养殖户"等经营组织形式（图 3.3）。

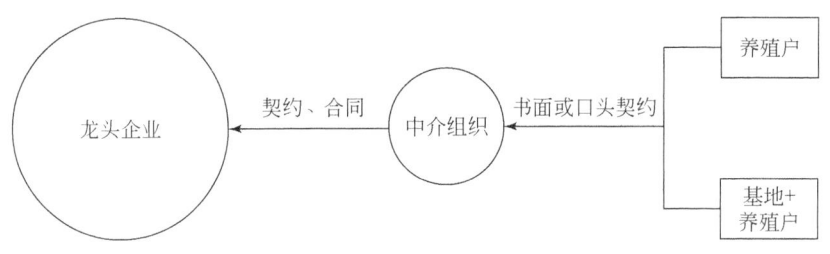

图 3.3　中介组织联动型模式

一体化模式分为企业一体化自主经营和合作社一体化。企业一体化自主经营模式包括横向一体化和纵向一体化，通过横向一体化扩大公司规模，纵向一体化进行产业链上的要素融合，从而实现企业的全产业链自主经营（图 3.4）。

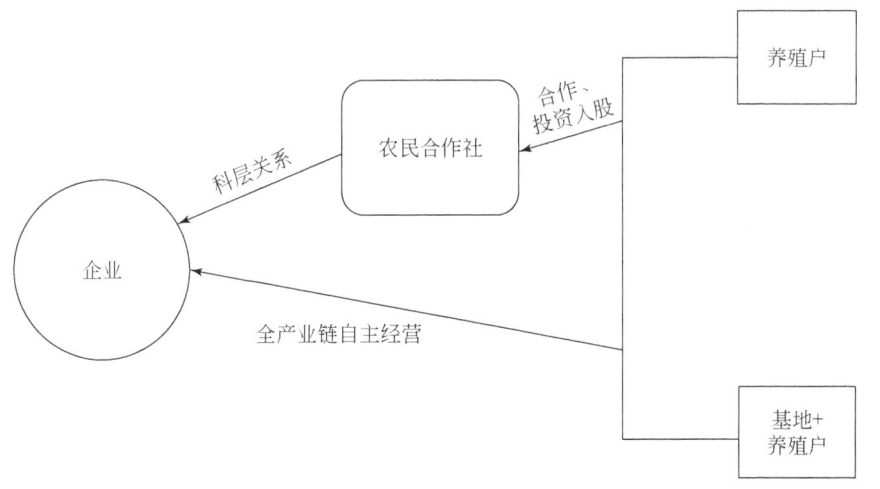

图 3.4　一体化模式

在龙头企业带动型模式下，企业与农户通过签订规范的购销合同，由企业提供饲料、运输、屠宰和加工等业务，基地和养殖户只负责养殖环节。因此，企业与养殖户分工明确，企业为养殖户承担了市场风险，减少了交易成本；而养殖户为企业提供统一标准的商品，保证商品的品质。公司加农户经营方式，由于把占用土地面积大、污染量大的商品肉鸭养殖环节交给农户经营，公司减少了土地征用、污染处理的麻烦，节约了投资建鸭场的成本和资金，使得产业起步相对容易，规模扩张较快。但如果个别养殖农户产生败德行为，乱用添加剂和生长激素，产品质量则会受到影响，因而企业监督成本较高，并且还将给整个公司的产品进入市场带来风险。

中介组织联动型模式中的合作组织是比较规范的中介组织，在企业和养殖户之间传递信息，而专业合作社则是由农户自发形成的组织，一般都由农户组成专业合作社，由合作社负责农户的技术指导、贷款担保、与公司谈判交涉等。农户使用公司的鸭苗、饲料，并由公司负责收购自己的产品（活鸭、鸭蛋），都要向公司交纳一定的保证金。公司可以通过对多个农户所缴纳的保证金进行资本运作，不断发展新农户进入合作社，进而扩大产业规模，减轻公司在生产中垫付饲料款、鸭苗款的资金压力，易于促进产业的扩张与发展。但这种模式使得产品质量安全不易控制，易于出现农户易主等问题。这种模式减少了企业和农户的交易成本，但却增加了代理成本。中介组织作为企业和农户的共同代理人，成为企业和农户沟通的桥梁，在一定程度上削弱了企业的主导地位，为农户表达诉求和与企业沟通提供了渠道，且效率较高。但从中介组织理性经济人的角度来看，中介组织可能为了自身利益，在经济形势不好的情况下，与企业合谋从而侵害农户的利益。

合作社一体化模式的主体是农户，由单个农户聚集起来成立合作社，再将合作社发展壮大，最终成为独立的企业实体，控制畜产品的生产、加工和销售等环节。在这种模式下，企业或合作社内的层级结构分明，此时市场的交易费用转化为内部管理费用。与这种模式对应的利益联结机制大多为股份制。由于股东具有双重身份，既是决策者又是管理者，因此企业或合作社内部利益是一致的，减少了代理成本和管理者的寻租空间。对于农户来说，由于合作社一体化从生产经营到决策都是农户作为主体的，有利于保护农户的利益，激发他们的积极性和创造性。

3.1.2.2 不同经营模式下企业与养殖户的利益连接机制

（1）企业与养殖户的组织形式

水禽产业经济团队分别对肉鸭、蛋鸭、鹅等不同种类水禽产业进行了大规模调查。在蛋鸭产业方面,主要以蛋鸭龙头企业为主,如湖北神丹股份有限公司、湖北离湖禽蛋有限责任公司、江西天韵股份有限公司等。所调查的数据显示,目前水禽养殖模式主要以"公司+"为主。其主要原因是农户自主养殖普遍存在资本投入有限、规模较小、技术落后、销售渠道缺乏等问题,为解决技术和销售环节的弱势,大多数养殖户希望和企业联结,相互合作、相互促进、相互发展。

在所调查企业中,采取"龙头企业+基地+养殖户"组织模式的企业最多,占全部调查企业数量的37.5%,其次是"龙头企业+专业合作社+养殖户",占全部调查企业数量的29.2%(表3.1)。

表3.1 受调查企业产业组织模式

产业组织模式	龙头企业+基地+养殖户	龙头企业+专业合作社+养殖户	龙头企业+合作组织+养殖户	龙头企业+养殖户	其他	合计
样本数/户	9	7	3	3	2	24
所占比例/%	37.5	29.2	12.5	12.5	8.3	100

数据来源:2017年国家水禽产业技术体系产业经济团队企业调查数据

企业与农户联接机制方面,采取"合同式"联接机制的企业最多,占所调查企业的50%,其次是"合作式"联接机制,占所调查企业的33.3%,而采取"买断式"和"股份式"联接机制的企业则较少。可能的原因是,农业产业化经营更加强调产加销的一体化经营,而市场"买断式"没有实现产加销的一体化,而"股份式"联接机制对企业的自身各方面要求比较高,所以采取"买断式"和"股份式"联接机制的企业较少(表3.2)。

表3.2 受调查企业与农户联接机制

联接机制	买断式	合同式	股份式	合作式	其他	合计
样本数/户	3	12	1	8	0	24
所占比例/%	12.5	50	4.2	33.3	0	100

数据来源:2014年国家水禽产业技术体系产业经济团队企业调查数据

在所调查企业中,四川省和浙江省的企业品牌数量最多,各有6个企业品牌,四川省有2个国内知名品牌(绵樱、桂柳)和4个区域知名品牌(天樱、天和、丰丰、惠特),浙江省有1个国内知名品牌(田歌)、3个区域知名品牌(五莲、利虹、国伟)和2个行业品牌(鼎天鸿、富贵鹅),其次为安徽省,共有5个企业品牌,分别为1个国内知名品牌(好阳天)、2个区域知名品牌(阿宾、香雪)和2个行业品牌(立大、强英),但是在所调查企业中缺乏国际知名品牌（表3.3）。

表3.3 受调查企业的品牌情况

品牌＼地区	四川	重庆	广东	江西	广西	浙江	安徽
国际知名品牌	0	0	0	0	0	0	0
国内知名品牌	2	1		1		1	1
区域知名品牌	4	1		1	2	3	2
行业知名品牌		2				2	2
合计	6	4		2	2	6	5

数据来源：2014年国家水禽产业技术体系产业经济团队企业调查数据

企业辐射带动能力方面，以2013年为例。2013年四川省所调查的4家企业带动农户660户，带动农户人数为1400人，养殖人员平均每月工资为2300；重庆市所调查的6家企业带动农户262户，带动农户人数为853人，养殖人员平均每月工资为2000元；广东省养殖人员平均每月工资为3000元；江西省所调查的2家企业带动农户3600户，带动农户人数为5500人；广西壮族自治区2家企业带动农户1100户；浙江省5家企业所带动农户人数为12 903人；安徽省所调查的4家企业带动农户人数为10 800人（表3.4）。

表3.4 受调查企业农户带动情况

项目＼地区	四川	重庆	广东	江西	广西	浙江	安徽
带动农户/户	660	262		3 600	1 100		
带动农户人数/人	1 400	853		5 500		12 903	10 800

数据来源：2014年国家水禽产业技术体系产业经济团队企业调查数据

（2）企业与养殖户的利益连接机制

企业与养殖户之间的利益链接机制主要表现为：①共担风险，双方构建合作桥梁，可以明确对方的需求，承担风险的载体越多，个体受伤害的程度越小；②质量控制，多方参与能有效起到相互监督的作用，以保证整个链条正常运作，降低造假频率，提高产品质量；③收益与风险协同，共同协作可以在一定程度上降低土地成本，打通销售渠道，增加多方收益；④中介代户，代户能有效促进企业与养殖户之间的沟通，补给对方所需，一定程度上增强了双方生产效率。

第一，风险共担。公司实行订单式养殖，事先确定养殖计划，然后按养殖户的养殖规模进行分配，并与养殖户签订养殖购销合同。公司和养殖户主要通过购销合同紧密联系，并进行收益分割。养殖户购买鸭苗、饲料及向公司销售商品鸭均通过合同定价，养殖户按公司计划确定养殖数量，最终养殖数量可以多，但不能少，少养的部分会受到违约条款的处罚。所以从风险分担机制来看，公司主要承担市场风险，而农户承担养殖风险。

养殖户在养殖过程中，从鸭苗购进、饲料运输，到疫病防疫、商品鸭销售等关键环节均有公司参与。公司配备好相关产品，并提供运输和装卸服务，单独和养殖户结算。结算方式有现金和记账两种，现金结算会有适当优惠，记账结算在商品鸭交售时会一并扣除掉各种费用。

第二，质量控制。公司对商品鸭进行质量控制，主要体现在育种、雏鸭孵化、饲料开发、药品疫苗及商品鸭收购等环节。其中育种、雏鸭孵化的技术开发和管理可以保证鸭苗的品质；饲料研发、生产及对养殖户喂养过程的严格管控，决定了鸭肉的品质；药品疫苗的规范使用可以为食品安全保驾护航，同时减少养殖过程中的死亡率，降低农户养殖风险，保障养殖收入；商品鸭收购环节，产品质量主要由重量和药品残留决定，分为一等品、二等品、三等品、残次品。其中重量即商品鸭规格由公司根据市场需求决定，事先拟定养殖计划，并分配给养殖户；而药品残留则有严格的数值标准。

第三，收益与风险协同。在不考虑养殖风险的情况下，养殖户养殖肉鸭的收益基本稳定，公司核定的养殖毛利润为2.8元/只，即商品鸭收购价减去鸭苗和饲料的费用。但是，因为养殖过程中的投入成本和费用种类多样，金额较高，养殖纯利一般维持在0.5～1元/只，且不同养殖户之间的个体差异较大。养殖户可能面临的养殖风险主要有两类，一是自然灾害、极端气候等对养殖收益的影响，二是养殖过程中可能爆发的疫病风险所导致的肉鸭死亡率对养殖收益的影响。其中，自然灾害、极端气候可能带来的风险，养殖户通过缴纳风险保证金（0.04元/只），已由公司代为购买保险，所以养殖户需要承担的风险主要是因疫病所导致的死亡率而带来的收益损失。养殖过程中正常死亡率大概在1%～3%，如果爆发疫病，死亡率可达20%～30%，由此需要养殖户和公司及时保持联系，尽早发现疫情，尽早干预和防御，避免更大损失，但这会大大增加养殖户的用药成本，降低当年养殖利润。

第四，中介代户。公司与养殖户在合作养殖过程中有一个代户现象存在，代户相当于经纪人的角色，也可以称为中介，主要作用是促进公司与养殖户之间的双向交流、信息传达、业务代办等。因为养殖户在养殖肉鸭的过程中，从鸭苗购进、饲料购买、运输、疫病防控，到商品鸭销售等环节都需要与公司产生交集，而直接服务于养殖户的公司组织是养殖服务中心，一个养殖服务中心往往对应着几十家养殖基地和几百家养殖农户。所以，如果由养殖服务中心直接对接每一位养殖户，工作量将非常巨大；而养殖户因为文化水平不同，养殖规模不同，养殖技术不同，距离公司远近不同等多方面的差异，在直接与服务中心联系时也会存在各种各样的问题和困难，由此就产生了连接养殖户和服务中心的代户。

代户的出现极大地降低了公司与养殖户之间的交易成本和交易时间，提高了交易效率，有利于养殖户将更多时间和精力放在专心养殖上。站在公司角度，因为代户独立于公司存在，不属于公司编制，但在申请代户资格时，需要向公司缴纳数万元甚至上百万元的保证金，便于公司结算时扣款，所以公司可以用更少的人力，更高效的与养殖户进行沟通和交易，并且因为有保证金的担保，公司更容易回笼资金，减少养殖户的欠账行为。对于代户，一个人可以同时服务于多家基地和养殖户，只要有足够的资金担保，便可以通过服务养殖户来获取服务收益，甚至也可以投资建设养殖场，雇佣工人进行养殖，从而获取大部分的养殖收益。

3.1.2.3　水禽养殖经营模式现状分析

从图 3.5 可以看出，养殖机构中有 36% 为"饲料加工厂+经销大户+养殖户"的经营模式，19% 为"合作社+养殖户"的经营方式，18.5% 为农户个体兼业散养模式，采用这三种经营模式的机构共占 74% 的比例。如果将"饲料加工厂+经销大户+养殖户""龙头企业+基地+养殖户""龙头企业+合作社+养殖户""龙头企业+经销大户+养殖户""龙头企业+农户""公司+农户"等养殖经营模式统称为"公司+农户"模式，则所有机构中，有 49% 的机构采用了该模式。由此说明，现有肉鸭养殖经营模式主要是由龙头企业带动的以农户为养殖主体的组织形式。该组织形式最大特点是农户和公司以合同进行利益分配和联结，农户承担养殖风险，公司承担市场风险，在一定程度上可以保证养殖户的养殖收益，由此得到了大范围的推广。

"合作社+养殖户"和"农户个体兼业散户养"模式分别占模式总量的 19%，但是并不完全说明养殖户和合作社之间合作经营的意愿与养殖户自己养殖经营的意愿完全一样，许多地区合作社很多，为养殖户创造了大量合作经营的机会，因此，此概率只能说明养殖户与某一个合作社合作的概率较小，导致合作意愿不高的现象。其余经营模式占 26%，所占比例较小。从整体分布来看，养殖散户更意愿与经销大户合作，说明经销大户的经营模式更符合养殖户的需求，经销大户主要负责将饲料加工厂的饲料销售给养殖户，从中获取利润，在饲料销售环节，饲料加工厂更希望能直接与经销大户对接，因为直接与养殖户对接的成本太高，投入的人力、物力相对较多，经销大户更熟悉养殖户

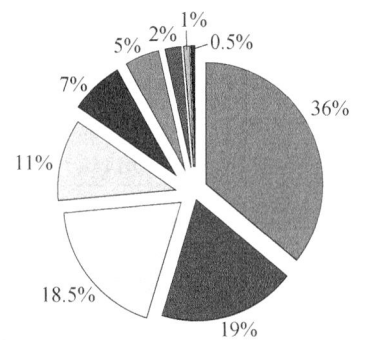

图 3.5　不同经营模式的机构所占比例

的需求,与养殖户之间能更好地对接,一次性大量采购,可以降低养殖户与饲料加工厂之间分散销售的运输成本,同时能够促进销售量。经销大户在饲料加工厂和养殖户之间起到中间桥梁作用,进一步起到第三方保障的作用,饲料加工厂与养殖户之间存在信息不对称,沟通途径缺乏等难度,经销大户能有效解决这类问题,能进一步促进养殖户与饲料加工厂之间的联系。因此,养殖户更希望选择"饲料加工厂+经销大户+养殖户"这种经营模式。

3.1.2.4　水禽养殖经营模式经济效益分析

从表 3.5 可以看出,"龙头企业+农户"的组织形式是目前肉鸭产业的主流模式,该经营模式下养殖规模占比达到 77.54%,由此体现了龙头企业在该行业的引领作用。但是从规模效益来看,"龙头企业+农户"的组织形式下,呈现规模效应递减的特征,其总产值占比小于规模占比,相差 4.27%。而"合作社+养殖户"的组织形式与其他组织形式相比则更具规模效应。

表 3.5　不同经营模式经济效益统计表

经营模式	规模(出栏量)占比(%)	产值占比(%)	产值占比减规模占比(%)	商品鸭均价(元/只)	饲养周期(天)
合作社	0.03	0.0	—	28.00	50.00
农户个体兼业散养	0.0	0.04	0.01	30.10	58.06
其他	1.35	2.09	0.74	28.93	52.01
龙头企业+基地/合作社/经销大户+养殖户	1.45	1.65	0.20	36.30	50.09
养殖大户	6.48	7.38	0.90	31.44	69.44

续表

经营模式	规模（出栏量）占比（%）	产值占比（%）	产值占比减规模占比（%）	商品鸭均价（元/只）	饲养周期（天）
合作社+养殖户	13.15	15.57	2.42	31.87	55.14
龙头企业+农户	77.54	73.27	-4.27	31.15	48.00
总计	100.00	100.0	—	34.05	52.48

从经济效益来看，单位肉鸭的价格在"龙头企业+基地/合作社/经销大户+养殖户"的组织形式下最高，为36.3元/只，主要是因为在这种模式下，公司与养殖户的关系更为紧密。以河南华英农业发展股份有限公司的"公司+基地+养殖户"模式为例，因其基地由公司投资建设，公司会给予养殖户更多的技术指导，并且进行严格的养殖过程监管，降低了死亡率，从而保证了稳定的收购价格和较高的单位收益。而在合作社和农户个体兼业散养经营模式下，养殖机构的经济效益较低，肉鸭单价分别只有28元/只和30.1元/只，低于所有机构的平均价格。究其原因，主要是因为个体散养和合作社模式规模较小，直接面对市场，养殖主体既要面对市场风险，又要面对养殖风险，导致养殖效率低下，以及价格波动较大，最终使得经济效益处于较低水平。

3.2 水禽养殖技术选择行为分析

3.2.1 水禽养殖技术选择的研究综述

水禽业作为我国畜牧生产的一个传统特色产业，长期以来，饲养量和消费量一直稳居世界首位，在我国的农业生产中占据着重要地位。目前，我国水禽产业主要面临着养殖户小规模、分散养殖普遍存在、分散养殖与集约化养殖并存、标准化养殖技术和模式缺乏等问题。改进和推广新型养殖技术，提高水禽养殖生产力，是发展养殖产业的必然之路。新技术的开发和推广对水禽行业的发展有着巨大的推动作用，探索水禽养殖新技术采用意愿的影响因素对推广新型养殖技术，提高养殖生产力有重要意义。

农户的技术采用行为一直受到国内外学者的广泛关注。Feder 和 Zilberman（2001）对早期的技术采用文献综述，将影响农户技术采用的因素概括为农场规模、风险和不确定性、人力资本、劳动力数量、信贷约束、土地制度和供给约束等7个方面。Souza-Filho（1997）的实证研究发现农产品价格的下降和非政府组织提供的技术推广服务是促进技术扩散的主要因素。Burton 等（1999）分析农户采用有机农业农艺的影响因素，发现女性、年龄较小的、环境组织成员、从其他农户处获得相关信息的、自给自足型、家庭成员较多的农户会更倾向于采用有机农业农艺，而受教育程度的影响并不显著。Genius 等（2006）研究有机农业技术采用行为，结果表明受教育程度、政府补贴、环境意识、信息收集对有机农业技术采用具有显著的正影响，而农场专业化程度、年龄等则具有显著的负影响。国内学者对水稻 IPM 技术、花生新品种、小麦补贴品种、水稻低碳技术的采用行为分别进行了研究。朱萌等按水稻种植面积将稻农分为传统散户和种稻大户两类，并分别研究两类稻农采纳保护性耕作技术的因素，发现影响两类稻农采纳行为的因素同中有异。还有学者对农户采用不同属性技术的行为进行研究，发现具有不同家庭特征、外部环境特征的农户基于技术自身特征对农户采用不同属性技术的影响各不相同。

也有学者从养殖户角度出发探讨影响养殖新技术采用的因素。汤国辉和张锋（2010）运用 Logistic 回归模型分析了农户生猪养殖新技术选择行为，发现性别、文化程度、饲养规模、养猪收入占家庭总收入的比例、对饲养技术入户工程了解程度、本村是否有相关技术人员以及农户是否加入产业化组织等与农户生猪养殖新技术的选择行为具有显著的相关关系。彭玉珊等（2011）对养猪场健康养殖实施意愿的研究指出，养殖户年龄、文化程度、养殖规模及其专业化程度等因素制约健康养殖模式的实施。吴林海等（2012）以江苏省 654 个生猪养殖户为样本，研究生猪养殖户兽药使用行为及影响因素，发现养殖户的性别、年龄、养殖年限、养殖规模、对兽药残留的认知和对政府违规处罚的了解程度等因素均不同程度地影响兽药的使用行为。刘雪芬等（2013）利用山东、安徽、湖北等 6 省调查数据，从养殖户生态认知角度出发，采用 logistic 模型实证研究了影响水禽养殖户生态行为决策的因素，发现农户家庭纯收入、养殖规模、技术培训、产品质量安全检测等因素对其行为决策具有显著影响。

总体上看，前人对于技术采用的研究成果多集中在种植业、生猪养殖等领域，而对水禽养殖的研究起步较晚，目前我国水禽饲养方式仍然相对落后，集约化养殖与分散养殖两种方式并存，农户小规模分散养殖占较大比例，养殖环境脏乱，设备设施落后，污染问题严重，良种繁育、健康高效养殖、疫病防控、产品质量安全控制等技术问题亟待完善解决。本节基于 2015 年国家水禽产业体系产业经济团队微观调研数据，运用二元 Probit 模型探索影响养殖户采用养殖新技术意愿的影响因素，以期对养殖新技术推广、发展健康高效的养殖产业发展提供一定的科学依据。

3.2.2 影响养殖户技术选择的因素分析

农户作为生产经营的主体，其决策行为受到多方面因素的影响，农户是否愿意采用养殖新技术是多种因素综合作用的结果。首先，农户自身的资源禀赋特征及生产经验、农户的家庭经营特征都是影响农户决策行为的重要因素。其次，技术自身的风险情况和掌握难易程度也会影响农户采用技术的决策。最后，所在地区地方政府政策、经济社会环境也是影响农户采用决策行为的重要因素。

基于已有的理论和实证研究，针对水禽产业的特点，将养殖户新技术采用意愿的影响因素分为4种类型，这4种类型的基本特征如下。

3.2.2.1 农户个人特征

养殖户作为农业生产经营的主导者，在追求自身利益最大化的过程中，自身特征会对农业生产经营决策产生影响。养殖户个人特征变量主要包括性别、年龄、受教育程度3个因素。一般来说，女性较为保守，对风险的厌恶程度比男性要高，采用新技术的意愿较低，但一般从事农业活动中男性占主导地位，所以，性别对新技术采用意愿的影响不明确。农户的年龄越大，风险厌恶程度越高，接受新技术的能力也越低，导致其对技术采用的积极性越低。受教育程度越高的农户，理解和接受新事物的能力越强，采用新技术的可能性越大。

3.2.2.2 家庭经营特征

农户生产经营决策除了受到农户自身的特征影响外，与农户密切相关的家庭经营特征也是影响农户生产经营决策的一个重要因素。家庭经营特征主要包括家庭人均收入、养殖规模、养殖年限3个因素。家庭人均收入是对农户经济实力的一个度量，一般来说，经济实力较强的农户，承担风险的能力较强，会更倾向于采用新技术。养殖规模越大，越容易形成规模经济，农户采用新技术获益越多；另外，规模越大，新技术失败会遭受更大损失，农户越不会轻易冒险尝试新技术，会倾向于使用原来经过试验已经熟练的技术。所以，养殖规模对新技术采用意愿的影响不明确。养殖年限越高的农户，从事养殖行业的经验越丰富，越容易判断新技术的出现是否有利于效益的提升，从而越有可能选择采用新技术。

3.2.2.3 技术认知特征

技术自身的特征往往是农户采用新技术时考虑的首要因素。农户对新技术的了解程度在很大程度上影响着农户采用新技术的决策行为。农户对新技术的认知特征主要包括新技术风险程度认知、是否参加过养殖技术培训、掌握新技术的难易程度认知3个因素。农户在一种新技术被研发出来之后，会根据自身的经验及对新技术的认知，主观判断采用新技术的风险。农户主观认为的风险程度越高，他就越倾向于维持当前的技术，采用新技术的意愿就越低。技术培训是提高农户对技术的认知度和推广技术的重要渠道。参加技术培训有利于提高农户采用技术的信心和积极性，促进技术的推广使用。技术的难易程度对知识水平比较低的农户来说也是一个比较重要的考虑因素，当农户认为新技术比较难掌握时，为了规避风险，会倾向于维持原技术，以避免因技术使用不当而造成不必要的损失。

3.2.2.4 外部环境特征

农户在生产经营决策中外部环境特征主要包括到农业推广机构的距离、是否得到国家对水禽产业的政策扶持、是否获得贷款3个因素。农业推广机构是农业技术扩散的重要途径，是农民获取农业技术的重要渠道。农户与农业技术推广机构的交流有助于农户建立对新技术的信心，更好地掌握并使用新技术，距离农业推广机构越远，农户获取农业技术的信息越困难，对新技术采用越不利。国家政策的扶持在一定程度上影响着农户的积极性。农户采用新技术需要一定的资金支持，容易得到金融机构贷款，农户的资金供给有保障，越倾向于尝试新技术。

以上4种特征是经过一系列验证以后得出的。这些影响因素是否具有理论依据，是否能得到认可，需要进行一系列检验和验证，下面我们将系统地介绍这些影响因素的检验过程。

3.2.3 养殖户技术采纳意愿实证研究

3.2.3.1 实证过程

数据来源于国家水禽产业体系产业经济团队2015年在安徽、浙江、福建、广东、江西、广西、四川、重庆等8省（自治区、直辖市）的养殖户实地调研数据。调研通过随机抽样的方式进行，由调查员与养殖户面对面交流并根据养殖户的情况填写问卷。调研共走访养殖户共 240 户，发放问卷 240 份，回收问卷 228 份，其中有效问卷 212 份。根据上文的分析，选定的各类影响因素变量为：①农户个人特征因素，包括性别、年龄、受教育程度；②技术认知特征因素，包括新技术风险程度的主观判断、是否参加过养殖技术培训、掌握新技术难易程度的主观判断；③家庭经营特征因素，包括家庭人均收入、养殖年限、养殖规模；④外部环境特征因素，包括距农业技术推广机构的距离、是否得到国家政策扶持、是否获得贷款。变量定义及赋值见表 3.6。

表 3.6　变量的定义及赋值

变量类型	变量	符号	定义及赋值
因变量	是否愿意采用新技术	Y	1：是；0：否
农户个人特征	性别	X1	1：男；0：女
	年龄/岁	X2	实际数值
	受教育程度	X3	1：小学以下；2：小学；3：初中；4：高中或中专；5：大专及以上
家庭经营特征	家庭人均收入/元	X4	1：<10 000；2：10 000~30 000；3：30 000~50 000；4：>50 000
	养殖规模/hm^2	X5	实际数值
	养殖年限/年	X6	实际数值
技术认知特征	新技术风险程度的主观判断	X7	1：非常低；2：低；3：一般；4：高；5：非常高
	是否参加过养殖技术培训	X8	1：参加过；0：没有参加过
	掌握新技术难易程度的主观判断	X9	1：非常难掌握；2：较难掌握；3：一般；4：较容易掌握；5：非常容易掌握
外部环境特征	距农业推广机构的距离/km	X10	实际数值
	是否得到国家政策扶持	X11	1：是；0：否
	是否获得贷款	X12	1：是；0：否

养殖户是否愿意采用养殖新技术的选择有两种情况，一是"愿意"，二是"不愿意"。显然，养殖户的新技术采用意愿是一个二元选择变量。所以，本节采用二元 Probit 模型来分析养殖新技术采用意愿的影响因素。模型的计量表达式为

$$Y = P(Y_i = 1|X) = \Phi(BX_i) \tag{3.1}$$

式中：Y 是因变量，代表养殖户的新技术采用意愿；$P(Y_i = 1|X)$ 表示在给定 X 的情况下，农户愿意获得新技术的概率；X_i 为解释变量向量，代表影响养殖户获得技术意愿的因素，分别是养殖户个人特征变量、农户家庭经营特征变量、农户对新技术的认知特征、外部环境特征；Φ 表示标准正态分布的累积

分布函数；B 代表待估参数向量；i 表示第 i 个观测样本。

3.2.3.2 样本描述性统计分析

从表 3.7 数据可以看出，83% 的受访农户愿意采用新技术，说明养殖户采用新技术的意愿普遍较高。被调查者中，约 91% 为男性，平均年龄为 47.13 岁，教育程度为小学及以下、初中、高中或中专、大专及以上的分别占 30.39%、43.14%、22.55%、4.9%。根据技术认知特征变量的平均值统计可知，81% 的农户参加过技术培训，说明技术培训在水禽产业中是一个比较普遍的现象。农户普遍认为选择新技术的风险程度为一般，掌握新技术的难度也为一般程度，甚至偏向于较容易掌握。农户家庭的平均收入在 10 000～30 000，处于中低收入水平。农户的平均养殖规模为 11.3hm²，说明被调查农户的养殖规模都比较大。农户的平均养殖年限为 18.89 年，说明大部分农户长期从事养殖业。所调查的农户家庭距离农业技术推广机构的平均距离为 7.56km，说明大部分农户离农业推广机构有一定距离。是否获得国家政策的扶持和是否获得贷款的平均值分别为 0.14 和 0.35，说明国家水禽产业扶持政策和农村信贷政策并没有落实到绝大部分农户身上。

表 3.7 变量特征值

变量	均值	标准差	最大值	最小值
是否愿意采用新技术	0.83	0.37	1	0
性别	0.91	0.29	1	0
年龄（岁）	47.13	8.44	66	23
受教育程度	2.92	0.96	5	1
家庭人均收入（元）	2.33	1.02	4	1
养殖规模（hm²）	11.30	27.99	200	0.5
养殖年限（年）	18.89	68.82	50	1
新技术风险程度的主观判断	3.02	1.06	5	1
是否参加过养殖技术培训	0.81	0.39	1	0
掌握新技术难易程度的主观判断	3.64	0.97	5	1
距农业推广机构的距离（km）	7.56	7.69	50	0
是否得到国家政策扶持	0.14	0.35	1	0
是否获得贷款	0.35	0.48	1	0

3.2.3.3 影响因素分析

对被解释变量和 12 个解释变量进行二元 Probit 回归得到模型 Ⅰ。由模型 Ⅰ 的估计结果可以判断，性别、家庭人均收入两个解释变量对被解释变量的影响不显著（表 3.8）。剔除这两个不显著变量，对模型再次进行二元 Probit 回归，得到模型 Ⅱ（表 3.8）。从模型估计结果来看，在模型 Ⅰ 和模型 Ⅱ 中，年龄、受教育程度、新技术的主观风险程度、是否参加过养殖技术培训、掌握新技术的主观难易程度、养殖规模、养殖年限、距农业推广机构的距离、是否得到国家政策支持、是否获得贷款等变量都通过了显著性检验，即认为它们对养殖户新技术采用意愿的效应明显。

表 3.8 养殖户新技术采用意愿影响因素的二元 Probit 分析结果

变量	模型 Ⅰ			模型 Ⅱ		
	Coefficient	z-Statistic	Prob.	Coefficient	z-Statistic	Prob.
性别	−0.253	−0.399	0.690	—	—	—
年龄	−0.055	−3.060	0.002	−0.057	−3.199	0.001
受教育程度	0.315	1.903	0.057	0.298	1.842	0.066
家庭人均收入	−0.059	−0.366	0.715			
养殖规模	−0.012	−2.266	0.023	−0.012	−2.331	0.020
养殖年限	0.064	2.915	0.004	0.064	2.924	0.004
是否参加过技术培训	0.781	1.957	0.050	0.766	1.923	0.055
新技术风险程度的主观判断	−0.490	−3.164	0.002	−0.494	−3.196	0.001
掌握新技术难易程度的主观判断	−0.348	−2.200	0.028	−0.350	−2.282	0.023
距农业推广机构的距离	−0.078	−3.295	0.001	−0.075	−3.453	0.001
是否得到国家政策扶持	1.434	2.827	0.005	1.412	3.036	0.002
是否获得贷款	0.669	1.844	0.065	0.711	1.998	0.046

(1) 养殖户个人特征对养殖新技术采用意愿的影响

反映养殖户个人特征的 3 个变量中，养殖户的年龄和受教育程度通过了显著性检验。养殖户的年龄在农户技术采用意愿模型中系数符号为负，农户年龄对新技术采用意愿有负向影响，且达到了 1% 的显著性水平，影响程度较大。表明养殖户的年龄越大，采用养殖新技术的意愿越低。养殖户受教育程度在农户技术采用意愿模型中系数符号为正，说明养殖户的受教育程度越高，养殖户采用新技术的意愿越高。

(2) 家庭经营特征对养殖新技术采用意愿的影响

反映家庭经营特征的3个变量中，养殖年限和养殖规模通过了显著性检验。养殖年限在技术采用模型中符号为正，农户养殖年限对新技术采用意愿有正向影响，且达到了1%的显著性，影响比较显著。表明随着养殖年限的增加，养殖户采用新技术的意愿增加。养殖规模在技术采用模型中符号为负，农户养殖规模对新技术采用意愿的影响有负向影响，并达到了5%的显著性水平。表明养殖户的养殖规模越大，采用新技术的意愿就越低。一般来说，养殖规模越大，一方面由于易形成规模经济，采用新技术获得的效益越高；但另一方面，如果新技术效益不好，遭受的损失也会很大，所以养殖规模对农户采用新技术意愿的影响可能为正，也可能为负，与农户所处的实际环境有关。本书实证检验结果表明养殖规模对新技术采用意愿有负向影响，这与养殖户的风险规避态度有关，养殖规模越大，采用一个不熟悉的新技术带来的风险就越大，在对现有技术效益比较满意的基础上，养殖户不会轻易选择一个技术效益不明确的新技术。据调研结果看，17.5%的养殖户对现有技术非常满意，65%认为比较满意，只有2.5%的养殖户对现有技术不太满意，在对现有技术满意度较高的情况下，养殖户采用一个新技术的意愿就会降低，特别是养殖规模较大的农户，为了规避风险会选择继续采用现有技术，避免因为新技术的使用不当造成不必要的损失。

(3) 技术认知特征对养殖新技术采用意愿的影响

反映技术认知特征的3个变量都通过了显著性检验。新技术风险程度的主观判断在技术采用意愿模型中系数符号为负，农户对技术的主观风险态度对技术采用意愿有负向影响且达到了1%的显著性水平，农户对技术的主观风险态度对农户是否愿意采用新技术影响比较显著。养殖户认为采用新技术的风险程度越高，养殖户采用新技术的意愿越低。是否参加过技术培训在技术采用意愿模型中系数符号为正，农户是否参加过技术培训对新技术采用意愿有正向影响，表明参加过技术培训的农户更有可能采用新技术。掌握新技术难易程度的主观判断在技术采用模型中符号为负，农户掌握新技术难易程度的主观判断对新技术采用意愿有负向影响，并达到了5%的显著水平，说明养殖户认为掌握新技术越容易，采用新技术的意愿就越高。

(4) 外部环境特征对新技术采用意愿的影响

反映外部环境特征的3个变量均通过了显著性检验。到农业推广机构的距离在技术采用模型中系数符号为负，农户距农业推广机构的距离对新技术采用意愿有负向影响，且达到了1%的显著性水平，说明农户距农业推广机构的距离越长，养殖户获取新技术的意愿越低。是否得到国家政策扶持在技术采用模型中系数为正,且达到了1%的显著性水平,说明是否得到国家水禽政策的扶持对养殖新技术采用意愿有显著影响。是否获得贷款在技术采用模型中系数为正,说明农户是否获得贷款对新技术采用意愿有正向影响,农户获得贷款越容易,采用新技术的可能性就越高。

3.2.4 养殖技术开发与推广的政策建议

微观数据的实证分析结果表明,养殖户采用新技术的意愿主要受到年龄、受教育程度、新技术的主观风险程度、是否受过技术培训、掌握新技术的主观难易程度、养殖年限、养殖规模、距农业技术推广机构的距离、是否得到国家水禽政策的支持和是否获得贷款等因素的影响。其中,年龄、新技术的主观风险程度、掌握新技术的主观难易程度、养殖规模、距农业推广机构的距离对农户采用新技术意愿有负向影响,受教育程度、是否参加过技术培训、养殖年限、是否得到国家政策支持、是否获得贷款对农户采用新技术意愿有正向影响。通过分析这些微观数据得出的结论证实了4个影响因素的成立,为了有效控制这些影响因素,在新技术采纳方面需要做到以下几点:

第一,加强基础教育建设,致力于提高农户文化教育水平,并在水禽产业中设立进入和退出门槛,鼓励养殖户持续经营,政府政策扶持应有针对性地给予有倾向稳定持续经营农户,提高养殖能手的养殖积极性。

第二,加大养殖新技术的宣传和培训力度,完善技术指导和技术服务体制。技术培训是提高农户对技术的认知度和推广技术的重要渠道,加强对农户的技术培训有助于提高农户对新技术的认知程度,避免农户主观偏见影响新技术推广,降低养殖新技术掌握的困难程度和风险程度,提高养殖新技术的采用率。

第三,加大对水禽产业的扶持力度,制定多种优惠政策,创建完善的农村信贷服务,并督促各部门有效落实、严格执行政策。促进水禽专业合作经济组织的建立及发展,降低养殖户的养殖风险程度,营造合作经济组织和养殖户共赢的关系。

探索农户水禽养殖新技术采用意愿的影响因素,对促进养殖新技术推广应用,发展健康高效的水禽产业具有重要意义。本章基于国家水禽产业体系产业经济团队的微观调研数据,采用二元Probit模型,分析农户水禽养殖新技术的采用意愿,探讨农户采用养殖技术意愿的影响因素。研究结果表明,农户采用养殖新技术的意愿普遍较高,83%的受访农户表示愿意采用养殖新技术。年龄、养殖规模、新技术风险程度的主观判断、掌握新技术难易程度的主观判断、距农业推广机构的距离对农户采用新技术意愿有负向影响,受教育程度、养殖年限、是否参加过技术培训、是否得到国家政策扶持、是否获得贷款对农户采用新技术意愿有正向影响。为此，我们提出了加强基础教育建设，在水禽产业中设立进入和退出门槛，鼓励养殖户持续经营；加大养殖新技术的宣传和培训力度，完善技术指导和技术服务体制；加大对水禽产业的扶持力度，创建完善的农村信贷服务等具体措施。

3.3 水禽养殖投入产出要素分析

3.3.1 水禽养殖主体的投入要素分析

3.3.1.1 水禽养殖投入的基本结构

根据调查养殖基本情况以及生产要素内容和价格分析，基地养殖户在养殖生产过程中的主要投入要素包括：资本投入——初始保证金（用于扣减直接费用、禽苗费和饲料费）、人工成本、直接费用（卫生防疫费、水电和动力燃料费）、间接费用（固定设施维修费、承包费、保险费）和其他费用（运输流通费用和死亡损失费用）。

投入要素中，受养殖户经验和管理水平决定的因素有：人工成本、卫生防疫费、死亡损失费用等；受固定设施建设时间、条件影响的要素有水电动力燃料费、固定设施维修费；受组织形式（是否通过代户）影响的要素有承包费、禽苗费和饲料费（是否享受优惠价格）；受距离公司远近影响的要素是运输流通费用。

在大型企业中，人工成本（人事费用）主要包括：员工工资、社会保险费用、员工福利费用、员工教育经费、劳动保护费用、员工住房费用和其他人工成本支出。其中，员工工资是人工成本的主要组成部分。

平均人工成本=人工成本总额/同期人数

人工成本比例=人工成本总额/同期总成本×100%

劳动分配率=人工成本总额/同期增加值×100%

人工成本亦称"劳动成本"，指企业在生产经营中由投入劳动力要素所发生的一切费用，包括企业支付给职工的工资性报酬和福利性供给，是企业总成本的组成部分。

"公司+"的模式表示公司与农户或者其他团体之间有合作关系，因此公司本身需要承担正常的劳动力费用，与公司合作的团体或者个人需要付出一部分自己的劳动力，这部分工并没有实际计价，当工作忙时部分养殖场会通过换工、请工的方式作为劳动力投入，这部分用工均属于间接雇工费，需要合理换算之后折算成投入成本，另一部分则直接雇佣工人并支付工费。

土地投入包含在承包费中，许多养殖户用自己的土地，并没有产生土地承包费，特别是公司+农户的经营模式，公司不用额外承担土地承包费，农户自己也不用直接承担土地承包费，因此，在计算总投入时，土地费用没有特殊单列出来。

3.3.1.2 水禽养殖主体投入分析

根据国家水禽产业技术体系产业经济岗团队长期以来大规模调查后发现，由企业牵头的养殖基地呈现分散型和集中型特征，分散型由公司引导，对农户进行养殖技术指导，政策信息传播，协助农户顺利完成养殖工作，农户需要投资劳动力和土地等要素；集中型主要针对企业自己投资的养殖基地，全部投资均由企业自己承担。由于基地养殖户不需要进行土地、鸭舍等固定资产投资，所以主要投入要素表现为人力投入和各项费用支出。从调查数据的特征分析，在生产目标一致的情况下，各企业和农户生产模式差别不大。

投入产出效率分析部分主要从企业和养殖户两个角度展开。以实际调查的公司数据为主，公司集祖代种鸭繁育、父母代种鸭、种鸭孵化、商品鸭养殖、屠宰冷冻加工、熟食加工、饲料生产、羽绒加工等系列化生产于一体。

在分析投入产出效率时主要以所调查的某典型公司为例。所调查公司主要养殖樱桃谷肉鸭，养殖模式有地面平养和网上平养两种，并且现有地面平养模式在逐步向网上平养模式转变，养殖组织形式采用"公司+基地"和"公司+农户"的方式，养殖场按规模大小分为基地、小区和农户三种形式。养殖户不管是基地养殖还是农户规模化养殖，均通过企业在当地设立的养殖服务中心与企业签订养殖购销合同。养殖服务中心为企业的全资子公司，目前公司在河南淮滨和淮阳、山东单县、江西丰城均设有养殖服务中心，共服务和对接126个标准化养殖基地和上千家规模化养殖农户。

公司旗下一个养殖服务中心共服务本地32家标准化养殖基地和350户左右的规模化养殖农户。单个基地规模有大有小，规模最大的基地年出栏量接近60万只，规模小的基地最少也能达到年出栏25万只；养殖农户的养殖规模相对较小，从年出栏2万只到最多年出栏12万只不等。

基地固定设施包括鸭舍、办公场所、生活居住场所、排污设施、取暖设施等，均由公司投资建设，投入资金按20年计算折旧。所用土地均为租用土地，租期30年，租金由公司支付。基地养殖户与公司之间为承包关系。养殖户需缴纳百万左右甚至更高的保证金才有资格成为基地承包人。承包人承包基地后可以自己进行养殖获益，也可以转包给其他养殖户，自己充当代户角色，并向转承包人一次性收取 10 万元左右保证金。除此之外，其他各项支出费用根据养殖规模进行开支，费用构成与小区养殖户和农户基本类似。

（1）前期投入

第一，保证金支出：公司方面相当于固定资本，在承包期内不能收回，但是可用来购买鸭苗、饲料和药品，相当于现金购买，享受现金优惠，比如鸭苗价格每只可优惠 0.1 元，饲料价格每吨优惠 20 元。

独立农户方面，需投资建设鸭棚、鸭舍，以及水电取暖设施等，基本投资金额大都在 10 万～30 万，预计使用年限 10 年。肉鸭养殖耗水量大，为节约用水费用，养殖户一般会自己打井，打井费用约 1.5 万/个。鸭舍分育雏鸭舍和成鸭舍，其中育雏鸭舍对保暖设施要求较高，需要建设取暖设施。早期养殖方式为地面平养，最近几年逐渐向网上平养转变，需增加网的投入，且养鸭网每 2～3 年需要更换一次。

第二，配件费支出：类似于固定资产投资，比如安装监控设备，便于及时监控鸭舍情况，以及工人工作流程，以提高管理效率和质量。该项支出不属必要支出，由承包人自行决定支出与否，并在转手时可按折价收回。

（2）土地成本

公司建设养殖基地所用土地全部通过租借获取，现有基地按规模大小不同，占地面积基本在 28～60 亩①，单位租金从 650～750 元/（亩·年）不等。

（3）人工成本：人力资本投入

基地工作人员岗位设置分为：管理人员、技术人员和养殖工人。不管基地规模大小，管理人员和技术人员都只有一人，其中管理人员即承包人，技术人员由公司指派，人事关系隶属公司，属于公司正式员工；养殖工人由管理人员即承包人自己选定或招聘，基本配备标准为一个鸭棚或 5000～6000 只鸭聘请一位养殖工人。所有工作人员包括承包人均住在养殖基地，为生活方便，往往一个基地还会聘请一名后勤人员，事实上大都由承包人家属担当。

所有工作人员在养殖期间每星期工作 7 天，大多数基地管理人员和技术人员每天工作 8 小时，而养殖工人则全天 24 小时待命。但有个别基地管理人员和技术人员也会全天 24 小时待命，而个别基地的养殖工人全天 16 个小时待命。

技术人员工资由公司统一发放，标准统一；管理人员和养殖工人工资由承包人决定，在不同基地间存在差异。

---

① 1 亩≈666.7m²。

(4) 直接费用

第一，禽苗费，即鸭苗费，由公司合同定价，现金购买会给予优惠。该价格相对固定，一年内不变。另外，为避免个别鸭苗质量问题导致农户损失，公司会按养殖户接鸭数 0.5% 的比例增补相应数量的鸭苗。

第二，饲料费，价格由合同定价，合同期内固定不变。一只鸭从鸭苗长成公司需要的商品鸭前后需要食用四种类型的饲料。其中育雏期 14 天，需要食用两种类型饲料：1～3 天食用一期雏鸭料 0.05kg/只，4～14 天食用二期雏鸭料 0.95kg/只；15～38 天食用三期饲料 4kg/只；38 天以上至出栏食用成年鸭饲料，大约 2.4kg 左右。

其中前三阶段饲料的使用时间和用量完全由公司决定和控制，什么时间、哪个阶段该用哪种饲料，用量多少，公司通过饲料销售和运输便可完全掌控。相应的饲料费用，养殖户可以现金结算，也可以在交售商品鸭时从售价中直接扣除，但是现金结算有优惠。

成年鸭饲料从肉鸭养殖第 39 天开始使用，用量多少不再受公司控制，主要由养殖户的经验、管理以及养殖时间和最终要交售的商品鸭规格决定，费用按实际消耗量结算。

第三，医疗防疫费。肉鸭养殖过程中的基本医疗卫生防疫项目包括用药、疫苗和消毒，在正常情况下，即不发生疫情的情况下，基础药费为 0.25 元/只，疫苗费 0.14 元/只，消毒剂 0.05 元/只。除此之外，因疫病发生会导致医药费和防疫费的大幅增加，特别是肝炎疫苗，每只会增加 0.1～0.2 元的防疫成本。

第四，水电及动力燃料费用。水电费主要用于照明、机械用电以及肉鸭饮水。根据各养殖场情况，大概在 0.18 元/只～0.25 元/只。燃料费主要用于雏鸭取暖，各个季节会有差异，冬季耗费量大，夏季耗费量小，平均为 0.3 元/只。

(5) 间接费用

第一，固定设施维护维修费用。该费用以两种方式支出：其一，因为固定设施由公司投资建设，所以公司有责任进行大型维护维修活动，其支出金额由养殖户缴纳，在养殖户交售商品鸭时从售价中扣除，强制缴纳；其二，养殖户养殖过程中需要进行的小规模修修补补支出，根据养殖场的建设年度不同，建设使用时间越长，支出金额越多。

第二，承包费。直接从公司承保的基地，养殖户按合同约定向公司缴纳承包费；通过代户承保的基地，养殖户向公司缴纳承包费会有一定上浮，缴纳方式和第一种固定设施维护费的缴纳方式一样，在交售商品鸭时从售价中扣除，强制缴纳。经计算，该费用基本等于公司建设基地时固定资产投资的年折旧费用。

第三，保险费，即风险保让金，主要用来规避自然灾害、极端气候等给养殖活动带来的风险，但无法补偿因疫病导致肉鸭死亡率上升带来的损失。费用率固定，由公司代收代缴，和承包费一样，在交售商品鸭时从售价中扣除，强制缴纳。

(6) 其他费用

第一，运输流通费用。运输工具主要由公司提供，涉及的运输环节有：鸭苗运送、饲料运输、商品鸭交售等。其中，鸭苗运送环节不需要缴纳运输费用，产生运输费用的主要在饲料运输和商品鸭交售环节，包括逮鸭费用。

第二，死亡损失费。由于疫病导致的死亡率大概在2%~4%，因为购买鸭苗时有0.5%的补给，在一定程度上可以弥补一些损失。死亡率的差异由各养殖户管理水平决定，当大面积疫病暴发时，养殖户可以决定是否要进行疫病防疫用药，还是向公司申请提前回购商品鸭，以减少损失。疫病高发期主要在养殖20~35天左右。

3.3.2 水禽养殖产出要素分析

3.3.2.1 水禽养殖产出的基本结构

产出主要体现在出栏量、销售总收入、养殖毛利润、养殖净利润，甚至肉鸭品质指标等。产出取决于死亡率和商品鸭价格，其中死亡率由养殖户的养殖技术水平决定，商品鸭价格或商品鸭品质取决于料肉比，由养殖户的养殖经验和管理水平决定。

由此可见，因为"公司+"的养殖模式，市场风险由公司承担，养殖户只承担养殖风险，在饲料费、雏鸭费、保险费、商品鸭价格等基本固定的情况下，养殖收益的多少只取决于养殖过程的管理。养殖户参与养殖的组织形式、基地建设条件、距离公司远近、养殖户养殖技术水平、管理水平和经验等是直接决定养殖收益多少和差异的主要因素。

水禽种类主要为肉鸭、蛋鸭、肉鹅、蛋鹅。由于蛋鹅的产量较低，在市场上的交易量较少，因此本书主要研究肉鸭、蛋鸭和肉鹅。产出的类型主要分为肉和蛋，观察调查的一手数据，肉产品的计量单位为吨，蛋产品的计量单位为吨或枚，除了主产品以外，还有羽毛、粪便等转化的副产品，由于单位不同和产品计算方式不同，在成本收益计算时全部以产值作为计算参数。

3.3.2.2 水禽养殖主体产出分析

产出主要参照所调查企业养殖基地的产出，主要分为商品鸭销售收入和副产品收入，因各地区市场差异，产出存在一定的区别，以典型的企业为研究对象，能有效测算和估计投入产出效率。

(1) 商品鸭销售收入

商品鸭销售价格严格按照合同定价，根据平均体重对应的料肉比及收购价格结算，其中料肉比是决定养殖效益好坏的决定性因素，等于所消耗的饲料总量/交售商品鸭总重量，根据料肉比可计算肉鸭的标准体重（消耗饲料总量/料肉比）。体重低于最小标准体重（32日龄体重标准）以下，会降价收购，反之，体重超出计划的，最高执行48日龄收购价格。如果当月养殖场交售鸭源平均毛利达不到设定毛利标准的，仍按保底毛利政策执行。

一般来说，养殖户交售的鸭源品质，一等品占70%左右，按标准价收购，二等品占20%左右，三等品占10%左右，其价格都会在标准价格的基础上有不同程度的降幅。如果是输出鸭，价格在正常价格之上，每只补助0.2元。

商品鸭回收率（根据投放鸭苗数量计算）在97%~98%（含）为正常收购，98%~100%（不含）按协议价收购，超过100%（含）以上的按残次鸭收购，主要是为了避免养殖户以非正常手段采购鸭苗；除此之外，低于97%以下的会给予一定的罚款。

根据以上定价方式，养殖户的收入主要取决于其养殖的规模和养殖品质，而养殖规格主要由公司计划决定，养多少天，养多重的肉鸭都由公司根据订单事先决定，并分配给养殖户，养殖户则根据规格进行养殖管理。所以，最终销售收入的差异取决于管理水平而导致的商品鸭品质，不同品质的肉鸭价格相差0.3元/kg，是导致同等规模养殖户收益差异的主要原因之一。

(2) 副产品收益

养殖肉鸭的副产品主要来自于粪便回收销售。平均一只肉鸭养殖期内排泄粪便1kg左右（晒干），装袋销售，平均每袋50~60kg，每袋5~8元。折合粪便价格为0.083~0.13元/只，如果每袋粪便5元/袋，粪便价格可达0.08元/只左右，如果粪便8元/袋（小区调查），粪便价格可达0.13元/只。在基地调查时，给出的价格是5元/袋，因为粪便回收销售之前需要晒干装袋，需要养殖工人投入劳动，所以粪便销售后的收益基本上采用的是五五分成，养殖户收益是每袋2.5元，工人每袋2.5元，折合养殖户收益0.041元/只，工人收益0.041元/只。

现有基地养殖密度基本在5~6只/m²，公司核定毛利在2.8元/只左右，养殖户实际净利润在0.5~1元/只。养殖技术方面，农业部规定停药期为7天，公司规定为14天；另外有严格的空舍期要求，空舍期一般7~15天，在有疫病发生的情况下，空舍期会增加。

3.4 不同养殖行为的投入产出效益分析

本书研究数据来自国家水禽产业技术体系团队在 2016 年对全国 21 个水禽主产省（自治区、直辖市）进行的水禽生产情况统计调查，具有较为广泛的地域代表性。调查养殖户共 1799 户，有效样本 1731 户，有效率 96.4%。按照区域特征和经济发展水平，所有养殖户样本所属区域分为东部、中部、西部，样本量分别为 1158 户、241 户、332 户，占样本总量比例为 66.9%、13.9%、19.2%。

养殖户肉鸭养殖效益主要来自商品鸭的销售收入，考虑到成本、规模、养殖批次等因素的影响，为保证数据可比性，本研究使用单只肉鸭毛利润（受数据限制，成本只核算饲料、防疫、水电、动力等直接费用，未包含人工、固定成本等间接费用）为养殖户肉鸭养殖经济效益的代表变量，其数值由养殖户填报的养殖总收入减去总直接费用后再除以年肉鸭出栏量得到。现有肉鸭养殖品种多样，按大类分为樱桃谷鸭、北京鸭、番鸭/半番鸭、地方品种和野鸭，因野鸭养殖户较少，在调查样本中仅有三户，故不予讨论。养殖模式方面，现有地面平养、网上平养、水养模式占比达 85% 以上，本研究重点讨论这三种模式。因部分养殖户处于从地面平养向网上平养转型的过程中，部分样本为地面平养+网上平养模式。对经营模式的选择，除散养、养殖大户外，"公司+"组织形式是现有养殖户主要考虑的方式，在公司或龙头企业带动模式下，养殖户与公司的连接关系又存在多样性。有直接与公司连接的"公司+养殖户"模式，也有通过中间组织与公司形成连接关系的"公司+基地+养殖户"、"公司+合作社+养殖户"、"公司+经销大户+养殖户"，研究中统称为"公司+中间组织+养殖户"模式。除此之外，养殖周期和规模分别用养殖场肉鸭平均出栏日龄和年出栏总量计量。被调查养殖户各种养殖行为分布见表 3.9。

表 3.9 调查样本养殖行为分布表

地区比较		品种比较		养殖模式比较		组织形式比较	
地区	养殖户占比（%）	品种	养殖户占比（%）	养殖模式	养殖户占比（%）	组织形式	养殖户占比（%）
东部地区	66.90	番鸭/半番鸭	10.11	地面+网上平养	3.64	公司+中间组织+养殖户	56.15

续表

地区比较		品种比较		养殖模式比较		组织形式比较	
地区	养殖户占比（%）	品种	养殖户占比（%）	养殖模式	养殖户占比（%）	组织形式	养殖户占比（%）
西部地区	19.18	樱桃谷鸭	71.98	地面平养	77.12	公司+农户	14.27
中部地区	13.92	北京鸭	3.99	水养	1.73	散养	23.17
—	—	地方品种	13.92	网上平养	17.50	养殖大户	6.41

3.4.1 不同养殖品种的投入产出效益分析

3.4.1.1 不同品种肉鸭养殖成本收益分析

品种差异会直接影响成本收益，品种的选择需要结合历史经验和现代科技，充分考虑地区差异对养殖品种的需求和选择，以规模为随机变量，分析不同品种的利润。通过测算和分析不同品种肉鸭的养殖利润、成本结构以及投入产出效率，寻找出不同品种肉鸭养殖效益的差异，以及养殖成本的优势和劣势，通过对效率的测算和比较，进一步分析如何提高不同品种肉鸭投入产出效率的策略。在基本描述统计和结构分析方法的基础上，采用数据包络法测算各品种肉鸭养殖户的投入产出效率，并进行比较分析。结果显示：从养殖利润来看，番鸭效率远大于草原鸭和樱桃谷鸭。从养殖成本来看，草原鸭具有健康养殖、品高品质的特点；而樱桃谷鸭具有高固定资产投资、养殖方式有待健康化的特点。番鸭具有高固定资本投资的特点，但因其利润较高，具有产出见效快，回收期短的特点（图3.6~图3.9，表3.10）。

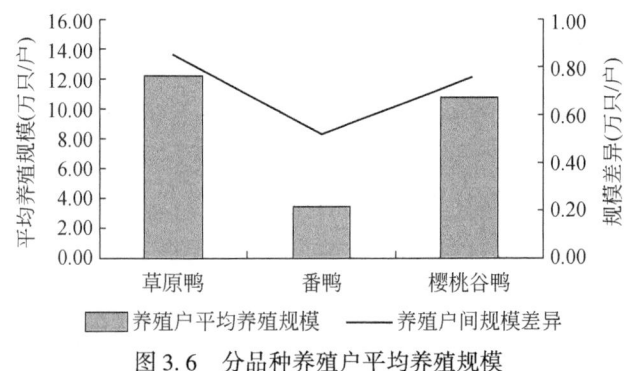

图3.6 分品种养殖户平均养殖规模

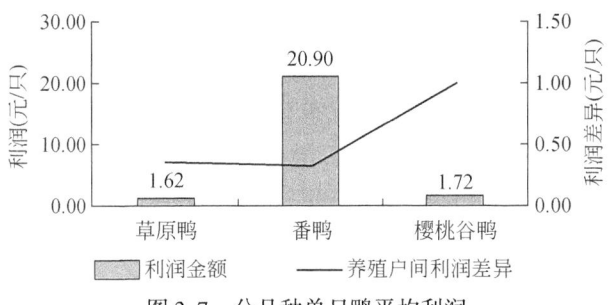

图 3.7 分品种单只鸭平均利润

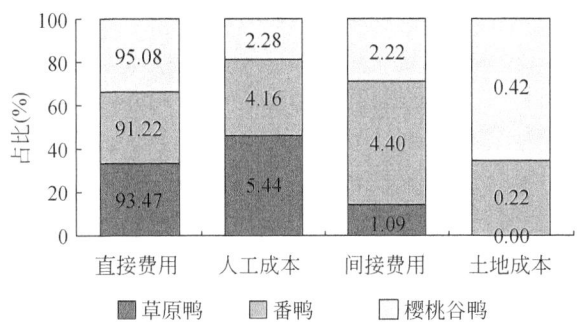

图 3.8 分品种肉鸭养殖成本结构比较分析图

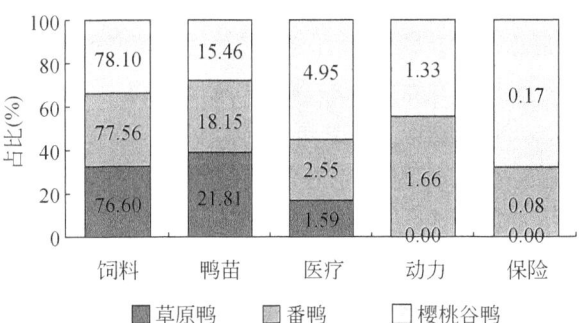

图 3.9 分品种直接费用成本结构比较分析图

表 3.10 不同品种肉鸭养殖特点

肉鸭品种	肉鸭养殖特点（投入视角）
草原鸭	低固定资本投资，有利于养殖户进入 健康养殖，产品品质高
樱桃谷鸭	高固定资本投资 养殖方式有待健康化
番鸭	高固定资本投资，但产出见效快，回收期短

樱桃谷肉鸭养殖收益高于其他肉鸭品种。不同品种肉鸭生产性能存在差异，优良品种在同等饲养管理水平下，生长速度、抗病力、对饲料的利用率较高，因而会取得更高效益。现有肉鸭养殖品种按大类分有樱桃谷鸭、北京鸭、番鸭/半番鸭、地方品种和野鸭，地方品种又有十几种之多，但大部分养殖主要集中在樱桃谷鸭，全国养殖规模占比达70%左右。说明樱桃谷鸭所具有的生长快、转化率高及抗病力强等优点已得到了养殖户的认可，成为肉鸭养殖的首选品种。

目前全国肉鸭养殖品种繁多，包括樱桃谷鸭、北京鸭、番鸭/半番鸭、斑嘴野鸭和绿头野鸭，以及以湖南临武鸭、浙江绍兴鸭、成都天府鸭、广西大麻鸭、海南红毛鸭等为代表的地方品种。以国家水禽产业技术体系25个综合试验站的调查数据来看，登记的肉鸭养殖品种关键词共有33种之多。为研究方便，将关键词"樱桃谷鸭"和"英系北京鸭"合并为樱桃谷鸭，"番鸭""半番鸭"以及带有"杂交鸭"的关键词合并为番鸭/半番鸭类，带有"野鸭"的关键词合并为野鸭类，其他带有地名以及"麻鸭"的关键词合并为地方品种，最终将所有肉鸭品种划分为四种类型。

3.4.1.2 不同品种肉鸭养殖经济效益分析

根据规模经济理论，在一定技术水平下，随着养殖规模增加，单只肉鸭养殖成本下降，从而带来收益增加，即产生规模经济效应。但当规模增大到超过市场容量时，因养殖户恶性竞争，规模增大降低的成本不足以支撑价格降低幅度时，就会出现规模效应递减，最终导致养殖规模与总产值不匹配的现象。当某一品种肉鸭的总产值比例低于其养殖规模比例时，说明养殖规模的增大并未带来相应比例经济效益的提升，从肉鸭品种布局来看，说明该品种应有的养殖效益正在被其他品种侵蚀。不同品种肉鸭养殖经济效益分析如表3.11所示。

表3.11 不同品种肉鸭经济效益统计表

品种	规模（出栏量）占比（%）	总产值占比（%）	产值占比减规模占比（%）	商品鸭均价（元/只）	饲养周期（天）
野鸭	0.01	0.04	0.03	89.17	197.98
番鸭/半番鸭	1.30	1.98	0.68	31.64	62.99
北京鸭	3.89	6.66	2.77	35.63	53.50
地方品种	7.61	8.30	0.69	22.71	70.97
樱桃谷鸭	87.19	83.02	−4.17	19.82	39.49
总计	100.00	100.00	—	20.81	42.75

从总产值占比和出栏量占比的比较来看，樱桃谷鸭产值占比小于出栏量占比，说明其大规模养殖并未获得相应比例的收益，存在规模效应递减现象，且规模效应低于其他各品种。而地方品种、北京鸭及番鸭和半番鸭的总产值占比大于养殖规模占比，特别是北京鸭，相比3.89%的养殖规模，产值却达到了6.66%的比例，远大于其相应的市场规模，说明在产业内部，北京鸭养殖相比其他品种更具规模效应。

分析原因，主要在于不同品种肉鸭养殖单位经济效益存在较大差异。樱桃谷鸭平均单位经济效益在所有品种中最低，只有19.82元/只。野鸭单价最高，达89.17元/只，虽然其市场规模最小，但因其养殖周期长，具有更好的品质，可以被定位为特色农产品，因此也得到了市场的认可。排除市场规模较小的野鸭，北京鸭在其余四品种中养殖效益最高，其35.63元/只的单价远远高于樱桃谷鸭，也高于地方品种，再加上其相对较低的养殖周期（排在第三位），为其带了较高的养殖规模效益。

整体来看，虽然5类中有4类肉鸭单位经济效益较高，高于全部养殖机构平均经济效益，但因为樱桃谷鸭的养殖规模过大，且规模效应处于负水平，最终拉低了整个肉鸭产业的经济效益。

樱桃谷肉鸭的经济效益和规模效益相对较低，这主要源于其较低的市场价格。如果其投入成本远低于其他品种肉鸭养殖，即使其价格较低，也仍然能够获取相对较高的收益；反之，如果其投入成本与其他品种肉鸭养殖并没有显著性差异，则其相对较低的经济效益就会成为确定的现实，这需要后续在获取各品种肉鸭养殖成本因素的基础上进行进一步分析。现有数据显示目前樱桃谷鸭的市场价格比较低，虽然从后期加工生产角度来看，有助于降低后续产业链成本，但对于产品多样化的需求，以及在肉类品质方面，樱桃谷鸭是否是未来市场的最好选择还需要进一步研究。

3.4.2 不同养殖规模的投入产出效益分析

肉鸭养殖规模与养殖收益呈倒U形关系。养殖户是肉鸭养殖活动最重要的行为主体，在进行养殖生产活动期间所做的多项决策，包括规模决定、品种选择、养殖模式、养殖周期、与企业的关系确定等都会对其养殖效益产生较大影响。其中规模因素对养殖收益会产生正向影响。但是根据调查数据统计，肉鸭养殖成本构成中直接费用占比较大，为94.15%，间接费用占比较小，只有2.31%，故其通过分摊固定成本产生规模收益的效应并不显著。随着规模持续扩大，在养殖户管理水平和养殖技术不能快速提高的情况下，因卫生防疫成本增大导致养殖成本相应增加，单位养殖收益往往会呈现先递增后递减的趋势。

通过不同规模肉鸭养殖利润、成本结构以及投入产出效率的测算和分析，发现各种规模条件下肉鸭养殖效益的差异，以及养殖成本的优势和劣势，并通过效率的测算和比较，为适度规模肉鸭养殖提供建议和参考。在基本描述统计和结构分析方法的基础上，采用数据包络法测算不同规模肉鸭养殖户的投入产出效率，并进行比较分析。结果显示：从单只鸭养殖利润来看，小规模和中等规模养殖户的单位利润较高，特别是小规模利润最高。除小规模养殖户外，其他规模养殖户，随着养殖规模的增加，单只鸭利润呈现先增大后降低的趋势，在中等规模达到最大，而大规模单位利润最低，且养殖户间利润差异较小，相对均衡（图 3.11，图 3.12）。

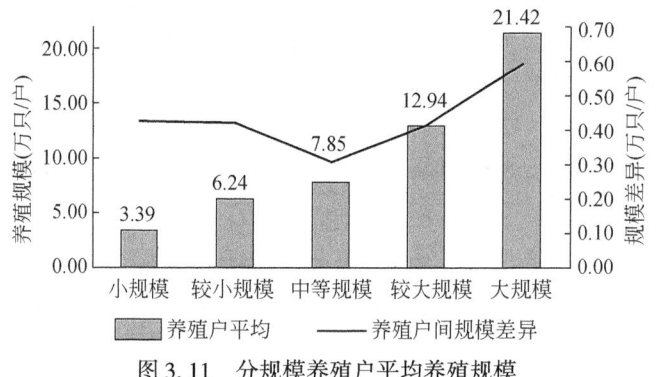

图 3.11　分规模养殖户平均养殖规模

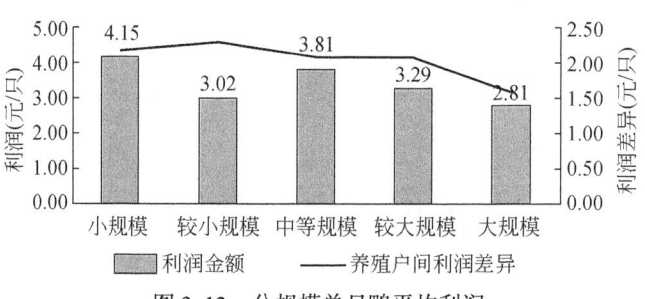

图 3.12　分规模单只鸭平均利润

从养殖成本来看，大规模养殖具有人工成本、土地成本、保险成本优势，饲料成本、直接费用劣势；较大规模养殖具有饲料成本优势，鸭苗成本、卫生防疫成本劣势；中等规模养殖具有间接费用（固定成本）、土地成本、卫生防疫成本、动力燃料成本、保险成本优势；较小规模养殖不具有任何成本优势，具有人工成本、土地成本劣势；小规模养殖具有直接费用、土地成本、鸭苗成本优势，具有人工成本、间接费用、动力燃料、保险成本劣势（图 3.13，图 3.14，表 3.12）。

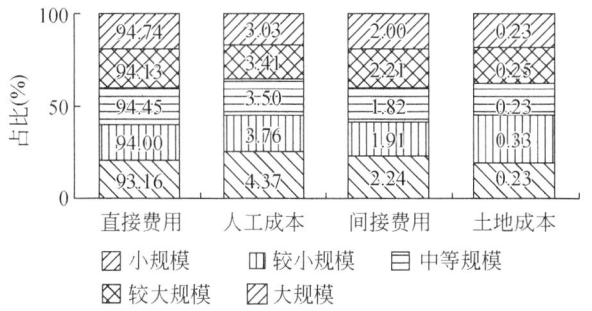

图 3.13 分规模肉鸭养殖成本结构比较分析图

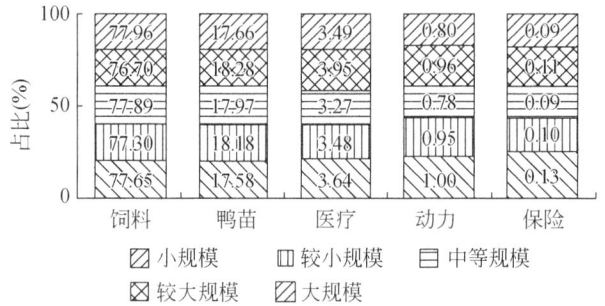

图 3.14 分规模直接费用成本结构比较分析图

表 3.12 不同规模肉鸭养殖户成本优劣对比

规模	成本优势	成本劣势
小规模	土地成本、鸭苗成本	人工成本、设施费用、动力燃料、保险成本
较小规模	无	土地成本
中等规模	设施费用、土地成本、卫生防疫、动力燃料、保险成本	无
较大规模	饲料成本	鸭苗成本、卫生防疫
大规模	人工成本、保险成本、土地成本	饲料成本

中等规模养殖户具有较高的技术效率，大规模养殖户具有较高的成本效率。要提高肉鸭养殖户的投入产出效率，适度规模化养殖，提高规模效率是关键。要使中等规模养殖户既保持较高的技术效率，又保持较高的成本效率，就需要进一步优化中等规模养殖户的成本结构，提高养殖户的资源配置能力和效率（图 3.15，图 3.16）。

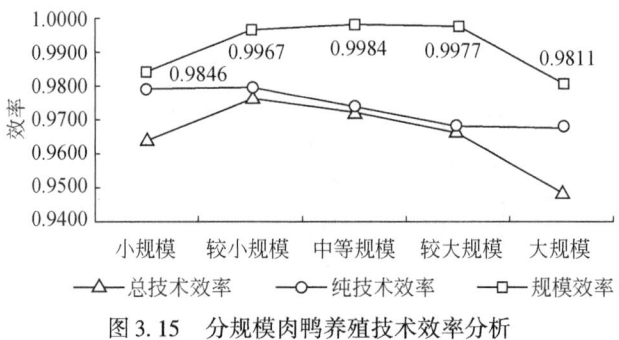

图 3.15 分规模肉鸭养殖技术效率分析

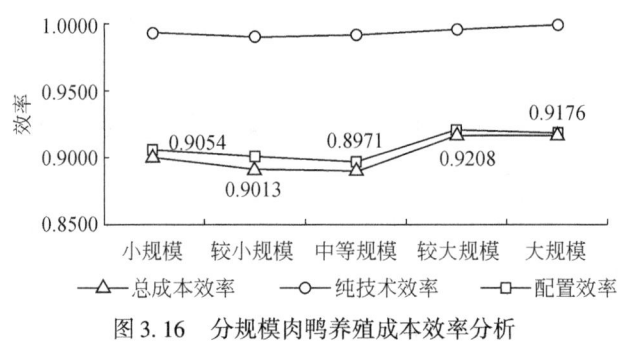

图 3.16 分规模肉鸭养殖成本效率分析

3.4.3 不同养殖模式的投入产出效益分析

本章采用结构特征值法对不同养殖模式的肉鸭出栏规模占比与产值占比进行了比较分析。研究结果表明：水养模式产值占比较规模占比高 2.3 个百分点，地面发酵床+网上平养产值占比较规模占比高 2.1 个百分点，网上平养产值占比较规模占比高 1.23 个百分点，地面平养产值占比较规模占比低 4.29 个百分点，旱地圈养产值占比较规模占比低 1.71 个百分点，农禽兼营产值占比较规模占比低 0.88 个百分点，是应淘汰的养殖模式（表 3.13）。

表 3.13 不同养殖模式经济效益统计分析表

养殖模式	规模（出栏量）占比（%）	产值占比（%）	产值占比减规模占比（%）	商品鸭均价（元/只）	饲养周期（天）
鱼塘+鸭舍	0.02	0.07	0.05	45.00	—
农禽兼营	1.07	0.19	−0.88	34.99	74.60
水养	1.60	3.91	2.30	31.50	—

续表

养殖模式	规模（出栏量）占比（%）	产值占比（%）	产值占比减规模占比（%）	商品鸭均价（元/只）	饲养周期（天）
其他	4.40	5.68	1.28	30.06	60.09
生物发酵床	5.36	5.18	-0.17	28.98	51.73
地面平养+网上平养	5.75	7.84	2.10	23.24	42.05
网上平养	5.97	7.29	1.32	29.70	48.83
旱地圈养	10.08	8.38	-1.71	29.49	58.50
地面平养	65.75	61.46	-4.29	34.26	53.22
总计	100.00	100.00	—	32.80	52.97

通过对不同地区、品种、模式、组织形式下肉鸭养殖单位收益进行计算，结果显示（表3.14）：

第一，地区差异上，东部较高的经济发展水平带来了较高的养殖收益，西部地区如内蒙古、重庆、四川等因较好的自然条件，肉鸭品质较高，带来了高于中部地区的收益。

第二，品种方面，全国平均来看，番鸭/半番鸭养殖收益相对较高，地方品种相对较低，樱桃谷鸭收益虽然低于番鸭/半番鸭，但也处于较高水平，因此在全国具有较大的养殖份额。相对而言，地方品种因市场需求有限，养殖收益相对较低，在樱桃谷鸭大规模养殖扩张的过程中，其养殖量受到了一定的挤压。

第三，养殖模式上，地面平养具有较高收益，在调查养殖户中占比最大，但因该模式存在环境卫生条件差，鸭粪易直接污染鸭体，增加发病率等局限。现有部分养殖正逐步向网上平养模式转变，转变过程需要增加投入，单位养殖效益有所降低。而水养模式更符合肉鸭生活习性，高品质对应着相对较高的收益，但水样模式受到环境限制，不能大面积推广。

第四，组织形式上，由中间组织连接的"公司+"模式收益最高，且总体上不管是何种连接形式，"公司+"模式的收益都高于养殖户个体养殖，且养殖大户的平均收益最低，但与散养差异不大。

表3.14 不同条件下肉鸭养殖单位收益分布表 单位：（元/只）

地区	单位养殖效益	品种	单位养殖效益	养殖模式	单位养殖效益	组织形式	单位养殖效益
东部地区	3.61	番鸭/半番鸭	3.72	地面+网上平养	2.30	公司+中间组织+养殖户	3.56
西部地区	3.05	樱桃谷鸭	3.39	地面平养	3.50	公司+农户	3.14
中部地区	2.48	北京鸭	3.18	水养	3.15	散养	3.01
—	—	地方品种	2.88	网上平养	2.92	养殖大户	2.92

3.5 水禽养殖行为选择与养殖收益优化

3.5.1 养殖行为对收益影响的理论分析

养殖主体的行为选择决定着水禽养殖收益。水禽小规模分散扩张，有损水禽产业的合理化布局，影响整个水禽产业的发展。同时，肉鸭饲养周期不宜太长，否则会提高投入成本，加大饲养风险。这意味着肉鸭的生长周期是一个固定的阶段值，如果未能把握好这个有效值，延长饲养时间，投入更多的饲养成本将不会增加养殖户收益，反而会增加成本，带来不必要的风险。选择养殖肉鸭品种时，应该根据消费者的喜好和市场需求来进行选择，只有选择适销对路的品种，才能取得较好的经济效益。肉鸭"上网下床"生态养殖模式是一种零排放、零污染养殖模式，是山东省新泰市宏成畜禽养殖专业合作社针对养殖业面临日益严峻的环保压力、高居不下的养殖成本、疾病高发用药混乱的形势，研发出来的养殖新技术，该项技术经历了长时间的试验示范和总结，现已经比较成熟。这种养殖模式也属于"网上平养"模式。公司与合作社和农户三者紧密合作可以相互带动和相互促进，更能达到取长补短的效果，充分发挥生产、经营、销售各环节优势，共同达到效益最大化的目的。从水禽养殖户行为视角来看，进一步规范养殖户生态行为决策，提高养殖户生态认知、加大农村技术培训以及加强政府对养殖者生产行为的监管，能够促进对养殖区域环境的保护，保证生产安全，提高生产效率。

从目前来看，不仅需要从规模、投入、技术和养殖户个人特征等方面来研究养殖效益，而且需要从养殖户自身行为选择的视角出发开展研究。而养殖户养殖行为的判断和选择，往往是其经验、技术、管理能力和市场认知的体现，对其养殖效益会产生直接和重大影响。由此，基于养殖行为选择视角，探究品种、饲养周期、规模、养殖模式、组织形式选择等因素，对我国肉鸭养殖经济效益的影响，并进行实证检验，有效为养殖户增收和企业增效提出政策建议。本研究借鉴了前人的研究成果，就实际调查数据提出5种行为，既养殖规模选择、养殖周期选择、养殖品种选择、养殖模式选择和组织形式选择。

3.5.2 养殖规模与养殖收益优化

建立养殖周期与经济效益的相关分析模型，测算经济效益和投入产出效率最优化时的养殖规模,为肉鸭养殖业的适度规模化发展提供参考。根据内蒙古、四川、河南、青岛、山东、福建等地区调查的347家肉鸭养殖户的投入产出信息,以樱桃谷肉鸭为例,利用计量回归模型,探索肉鸭养殖的适度规模(图3.17)。结果显示:在控制品种、组织形式、养殖模式、养殖区域以及养殖户个人特征等条件下,单个养殖户的肉鸭养殖利润随规模增加,呈现先递增后递减的趋势。虽然单只肉鸭养殖利润在6万只/年时最大,但是在此规模下,成本技术效率和配置效率处于递减阶段,无法实现以最小成本进行养殖的效率优化。而且随着规模增加,单只肉鸭利润开始降低,但总利润还在增加,直到超过20.8万只的规模时总利润才会下降。当规模达到23.52万只/年时,规模效率也开始显著降低,此时,再增加规模就导致养殖投入产出效率的降低,甚至出现负利润。因此,建议养殖户养殖肉鸭的适度规模可以以23.52万只/为参考。如果规模超过该数值,要想保持较高的投入产出效率和养殖收益,可以从改善养殖技术水平入手,提高纯技术效率,以此降低规模效率递减带来的负面影响。

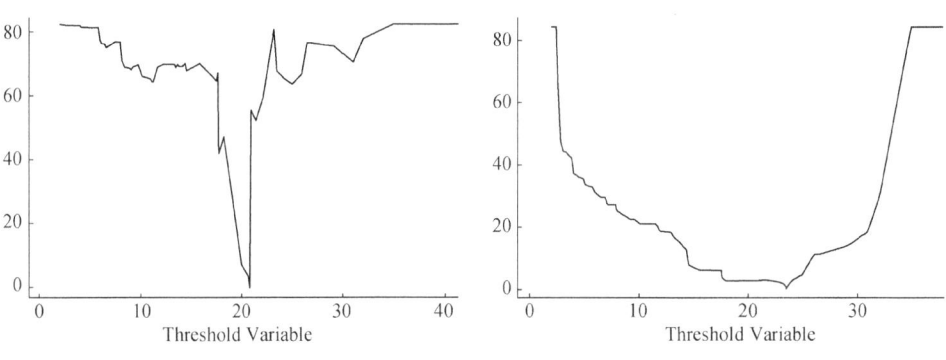

图3.17 最优养殖规模检验图

3.5.3 养殖周期与养殖收益优化

从单只肉鸭利润来看,养殖周期与养殖收益成正比例关系。养殖户确定肉鸭养殖周期会考虑体重、料肉比以及市场价格波动等因素,最终会直接影响养殖经济效益的高低,一般认为周期越长,消耗成本越高,管理风险越大,收益越高。以樱桃谷鸭为例,在考虑体重、料肉比、价格等技术指标的情况下,经测算得到养殖周期与收益的关系如图3.18所示,周期越长,收益越高。在40日龄以下收益随周期增长的速度较慢,40日龄以上收益随周期增长有较快增速。

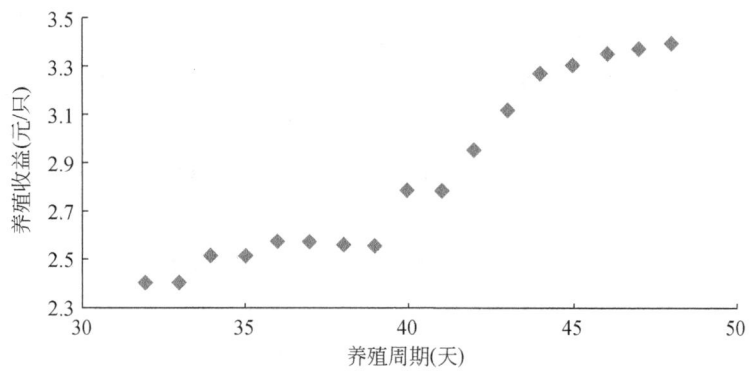

图 3.18　樱桃谷肉鸭养殖周期与养殖收益的关系

2017 年上半年水禽产业经济团队对某大型农业发展股份有限公司下属肉鸭养殖户进行了调研，对"公司+"组织形式下，以"保价合同"养殖樱桃谷肉鸭的经济效益与养殖周期的关系进行了研究（图 3.19）。

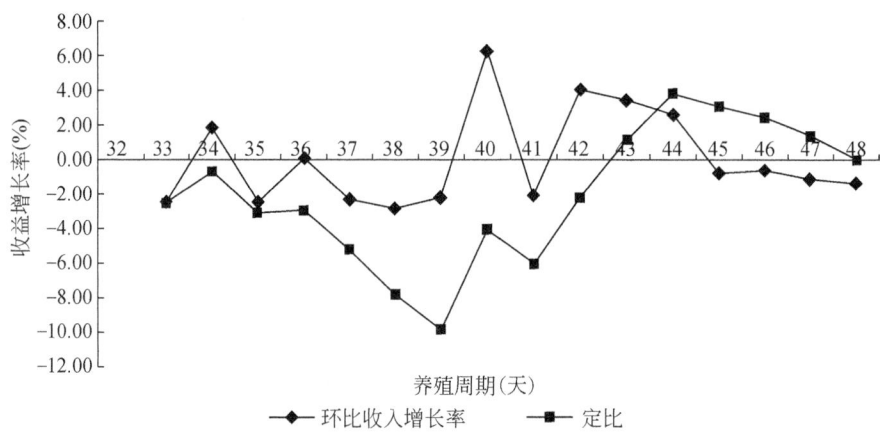

图 3.19　以年为周期核算的养殖周期与收益增长率的关系

首先，利用成本收益核算法、增长率法，在综合考虑肉鸭日龄、料肉比、体重增重、价格变化等因素及其关系的基础上，以年为核算周期对饲养周期与经济效益的关系进行计量和分析。结果表明：随着养殖周期延长，养殖收益并不总是呈现递增趋势。从环比收益增长率来看，只有 34、40、42、43、44 日龄的养殖周期会比前一日龄的养殖效益有明显提升，也就意味着在其他日龄，多养殖一天反而会带来收益的减少。环比收益率增长曲线显示，40 日龄 6.34% 的增长率在所有日龄中最大，即单日增长率最快，但从定比增长率来看，40 日龄的增长率为负值，而且只有当养殖周期在 43~48 天时，相对于 32

日龄的周期养殖效益才有所提升。究其原因可能是，虽然单批次考虑32日龄的养殖周期对应的经济效益较低，但因为周期较短，一年内可进行更多批次养殖，从而带来了总效益的提升；相反44日龄单批次养殖的高收益优势会随着一年内总养殖批数的减少而被削弱。当养殖周期继续增加，饲料消耗相对稳定，商品鸭价格持续上升，在一定程度上弥补了养殖批数减少对收益的负面影响，则出现42日龄之后收益的递增，且递增趋势呈现先增加后减小的特点，在44日龄时达到最高峰值3.86%。由此，以年为周期核算养殖效益，32日龄的出栏周期，或者43~48日龄的出栏周期都可以作为优势决策（表3.15）。

表3.15 优化决策灵敏度分析表

养殖周期（天）	33	34	35	36	37	38	39	40
最优批次	0	0	0	0	0	0	0	0
递减成本（元）	−0.15691	−0.11471	−0.1788	−0.18011	−0.2442	−0.32265	−0.38674	−0.22926
毛鸭价格范围	(0, 2.56)	(0, 2.63)	(0, 2.69)	(0, 2.76)	(0, 2.82)	(0, 2.88)	(0, 2.95)	(0, 3.01)
养殖周期（天）	41	42	43	44	45	46	47	48
最优批次	0	0	0	7.156863	0	0	0	0
递减成本（元）	−0.29334	−0.18251	−0.08247	0	−0.02535	−0.04524	−0.08237	−0.12814
毛鸭价格范围	(0, 3.08)	(0, 3.14)	(0, 3.2)	(3.24, ∞)	(0, 3.33)	(0, 3.4)	(0, 3.46)	(0, 3.52)

其次，如表3.15所示，利用优化分析法，以养殖收益最大化为决策目标，构建养殖周期最优决策模型。结果显示：以一年为收益核算期，在考虑7~10天空舍期的情况下，最优养殖周期决策是每批为44日龄。以此为基础继续进行灵敏度分析，结论显示，只要在表中给出的毛鸭价格范围内，44日龄养殖周期始终是收益最大化的最优解，且递减成本显示，如果相应养殖周期的最优批次增加一个单位，养殖单位收益将会减少。比如以33日龄为例，如果一年内养殖一批33日龄的肉鸭，同时养殖6批44日龄的肉鸭，单位肉鸭的收益会比全部养殖44日龄的最优解减少0.15691元。比较各周期递减成本，37~41日龄间相对较大，均大于0.2元，意味着用这些日龄的养殖周期替代44日龄养殖周期，效益会减少更多，单只肉鸭收益减少的金额会超过0.2元。这一金额相对于本就不高的养殖净利润会对农户增收产生较为不利的影响。

肉鸭养殖企业和农户养殖肉鸭的目的是获得经济效益，而提高养殖收益的途径众多，养殖周期是相对容易可控的因素。在目前樱桃谷鸭占主导地位的情况下，建议养殖企业和农户能够充分利用这个品种前期生长速度快、增重快、饲料消化利用率高的特征，在养殖到44天左右时及时出栏。虽然随着饲料和毛鸭价格的波动，超过一定范围后现有最优解会发生改变，但是本研究所采用的模型和方法可以随着价格变化进行调整，从而得出新的最优解，由此仍然可以为养殖户肉鸭养殖周期的确定提供有效的决策建议，以实现收益最大化目标。

3.5.4 养殖规模和周期影响因素的回归模型估计与检验

为研究养殖规模与周期对养殖效益的影响，并检验假设，建立回归模型如下：

$$\text{profit}_i = \alpha_0 + \alpha_1 \text{size}_i^2 + \alpha_2 \text{size}_i + \alpha_3 \text{days}_i + \sum_{j=1}^{4} \beta_j \text{controlled}_{ij} + \varepsilon_i \quad (3.2)$$

式中，profit_i 指养殖经济效益，通过计算所得单只肉鸭毛利润进行计量；size 指养殖规模，size^2 指养殖规模的平方，days 是养殖周期；controlled 是控制变量，包括品种（variety）、养殖模式（mode）、组织形式（organize）和地区（region），并且根据其各自分类设置虚拟变量放入回归模型。为避免异方差的影响，采用稳健标准误法进行广义最小二乘估计运算，并进行多重共线性检验，最终回归模型估计结果如表 3.16 所示。

表 3.16 养殖效益影响因素回归模型

因变量：养殖效益		系数值	标准差	t 值	P>t	95% 的置信区间		VIF
变量名称	变量符号					下限	上限	
常数项	_cons	1.82*	0.23	7.87	0.00	1.37	2.28	—
规模平方	size²	−5.2E−5*	7.72E−6	−6.76	0	−6.74E−5	−3.71E−5	8.35
规模平方	size	2.7E−3*	5.26E−4	5.16	0	1.68E−3	3.74E−3	9.23
养殖周期	days	1.2E−3	3.89E−3	0.31	0.76	−6.45E−3	8.85E−3	4.50
北京鸭	variety_1	0.82*	0.21	3.93	0.00	0.41	1.22	6.56
番鸭	variety_2	0.12	0.12	1.00	0.32	−0.11	0.35	3.69
地方品种	variety_3	−0.37*	0.11	−3.26	0.00	−0.60	−0.15	2.21
地面	mode_1	−0.82*	0.36	−2.27	0.02	−1.55	−0.10	4.83
地面+网上平养	mode_2	−0.11	0.15	−0.69	0.49	−0.41	0.20	7.81
网上平养	mode_3	0.46*	0.16	2.95	0.00	0.15	0.78	5.97
公司+农户	organize_1	1.20*	0.08	15.19	0.00	1.05	1.36	6.68
养殖大户	organize_2	−0.24*	0.11	−2.14	0.03	−0.46	−0.02	1.09
散养	organize_3	−0.18*	0.07	−2.59	0.01	−0.32	−0.04	2.32
R^2		0.8234						
F		4954.21						
N		1191						

* 指在 0.05 的显著性水平下显著

结论显示，在控制地区以及各养殖行为变量的情况下，养殖规模及其平方项均与养殖收益存在显著相关关系，且规模与经济效益呈正相关，平方项与经济效益呈负相关，说明养殖规模与经济效益之间存在倒 u 型关系。结合肉鸭养殖的成本结构分析，因为成本结构中与固定投入相关的间接费用、土地成本占比较低，直接费用占比较大，而直接费用与养殖量始终呈正比例关系，所以当规模增大时，很难通过分摊固定成本来降低单位成本以提高单位收益，故探索适度规模养殖具有非常重要的意义。根据回归模型，以樱桃谷鸭、网上平养、公司+中间组织+养殖户为例，计算倒 u 型曲线最高点（即养殖收益最高点）对应的养殖规模为 26.96 万只。根据回归模型结合该数值说明，随着养殖规模增加，养殖收益先增加后减少，当规模达到 26.96 万只/年时养殖收益最大，该值可以作为适度规模养殖的最优参考点。

而养殖周期前的系数为正，说明随着养殖天数增加，肉鸭养殖收益也随之增加，但两者关系并不显著。主要是因为虽然从肉鸭养殖料肉比、体重、卫生防疫等技术层面来看，养殖周期越长，收益相对越高，但是现有养殖户肉鸭养殖大都采用"公司+"组织形式，在样本中占比为 70.42%。在该组织形式下，养殖周期主要由公司根据市场需求和销售订单决定，农户往往不能在其认为的最优养殖周期日将肉鸭进行出栏销售，以获得最大收益，由此养殖周期与经济效益的关系就无法显现。

3.5.5　养殖品种、模式及组织形式与养殖收益优化

3.5.5.1　养殖品种、模式和组织形式与养殖效益的关系检验

从平均收益的比较来看，各种养殖行为下的养殖效益存在差异，但差异是否显著，需要检验。此外，因为养殖效益是多种行为共同作用的结果，以单变量比较并不能客观反映某个养殖行为的真实影响。从方法上来讲，只有在控制住其他行为的条件下，再来讨论某个行为的影响才有意义。考虑到养殖行为变量大都是定性因素，故采用多因素方差分析，在控制协变量养殖规模和养殖周期的条件下，进行研究并检验假设。研究结论具体见表 3.17。

表 3.17　养殖行为影响经济效益的方差分析表

因变量：养殖效益	偏差平方和	自由度（df）	均值平方	F 值	p 值
修正的模型	852.997a	63.00	13.54	88.96	0.00
截距	3.65	1.00	3.65	24.01	0.00

续表

因变量：养殖效益	偏差平方和	自由度（df）	均值平方	F 值	p 值
size	17.72	1.00	17.72	116.43	0.00
days	101.76	1.00	101.76	668.64	0.00
variety	4.60	3.00	1.53	10.08	0.00
mode	3.87	4.00	0.97	6.36	0.00
organize	6.74	4.00	1.68	11.07	0.00
region	8.08	2.00	4.04	26.54	0.00
variety×mode	10.78	6.00	1.80	11.80	0.00
variety×organize	22.45	7.00	3.21	21.07	0.00
variety×region	20.62	5.00	4.12	27.10	0.00
mode×organize	4.10	6.00	0.68	4.49	0.00
mode×region	1.14	4.00	0.29	1.88	0.11
organize×region	0.11	4.00	0.03	0.18	0.95
误差	253.70	1667.00	0.15		
总计	20489.53	1731.00			

注释：$R^2 = 0.771$（调整的 $R^2 = 0.762$）；表中的 size、days、variety、mode、organize、region 分别指养殖规模、周期、品种、模式、组织形式和地区

通过建立有交互作用的多因素方差分析模型，结论显示：第一，F 统计量为 88.96，p 值小于显著性水平 0.05，因此认为在控制养殖规模、周期的条件下，各养殖行为整体上与养殖效益有显著的相关关系。第二，从单变量来看，variety、mode、organize 对应的 p 值均小于 0.05，说明在控制其他因素的条件下养殖品种、模式、组织形式与养殖效益均存在显著的相关关系，不同的养殖行为选择会带来经济效益的差异。第三，养殖行为交互项对应的 p 值除 mode×region 和 organize×region 大于 0.05 外，其他交互项与养殖效益均呈现显著相关关系。由此，可以分别说明：各品种肉鸭采用不同模式养殖，收益存在显著差异；各品种肉鸭在不同组织形式下养殖，收益存在显著差异；各品种肉鸭在不同地区养殖，收益存在差异；各养殖模式在不同组织形式下实践时，养殖收益存在显著差异。

3.5.5.2 养殖品种、模式和组织形式下养殖效益的差异比较与检验

在养殖品种、模式和组织形式方面，分别以樱桃谷鸭、网上平养、公司+中间组织+农户为研究基准组，在控制地区、规模和养殖周期的条件下，对不同养殖行为间的效益差异进行多重比较与检验，结果如表 3.18 所示。

表 3.18 养殖行为的单变量比较

养殖行为对比	基准组	对照组	平均差异	标准误差	显著性	95% 的置信区间	
						下限	上限
品种	樱桃谷鸭	北京鸭	−0.242*	0.09	0.00	−0.41	−0.08
		地方品种	0.546*	0.08	0.00	0.39	0.70
		番鸭/半番鸭	−0.051	0.08	0.54	−0.21	0.11
养殖模式	网上平养	地面+网上平养	0.097	0.07	0.15	−0.03	0.23
		地面平养	0.442*	0.12	0.00	0.68	0.21
		水养	−0.373*	0.09	0.00	−0.54	−0.20
组织形式	公司+中间组织+农户	公司+农户	−0.202*	0.09	0.03	−0.39	−0.02
		散养	0.465*	0.07	0.00	0.33	0.60
		养殖大户	0.478*	0.17	0.01	0.14	0.81

* 指在 0.05 的显著性水平下显著

从养殖品种来看，在控制其他因素的条件下，樱桃谷鸭的养殖效益低于北京鸭，高于地方品种肉鸭，且差异显著；与番鸭半番鸭比较，樱桃谷鸭的养殖效益也相对较低，但差异并不显著。这说明虽然樱桃谷鸭在市场上占有较大市场份额，因生长快、转化率高等特性得到了广大养殖户的认可，但从养殖收益来评价其并不是最优选择。通过对其养殖成本结构进行分析，发现其成本构成中直接费用和土地成本占比相对较高，且直接费用中卫生防疫成本、饲料成本较高。高比例的土地成本不便于养殖户进入，同时卫生防疫成本和饲料成本相对较高对肉鸭健康养殖也会产生不利影响，从而影响鸭肉品质，降低收益。

从养殖模式来看，在控制其他因素的条件下，除水养外，网上平养收益基本高于地面平养，也高于正在由地面平养向网上平养转型阶段的养殖户，且与地面平养收益差异显著。网上平养收益低于水养模式，主要是因为从肉鸭生长特性来看，水养符合肉鸭生长规律，养殖方式有利于提升肉鸭品质，得到消费者认可，由此带来更高收益。网上平养模式收益高于其他养殖方式。随着养殖技术的发展，肉鸭养殖模式呈现多样化特征，主要有地面平养、网上平养、水养、笼养等。其中地面和网上平养是现有养殖户采纳的最主要的两种养殖模式，且网上平养因具有改善肉鸭生存环境、对气候及环境要求低、便于集约化管理、有助于减少水体污染、粪便可回收等优点，在养殖户中得到了大力推广，较多养殖户正处于由地面平养向网上平养转型的阶段。

从养殖户经营的组织形式来看，"公司+"模式具有更高的养殖效益。经营模式方面，随着农业产业化、规模化的发展，"公司+"模式逐渐成为养殖户选择进入的主要模式。在公司或龙头企业的指导下，一方面大大降低了养殖户的市场风险，稳定了产品的销路，同时公司给予的技术指导也有助于降低养殖风险，进而降低成本；另一方面，公司订单式养殖有助于控制肉鸭产品品质，保证食品安全，从而获得更高的收益。而自主经营，如散养或大户模式属于比较传统的生产经营方式，以家庭成员为主要管理经营者，养殖风险和市场风险自我承担，收益波动大，平均效益低。一般认为，公司化经营模式下的养殖效益更好，合伙或集体制次之，家庭自主经营模式下相对稍差一些。

"公司+中间组织+农户"的组织形式下，养殖收益显著高于散养和养殖大户形式。但值得注意的是，在"公司+"的两种组织形式中，"公司+农户"的养殖收益显著高于通过基地、合作社和经销大户等中间组织连接的"公司+中间组织+农户"形式。中间组织的存在，一方面在肉鸭养殖的鸭苗购买、饲料运输、卫生防疫、技术指导、商品鸭收购等环节给养殖户带来了极大的帮助；另一方面作为连接公司和养殖户的纽带，又极大地降低了公司的交易成本，提高了公司的经营效率。但无论企业还是养殖户接受中间组织服务都需要付费，现有结论显示在其他条件相同的情况下，有中间组织连接的养殖收益相对较低，说明在利益分配机制上，更有利于企业，养殖户在接受中间组织服务的过程中付出了更多的成本，使其相比直接与公司发生关联的养殖户具有较低的收益。

除此之外，回归模型中与养殖品种、模式、组织形式相关的行为变量与养殖收益间的关系与方差分析的结果基本一致，进一步证明了方差分析的结论。

3.5.6 养殖行为选择策略建议

本章主要从企业和养殖户角度出发分析水禽养殖行为，旨在研究提高水禽养殖整体经济效益的最优行为。从肉鸭养殖户的角度出发，以养殖行为选择为视角，使用回归分析和方差分析的方法，分别检验了养殖规模和周期、养殖品种、模式、组织形式等因素对养殖收益的影响，通过描述性统计分析和检验得出结论。综上所述，养殖品种过于集中，樱桃谷肉鸭并不具有养殖效益的绝对优势。在品种单一的情况下扩大规模，不仅会促使市场竞争加剧，毛鸭产品价格下降，成本上升，养殖收益必然随之下降；而且会诱导养殖户为了降低养殖风险和成本采取过量、减量手段，最终影响肉鸭品质。网上平养模式收益相对较高，但低于水养模式。虽然水养更符合肉鸭生活习性、产品品质更易得到消费者认可，但该养殖模式受资源条件限制以及现有环境政策的约束，不宜大规模展开。针对目前普遍存在的"公司+"组织形式，虽然公司在降低养殖户市场风险方面发挥了较大作用，但因为中间组织的存在，在降低企业与养殖户沟通成本的同时，服务费用主要由养殖户负担，由此在一定程度上也增加了养殖户的成本，降低了养殖收益。养殖规模是养殖收益增加的关键。但是考虑到肉鸭养殖并不完全符合规模经济特征，随着养殖规模增大，养殖收益并不总是增加，而是呈现先增加后递减的趋势。养殖户要根据资源、技术和资本条件，在综合分析的基础上，做出优化经济效益的选择。

第 4 章
水禽产业投入产出效率分析

4.1 水禽产业投入产出现状分析

随着整个水禽产业现代化进程的提速，科技创新功不可没，技术效率则成为衡量技术进步的主要指标，成为整个行业发展核心导向。所以本章主要任务是估算水禽产业的技术效率，进一步分析投入产出效率。从省际层面宏观数据入手，依托近 7 年的省际面板数据，测算和对比各省份水禽产业的技术效率。在对比技术效率时，主要以全要素生产率（TFP）、全要素生产率的增长率、贡献率为参照，分析水禽产业的投入产出效率。因此，在分析水禽产业投入产出效率时，主要以产业总投入和总产出为估算指标，测算其效率。

改革开放以来，我国水禽产业整体发展趋势平稳上升。2011~2018年，受 2013 年 H7N9 禽流感事假影响，水禽产业投入、产出发生了很大波动。生产和经营的企业在劳动力、资金方面的投入比例大幅上升，疫苗防御、医药治疗方面的投入也相继增加，然而水禽产品产量却在不断减少。禽流感事件进一步加强了企业在技术方面的投入，刺激技术开发和技术进步。如何预防 H7N9 禽流感病毒，削弱该病毒的影响程度，技术的作用不可忽视。水禽产业技术竞争力衡量标准包括饲料、育种、养殖防疫、加工、流通、环保等技术发展水平，要推进水禽产业发展，必须提升科技水平，推动科技进步，全面增强市场竞争力，发挥水禽产业科技竞争力的引导作用。全要素生产率的贡献主要表现在技术进步率的提高，科技创新是提高技术进步率的主要方法，因此，科技创新有助于提高水禽全要素生产率。2012~2018 年我国水禽全要素生产率呈曲线波动形势，科技进步平稳前进的势态在 2013 年大幅下滑，2014 年又大幅上升，2015 年后最终回到平稳状态，如此大幅波动必将引发我国水禽行业对风险防御措施的重新思考。因此，有必要研究全要素生产率增长率的变动对水禽产业整体经济形势的影响，并阐述成本与收益之间的关系，由此提出如何提升科技竞争力、提高全要素生产率的贡献率,有效推动水禽产业快速、持续、健康发展的政策建议。

4.1.1 水禽养殖投入现状分析

4.1.1.1 劳动力投入

水禽劳动力投入需要分解为多项劳动力的投入,主要包含雇工工资、义务工折算价和其他劳动所付出的资本。劳动力投入的差别主要在于地区差别,地区的整体发展水平和消费水平决定着劳动力的工资投入,其中劳动力数量上的投入取决于养殖企业的规模和经济效益,从劳动力差异上划分。本次测算主要是以我国29省份2010~2018年数据为依据,因各省地区差异,劳动力投入构成也存在差异,准确比较劳动力的差异必须进一步分析其影响因素。为减少总数统计难度和数据汇总误差,本次测算主要从单位投入量入手,确保测算结果的准确度。劳动力总投入需要换算为以每百只为单位作为劳动力投入指标。测量全要素生产率时,数据的准确性是关键,水禽的养殖分布较广,全国各地区总数差异较大,且在统计时会出现数据遗漏现象,为避免部分数据统计确实现象,本次采用的数据主要以各省的单位养殖投入为研究对象,来比较省份之间的技术变化。表4.1为2011~2018年各省每百只水禽劳动力投入情况。

表4.1　2011~2018年各省份每百只水禽劳动力投入　(单位:元)

地区	2011年	2012年	2013年	2014年	2015年	2016年	2017年	2018年
平均	289.58	277.78	262.68	467.68	368.7	358.87	357.65	356.99
北京	316.07	321.58	380.33	701.53	355.31	405.45	415.21	312.15
天津	407.69	366.34	398.71	639.76	741.86	601.98	602.14	357.11
山西	275.88	291.7	187.32	285.92	233.27	299.77	311.25	415.67
内蒙古	326.36	324.5	300.02	513.17	309.26	422.11	430.03	431.99
辽宁	355.57	373.14	403.3	644.65	498.76	374.44	382.12	387.86
吉林	378.75	385.5	421.13	556.42	643.07	470.17	451.21	359.82
黑龙江	363.43	361.32	253.44	685.94	491.06	489.19	455.25	346.58
浙江	293.5	283.38	285.72	448.52	481.62	416.66	450.36	288.69
福建	370.75	370.57	254.65	726.02	456.71	497.72	460.85	377.62
山东	190.27	181.69	158	391.62	228.41	217.94	228.36	201.02
河南	364.61	298.13	357.84	490.73	358.28	361.84	345.26	299.64

续表

地区	2011年	2012年	2013年	2014年	2015年	2016年	2017年	2018年
湖北	192.7	167.93	151.07	371.59	255.75	231	226.36	311.14
湖南	227.09	224.93	162.3	434.09	281.32	282.11	275.62	234.28
广东	342.89	335.77	336.8	535.31	336.95	403.8	401.32	291.13
广西	200.27	190.45	201.17	503.3	412.89	405.22	417.62	369.19
海南	209.52	209.14	211.04	392.5	212.76	222.78	410.36	337.57
云南	103.63	95.56	173.61	332.67	106.45	362.88	355.36	368.97
宁夏	230.94	230.75	137.23	611.07	426.36	382.58	354.36	452.78
河北	298.9	298.06	326.8	312.95	359.66	446.14	421.36	412.11
上海	328.02	282.66	248.29	448.01	319.06	299.31	253.27	477.15
江苏	120.55	115.81	120.36	230.3	204.7	195.09	177.95	265.43
安徽	288.7	281.66	285.66	433.56	363.13	326.4	318.25	401.27
江西	367.31	367.31	126.6	292.27	208.84	215.91	207.98	479.98
四川	340.93	335.81	339.03	555.46	520.53	357.25	341.57	204.37
重庆	280.37	274.22	276.57	394.1	286.32	355.41	346.65	320.35
陕西	317.64	315.71	316.17	457.09	317.43	401.81	402.34	330.74
甘肃	218.06	215.06	215.88	347.41	289.73	299.38	287.61	369.97
青海	218.78	205.55	232.12	337.61	483.2	297.24	284.62	421.56
贵州	356.7	351.32	351.76	491.9	503.16	360.11	357.34	326.48

表4.1中数据主要采用单位水禽（每百只）所投入的劳动力，主要目的是对比2011~2018年我国各省份劳动力投入额。从时间序列来看，2010~2018年劳动力投入量一直在上升，在2014年达到几年来的峰值，造成这个趋势的主要原因还是当年整体经济水平发展较好，带动行业发展，刺激投入，劳动力投入水平整体升高。从各省（自治区、直辖市）数据波动来分析，2014年依然是各省（自治区、直辖市）劳动力投入的峰值，该年劳动力最高投入达726.02元/百只，但这还不是近年来的最高值，2015年天津市劳动力投入达741.86元/百只，创历史新高，如此高的投入还需加上资本类投入，导致这一年利润非常低。数据显示，2014年和2015年劳动力全国平均投入比例最高，2014年高达467.68元。原因是H7N9事件促使劳动力投入增加。2016~2018年发展平稳，投入产出比例处于正常增长趋势。

4.1.1.2　资本投入

由于资本投入较为分散，需要汇总换算，资本投入相对复杂，主要组成部分为仔畜费、精饲料费、燃料动力费、医疗防疫费、死亡损失费、固定资产折旧。禽苗费包括雏鸭购买费、青年鸭购买费，部分养殖企业还包含试验鸭和老鸭购买费用；精饲料费包括不同时期、不同阶段的鸭所消耗的饲料产生的总费用，包含辅助材料，如麦皮、玉米、米糠等；燃料动力费是指鸭子生长过程中机器运转或施工作业中所耗用的企业自制或外购的固体燃料（如煤炭、木材等）、液体燃料（汽油、柴油等）、电力、水和风力等费用；医疗防疫费包括疫苗、场地消毒、日常用药等；死亡损失费包括雏鸭、青年鸭、试验鸭、老鸭等意外死亡后折算的费用；固定资产折旧是指固定资产在使用过程中逐渐损耗而转移到商品或费用中去的那部分价值，也是企业在生产经营过程中由于使用固定资产而在其使用年限内分摊的固定资产消耗费，固定资产折旧须充分考虑物品的使用寿命和不同时期货币的价值。资本投入应包含其他项，因为不同的地区生产模式不相同，部分无法明确计算费用也应该计入其他项中。水禽资本投入依然采用单位投入作为换算指标，表4.2为2011~2018年我国各省份每百只水禽资本投入情况。

表4.2 2011~2018年各省份每百只水禽资本投入　（单位：元）

地区	2011年	2012年	2013年	2014年	2015年	2016年	2017年	2018年
平均	1805.86	1799.24	1755.71	2024.72	1887	1752.32	1774.76	1619.60
北京	1687.92	1700.92	1710.9	1795.51	1805.17	1701.1	1716.21	1713.18
天津	1625.66	1620.71	1595.6	1837.29	1657.48	1624.62	1628.12	1654.11
山西	1697.86	1696.26	1797.26	2034.26	1837.37	1687.34	1701.1	1514.21
内蒙古	2423.62	2430.12	2118.11	2668.11	2528.11	2410.09	2452.35	1415.66
辽宁	2117.03	2126.21	2146.17	2273.17	2195.27	2159.52	2164.38	2317.86
吉林	1756.98	1755.47	1741.48	1886.01	1757.69	1857.24	1899.2	2134.15
黑龙江	1935.22	1925.81	1134.22	1393.82	1606.75	1464.41	1491.36	1857.68
浙江	1562.22	1565.98	1381.82	1664.94	1412.36	1468.06	1421.25	1701.82
福建	1814.61	1809.79	1757.26	3099.32	1869.26	1881.81	1800.23	1717.31
山东	1578.01	1564.06	1603.28	1859.46	1628.2	1617.49	1569.45	1763.45
河南	1493.25	1420.25	1427.78	1644.78	1557.98	1516.01	1654.39	1606.48
湖北	1676.44	1653.69	1656.61	1802.94	1684.7	1611.02	1635.36	1446.58
湖南	1552.44	1545.27	1551.72	1701.72	1574.62	1547.58	1677.89	1622.17
广东	1931.81	1931.09	1844.95	1964.95	1938.05	1615.36	1468.24	1491.54
广西	2744.78	2747.48	2734.67	2926.08	2757.67	1825.67	1775.35	1496.31
海南	1808.96	1807.45	1859.12	1979.13	1922.72	1826.03	1895.36	1700.91

续表

地区	2011年	2012年	2013年	2014年	2015年	2016年	2017年	2018年
云南	2049.26	2044.08	1742	2984.03	2576.69	1676.14	1578.65	1387.45
宁夏	1636.5	1619.7	1570.49	1743.8	1887.76	1612.09	1722.24	1321.19
河北	1606.31	1597.98	1596.23	1817.44	1672.33	1498.06	1530.32	1352.11
上海	1525.81	1527.25	1529.22	1720.55	1559.93	1536.01	1602.15	1515.15
江苏	1865.55	1864.92	1866.14	1889.36	1889.16	1898.1	1962.15	1378.61
安徽	2032.93	2031.21	2042.32	2164.74	2156.42	1525.52	1530.32	1411.42
江西	1683.59	1679.69	1681.76	1846.97	1740.46	1799.02	1845.25	1640.14
四川	1746.56	1745.47	1743.32	1886.53	1738.92	1827.24	1703.21	1792.46
重庆	2020.71	2016.12	2097.17	2341.39	2308.27	2215.09	2106.35	1683.68
陕西	1578.07	1576.06	1577.06	1710.47	1716.96	1635.49	1688.85	1377.84
甘肃	1995.23	1992.09	2293.83	2537.25	2001.7	2320.36	2612.25	1365.54
青海	1430.52	1421.27	1421.34	1655.74	1889.44	1551.58	1624.31	1544.32
贵州	1792.06	1761.45	1693.89	1887.12	1850.89	1909.17	2012.21	2045.14

表4.2中数据显示，2014年和2015年的平均资本投入偏高，2014年全国9个省的资本投入超过了全国平均水平的2024.72元/百只。从时间序列分析，2011~2018年全国平均水平波动不大，每百只资本投入在1750元左右。对比各省份数据，除了2014年以外，各省份每年的资本投入波动不明显，均在一个平均水平波动，福建省的资本投入超过了3000元/百只，直到2015年下半年各省略有下降。说明H7N9事件同时增加了水禽的资本投入和劳动力投入。2016~2018年，资本投入增长率大于劳动力投入增长率，资本投入占比相对增加，说明随着技术的提高，人力替代率逐渐上升，劳动力投入相对较少。

4.1.2 水禽产业产出现状分析

4.1.2.1 水禽产业产值现状

水禽总产值数据主要依托2010~2018年《中国统计年鉴》，参照2018年国家水禽体系产业经济团队调研数据后整理而得到。总产值的构成大体分为肉鸭总产值、蛋鸭总产值和肉鹅总产值。近年来水禽的总产值在不断变化，但是由于2013年H7N9禽流感事件导致水禽产值波动较大，到2016年开始才得到恢复，不仅对市场造成了极大影响，同时也对未来水禽发展带来了很大的挑战。

如图4.1所示，2012年水禽产业处于低谷时期，从2014年开始逐步恢复到正常值，2017年略有下降，2018年又恢复了递增趋势。肉鸭产值波动直接影响水禽总产值的变动，水禽产值变动与肉鸭产值变动基本同步，蛋鸭和肉鹅总产值变动不大，对水禽整体波动几乎没有影响。从技术进步的角度分析，2010～2018年水禽产业的技术处于正向进步状态，水禽的产值应持续当正向增长，但是在此期间产值却出现了负增长波动。

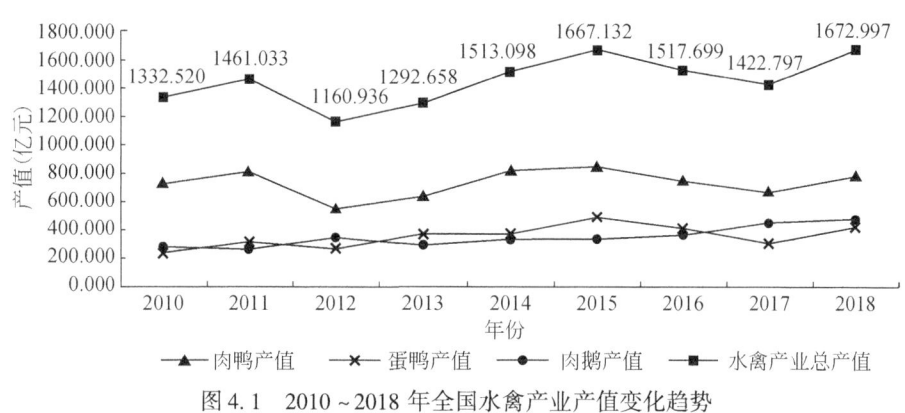

图4.1　2010～2018年全国水禽产业产值变化趋势

4.1.2.2　水禽产业产量现状

水禽总产量数据在不断变化，分析产量变化趋势时，主要采用国家水禽体系产业技术团队所调研和收集的数据，统计了2010～2018年水禽总产量的变化，总产量由肉鸭、蛋鸭、肉鹅三大类产量构成。从产量上观察，蛋鹅的规模很小，在商业养殖中占比也不大，因而本研究没有细分肉鹅和蛋鹅，一并计入鹅产值量分析。因此，在分析水禽的总产值时，重点对肉鸭、蛋鸭、肉鹅进行分析。

如图4.2所示，可以看出蛋鸭和肉鹅产量波动较小，对水禽产业整体水平影响并不大，肉鸭在水禽产业中占主导地位，2012年产量值最大，可是2012年之后逐渐趋于下降。产量在下降，是技术的问题还是自然灾害的影响，许多学者已经验证过技术与产量之间成正比关系，水禽产量直接影响产值的变化，下文我们将从产值产量变化入手，综合分析近几年的变化。

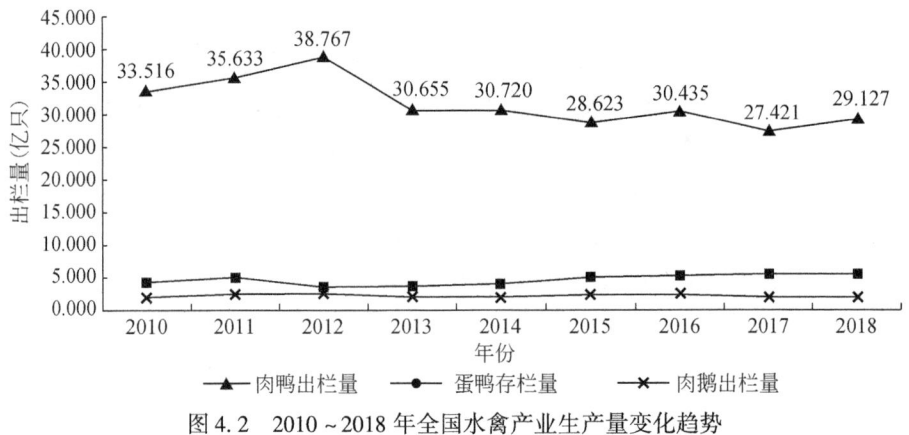

图 4.2　2010~2018 年全国水禽产业生产量变化趋势

4.1.3　水禽产业中的肉鸭产值产量变化趋势分析

4.1.3.1　肉鸭产值趋势

肉鸭在水禽产业中总产值占比最高，对水禽产业发展贡献率最大，因此，以产出贡献率最高的肉鸭为分析对象，分析水禽整体趋势。由于 2010 年以前微观数据缺失，此节分析主要以 2010 年以后的数据为主，正常情况下，产值变化趋势应该和产量变化趋势相同，但是在 2012 年变化中，肉鸭产值、产量呈现反向增长趋势。2010~2018 年肉鸭产值有两个波谷，分别在 2012 年和 2017 年，2012 年产值为 550.085 亿元，同比下降 37.08%，为此期间最低。图 4.3 展示了 2010~2018 年肉鸭产值变化：2011 年肉鸭产值为 802.757 亿元，较 2010 年大幅度增长，同比增长 26.64%，但是 2012 年大幅下降，2015 年产值达到最高，比 2012 年增长 53.24%，2012~2015 年年均增长率为 17.75%，成为持续增长率最高的时段。

4.1.3.2　肉鸭产量趋势

不同种类产量差异较大，肉鸭、蛋鸭、肉鹅三大产业不同种类区域分布存在很大的差异，不同区域养殖模式也有一定的区别。蛋鸭的初级产品和加工后的产品主要是蛋，而肉鸭和肉鹅的主产品为肉，不同类型的产出计量单位不同，不能简单地进行汇总和比较。因此，笼统地将蛋和肉从数量和重量上比较是不合理的，从水禽的产量视角分析，无法将肉鸭、蛋鸭、肉鹅汇总比较，其中，肉鸭相对其他种类而言产量占比最大，由此本节主要以肉鸭为代表分析水

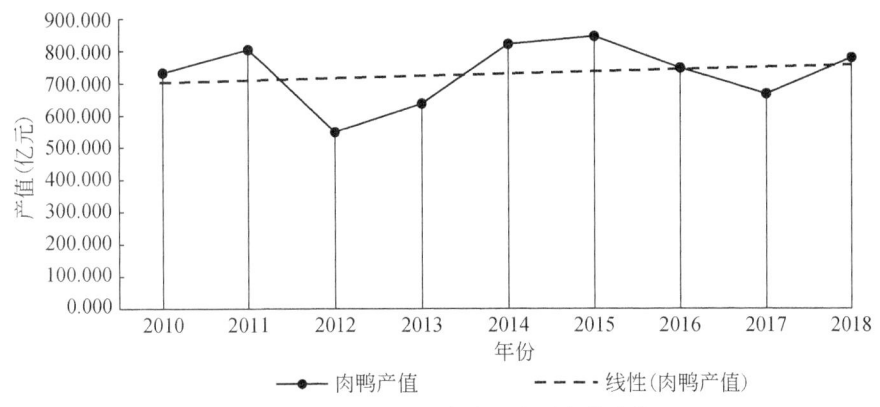

图 4.3 2010~2018 年全国肉鸭产值趋势

禽总产量的变化。从 2010~2018 年肉鸭出栏量入手,进一步分析水禽产业的产量变动情况(图 4.4)。

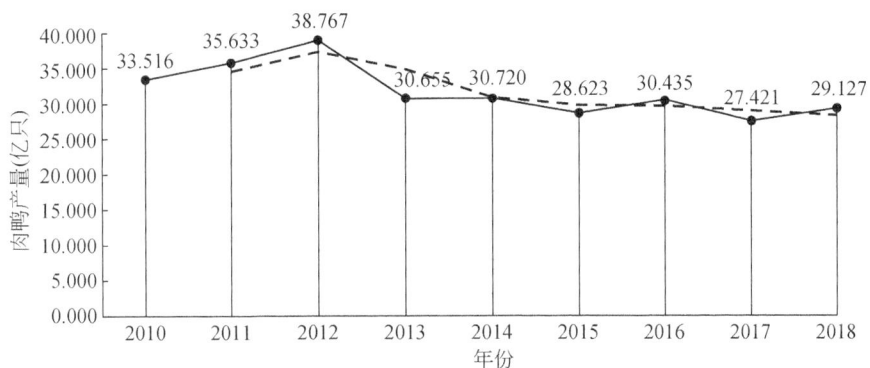

图 4.4 2010~2018 年全国肉鸭产业产量变化趋势

2012 年为全国肉鸭产量的转折点,也是这几年来产量最高的一年,全国肉鸭总产量达 38.767 亿只,创历史新高,同比增长 8.8% 左右;而 2013 年大幅下跌,较 2012 年减少 8 亿多只,降幅约为 21%。从整体角度观察,除了 2012 年以外,其他时期均维持着一个平稳的波动状态,2018 年产量为 29.127 亿只,同比增长 6.22%,产量相对平稳。

产业布局是衡量水禽产业整体变化的指标,如何改善产业布局,调整生产结构,让合理的布局带动整体发展,让该行业在行业竞争中处于优势地位,分析当前产业的区域格局至关重要。在水禽总产量中,2/3 以上的产量属于肉鸭,肉鸭的产量占比最大,也是核心技术开发的重点,2010~2018 年,从全国肉鸭区域布局来看,东北地区和华东地区的生产布局变动较大,华东地区地域辐射较广，产量一直处于全国领先。2013年生产布局有一个很大的转变，从2012年开始华东地区产量持续居高，2013年东北地区跌至谷底，华南、华北、西南地区变化不大，其中华北地区产量一直偏低。2010~2015年生产结构整体变化趋势为"东退西进，北向南移"，2016年开始，华东地区波动平缓，年份间波幅基本互补，持续保持增长（图4.5）。

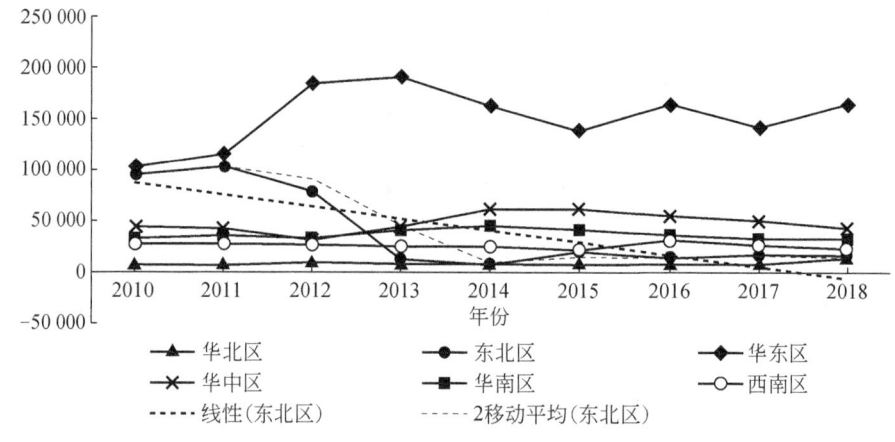

图4.5 2010~2018年全国肉鸭生产结构布局

分析全国肉鸭整体趋势，还应该将贡献较大的几个省份单独比较，肉鸭产值、产量占比最大的均是山东省。从肉鸭养殖的整体分布来看，对比2018年各省份肉鸭产量，山东、安徽等10个省（自治区、直辖市）的产量已经占据全国约86%的份额，仅山东省就约占到全国总产量的42%。2018年山东省肉鸭产值约占全国35%，山东省、广东省等11个省的产值约占全国87%，具体情形如图4.6所示。

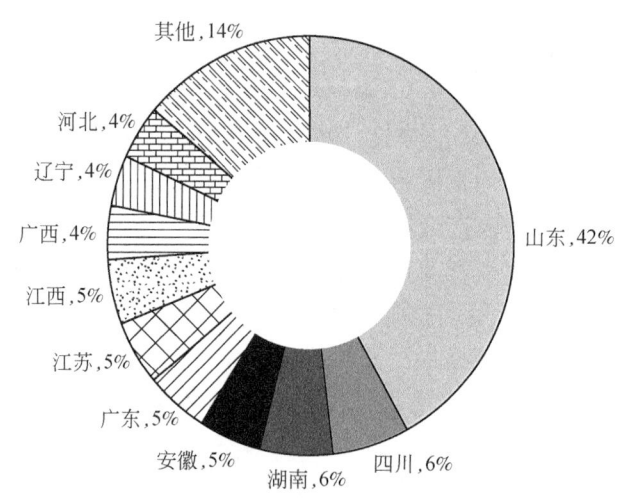

a. 2018年全国肉鸭产量结构

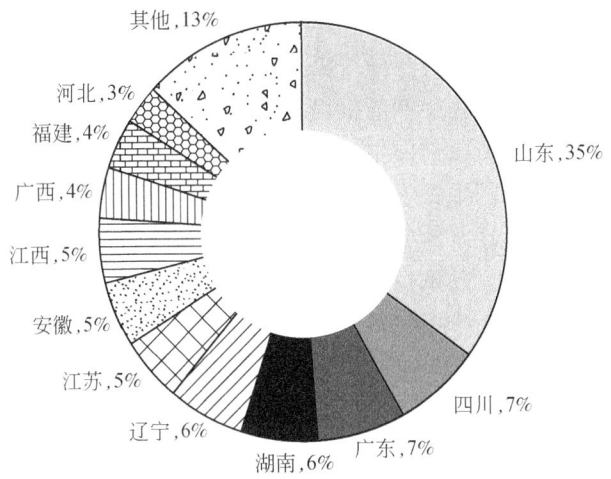

b. 2018年全国肉鸭产量分布

图 4.6　2018 年全国肉鸭产值、产量分布

4.2　水禽产业全要素生产率测算

全要素生产率测算方法很多，在研究进程中，生产函数估计法和指数使用较为普遍，考虑到规模报酬可变和非完全竞争等因素，指数法相对更为广泛。在综合考虑到规模报酬会随时间变化而改变的现状以后，本章主要选取参数法（索罗余值法数）和非参数法数据包来分析法（DEA）-Malmquist 测算水禽全要素生产率。

全要素生产率是宏观经济学中最重要的概念之一，主要用于分析投入要素、技术进步、制度环境等因素对经济增长所做的贡献，并用全要素生产率的增长率来衡量技术进步率。本章主要任务是测算我国水禽 2012~2018 年 29 个省份每年的全要素生产率，通过对比全要素生产率增长率的变化来衡量这 7 年水禽产业的科技进步及技术贡献的情况，并进行简要分析。

当前，很少有学者专门研究水禽产业的全要素生产率，研究水禽产业全要素生产率的文献也很少。从投入、产出角度来看，中国农业全要素生产率对产出增长的贡献已经超过了投入，中国农业已经进入了主要依靠技术进步驱动增长的现代农业阶段。提高技术进步率是提高生产力的重要手段，本章通过分析全国各省份 2012~2018 年水禽全要素生产率的增长率变动，再一次提出对要素投入与产出之间相互作用的重新思考。近年来，我国对科技投入的重视程度越来越高，科技推动着水禽产业快速向前发展。有学者通过对我国禽肉生产的现状、区域分布、消费现状的研究，认为中国经济的快速发展，推动着禽肉生产和加工的快速发展。科技进步最终能实现水禽产业标准化生产的目标，但是规模效益因素制约着标准化生产的推进，许多小规模经营者非标准化生产造成生态压力，促使各种病变事件发生；同时由于风险意识淡薄，风险来临时无法有效控制，造成不必要的损失。因此，必须重视规模效益的作用，适度规模生产有利于技术的推广。在水禽生产过程中，小规模生产经营在要素投入环节并未重视标准化生产要求，养殖户的健康养殖观念淡薄，只关注经济效益，忽视了水禽养殖的社会效益和生态效益，为降低成本，在饲养条件极其简陋的环境下从事生产，并滥用添加剂和兽药，畜禽粪便也不加处理并肆意排放，导致整个生态环境恶化、产品质量下滑、养殖经济效益下降。因此，研究如何扩大生产规模、如何增强科技投入，以引导企业重视水禽养殖的社会效益和生态效益。

在全要素生产率指数测算过程中，资本存量的计算是整个计算过程需要重点关注的部分，由于资本存量的偏差，导致各种测算结果不一。黄勇峰和任若恩（2002）借鉴了乔根森等在资本投入核算的基本做法，充分考虑到不同时期资本生产效率不同的因素，采用永续盘存法对1985~1995期间中国制造业分行业的资本存量进行估算。肖红叶和郝枫（2005）在充分考虑资本年限、生产能力衰弱模式、租赁价格等因素的前提下，同样采用永续盘存法估算资本投入。这种方法能够有效避免资本存量偏差对测算结果的影响。本章的数据在横向、纵向范围内都较广，各省份的数据每年都有明显的波动，因此选择永续盘存法估算缺失数据和补充其他数据。孙琳琳和任若恩（2005）在资本投入估算基础上对中国1981~2002年期间的全要素生产率变化情况进行测算。测算结果表明中国经济增长的首要原因是资本投入。农业劳动力投入与经济增长的关系呈现新的趋势，由于"刘易斯拐点"的逐步呈现，劳动力逐渐体现出生产要素所固有的稀缺性和边际产出价值，农业劳动力对经济增长的贡献开始凸显，说明劳动力投入逐渐受到重视。提高劳动力资源配置效率，保持经济长期稳定增长十分重要，合理配置劳动力资源，促进经济增长。劳动力资本对我国及区域全要素生产率增长具有积极的促进作用，不同类型的劳动力资本对全要素生产率的增长效应存在差异，劳动力投入影响着全要素生产率的变化。资本投入和劳动力投入均是全要素生产率研究的要点。测算水禽产业全要素生产率时，要把资本投入和劳动力投入都是进行了重新计算和统计，得出切合实际的数据。资本存量中的固定资产核算部分采用了永续盘存法计算，每年的数据单独核算后得到投入值；劳动力投入数据主要参照各省相关年鉴得出。全要素生产率的测算方法很多，不同类型、不同时期应当采用适合的方法。

新古典增长理论解释全要素生产率为总产出增长率超出可核算要素投入增长率的部分。最初使用估计生产函数的方法，但是当假设在规模报酬不变和完全竞争的前提下时，随着时间序列的变化，无法体现该方法的有效性。为了满足经济体接近完全竞争的假设，一些学者也试着用指数法来测算全要素生产率，各类测算方法一直在不断改进。本章主要采用索罗余值法和数据包罗分析法 DEA-Malmquist 指数测算中国水禽全要素生产率，通过对比结合两种方法，使测算结果更加准确。

4.2.1 基于索罗余值法的全要素生产率测算

4.2.1.1 模型构建

索罗余值法是通过使用产出增长率减去劳动和资本的贡献后间接核算出全要素生产率的增长率。假设中国各省水禽的生产函数为 C-D 函数：

$$Y_{i,t} = A_i K_{i,t}^{\alpha} L_{i,t}^{\beta} \tag{4.1}$$

式中，$Y_{i,t}$ 为各省水禽的产出，$K_{i,t}$ 为各省份水禽生产的资本存量（物质和服务费用），$L_{i,t}$ 为各省份水禽生产的劳动力投入量，α、β 分别为资本产出份额和劳动力产出份额。通常假设 $\alpha+\beta=1$ 即该生产函数为规模效益不变。在规模效益不变和技术中性的假设下，可以得到中国各省水禽产业的全要素生产率的增长率，本章采用固定效用模型，核算公式为

$$\frac{\Delta A_i}{A_i} = \frac{\Delta Y_{i,t}}{Y_{i,t}} - \alpha \frac{\Delta L_{i,t}}{L_{i,t}} - (1-\alpha) \frac{\Delta K_{i,t}}{K_{i,t}} \tag{4.2}$$

由公式（4.2）变形得：

$$\text{TFP} = y_{i,t} - \alpha l_{i,t} - (1-\alpha) k_{i,t} \tag{4.3}$$

进一步得出水禽的全要素生产率增长指数 = 水禽产出增长指数 –（物质和服务投入增长指数×物质和服务投入比例+劳动力投入增长指数×劳动力投入比例）。

一般情况下认为索罗余值为科技进步率，水禽科技进步率即水禽全要素生产率（TFP）。定义 E_A、E_K、E_L 分别表示全要素增长、物质和服务增长、劳动力增长对总产出增长的贡献率，则：

$$E_A = \frac{\text{TFP}}{y} \times 100\%，E_K = \frac{k}{y} \times 100\%，E_L = \frac{l}{y} \times 100\% \tag{4.4}$$

式中，y、k、l 分别表示总产出、物质和服务、劳动的年增长速度。

在使用公式（4.3）核算 29 个省 2012～2016 年的全要素生产率（TFP）

的增长率（下文用 TFP 增长率表示）之前，还需要确定系数 α 的具体取值以及各省历年的资本存量。由于假设 α+β=1，通过改写方程（4.1）可得到如下回归方程：

$$\mathrm{Ln}\left(\frac{Y_{i,t}}{L_{i,t}}\right)=\mathrm{Ln}(A_i)+\alpha\mathrm{Ln}\left(\frac{K_{i,t}}{L_{i,t}}\right)+\varepsilon_{i,t} \qquad (4.5)$$

通过该面板回归模型，可以估计出资本的产出份额 α。在进行回归估算前，确定资本存量的初始值。水禽产业分为肉鸭、蛋鸭、鹅三类品种，各自的资本存量无法直接获得，需要根据每年实际的投资额和固定资产综合后算出各年的实际资本存量，利用回归方程（4.5）得到 α 值，然后代入式（4.3），求得 TFP 增长率。本章水禽产业全要素生产率的测算，主要采用 2012~2016 年省级面板数据。

4.2.1.2 测算结果分析

结合表 4.3 和图 4.7 可以看出 2012 年仅山东、河南、湖北、云南、河北的水禽 TFP 增长率略为正值，其他省份均为负增长。2013 年水禽 TFP 增长率整体水平均呈上升趋势，河南、湖北、河北 3 省反而变为负增长；2014 年水禽 TFP 增长率又大幅度下降，产值也大幅下降，仅河南、海南、河北、甘肃 4 省为正向增长，其余大部分省份为负增长。2015~2017 年正负向增长区域较为平均，2018 年仅有北京、内蒙古、上海 3 个地区增长率为负值，其他均呈正向增长，2014 年之后水禽 TFP 增长率逐步恢复正常增长状态。2012~2018 年 TFP 年均增长率整体呈上升趋势，仅有 2012 年和 2014 年为负增长，其他 5 年均为正增长（图 4.7）。

在衡量全要素生产率贡献率时，水禽科技进步贡献率即为水禽全要素生产率的增长率与水禽产值增长率的比值。

表 4.3　2012~2018 年水禽全要素生产率增长率　　（单位:%）

序号	地区	2012 年	2013 年	2014 年	2015 年	2016 年	2017 年	2018 年
1	北京	-1.30	0.454	-0.185	-0.082	0.504	-0.251	-0.262
2	天津	-0.10	1.023	-0.135	-0.435	0.564	-0.205	0.005
3	山西	-3.00	0.666	-0.078	-0.375	0.349	-0.109	0.172
4	内蒙古	-0.30	0.034	-0.186	0.122	0.02	1.12	-0.086
5	辽宁	-3.20	0.028	-0.131	-0.003	-0.015	0.198	0.036
6	吉林	-3.80	0.883	-0.053	-0.468	0.535	-0.479	0.226
7	黑龙江	-5.50	0.698	-0.092	-0.366	0.674	-0.279	0.021
8	浙江	-2.10	0.056	-0.44	0.182	-0.125	0.756	0.083

续表

序号	地区	2012年	2013年	2014年	2015年	2016年	2017年	2018年
9	福建	-0.90	0.527	-0.441	0.292	0.26	-0.166	0.309
10	山东	2.40	0.195	-0.611	0.923	-0.356	0.835	0.04
11	河南	2.50	-0.326	0.123	0.085	-0.135	-0.163	0.558
12	湖北	0.60	-0.036	-0.309	0.507	0.061	-0.16	0.114
13	湖南	-3.40	0.32	-0.428	0.2	-0.152	0.171	0.07
14	广东	-1.70	0.487	-0.27	-0.112	0.368	0.05	0.157
15	广西	-1.60	0.194	-0.215	0.102	0.404	0.249	0.143
16	海南	-1.10	0.044	0.011	-0.118	0.348	-0.221	0.139
17	云南	3.50	0.323	-0.451	0.191	0.375	0.157	0.129
18	宁夏	-0.40	0.586	-0.373	-0.239	0.507	-0.011	0.18
19	河北	0.10	-0.303	0.139	0.294	-0.072	0.213	0.551
20	上海	-2.40	-0.209	-0.177	0.374	-0.318	0.306	-0.047
21	江苏	-1.80	0.32	-0.381	0.391	-0.192	0.275	0.08
22	安徽	-0.10	0.157	-0.332	0.111	-0.024	0.54	0.418
23	江西	-1.90	0.054	-0.295	0.492	-0.129	-0.281	0.551
24	四川	-3.70	-0.101	-0.167	0.373	-0.222	0.516	0.083
25	重庆	-1.20	-0.132	-0.155	0.229	-0.048	0.013	0.265
26	陕西	-2.20	-0.015	-0.474	0.999	-0.076	0.14	0.352
27	甘肃	-2.20	-0.314	0.127	0.499	-0.201	0.558	0.2
28	青海	-2.80	-0.04	-0.312	0.11	0.313	-0.056	0.075
29	贵州	-0.20	0.201	-0.167	-0.229	0.211	-0.1	0.09

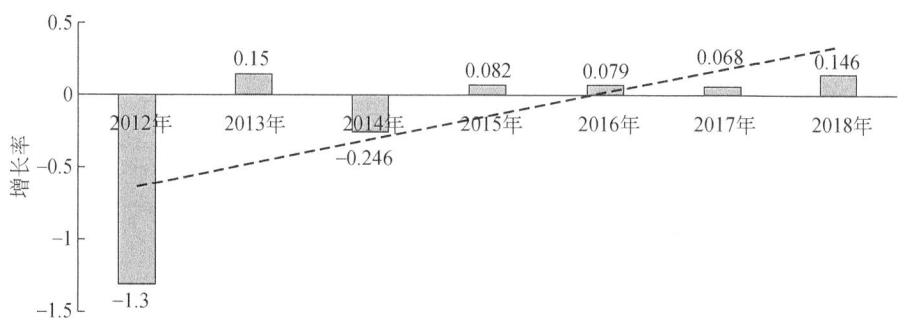

图4.7 2012～2018年水禽产业全要素生产率增长率对比

结合表4.4和图4.8分析，除了2012年和2014年以外，其他年份贡献率基本相同，全要素生产率增长率和贡献率基本趋势保持一致，进一步说明全要素生产率增长率直接影响着全要素生产率贡献率。虽然全要素生产率增长率部分地区有负值，但是2012～2018年全要素生产率的贡献率均为正值，当TFP

增长率负增长时,虽然对全要素生产率贡献率有影响,但是全要素生产率贡献率依然存在,说明水禽产业在整个国民经济中依然保持着稳定的贡献。2016年全要素生产率贡献率突破173.9%,全要素生产率贡献率由技术进步贡献率决定,说明了技术进步对水禽产业整体水平上升有着重要的贡献,也进一步解释科技贡献对水禽产值的增长有很大的推进作用。

表4.4 2012～2018年全要素生产率的贡献率

年份	技术效率	技术进步	纯技术效率	规模效率	全要素生产率指数	全要素生产率贡献率(%)
平均值	1.020	1.060	1.020	1.000	1.040	152.3
2012	0.993	0.993	0.992	1.001	0.987	129.7
2013	0.898	1.281	0.84	1.069	1.15	173.1
2014	0.843	0.894	0.904	0.933	0.754	104.9
2015	1.567	0.69	1.592	0.984	1.082	170.3
2016	0.802	1.346	0.796	1.007	1.079	173.9
2017	1.037	1.030	1.000	1.037	1.068	160.7
2018	0.995	1.151	1.025	0.971	1.146	153.9

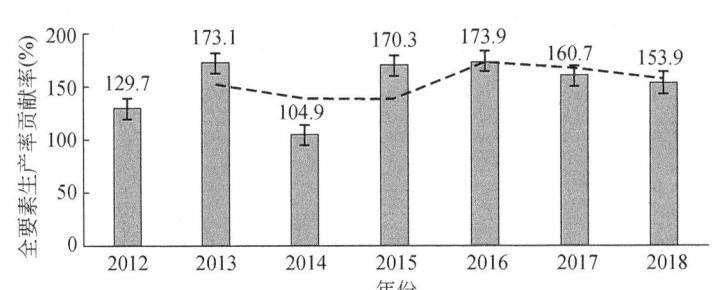

图4.8 2012～2018年全国水禽全要素生产率贡献率趋势

4.2.2 基于数据包罗分析法的全要素生产率测算

4.2.2.1 理论模型构建

2012～2018年,水禽全要素生产率在不同时段的变化也不断促进着技术效率的改变,在2013年以后大幅增加各项投入时,技术的投入也随之增加,由于各项投入都在增加,所以水禽全要素生产率的增长变化不可单纯属于纯技术效率进步的功劳,应当适当考虑规模效率的作用,充分考虑水禽全要素生产率的贡献率,充分考虑技术进步对水禽经济发展的作用。

运用 DEA-Malmquist 指数法计算各省份的生产率水平到技术前沿距离的相对变化来度量各省生产效率的变化。测算水禽全要素生产率需要获取水禽产业投入、产出的综合值,水禽养殖由于地域、劳动力投入、资本投入等要素随时间而变化,产量、产值会有一定的差别。因此本章再一次使用非参数法中的 DEA-Malmquist 指数法测算,使用模型为:

$$M_0(x^t, y^t, x^{t+1}, y^{t+1}) = \left[\frac{D_0^t(x^{t+1}, y^{t+1})}{D_0^t(x^t, y^t)} \times \frac{D_0^{t+1}(x^{t+1}, y^{t+1})}{D_0^{t+1}(x^t, y^t)}\right]^{\frac{1}{2}} \quad (4.6)$$

模型 (4.6) 计算出从 t 期到 $t+1$ 期生产率变化的 DEA-Malmquist 指数,其中,(x^t, y^t) 为 t 期投入向量和产出向量,(x^{t+1}, y^{t+1}) 为 $t+1$ 期的投入向量和产出向量,D_0^t 为 t 期的产出距离函数,D_0^{t+1} 为 $t+1$ 期的产出距离函数。当 DEA-Malmquist 指数:①大于 1 时,表示本期全要素生产率处于增长状态;②小于 1 时,表示本期全要素生产率处于下降状态;③等于 1 时,表示本期全要素生产率处于不变状态。

为了更清楚地理解模型,将 DEA-Malmquist 指数进一步分解成如下形式。

$$M_0(x^t, y^t, x^{t+1}, y^{t+1}) = \frac{D_0^{t+1}(x^{t+1}, y^{t+1} \mid V)}{D_0^t(x^t, y^t \mid V)}$$

$$\times \left|\frac{D_0^t(x^t, y^t \mid V)}{D_0^{t+1}(x^{t+1}, y^{t+1} \mid V)} \times \frac{D_0^{t+1}(x^{t+1}, y^{t+1} \mid C)}{D_0^t(x^t, y^t \mid C)}\right| \quad (4.7)$$

$$\times \left[\frac{D_0^t(x^{t+1}, y^{t+1} \mid C)}{D_0^{t+1}(x^{t+1}, y^{t+1} \mid C)} \times \frac{D_0^t(x^t, y^t \mid C)}{D_0^{t+1}(x^t, y^t \mid C)}\right]^{\frac{1}{2}}$$

模型 (4.7) 的简易表达式为:TFPCH = EFFCH×TECH = PECH×SECH×TECH。其中,TFPCH 为全要素生产率指数,PECH 为纯技术效率指数,SECH 为规模效率指数,TECH 为技术进步指数,EFFCH 为技术效率指数。

4.2.2.2 实证分析

在使用 DEA-Malmquist 方法测算全国水禽 2012~2018 年全要素生产率时,对于水禽产业而言,由于地域、时间、空间分布不同,存在规模不确定现象,因此,应当充分考虑规模报酬可变影响 TFP 的实际测算。DEA-Malmquist 方法在测算时,无论应用 CCR 模型规模报酬不变(CRS)为前提,或运用 BCC 模型规模报酬可变(VRS)测算,两种方法测出的全要素生产率结果基本相同。为了使测试结果更加准确,本次测算主要采用规模报酬可变的 BCC 模型测算。

在使用 DEA-Malmquist 方法测算时，如果选择从投入角度（INPUT）分析，纯技术效率变化指数（PECH）会比从产出角度（OUTPUT）测算出来的略高，规模效率变化指数（SECH）会比从产出角度（OUTPUT）测算出来的略低，但是两种角度测算出来的纯技术效率变化指数与规模效率变化指数的乘积（EFFCH）都是相等的，不影响 TFP 的整体计算结果。水禽 TFP 测算主要从农民增收、企业增效的角度出发，在养殖规模相对固定（由前期固定资产投资决定）前提下，以最小化投入为目标，所以本次测算主要选择从投入角度（INPUT）分析。

4.2.2.3 数据说明

从水禽的生产布局出发，本节主要针对全国 29 个省（自治区、直辖市），分别是：北京、河北、天津、山西、内蒙古、辽宁、吉林、黑龙江、浙江、福建、山东、河南、湖北、湖南、广东、广西、海南、云南、宁夏、上海、江苏、安徽、江西、四川、重庆、陕西、甘肃、青岛、贵州。主要以投入和产出为分析对象，通过对《中国统计年鉴》《中国农业统计年鉴》《全国农产品成本收益资料汇编》《中国农村统计年鉴》等各类资料的统计分析，结合中国水禽产业体系产业经济团队的调研数据并依托全国 25 个水禽综合试验站，在全国 22 个主产省份建立的 75 个固定观测点数据，采用永续盘存法推算部分缺失的资本存量数据，综合整理出水禽产业的投入和产出数据，以省为单位研究，部分省份水禽产业投入、产出数据严重缺失，历年劳动力投入数据不全，没有系统统计。因此，本节通过取各省平均数值，计算出单位劳动力投入和资本投入数据，结合产出数据测算水禽全要素生产率。

2013 年受 H7N9 影响，测算结果变动较大，因此，需要对 2013 年的资本存量进行了单独核算，核算过程中需要考虑到活禽存栏量的变化，受到 H7N9 影响严重的区域不仅需要考虑恢复中的预期恢复效果，而且需要充分考虑未知带病群体短期内会损失的数量。

4.2.2.4 变量说明

全要素生产率测算主要使用单位（每百只）投入和单位（每百只）产出的数据。投入要素为每百只单位劳动力投入（L）和资本存量（K）。本节的劳动力投入主要构成要素为家庭用工折价和雇工费用：

$$L = p_1 \times n_1 + p_2 \times n_2 \tag{4.8}$$

式中，L 表示劳动力投入，p_1 表示劳动日工价，n_1 表示家庭用工天数，p_2 表示雇工工价，n_2 表示雇工天数。

资本存量相对复杂，主要组成部分为仔畜费、精饲料费、燃料动力费、医疗防疫费、死亡损失费、固定资产折旧，其中为了保证固定资产折旧率更准确，固定资产每年分别计算一次。

$$K = k_1 + k_2 + k_3 + k_4 + k_5 + k_6 \qquad (4.9)$$

4.2.2.5 测算结果

结合表4.5和图4.9分析，使用DEAP2.1软件分析结果，29省（自治区、直辖市）2012~2018年水禽产业全要素生产率增长率测算数据显示：第一，2012年以来，全国水禽全要素生产率增长率、技术效率、规模效率平均增长率分别为26.9%，-0.3%和-0.1%。第二，全国29个省（自治区、直辖市）中，仅有天津、内蒙古、山东、河南、湖北、云南、宁夏、湖南和安徽等9个地区的全要素生产率（TFP）呈正向增长趋势，但增长幅度较小，其他20个省（自治区、直辖市）的全要素生产率的增长率均为负值。

在分析的29个省（自治区、直辖市）中，有2/3的省（自治区、直辖市）水禽全要素生产率增长率为负值，面对如此大的波动，未来水禽产业应当如何进一步调整产业结构，当前现状将对未来水禽发展带来怎样的机遇挑战，须进一步探索。

表4.5 2012~2018年水禽产业年均全要素生产率增长率 （单位:%）

序号	地区	技术效率	纯技术效率	规模效率	全要素生产率变动	全要素生产率年均增长率（DEA）
0	全国平均	0.997	0.998	0.999	1.036	0.269
1	北京	0.946	0.954	0.992	0.984	-0.160
2	天津	0.996	1.006	0.99	1.036	0.102
3	山西	1.011	1.014	0.997	1.051	-0.339
4	内蒙古	1.067	1.006	1.060	1.110	0.103
5	辽宁	0.976	0.997	0.979	1.014	-0.441
6	吉林	0.950	0.983	0.967	0.988	-0.451
7	黑龙江	0.992	1.022	0.971	1.032	-0.692
8	浙江	0.986	0.998	0.988	1.025	-0.227
9	福建	1.031	1.032	0.999	1.072	-0.017
10	山东	0.977	0.986	0.991	1.016	0.489
11	河南	0.950	0.942	1.008	0.987	0.377
12	湖北	0.961	0.962	0.999	0.999	0.111

续表

序号	地区	技术效率	纯技术效率	规模效率	全要素生产率变动	全要素生产率年均增长率（DEA）
13	湖南	0.956	0.957	0.998	0.993	-0.460
14	广东	1.040	1.007	1.033	1.082	-0.146
15	广西	1.086	1.015	1.070	1.129	-0.103
16	海南	0.979	0.989	0.990	1.018	-0.128
17	云南	1.035	1.014	1.021	1.076	0.603
18	宁夏	1.009	1.010	0.999	1.049	0.036
19	河北	1.060	1.056	1.004	1.102	0.132
20	上海	0.919	0.935	0.983	0.955	-0.353
21	江苏	1.000	1.074	0.931	1.040	-0.187
22	安徽	1.064	1.029	1.033	1.106	0.110
23	江西	0.974	0.987	0.986	1.013	-0.215
24	四川	1.007	1.008	0.999	1.047	-0.460
25	重庆	0.977	0.963	1.014	1.016	-0.147
26	陕西	1.026	1.052	0.975	1.067	-0.182
27	甘肃	1.054	1.038	1.016	1.096	-0.190
28	青海	0.958	0.941	1.018	0.996	-0.387
29	贵州	0.948	0.974	0.973	0.985	-0.028

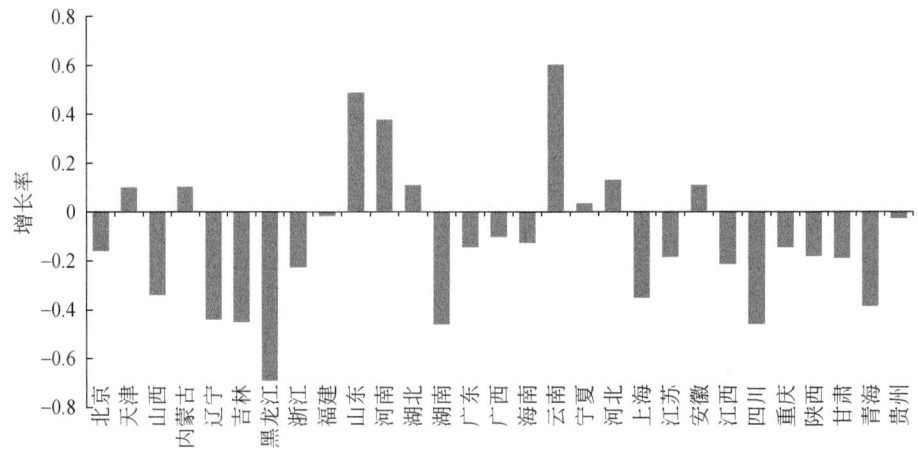

图4.9 2012~2018年全国水禽产业全要素生产率增长率（DEA）对照图

4.3 水禽产业全要素生产率解析及策略

4.3.1 测算结果分析

4.3.1.1 2012~2013年阶段

除山东、河南、湖北、云南和河北5省外,其他地区的全要素生产率增长率均为负值,但每个地区的增长率变动不大,变动率在0.1%~5.5%。2012~2013年,水禽产业技术开发程度不够,现代化水平不高,技术投入水平正处于开发阶段,因此TFP增长率不明显。

4.3.1.2 2013~2014年阶段

水禽产业全要素生产率增长率整体水平均呈上升趋势,河南、湖北、河北3省反而变为负增长,其他地区均明显正向增长,全国全要素生产率增长率整体水平也随之上升,这是中国社会经济正态发展的结果。随着社会进步,全国各行业生产率水平普遍提高,水禽行业受科技进步推动,不断加强技术开发,全要素生产率增长率也在随之升高。

4.3.1.3 2014~2015年阶段

除了河南、海南、河北和甘肃4省正向增长外,2014~2015年其余省份的TFP增长率大幅下滑,这将是导致2012~2018年全国TFP增长率总体平均值下降的直接原因。为什么会同2013年之前反差如此大呢?2013年受H7N9禽流感事件的影响,水禽物种患病率快速增加,鸭、鹅死亡率直线上升。随着禽类患病率上升,生产经营行业投入疫病防治的费用大幅增加,各种安全配套措施不断新增并完善,劳动力和资本投入进一步增加,虽然投入增加了但产量减少,许多养殖企业损失严重,纷纷退出了该行业。受H7N9禽流感病毒影响,水禽市场进入艰难时期,消费者对水禽产品需求量大幅下降,产值大幅下跌,水禽经济效益大幅下滑,导致全国水禽TFP增长率大幅下降,严重影响着水禽生产经营行业的健康发展。

4.3.1.4 2015~2017年阶段

2015~2017年正负向增长区域较为平均,全国各地区的全要素生产率增长率逐渐恢复增长趋势，在加大科技投入的基础上，H7N9禽流感病毒得到了有效控制，水禽产业经济逐步复苏，许多地区的水禽生产经营行业趋于正常生产经营，全要素生产率增长率逐渐上升。H7N9禽流感形势刚刚得到初步控制，在控制H7N9的环节中投入了大量劳动力和资本，为了维护市场正常运行，投入值飙升并不能在短期内可以得到弥补，消费市场没有完全恢复，部分地区由于缺乏稳健的弥补措施，或者由于地域分布、技术推广、有效控制措施局限等原因导致投入过量，产值恢复能力弱，形成全要素生产率增长率逆向增长，这也是趋向正常水平的必然趋势。虽然生产经营行业逐步恢复，但消费者对H7N9的恐惧心理依然存在，导致全国水禽产值依然偏低，部分地区原来的生产和消费量较大，恢复速度却也相对较慢。宁夏和贵州的生产、消费量较小，受重视程度不高，恢复速度也相对缓慢。

4.3.1.5　2018年阶段

除了北京、内蒙古、上海之外，2018年水禽产业全要素生产率增长率均为正值，虽然部分地区显示负增长，但是负向增长幅度并不大。全国整体趋势保持正向发展。产出增长率主要指水禽年产值的变化率，资本投入增长率主要指要素投入中的除劳动力以外的其他投入总和，正常情况下，资本投入主要考虑固定资产折旧和随机资本投入，固定资产折旧一般会按照每年的比率计算，随机资本投入有一定的不确定性。不同时期随机资本不同，一定程度上，全要素生产率增长率主要参考产出增长率的变化。

4.3.2　应对策略分析

2012~2018年全国水禽全要素生产率总体呈增长趋势，全要素生产率增长率也在不断增加，受2013年H7N9禽流感事件影响，严重拉低了2012~2018年的整体水平。2013~2015年处于调整时期，同时也刺激了水禽行业科技发展增速，从图4.9中可看出调整后成效乐观，只是2013~2015年V形波幅较大，应当适当调整应对措施，确保水禽行业快速、健康发展。

2012年的全要素生产率年均增长率为-130%，2013年的全要素生产率年均增长率为15%，两年间全要素生产率年均增长率上升了145个百分点，此阶段主要因技术投入影响。受H7N9禽流感影响，全要素生产率增长率又转向下降，2014年全要素生产率年均增长率下降到-24.6%，许多水禽生产经营小企业几乎瘫痪，无法逃过这场风波。通过国家有效的政策扶持和各类补救措施的快速执行，2015年全要素生产率增长率重新恢复到8.2%，H7N9禽流感的影响得到了进一步缓解，2016~2018年逐步趋于正常增长水平。2018年以来，中国水禽产业技术进步的发展状况良好，投入产出效率稳步增长。但是依然面临着诸多问题，区域布局有待优化，粪污处理、资源再利用技术有待创新和加强，风险防范意识有待提高等问题。

  技术在水禽行业发展中发挥着重要作用，受地域、消费者偏好等因素影响，全国每个地区水禽生产规模大不相同，山东、安徽、四川等大规模养殖基地的专业化养殖、科学化管理、市场化程度较高，有大型生产、加工企业作支撑，虽然受到H7N9禽流感事件的影响，但恢复能力较强，能快速恢复到正常水平。虽然H7N9禽流感影响较广，但部分地区影响较小。贵州等小规模分散养殖的地区受H7N9的影响就较小，而且该地区生产规模小且资本和劳动力投入也相对较小，大部分小规模生产者生产目的仅为了自给自足，遭受风险后损失较小，受影响程度不大，全要素生产率增长率波动也不大。总体而言，全国水禽全要素生产率增长率水平处于正向增长状态。

第5章
中国水禽企业产业链的协同效应分析

5.1 水禽企业产业链现状分析

5.1.1 水禽产业链的含义

农业产业链一般是指农产品沿着农户、经纪人、加工企业、配送中心、批发商、零售商以及消费者运动的网状链条。1993年傅国华最早提出"农业产业链"这一概念,并开始研究了农产品产业链问题。刘志杰(1998)认为农业产业链就是农业产业化。左两军等(2003)认为农业产业链包括农业产前、产中、产后环节及流通和消费环节,即从种苗培育、农产品加工、保鲜、流通、市场销售等所有环节和整个流程。王凯(2004)根据农业产业链根据链的属性将产业链分为组织链、信息链、价值链和物流链。赵绪福和王雅鹏(2004)认为农业产业链是指与农业初级产品密切相关的产业群构成的网络结构,包括为科研、农资等前期产业部门,农业种植、畜牧养殖等中间产业部门,农产品加工、储存、运输、销售等后期产业部门。综上所述,农业产业链是以农业资源为起点,以各种加工而成的最终消费品为终点,以农产品为纽带,从上游到下游联结而成的网状链条,它包括农业科研部门、农业生产和种植部门及农产品的加工、储存、运输、销售等部门,是各种具体农产品链的集合体。

赵绪福(2006)认为产业链优化就是使产业链的结构更加合理有效、产业环节之间联系更加紧密协调,使得产业链的运行效率和价值实现不断提高。农业产业链优化就是充分利用农业资源,使得农业产前部门、产中部门与产后部门之间连接更加紧密,链中物流和信息流更加通畅,农产品得以最大程度增值并使得农业部门分享产业链最终收益。其认为,农业产业链优化内容主要体现在三个方面，即产业链延伸、产业链提升和产业链整合，并提出农业产业链优化与价值链增值的原则。张琦和孙理军（2005）建立了连通价值链、供应链和产业链的产业价值链结构模型，其认为，分析和优化产业价值链的根本目的就是通过优化资源配置来实现最具效率的产业价值链运行模式。刘慧波和黄祖辉（2007）提出，产业链整合可以分为横向整合、纵向整合和特殊目的的整合，其中一个重要努力方向就是实现产业链关联的协同效应。产业链协同是一个涉及知识创新、知识扩散、分工深化与整合的过程。赵绪福（2006）认为，农业产业链优化内容主要体现在三个方面，即产业链延伸、产业链提升和产业链整合，并提出农业产业链优化与价值链增值的原则。其从产业链视角出发，从纵向与横向两个维度对水禽产业链价值分配进行研究，为价值链增值与产业链优化提供依据。

水禽产业链作为农业产业链的一种，典型的水禽产业链（图5.1）包括水禽饲料供应、育种、养殖、屠宰加工、流通、销售、消费以及贯穿产业链始终的运输等各个环节。另外，政府、行业协会、研究机构等也是水禽产业链的辅助性主体，这些主体在不同程度上影响着水禽产业的发展。

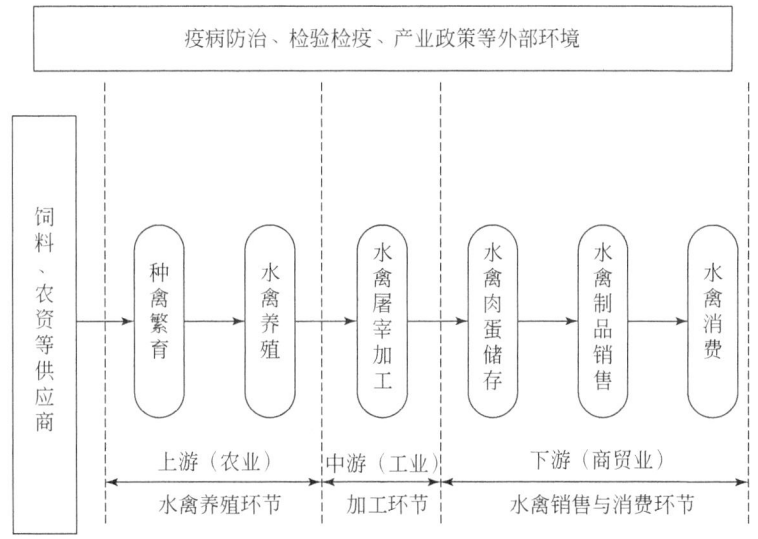

图5.1 水禽产业链

5.1.2 水禽企业全产业链分析

水禽产品是我国人民传统的优质蛋白质食品，水禽产品的特点是肉质鲜美、风味独特并且具有营养价值高的优点，拥有非常广泛的消费群体，特别是鸭肉产品，营养丰富且口味鲜美，具有高蛋白、低脂肪的特点，深受广大消费者的青睐。国际市场上，中国是世界上水禽的第一生产和消费大国，水禽的养殖量占到世界总养殖量的75%以上，国内市场上，水禽肉、蛋均占有非常重要的地位。据报道，从2009年开始，中国水禽业的总产值超过了1000亿元，占家禽业总产值的30%左右，成为我国畜牧业重要的组成部分。另外，水禽肉、蛋的市场价格大约为普通鸡肉、鸡蛋的1.4倍，经济效益十分显著，水禽养殖已经逐渐成为促进养殖户创收的重要途径（王雅鹏，2010）。

近几年，以水禽养殖基地为基础、以水禽加工企业为龙头的产业化模式陆续出现，充分地延长了水禽产业链，提高了水禽产业化的程度。国内涌现出了一大批市场竞争力较强的大型龙头企业，如河南华英集团、山东六和集团等，这些龙头企业业务涵盖饲料生产、种禽繁育、商品禽养殖、产品的加工和销售，形成了完整的水禽产业链条，其水禽产品市场开拓能力强，有效解决了中国水禽产业发展中的产销脱节等问题。

水禽企业全产业链模式可以分为产业链上游、产业链核心、产业链下游三个部分。将水禽养殖、产品加工环节整合构成产业链核心，向前延伸至饲料加工、水禽繁育环节构成产业链上游，向后延伸至仓储流通、产品消费环节构成产业链下游。产业链在纵向延展的同时，也在横向的拓宽，包括物流、仓储、供应链金融和休闲观光牧场子产业链。最终，纵横的产业链交错衔接构成水禽全产业链。

水禽企业全产业链模式的优点有如下几点：

1）统筹兼顾已有的产业规模、竞争态势和未来发展空间等因素，合理布局，巩固和扩大种禽饲养、加工和物流的能力和规模，提升科技水平，积极服务国家宏观调控，增强我国水禽产业安全保障能力。

2）将消费者的需求通过市场机制和企业计划反映到饲养环节，通过对水禽产业的有机组织和对流通与加工的规模化运作，实现生产与消费的真正连接，促进水禽业发展，提高养殖户的收入水平。

3）通过规模化的收购、储运、养殖、加工，推动水禽产品由初加工向精深加工转变，使水禽产品的使用更有效率，更加科学。探索完善与农户合作的模式，在资金、技术和信息上给农户提供更多支持，以有效解决"千变万化的大市场"与"千家万户的小农户"的连接难题，积极参与新农村建设，带动更多农户脱贫致富，促进边远地区的经济发展。

4）借助缜密完善的制度和流程，对水禽企业产业链的各环节进行严格控制，强化源头控制和全程监管，消除安全隐患，建立可追溯的食品安全管理体系，带动国内食品行业升级换代，确保食品安全。

5.1.3 水禽企业产业链的组织形式

在水禽产业链的含义中,我们了解到水禽产业链主要环节包括水禽饲料供应、育种、养殖、屠宰加工、流通、销售、消费以及贯穿产业链始终的运输等,产业链相对较长,且各环节之间的链接比较紧密。基于产业链视角,将水禽饲料生产及养殖业定义为产业链上游,水禽的屠宰加工作为产业链的中游,水禽熟食的销售作为产业链下游。产业链之间的融合关系如图 5.2 所示。

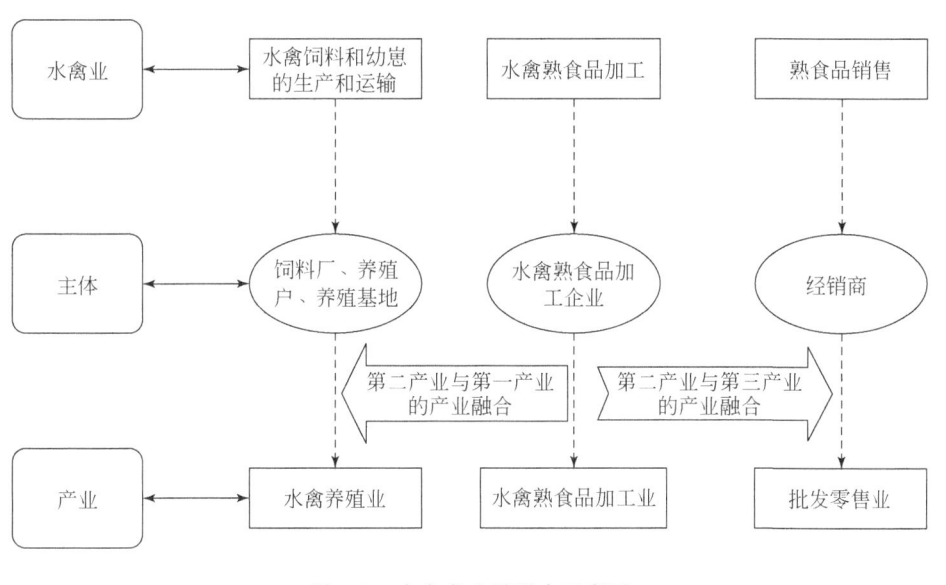

图 5.2 水禽产业链融合示意图

5.1.3.1 产业链上游的产业融合

(1) 第一产业与第一产业的产业融合

水禽产业的上游主要包括水禽养殖业(即"养")和饲料产业(即"种"),它们都是第一产业的一部分,他们的融合也在一定程度体现着水禽业在第一产业内部的融合。种养这种新模式的融合是一种新的水禽业发展模式,当然它也可能只是作为种养加模式中的一部分。饲料产业作为养殖产业的基础,饲料安全自然而然成为养殖安全一方面。然而,一些饲料企业对于饲料的检测和监测不严格,甚至为了降低成本、提高利润而添加一些违禁药物,通过这样的方式扰乱市场。同时饲料安全也是食品安全的一方面,饲料作为水禽的食物,如果含有有害物质,就会进入畜禽体内,随人类消费肉食或者乳制品而悄悄进入人体中，结果可能就会影响到人体健康甚至造成生命危险。所以种养产业融合是有一定的必要性的。很多的企业都在探索并发展自己的种养模式，实现全产业链的开发。

(2) 第一产业与第二产业的产业融合

第一产业与第二产业的产业融合即"种养加"结合的模式。这种模式就是在种养的基础上添加加工业，实现第一产业与第二产业的产业融合。水禽加工业深刻地认识到这一点，沿着产业链不断向上游产业链拓展，如华英农业等水禽业加工企业都在进行相关的推进。华英农业以饲料生产、肉鸭养殖、加工一体化形成自己的模式，在企业内部实现了第一产业与第二产业的产业融合。

5.1.3.2 产业链中游的产业融合

(1) 第二产业与第二产业的产业融合

加工业与生物技术的产业结合。加工业与生物产业都是第二产业的内容，产业链中游主要就是以加工业为核心的产业链结构，产业链中游涉及第二产业内部的产业融合就是基于创新研发而产生的产业融合。优质的鸭肉原料只是保证高质量熟食品的一方面，同时不断地创新，推陈出新才能不断吸引顾客，实现加工业的发展。

(2) 第二产业与第三产业的产业融合

第二产业与第三产业的产业融合即加工业与金融产业和信息产业的产业融合。水禽业发展的一大限制就是资金的不灵活，通过与金融产业的融合，在一定程度上可以缓解这种情况。其主要有两种形式，一种就是建立自己的小贷公司，这种形式由于政策以及行业壁垒通常比较难实现。另一种形式，可以通过股份收购实现间接的融合。水禽业也慢慢放开产业链金融，鼓励龙头企业支持产业链小微企业，通过鼓励龙头企业设立融资性担保机构或贷款公司来实现普惠金融。同时，水禽业的产业链转型离不开信息化运用，进行流程化的监控。

5.1.3.3 产业链下游的产业融合

水禽产业链下游的产业融合主要是第三产业和第三产业的融合。具体表现为批发零售产业与互联网产业的产业融合。新的销售模式已经随着电子支付与互联网的产生而悄悄地发生改变，通过电商平台进行销售已经成为当下发展最快的模式。各大水禽企业，如华英、神丹和益客等都通过淘宝、京东等电商平台进行产品的销售，各大水禽企业纷纷加入了电商的大平台。基本的产品都可以通过电子渠道购买，不仅大大提高企业的销售收入，同时也可以给顾客提供更加便捷的购买方式。

5.1.4 水禽企业产业链成本收益现状

本节主要以畜牧业企业为研究对象,由于水禽企业中的上市公司数量极少,数据难以收集,所以以畜牧业上市公司做一个成本收益现状的比较和分析,并将唯一一个水禽企业上市公司——华英农业从上市到目前的成本收益状况单独拿出来进行分析。目前我国畜牧业具有代表性的上市企业共有35家(除被ST和PT之外),从2017年各公司出具的财务报表来看,有少数企业出现了净利润为负的情况,各公司2017年盈亏情况如表5.1所示。从产业链节点来看,饲料环节的公司全部处于盈利状态,养殖环节有3家公司亏损,屠宰及肉类加工、乳制品加工环节有1家公司亏损,大多数公司还是处于盈利状态。作为水禽企业的代表公司华英农业也处于盈利状态。

表 5.1 2017 年畜牧业上市公司盈亏情况表

产业链	盈亏状态	上市公司
饲料环节	盈利	正虹科技、新希望、天康生物、天邦股份、正邦科技、大北农、通威股份、海大集团、金新农、唐人神、金河生物、禾丰牧业
	亏损	无
养殖环节	盈利	罗牛山、雏鹰农牧、牧原股份、天山生物、温氏股份、新五丰
	亏损	民和股份、益生股份、大康农业
屠宰及肉类加工、乳制品加工环节	盈利	圣农发展、华英农业、福成五丰、双汇发展、得利斯、金字火腿、上海梅林、伊利股份、光明乳业、三元股份、广弘控股、皇氏集团、仙坛股份
	亏损	西部牧业

从各个公司2017年的平均收入变化率和成本变化率来看,大多数公司的收入变化率和成本变化率相差不大,收入和成本波动的趋势几乎相同,变化率大多数集中在0~0.1(图5.3)。其中,波动幅度最大的是新希望,其次是天山生物和大康农业;波动最小的是民和股份,其次是益生股份和温氏股份。从2017年畜牧业上市公司总资产周转次数来看,各公司之间差异较大。由于各公司的规模不同,营业收入之间不能之间进行比较,因此用各公司的营业收入/资产总额,来衡量这些公司资源的利用效率和资产创造价值的能力。其中,总资产周转次数最多的是禾丰牧业,其次是双汇发展和唐人神;最少的是金字火腿,其次是罗牛山和西部牧业。这个指标与企业的盈利状况是息息相

关的，通过该指标的对比分析，可以反映企业年度总资产的运营效率和变化，发现企业与同类企业在资产利用上的差距，促进企业的潜力挖掘、提高资产利用效率。一般情况下，该数值越高，表明企业总资产周转速度越快。销售能力越强，则表明资产利用效率越高。因此，总资产周转次数多的企业具有比较优势（图5.4）。

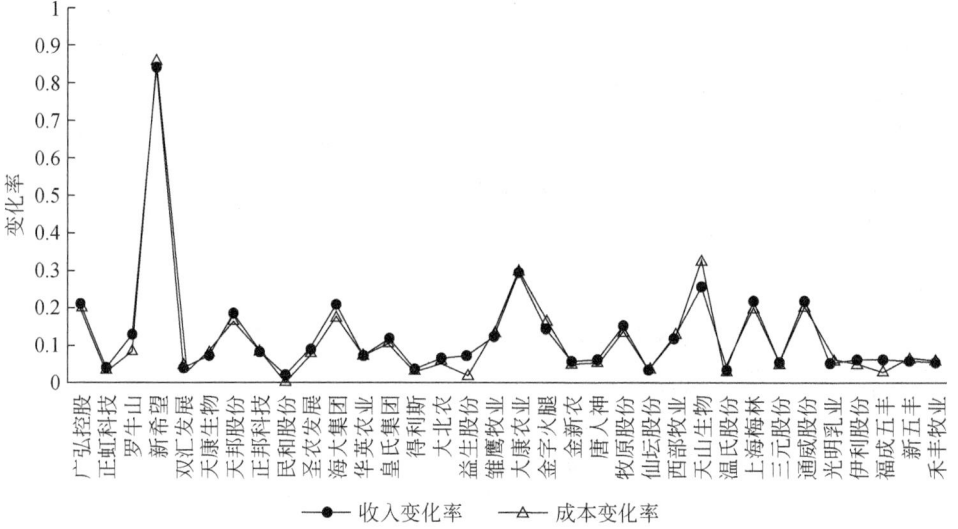

图5.3 畜牧业上市公司平均成本收益率变化图

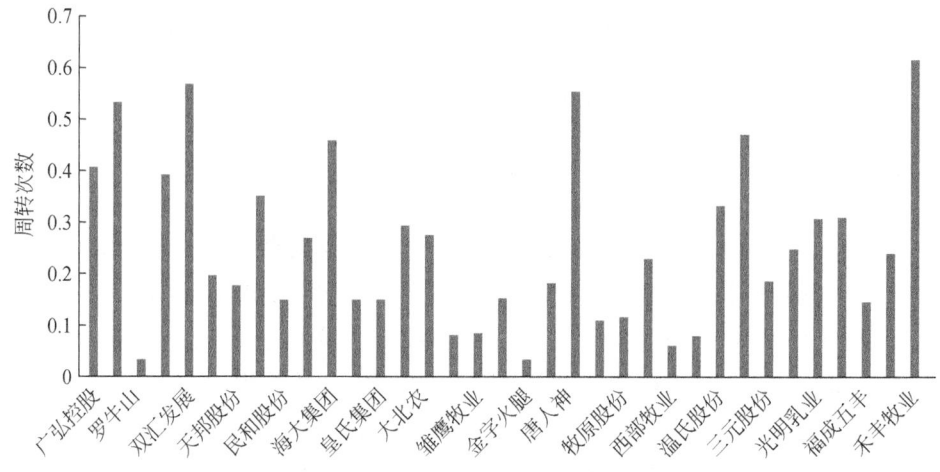

图5.4 2017年畜牧业上市公司总资产周转次数比较图

作为水禽企业代表的华英农业处于屠宰及肉类加工环节，2010~2017年的成本收入变化率如图5.5所示。其中，2011年和2015年的变化率都为负，说明这两年的销售额有所下降,可能是受市场行情的影响。从图5.5中可以看出,成本变化率较收入变化率的波动有一定的滞后性,这在一定程度上佐证了华英农业是存在成本粘性的。

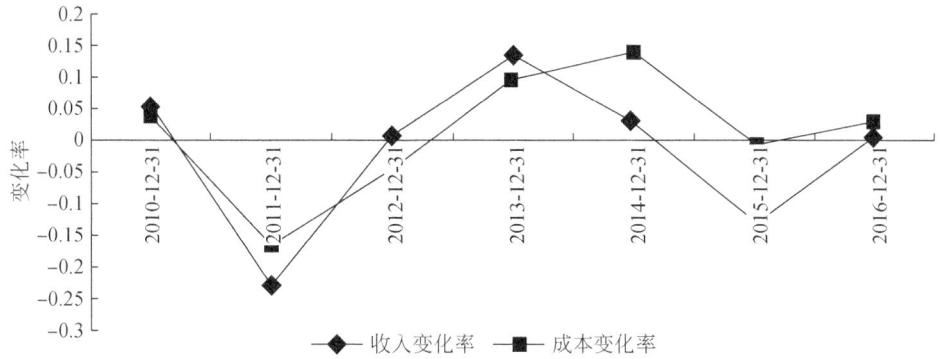

图5.5　2010~2017年华英农业成本收益变化图

企业一般都处于产业链的前端和末端(图5.6),即占据产前的育种、饲料加工研制、禽苗孵化供给和经销环节,产后的屠宰产品加工、食品制作、产品营销及市场开拓等环节。企业所占据的产业前端和后端环节,一般具有市场、技术、自然三重风险,因而经营附加值和利润均较高,对技术和经营管理水平要求也高;农户所占据的产业中端的养殖环节,一般技术含量低,市场风险小,仅有养殖风险,因而经营利润也低。

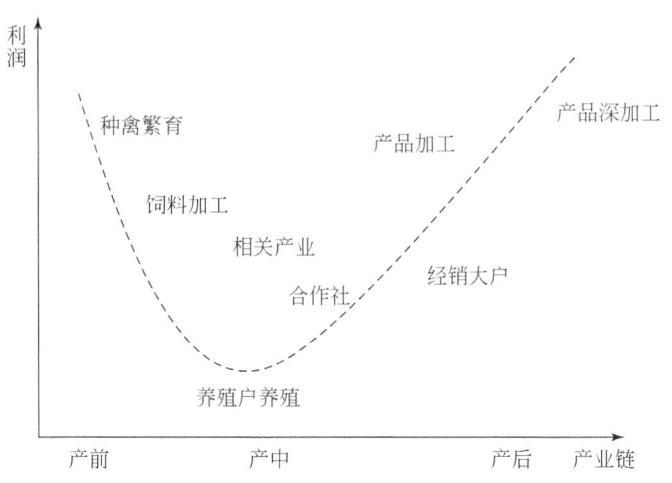

图5.6　产业经营环节上的分布及利润、收益和风险状态

这种企业（公司、合作经济组织）与农户在产业经营环节上的分布及利润、收益和风险状态，恰好呈现经济学上的微笑曲线（图5.6）特征。即企业处于微笑曲线两端的上翘部分，农户处于微笑曲线底部的洼陷部分。所以企业与农户在经营和投入方面应有不同的侧重点：企业应加大技术研发和市场开发投入、加速技术进步、重视品牌建设、积极开拓市场；农户应积极实施健康养殖，力争扩大养殖规模和专业化水平，通过提高养殖水平和规模效益而取胜。

5.2 水禽企业产业链成本协同分析

5.2.1 水禽企业成本粘性概述

成本依据性态划分为固定成本和变动成本是19世纪80年代到20世纪初发展起来的一种管理会计的计算方法，它最大的优势是使人们深入理解企业成本中对于决策具有不同意义的不变部分和可变部分。成本性态是指成本与业务量之间的关系。通常依据成本性态将成本划分三种类型：变动成本、固定成本和半变动成本。变动成本是指在某一期间内随着业务量的变动而发生严格正比例变动的成本，其数学表达式为 $y=bx$，其中 y 是成本总额，x 是业务量，b 是单位业务量的成本。固定成本是指在某一期间内不随业务量的变动而变动的成本，其数学表达式为 $y=a$，其中 a 是固定的金额。半变动成本是指某一期间内随着业务量的变动而变动，但是并非严格正比例的成本，其数学表达式为 $y=a+bx$。传统成本性态模型运用的前提条件是假定成本与业务量之间严格地成比例变动。对于该假定，可简单地理解为：当业务量增加1%时，成本增加 $n\%$；而当业务量减少1%时，成本也减少 $n\%$。但是随着Anderson等（2003）的研究发现，当销售收入增加1%时，SG&A增加0.55%；而当销售收入每减少1%时，SG&A仅减少0.35%，首次证实了成本与业务量之间并非严格地成比例变动。这种现象称之为成本粘性。与传统成本性态理论相比，成本粘性理论更符合企业的实际经营状况。水禽企业是否存在成本粘性、其成本粘性水平如何、又具有怎么的特征等这些问题都值得研究。通过研究成本粘性相关问题对农业企业的成本预测、投资决策与成本控制等管理工作有所裨益。

Anderson等（2003）通过对大样本数据的研究，初次证明了美国上市公司成本（CGS）存在"粘性"行为。在此研究基础上，我国学者孙峥、刘浩、孔玉生等经实证检验得出结论：中国上市公司同样存在成本粘性。只是他们研究得到的上市公司成本粘性大小存在差异，这可能与样本选取、变量选取及时期跨度等有关。Subramaniam和Weidenmier（2003）进一步扩大了成本的研究范围，将销售成本、管理费用、财务费用及销售费用之和定义为总成本（CGS+SG&A），研究发现美国上市公司总成本也具有粘性特征。后来的学者对成本粘性的研究进行了延伸和扩展，分别从国别（kennth et al.，2006）、治理结构（刘武，2006）、产权治理与自由现金流（王明虎等，2011）以及上市公司实质控制人的角度（万寿义和徐圣男，2012）证明了成本粘性的存在性以及这些因素如何影响成本粘性的大小。

成本粘性具有三种特征：普遍性、反转性和反向性特征。在企业持续的生产经营过程中，随着内外部经营环境的不断变化，其业务量也会发生持续波动。当业务量发生变动时，管理层并不会对每次变动都采取调整措施。这样成本粘性便会普遍存在于各行业。反转性是指随着研究区间的不断扩大，成本粘性会不断减小甚至消失。反向性是指随着收入波动性的不断增大，成本的粘性程度会减弱。反转性和反向性说明了成本粘性只是一种短期现象（Subramaniam and Weidenmier，2003）。朱乃平和刘志梧（2009）认为成本沉没性是成本粘性产生的根本原因，而企业生产经营水平的下降则是成本粘性产生的前提。他们还分别从长期成本理论和信息决策理论两个角度阐释了成本粘性为何会发生反转，为成本粘性特征研究奠定了良好的理论基础。孙铮和刘浩（2004）研究发现在时间跨度扩大的情况下，我国上市公司成本粘性水平会明显降低，即成本粘性在以后的研究期间出现了反转。孔玉生等（2007）将研究区间扩大到2年期和4年期，发现延长时间跨度会削弱成本粘性，且成本粘性与业务量变动幅度之间呈反向关系。韩飞和刘益平（2010）、魏莉洁和肖康元（2014）分别证实了我国制造业、航运业成本粘性均存在反转性和反向性。刘萍和何魏（2015）研究发现在前3个会计年度成本粘性并没有表现出反转性；而在考察4个会计年度时，成本却存在"反粘性"现象，同时对反向性的检验也没有通过。

成本粘性的成因理论主要有两大类：一类是"效率观""契约观"和"机会主义观"（孙铮和刘浩，2004；边喜春，2005）；另一类是调整成本（Adjustment Costs）、管理者乐观预期（Optimism）和代理问题（Banker，2011；江伟和胡玉明，2011；涂柳眉，2014）。这两类成因理论虽然在表述上有所不同，但实质上存在许多共同之处。其中，契约观和调整成本、机会主义观和代理问题均是从问题的不同角度对成本粘性成因进行解释。

（1）效率观与管理者乐观预期

效率理论主要从经济业务波动的持久性和企业管理层的管理水平两个角度对成本粘性成因进行阐释（孙铮和刘浩，2004）。一方面，出于减少成本支出的目的,当经济出现暂时性微小波动时,管理者一般不会对企业生产资源进行调整,因为此时的调整会额外增加企业的生产成本。但当经济发生持久的变动时,管理层对企业成本进行调整才具有效率和意义。另一方面,当管理层的管理水平低下时,他们往往并不是不愿意采取调整措施,而是没有能力,这样成本粘性便随之产生。管理者乐观预期认为,如果企业销售收入的长期趋势是逐渐稳步增长,由于乐观的预期态度,管理者会高估企业的实际销售收入。若当前销售收入出现下滑情况,由于较高的向下调整资源成本,管理者很可能不愿意削减当前的各种资源。而当前销售收入上升时,管理者乐观预期在企业未来的生产经营中更需要这些资源,因此他们更倾向于增加这些资源,以扩大自身可控资源。这样就导致了成本随业务量变动而呈现出非对称性变动。在企业短期经营过程中,效率观对成本粘性的成因有良好的解释作用。而管理者乐观预期在长期经营中则具有更好地解释性。

(2) 契约观与调整成本

对于一个持续经营的企业而言,为了降低因多次签订契约而产生的成本,企业管理层会更倾向于选择签订长期契约,且长期契约也会给企业带来一定的优惠条件。一方面,由于长期契约的刚性和较高的调整成本,在短期内管理层很难对合约进行调整或修改。另一方面,由于缺乏经理层的监督,企业管理层更容易滥用职权以谋取自身利益最大化,导致企业成本费用的单向刚性。一般情况下,企业向下调整资源的成本要高于向上调整资源的成本(Jaramillo et. al, 1993; Pfann and Paml, 1993、1997),因此与收入下降时相比,管理层更倾向于在收入上升时向上调整资源,从而产生成本粘性(Cooper and Kaplan, 1998; BPS, 2003)。值得注意的是,契约观与调整成本主要解释了成本费用的单向刚性,即成本费用为什么难以降低,并不能全面地解释成本粘性为何产生(孙铮和刘浩,2004)。

(3) 机会主义观与代理问题

机会主义观和代理问题均由两权分离问题衍生而来。由于两权分离的存在,使得企业股东和管理层的利益目标有所不同,管理层往往将个人利益最大化作为一切经营活动和决策的出发点。当企业经营活动发生变化时,管理层一般会通过增加薪酬和扩大自身可控资源两个途径维护自身利益(孙铮和刘浩,2004)。面对企业销售收入的增加,一方面,管理层会增加自身薪酬以扩大自身利益;另一方面,在"帝国构建"动机(Hart, 1995)的驱使下会不断扩大生产规模,添置新的资源。而当企业经营业绩发生下滑时,他们却不愿意立即减少成本费用的支出,如降低自身薪酬或减少自身所能控制的资源,从而增加了企业的生产经营成本。机会主义观和代理问题对成本粘性的存在性具有很好的解释作用，目前也已得到学术界的高度认可。上述理论之间并非相互排斥，而是相互补充的关系。

在分析成本粘性成因时，也难以明确具体是哪一种理论在发挥作用，所以无论哪一类成因理论，它们都是交织在一起共同发挥作用，而不能孤立地运用。一般情况下，因行业成本结构的相似性可增强研究结论的准确性和可信度，大部分学者均区分不同行业进行成本粘性研究（Cannon，2014）。目前，我国学者主要围绕制造业展开成本粘性研究。对于制造业成本粘性的研究迄今已比较完善和成熟。随后，个别学者围绕保险业、交通运输业、航运业和高新技术产业等小型行业进行研究，但研究数量寥寥无几，还有待完善。对于农业上市公司成本粘性的研究，孔玉生等人（2007）仅初次简单测度了农林牧渔业成本粘性的大小，后来鲜有学者对农业上市公司成本粘性进行深入研究。本章将对农业上市公司成本粘性的特性进行研究，一方面，丰富和填补了成本粘性在农业企业方面的研究不足，帮助管理者了解和熟知农业企业的成本粘性，便于他们获取更加准确的决策信息，以避免受到传统成本性态理论的误导而做出错误预测和决策，给企业带来巨大损失；另一方面，根据农业成本粘性的特性，可以为农业企业在经营管理和决策等方面提出针对性和建设性的对策和建议，帮助其建立良好的成本计划与控制系统。

5.2.2 水禽企业成本粘性的存在性分析

5.2.2.1 研究假设

畜牧业企业作为农业企业的一个分支，具有资本密集的特点，在发展初期，需要大量投入进行基础设施建设，在一个养殖周期内，需要购买仔畜、饲料和防疫药品等；后期对于设备的新增和维护也需要大量资金。但畜牧业与制造业等行业不同的是，在饲养环节中，仔畜对于天气的变化比较敏感，尤其是在气温比较高的时候，容易出现各种疫病。由于我国畜牧业还是以集中养殖为主，一旦出现传染疾病，很容易引起大范围感染，这对于企业的经营状况具有很大的影响。而且畜牧业上市公司管理层的成本管理意识薄弱，管理能力较低，对经营环境变化的反应较为滞后，难以及时采取有效措施，因此成本会表现出粘性特征。因此，本书提出假设：畜牧业上市公司营业成本具有粘性特征。

5.2.2.2 样本选取及数据来源

依据上市公司行业分类指引（2012版）的规定，选择符合条件的深沪两市46家畜牧业上市公司，企业所从事的业务范围均以畜牧业饲料生产、畜牧养殖、屠宰及肉类加工、乳品加工相关，参考叶云等（2015）的方法，以营业收入占总收入比例最大部门为主进行划分，将其划分为产业链上不同环节的企业，以其2006年到2017年的年度财务数据为研究对象。为增加回归结果的准确性和研究结论的可信性，对样本数据进行如下的筛选：①剔除ST和PT类上市公司；②剔除营业收入、营业成本等数据的异常值和缺失值；③为保证研究的严谨性，剔除公司上市之前的财务数据。经剔除最终得到35家农业上市公司共1239个样本数据，其中饲料环节12家，养殖环节9家，屠宰及肉类加工、乳制品加工环节14家（表5.2）。全部数据均来源于国泰安数据库（CSMAR），使用Stata13.1软件进行数据处理。

表5.2　畜牧业上市公司产业链环节分布表

产业链环节	上市公司
饲料环节	正虹科技、新希望、天康生物、天邦股份、正邦科技、大北农、通威股份、海大集团、金新农、唐人神、金河生物、禾丰牧业
养殖环节	罗牛山、民和股份、益生股份、雏鹰农牧、大康农业、牧原股份、天山生物、温氏股份、新五丰
屠宰及肉类加工、乳品加工环节	圣农发展、华英农业、福成五丰、双汇发展、得利斯、金字火腿、上海梅林、伊利股份、光明乳业、三元股份、广弘控股、皇氏集团、仙坛股份、西部牧业

5.2.2.3　模型构建与变量定义

本节使用Anderson等（2003）的方法，通过回归模型来检验本书所提出的假设。

$$\ln\left[\frac{\text{Cost}_t}{\text{Cost}_{t-1}}\right]=\beta_0+\beta_1\ln\left[\frac{\text{Revenue}_t}{\text{Revenue}_{t-1}}\right]+\beta_2\text{Dec}\cdot\ln\left[\frac{\text{Revenue}_t}{\text{Revenue}_{t-1}}\right]+\varepsilon_i$$

模型$\ln\left[\frac{\text{Cost}_t}{\text{Cost}_{t-1}}\right]$表示企业成本的变化情况，其中Cost主要为企业的营业成本；$\ln\left[\frac{\text{Revenue}_t}{\text{Revenue}_{t-1}}\right]$表示企业销售收入的变化情况；Dec为虚拟变量，当本期销售收入小于上期时取1，否则取0。

由于Dec在销售收入增加的时候取0，所以回归模型在销售收入增加的时候含Dec的项为0，从而β_1度量了费用对销售收入增加的变化，即销售收入增加了1%，费用增加β_1%。由于哑变量在销售收入减少时取1，这样在销售收入减少时模型的各项都有数值，从而知系数之和（$\beta_1+\beta_2$）度量了费用对销售收入减少的变化，即销售收入减少了1%，费用减少了（$\beta_1+\beta_2$）%。由成本"粘性"的定义——成本随销售收入变化的不对称性，可以合理预计，如果存在费用粘性，即销售收入增加时费用的增加率大于销售收入减少时费用的减少率，则应当有$\beta_1>\beta_1+\beta_2$，进一步推断出$\beta_2<0$（或$\beta_1>0$），且β_2越小，企业的费用越"粘"。

5.2.2.4 实证结果与分析

（1）描述性统计

对全部样本有关指标的描述性统计如表5.3所示。从表5.3可以看出，畜牧业上市公司的营业收入均值为23.75亿元，中位数为5.45亿元，收入变化率的均值为0.1356，中位数为0.0497。总体来说，畜牧业企业的营业收入呈稳定上升趋势，但增幅不大，由营业收入的平均值和中位数的差值以及标准差来看，产业链不同环节的各公司之间营业收入差异较大，但由收入变化率来看，各公司之间收入波动幅度差异不大，这可能是由于畜牧业的总体特点决定的。在正常情况下，公司收入的来源是比较稳定的。同理，由于畜牧业企业的日常开销是基本固定的，因此，营业成本波动幅度不会太大，但各企业的营业成本总额之间的差异还是比较大的。营业成本与营业收入的比值均值为0.8364，标准差为0.1363，说明畜牧业企业的成本占比大大高于利润，公司的盈利能力不足，且各公司之间的成本构成比较相似，这可能是由于相似的经营模式所造成的。由营业收入和营业成本的不对称性可知畜牧业上市公司具有成本粘性。

表5.3 畜牧业上市公司营业收入和营业成本指标的描述性统计表

项目	平均值	中位数	最大值	最小值	标准差
营业收入（亿元）	23.75	5.45	475.45	0.130	41.82
营业成本（亿元）	19.60	4.74	446.17	0.081	35.60
营业成本/营业收入	0.8364	0.8581	1.8485	0.3985	0.1363
收入变化率	0.1356	0.0497	21.82	-0.9539	0.9213
成本变化率	0.1320	0.0497	22.42	-0.9549	0.9323

（2）对成本存在性的检验

利用模型对假设进行检验，如表5.4所示。可以看到，β_1为1.04%，如前面检验方法设计所解释的，当销售收入增长1%，费用增长1.04%。β_2为-0.49，从而$\beta_1+\beta_2=0.55$，说明当销售收入减少1%的时候，费用只降低

0.55%。同时β_1与β_2都是在1%水平上显著,这强有力地证明了畜牧业上市公司中成本粘性的存在。Anderson等(2003)发现美国上市公司当销售收入增长1%,费用增长0.55%,而销售收入减少1%,费用降低0.35%。与美国公司的数据相比,中国畜牧业上市公司费用增长幅度大大高于美国上市公司,可能是由于畜牧业的成本构成与其他行业相比相对固定,且初始投资所需资金量大,在短期内,收入不能弥补所投入的成本。

表5.4 模型回归结果

变量	值
$\ln\left[\dfrac{\text{Revenue}_t}{\text{Revenue}_{t-1}}\right]$	1.04*** (40.67)
$\text{Dec} \cdot \ln\left[\dfrac{\text{Revenue}_t}{\text{Revenue}_{t-1}}\right]$	−0.49*** (−8.20)
_Cons	170.54*** (11.79)
adj_R^2	0.757
F值	1928.24
N	1190

***表示在1%水平上显著

5.2.3 水禽企业成本粘性的空间差异分析

在所选取的35家畜牧业上市公司中,各公司所处地域相差较大,根据中国地理分区,本节将35家公司分别划分至东北、华北、华东、华南、华中、西北和西南地区(表5.5)。这些公司大多数集中在华东和华中地区,其次是华北和华南地区,东北和西南地区最少。

表5.5 畜牧业上市公司空间分布

区域	上市公司
华北	金河生物、大北农、福成五丰、伊利股份、三元股份
华东	天邦股份、仙坛股份、新希望、正邦科技、民和股份、益生股份、圣农发展、得利斯、金字火腿、上海梅林、光明乳业
华中	唐人神、牧原股份、正虹科技、雏鹰牧业、大康农业、新五丰、华英农业、双汇发展
华南	广弘控股、海大集团、金新农、罗牛山、温氏股份、皇氏集团
西南	通威股份

续表

区域	上市公司
西北	西部牧业、天康生物、天山生物
东北	禾丰牧业

根据成本粘性的定义，收入上升时成本上升的比例会大于收入下降时成本下降的比例；当收入变动时，成本变动率在收入连续下降时会上升。因此，本节参考谢获宝等（2016）计算成本粘性的方法，将35家公司各季度的成本粘性计算出来，以比较畜牧业上市公司的成本粘性空间差异。

该方法将企业的成本变动率定义为当期和上一期的成本随收入变动幅度之差，同时设定当期企业的营业收入是否低于上期营业收入（D^{Rev}）、成本变动率（D^{Cost}）是否大于零这两个条件来区分企业是否具有成本粘性，其中，无成本粘性的企业包括成本粘性为零和反成本粘性的企业，由此量化成本粘性（dcs）。

$$\text{Cost\_ratio} = \frac{\text{Cost}_{i,t}}{\text{Rev}_{i,t}} - \frac{\text{Cost}_{i,t-1}}{\text{Rev}_{i,t-1}}$$

$$\text{dcs} = \text{Cost\_ratio} * D^{Rev} * D^{Cost}$$

式中，D^{Rev}和D^{Cost}是哑变量，当$\frac{\text{Rev}_{i,t}}{\text{Rev}_{i,t-1}}<1$时，$D^{Rev}$取值为1，否则取值为0；当Cost_ratio>0时，D^{Cost}取值为1，否则取值为0。当D^{Rev}和D^{Cost}同时取1时，说明企业收入连续下降时，成本变动率增加，该企业具有成本粘性；反之，企业不存在成本粘性。

根据上述方法，将35家公司每季度的成本粘性计算出来，将有成本粘性的季度和无成本粘性的季度分别计数，再分别算出每个企业成本粘性的平均值，按地域进行成本粘性的比较和差异分析。

35家畜牧业上市公司的空间差异如图5.7所示。图5.7中左侧坐标轴表示成本数，右侧坐标轴表示成本粘性。由图可知，从成本粘性大小来看，西北地区企业的成本粘性最强，其次是华东地区，东北地区最弱；从存在成本粘性的样本数来看，华东地区企业存在成本粘性的季度最多，其次是华南和华北地区，东北地区最少。综合以上两个指标，本节具体分析西北地区和华中地区成本粘性的差异：

西北地区的上市企业主要有三个：天康生物、西部牧业和天山生物。这三个企业中，天康生物是2006年之前上市的，其他两个企业分别在2010年和2011年上市。由于本文选择的数据时间范围是2006~2017年，因此企业上市

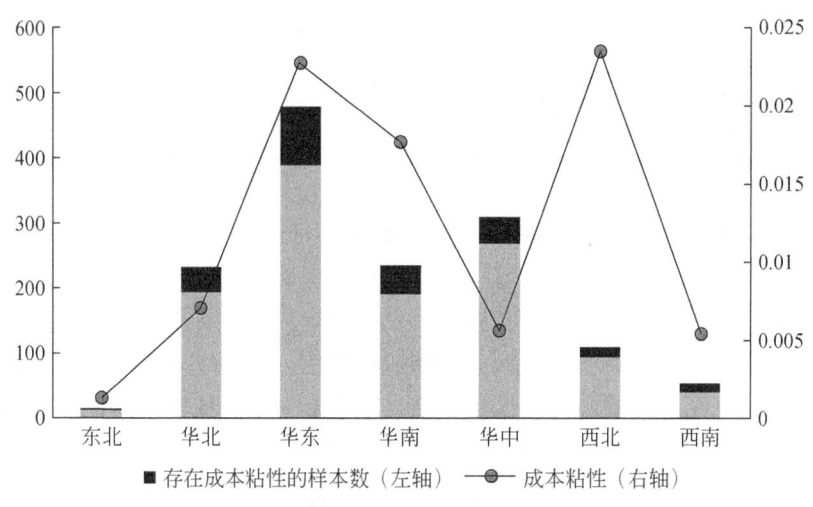

图 5.7 畜牧业上市公司成本粘性空间差异

的时间对于成本粘性强度是有影响的。由成本粘性的反向性和反转性可知,成本粘性只是一种短期现象,且时间跨度越长,公司成本粘性水平会明显降低。因此,由于西部牧业和天山生物的上市时间较短,公司的经营状况仍处于一个不平稳的状态,考虑到调整成本的影响,在公司营业收入下降时,管理者并不会马上减少现有的资源,造成成本单向刚性。从西北地区企业员工的学历和综合素质来看,比较缺乏高端人才,因此在面对经营环境的变化时,管理者的能力有限,不能及时做出反应来应对。从国家政策扶持的力度来看,对于西部地区,国家一直给予一定的补贴和优惠政策扶持西部各行业的发展。即使在宏观经济形势不太好的情况下,考虑到国家对于畜牧业的政策支持,管理者仍然会保持乐观的预期,从而高估未来的营业收入。当前营业收入下降的时候,管理者认为下降是暂时的,以后的营业期间会回升上来,为了避免较大的调整成本开支,管理者不会立刻减少资源;而当前营业收入上升时,管理者就会对未来的经营更加乐观,增加现有的资源以备企业之后的使用。这样就加剧了企业的成本粘性现象。因此,西北地区上市公司的成本粘性高是由于多方面原因造成的。

华中地区的上市企业主要有 8 个,其中处于饲料环节的企业有正虹科技和唐人神,处于屠宰及肉类加工、乳品加工环节的有双汇发展和华英农业,处于养殖环节的有雏鹰牧业、大康农业、牧原股份和新五丰。其中处于养殖环节的企业占整个华中地区企业的 50%,且以生猪养殖为主。以养殖业为主的公司主要采用"公司+农户"的利益联结机制,农户负责养殖,公司提供仔畜和技术指导，等到养殖过程结束，再由公司按规定的标准进行收购。养殖环节处于产业链的中游，与处于上游的饲料环节和下游的屠宰及肉类加工、乳品加工环节相比，生产经营活动更加具有稳定性。一是具有稳定的饲料来源，二是具有稳定的市场需求。在某些年份遇到生猪价格波动或特殊情况，造成营业收入下降，导致企业生产经营水平的下降，使得企业产生了成本粘性。但这种情况毕竟是少数，且波动的幅度也不会太大，因此处于养殖环节的企业成本粘性是比较小的。华中地区地处长江经济发展带，经济发展水平较高，市场导向性强。管理者面对变幻莫测的市场环境，会保持比较理性的态度，且华中地区高校云集，管理者的素质相对较高，若出现营业收入下降的情况，管理者有能力采取相应措施，因此产生成本粘性的可能性较小。

5.2.4 水禽企业成本粘性的时间差异分析

本节所选取的数据是从 2006 年到 2017 年的 35 家上市公司财务报表数据，由于 35 家企业的上市时间不同，所得季度数据的数量也不同。因此将 35 家企业按实际上市时间划分为 2006 年及以前和实际上市时间（表 5.6）。

表 5.6　畜牧业上市公司上市时间分布表

上市时间	上市公司
2006 年及以前	正虹科技、新希望、天康生物、通威股份、罗牛山、新五丰、福成五丰、双汇发展、上海梅林、伊利股份、光明乳业、三元股份
2007 年	天邦股份、正邦科技
2008 年	广弘控股、民和股份
2009 年	海大集团、圣农发展、华英农业、得利斯
2010 年	西部牧业、大北农、益生股份、雏鹰牧业、大康农业、金字火腿、皇氏集团
2011 年	金新农、唐人神、天山生物
2012 年	金河生物
2014 年	牧原股份、禾丰牧业
2015 年	仙坛股份、温氏股份

35 家畜牧业上市公司的时间差异如图 5.8 所示。由图 5.8 可知，不同上市时间的公司成本粘性是有差异的，本节选取的样本大多为 2006 年及以前上市的，其次是 2010 年上市的，其余时间上市的企业比较分散，因此大部分企业都已进入成熟期。从成本粘性来看，2010 年上市的公司成本粘性最高，其次是 2008 年上市的企业，2014 年上市的公司成本粘性最低。从存在

成本粘性的样本数来看，2006年及以前上市的公司存在成本粘性的季度最多，其次是2010年上市的公司，2012年和2015年上市的公司存在成本粘性的季度最少。

由成本粘性的反向性和反转性可知，研究的周期越长，成本粘性会减弱，甚至出现反粘性。因此在样本数量和质量差异不大的情况下，按照上市公司成立的时间来看，应该是越早成立的公司成本粘性越弱。但由于本节研究的是产业链环节上企业成本粘性的差异，样本选取的标准有所不同，所以各公司之间的成本粘性不可以直接进行比较，但从图5.8上来看，还是基本符合这个规律的。

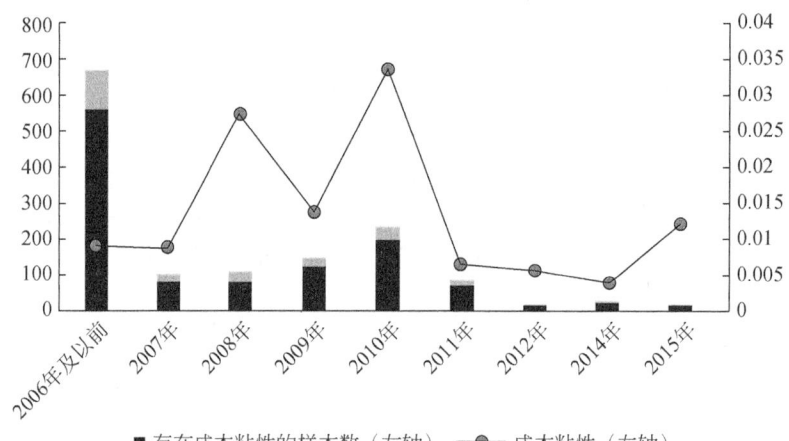

图5.8 畜牧业上市公司成本粘性时间差异图

2008年和2010年上市公司的成本粘性强，很可能是受到全球金融危机的影响。在金融危机的影响下，各行各业经济都比较萎靡，很容易出现销售收入连续下降的情况，这为成本粘性的产生和加强创造了条件。而且2008年和2010年上市的公司主要处于养殖环节和屠宰及肉类加工、乳制品加工环节，处于产业链的中下游环节，经济环境的变化不会大幅度引起养殖过程的变化，但却会带来市场需求的变化，因此处于下游环节的企业可能面临营业收入下降。但金融危机过后，经济开始复苏，管理者又对企业的发展恢复信心，因此管理者此时的预期是乐观的，他们并不会立刻减少现有的资源，而是持一个观望的态度，因此造成了2008年和2010年上市公司的成本粘性偏高的现象。

5.2.5 水禽企业产业链成本协同策略分析

从水禽企业产业链成本粘性的空间差异和时间差异来看,影响成本粘性大小的因素主要有宏观经济环境、国家政策扶持力度、各地区经济发展水平、管理者能力和素质及公司所处产业链节点等。通过对这些影响因素的分析,我们认为应该从以下几个方面解决公司的成本粘性问题。

1)适当加大对西北地区畜牧业发展的政策支持力度,缓解区域发展不平衡问题。从成本粘性的地区差异来看,国家过多干预经济并给予西部地区产业支持,会导致管理者预期过于乐观,从而加强了公司的成本粘性。但如果国家不给予一定的政策支持,会导致西部地区公司的成本退出加快,当公司再次需要这些资源的时候反而加大了其调整成本。因此,政府应该根据以往经验把握宏观政策调控力度,避免企业投资的"羊群效应"和"潮涌现象",造成资源浪费。

2)明确企业在产业链中所处的环节和地位,突出企业的核心竞争力。随着全产业链模式的兴起,各畜牧业上市公司都在努力延长产业链,增加产品附加值,打造集饲料、养殖和加工为一体的全产业链模式。但如此一来,公司容易忽视其主营业务,从而本末倒置。因此,企业在经营过程中,应当建立明确的战略定位和目标导向,注重企业的核心业务,并将资源投入到核心业务中,切不可盲目跟风。

3)完善公司治理机制,约束经理人的自利动机。经理人的自利行为会导致成本粘性的产生,从而在一定程度上降低了企业对成本费用控制的有效性,最终影响企业业绩。具体表现为:经理人出于自利动机的驱使,业务量上升时,由于过度增加成本费用而减弱了企业的盈利能力;而业务量下降时,由于蓄意延迟成本调整而加大了企业的成本压力。基于此,企业要将费用粘性控制在合理范围之内,就要采取合理的机制或者措施来约束经理人的"做大做强"动机,从而弱化费用粘性程度。

5.3 水禽企业产业链效益协同分析

5.3.1 水禽企业集团产业链协同概述

我国不仅是世界水禽第一生产大国,同时也是水禽产品的第一消费大国。

近年来，在经济导向和政策支持的有利环境下，随着水禽产业饲养方式的快速转型、养殖规模的迅速扩大及水禽产业市场整合程度不断提升，我国水禽产业发展迅速，产业链条不断完善，市场占有率得到了较大提升。国家水禽产业技术体系统计数据显示，2016年，我国肉鸭出栏量约30亿只，约占世界总出栏量的65.22%。随着水禽产品竞争力的提升，水禽在国际市场上的舞台越来越大，水禽产业也由单纯的鸭鹅养殖向孵化、养殖、屠宰加工和禽肉制品生产销售的全产业链经营方向发展。一体化优势既保证了生产的连续性、稳定性，又能提高产品质量，加强成本的可控性，增强企业的综合竞争力。同时，由于农产品价格具有周期性较大波动幅度的特点，企业可结合多年积累的行业经验根据短期市场需求结构的变化主动调节鸭苗、冻品及熟食等产业链上各类产品的生产及销售比例，充分发挥一体化优势，以获得最佳的经济效益。这使得水禽产业在生产与市场之间形成了强大的缓冲机制，也有效地抵御了市场价格波动。这种产业链协同发展模式为水禽产业实现长期可持续发展提供了支撑。

然而，水禽产业市场波动风险也日趋加大，管理部门及产业链条上的各相关主体对市场形势不甚明确，致使各相关主体难以适应迅速变化的市场供需状况，经常因供需失衡而导致市场价格波动，加大产业经济风险，增产不增收的情况屡有发生，水禽企业面临着严峻的生存考验，制约了水禽产业的健康持续发展。而克服当前困境的重要途径之一是充分利用水禽企业多元化发展模式的优势，加大不同板块之间的产业协同，通过内部市场培育和产业要素间的协调配合，实现"1+1>2"的协同效应。例如，华英集团充分利用其种鸭繁育、商品鸭养殖、屠宰冷冻加工、熟食加工、饲料生产、羽绒加工等系列化生产的一体化协同模式，通过产业间的有机配合，最大限度地减少企业内部交易成本，扩大企业内部市场份额，从而提升企业的竞争能力和抗风险能力，在水禽产业不景气的市场环境中，仍然保持着较好的市场业绩。通过加大产业协同来克服当前的困难局面已经成为国内各大企业的通行做法。

长期以来，理论界对产业协同的研究是从区域间的产业协同开始的（赵双琳和朱道才，2009），如产业协同带动效应（黄昭昭，2011）、产业集群协同（胡大立，2006）、技术产业协同（顾菁和薛伟贤，2012）、产业转移对产业协同发展影响（杨文静，2013）等；针对多元化企业内部的产业协同主要集中于产业协同效应（郑文智和叶民强，2009）的评价上，特别是Kaplan等运用平衡计分卡方法得到了大批具有理论和实践价值的研究成果（Kaplan and Norton，1996），也成为企业产业协同研究的主要方向；还有一些研究关注于多元化与企业绩效之间的关系，但结论并不一致，有正相关（Rumelt，1974；尹义省，1998；余鹏翼等，2005；金晓斌等，2002）、负相关（Berger and Ofek，1995；马洪伟和蓝海林，2001）、倒U型（Palich et al.，2000）、不相关（Li and Rwegasira，2010；Lee et. al.，2008）等多种结果。还有少量文献对煤炭企业产业协同进行了研究，如孙喜民等（2014）以煤炭集团为例对企业产业协同与企业绩效关系的研究，结果显示正相关关系，并且对煤炭企业产业协同效应进行了分析。

综上所述，对企业集团产业协同的研究多着重于多元化与绩效的关系，而较少对企业集团产业链协同的模式和路径展开系统化研究，而这正是当前制约企业集团产业协同发展的关键所在。同时，多元化与企业绩效之间研究结果的不一致也困扰了企业集团实现产业协同发展的信心。为此，本节以水禽产业为例，立足于水禽企业集团多元化发展的实际，综合考虑产业内部系统关系、产业间业务往来等因素及其对协同效益的影响，构建了产业协同的系统动力学模型，并以华英集团为例进行了数据演算，对以上问题给予了回答，为政府指导生产和企业决策提供依据。这对充分发挥市场决定性作用，引导水禽产业供给侧结构性改革，有着十分重要的价值和意义。

5.3.2 水禽企业集团产业链协同系统的结构分析

5.3.2.1 水禽企业集团系统及系统边界

多元化的水禽企业集团类似于一个复杂的大系统，而内部各产业板块则是其子系统，且它们之间既相互独立，又有机关联。如企业子系统本身就是集生产、销售、价格、成本、物流、财务、信息和人力资源等众多要素集合的大系统；同时，集团内部各子系统之间又相互协同，基于原料、资金和信息等要素发生着复杂的内部业务往来关系，如此相互交叉形成一个复杂的水禽企业产业协同系统。考察这一大系统的边界时，科斯定理指出：企业边界定位于内部交易成本等于外部交易成本时，即当企业内部交易成本低于外部交易成本时，通过企业内部合作更具经济性，企业规模将进一步扩大，而当企业内部交易成本高于外部交易成本时，企业内部合作的成本增加，外部采购更具经济性，企业规模不再扩张。根据这一定理，本书定义水禽企业系统的边界为：企业内部交易价格等于外部采购价格时。相关模型边界变量如表5.7所示。

表 5.7　模型边界变量

变量	变量
豆粕价格	内部交易系数（饲料）
玉米价格	内部交易系数（鸭苗）
小麦价格	内部交易系数（冻鸭）
饲料价格	饲料生产量
鸭苗价格	鸭苗生产量
冻鸭价格	冻鸭生产量
熟食价格	熟食生产量

5.3.2.2　水禽企业集团产业链系统因果关系分析

根据各产业板块间的交易关系，企业内部交易价格等于外部采购价格时，通过增加内部交易量会降低采购成本和增加板块利润，从而为下一轮规模扩大化提供基础，而规模扩大后所产生的规模经济和范围经济又会使企业平均成本进一步降低，各板块利润由此增加，如此反复形成一条正反馈回路：各板块利润增加→各板块规模增加→各板块对内交易量增加→各板块成本降低→各板块利润增加，这是一个正反馈环。

本节建立的水禽企业产业链 SD 模型主要包括四大子系统：饲料子系统、鸭苗子系统、冻鸭子系统和熟食子系统。各产业板块的因果关系错综复杂，各影响因素又相互作用构成总系统，具体如图 5.9 所示。

图 5.9 主要存在以下因果回路：

1）饲料利润增加→饲料生产量增加→饲料生产成本增加→饲料利润减少，这是一个负反馈回路。

2）饲料利润增加→饲料生产量增加→饲料营业收入增加→饲料利润增加，这是一个正反馈回路。

3）饲料对鸭苗交易量增加→鸭苗生产成本减少→鸭苗生产量增加→鸭苗营业收入增加→鸭苗利润增加→鸭苗生产量增加→鸭苗生产成本增加→饲料对鸭苗交易量增加，这是一个正反馈回路。

4）鸭苗利润增加→鸭苗生产量增加→鸭苗生产成本增加→鸭苗利润减少，这是一个负反馈回路。

5）鸭苗利润增加→鸭苗生产量增加→鸭苗营业收入增加→鸭苗利润增加，这是一个正反馈回路。

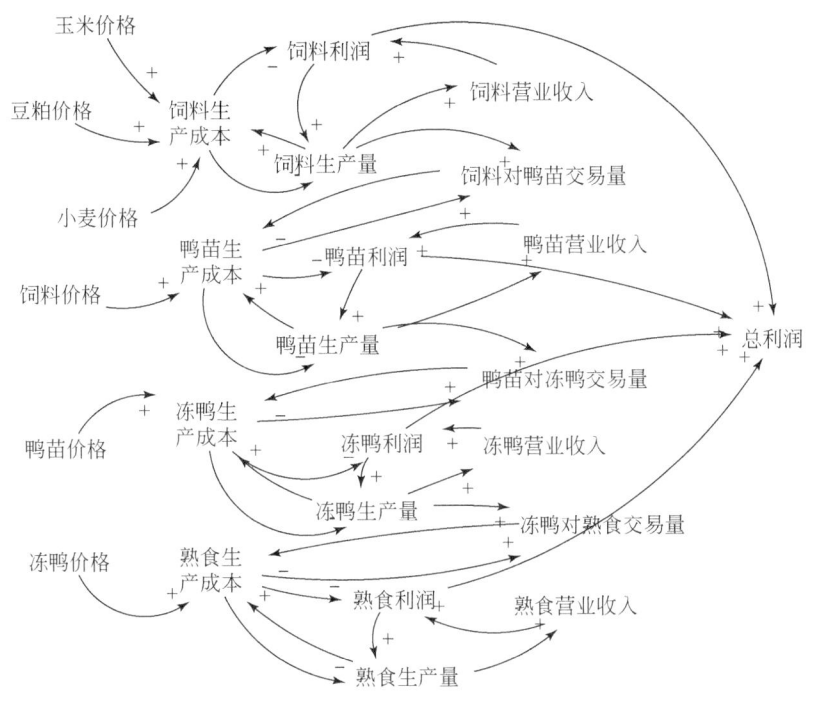

图 5.9　水禽企业产业链 SD 模型总结构

6）鸭苗对冻鸭交易量增加→冻鸭生产成本减少→冻鸭生产量增加→冻鸭营业收入增加→冻鸭利润增加→冻鸭生产量增加→冻鸭生产成本增加→鸭苗对冻鸭交易量增加，这是一个正反馈回路。

7）冻鸭利润增加→冻鸭生产量增加→冻鸭生产成本增加→冻鸭利润减少，这是一个负反馈回路。

8）冻鸭利润增加→冻鸭生产量增加→冻鸭营业收入增加→冻鸭利润增加，这是一个正反馈回路。

9）冻鸭对熟食交易量增加→熟食生产成本减少→熟食生产量增加→熟食营业收入增加→熟食利润增加→熟食生产量增加→熟食生产成本增加→冻鸭对熟食交易量增加，这是一个正反馈回路。

10）熟食利润增加→熟食生产量增加→熟食生产成本增加→熟食利润减少，这是一个负反馈回路。

11）熟食利润增加→熟食生产量增加→熟食营业收入增加→熟食利润增加，这是一个正反馈回路。

5.3.3 水禽企业集团产业链协同的系统动力模型及应用

5.3.3.1 水禽企业产业链协同系统模型流图

冻鸭子系统是水禽企业的主业和利润的主要来源，水禽企业多元化发展的资金支撑也主要源于冻鸭子系统，相应的多元化产业也大都与冻鸭相关，本节构建了以冻鸭为基础的多元化发展模式。例如，鸭苗子系统和冻鸭子系统间，后者的生产主要源于鸭苗的养殖，即原料来自鸭苗子系统，而前者的销售和内部收入也离不开冻鸭子系统；冻鸭子系统和熟食子系统间，后者的主要原料来自于前者，而前者的销售和内部收入也离不开熟食子系统，因此，饲料子系统、鸭苗子系统和冻鸭子系统的销售同时面向外部市场和内部市场。

水禽企业各子系统之间的业务往来是水禽企业产业链协同的主要体现形式，据此用内部销售系数这一指标来体现水禽企业各产业子系统之间的协同程度。本系统设置初始时间为2011年，结束时间为2016年，时间步长为1，时间单位为年，建立的水禽企业产业链协同系统的流图如图5.10所示。

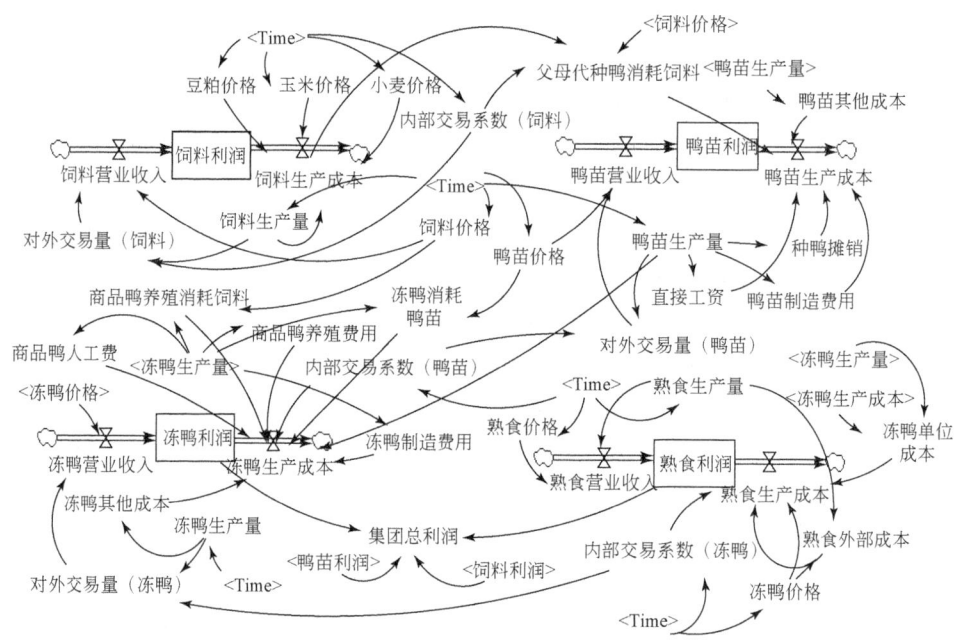

图 5.10 水禽企业产业链协同系统存量流量图

5.3.3.2 基本方程式构建

根据图5.10所示的变量之间的关系,最终建立各基本方程式。

(1) 饲料子系统

饲料生产成本 = ($\alpha1\times$豆粕价格+$\alpha2\times$玉米价格+$\alpha3\times$小麦价格)×饲料生产量

对外交易量 = 饲料生产量×[1-内部交易系数(饲料)]

饲料营业收入 = 对外交易量×饲料价格

饲料利润 = INTEG(饲料营业收入-饲料生产成本、饲料利润初值)

式中,$\alpha1 \sim \alpha3$通过华英农业报表历史数据回归得到。

(2) 鸭苗子系统

鸭苗生产成本 = 父母代种鸭消耗饲料+种鸭摊销+鸭苗制造费用
+直接工资+鸭苗其他成本

父母代种鸭消耗饲料 = $\beta1\times$饲料生产成本×内部交易系数(饲料)+$\beta2\times$饲料价格

种鸭摊销 = $\beta3\times$鸭苗生产量

鸭苗制造费用 = $\beta4\times$鸭苗生产量

直接工资 = $\beta5\times$鸭苗生产量

鸭苗其他成本 = $\beta6\times$鸭苗生产量

对外交易量 = 鸭苗生产量×[1-内部交易系数(鸭苗)]

鸭苗营业收入 = 对外交易量×鸭苗价格

鸭苗利润 = INTEG(鸭苗营业收入-鸭苗生产成本,鸭苗利润初值)

式中,$\beta1$通过华英农业报表历史数据回归得到。$\beta2 \sim \beta6$通过华英农业年报各指标历史数据的平均系数确定。

(3) 冻鸭子系统

冻鸭生产成本 = 商品鸭养殖消耗饲料-鸭苗生产量×内部交易系数(鸭苗)
+商品鸭养殖费用+冻鸭制造费用+商品鸭人工费
+冻鸭消耗鸭苗+冻鸭其他成本

商品鸭养殖消耗饲料 = $\gamma1\times$冻鸭生产量+$\theta2\times$饲料价格

商品鸭养殖费用 = $\gamma2\times$冻鸭生产量

冻鸭制造费用 = $\gamma3\times$冻鸭生产量

商品鸭人工费 = $\gamma4\times$冻鸭生产量

冻鸭消耗鸭苗 = $\gamma5\times$冻鸭生产量+$\theta3\times$鸭苗价格

冻鸭其他成本 = $\gamma6\times$冻鸭生产量

对外交易量 = 冻鸭生产量×[1-内部交易系数(冻鸭)]

冻鸭营业收入 = 对外交易量×冻鸭价格

冻鸭利润=INTEG(冻鸭营业收入-冻鸭生产成本,冻鸭利润初值)

式中，γ1~γ4 和 θ2 通过华英农业年报各指标历史数据的平均系数确定。

（4）熟食子系统

熟食生产成本=熟食外部成本-(冻鸭价格-冻鸭单位成本)×内部交易系数(冻鸭)
×熟食外部成本/冻鸭价格

熟食外部成本=λ1×熟食生产量+λ2×冻鸭价格

熟食营业收入=熟食生产量×熟食价格

熟食利润=INTEG(熟食营业收入-熟食生产成本,熟食利润初值)

式中，λ1 和 λ2 通过华英农业年报各指标历史数据回归得到。

5.3.3.3 水禽企业集团产业链协同系统的仿真分析

以华英农业为例，对其 2008~2013 年的产业协同情况运用 VENSIM 软件展开仿真分析。华英农业是以樱桃谷鸭加工为主，集祖代种鸭繁育、父母代种鸭、种鸡孵化、商品鸭/鸡养殖、屠宰冷冻加工、熟食加工、饲料生产、羽绒加工等系列化生产于一体的国家大型禽类食品加工企业。目前是国家级农业产业化重点龙头企业，国家扶贫重点龙头企业，也是国内鸭行业首家上市企业。

自公司投产以来，通过连续实施五期大的工程建设，完成了"中国鸭王""亚洲鸭王""世界鸭王"的三级跳，实现了自身跨越式发展。2009 年 12 月 16 日，华英农业在深交所成功挂牌上市，募集资金 6.28 亿元，这是继双汇、三全之后第三支在 A 股市场成功上市的河南农业股，也是全国肉鸭行业第一家上市企业。华英农业的上市，为华英农业融入国际资本循环，进一步做大做强奠定了坚实基础。

目前，公司拥有 1 个祖代鸭场、19 个父母代种鸭场、9 个种鸡场、126 个大型标准化养殖基地、6 条肉鸭屠宰加工生产线、4 条熟食生产线、2 条肉鸡生产线、7 条饲料生产线、2 条羽绒生产线、1 条羽绒制品生产线，站在世界肉鸭加工行业顶端，真正成为"标准国际一流、规模行业前列"的樱桃谷鸭加工基地。公司在立足潢川的同时，不断将"华英"模式向外延伸，分别在省内的淮滨和淮阳、山东单县、江西丰城组建了分/子公司，进一步提高了华英农业的规模、效益和品牌影响力。

华英农业始终坚持"争创世界名牌"的坚定信心，全面通过了 ISO9000 质量管理体系、HACCP 体系、GAP 良好农业规范和 ISO14000 环境管理体系的认证，保障食品安全。同时，公司不断拓展国内、国外市场空间。在国内，公司已经建立了覆盖全国的市场销售网络，市场占有率已经达到规模化养殖企业的 15% 以上。在出口方面，华英牌系列产品远销到韩国、日本、新加坡、南非等 20 多个国家和地区。公司也先后被评为全国质量管理先进企业、全国食品安全示范企业、中国食品工业百强企业，华英产品也成为"中国名牌""无公害农产品"和"中国名牌农产品"。

（1）参数的确定

模型中的参数有常数值、初始值、表函数等，为了简化流图参数，将那些随时间变化不明显的参数取常数值。相关参数值主要来源于华英农业 2012～2016 年的《集团年度报告》、中国畜牧网以及历年的《中国畜牧业年鉴》；而对于模型中内部交易系数和生产量的设置，主要来源于华英农业的年度报告。一些参数如豆粕价格、玉米价格、小麦价格、饲料价格、鸭苗价格、冻鸭价格、熟食价格则主要根据相关产业的专业分析报告以及目前该产业的市场环境，运用当年算术平均法计算得到。具体参数取值如表 5.8 所示。

表 5.8 系统参数取值

变量		年份 2012 年	2013 年	2014 年	2015 年	2016 年
	豆粕价格/(元/t)	3 843.3	4 059.2	3 585.4	2 766.1	3 054.8
	玉米价格/(元/t)	2 373.2	2 338.0	2 376.4	2 234.1	1 836.0
	小麦价格/(元/t)	2 179.4	2 520.1	2 562.6	2 467.9	2 374.0
饲料	饲料生产量/t	431 891.7	407 620.0	401 092.0	393 471.0	376 787.0
	饲料价格/(元/t)	3 173.8	3 257.8	3 224.2	3 017.7	2 778.0
	饲料营业收入/万元	6 728.4	6 337.6	4 570.9	3 631.1	1 772.5
	饲料生产成本/万元	6 523.8	6 157.2	4 497.9	3 897.9	1 801.0
	饲料利润/万元	204.5	180.4	73.0	-266.9	-28.5
鸭苗	鸭苗生产量/万只	7 272.1	8 955.0	9 857.0	11 617.0	10 437.0
	鸭苗价格/(元/羽)	2.2	4.5	2.6	2.4	2.6
	鸭苗营业收入/万元	14 748.0	13 731.1	20 515.3	27 728.4	23 205.8
	鸭苗生产成本/万元	13 711.0	16 884.1	18 293.3	19 853.5	16 703.5
	鸭苗利润/万元	1 037.0	3 153.0	2 222.0	7 874.9	6 502.3
	鸭苗制造费用/万元	966.6	1 190.3	1 286.0	1 397.7	1 182.6
	鸭苗其他成本/万元	1 091.4	1 344.0	1 443.7	1 576.4	1 339.6
父母代种鸭消耗饲料/万元		8 740.8	10 763.6	11 667.5	12 557.3	10 551.6
种鸭摊销/万元		2 503.6	3 083.0	3 338.5	3 645.1	3 080.1
直接工资/万元		408.6	503.1	558.0	677.0	549.5

续表

变量 \ 年份		2012年	2013年	2014年	2015年	2016年
冻鸭	冻鸭生产量/t	99 689.6	95 373.0	88 776.0	94 835.0	115 003.0
	冻鸭价格/(万元/t)	0.974	0.943	0.991	1.008	0.925
	冻鸭营业收入/万元	97 062.8	89 965.8	87 967.2	95 612.0	106 420.7
	冻鸭生产成本/万元	90 786.0	86 854.9	80 559.3	83 245.2	91 343.1
	冻鸭利润/万元	6 276.8	3 110.8	7 408.0	12 366.8	15 077.7
	冻鸭消耗鸭苗/万元	7 399.1	7 078.7	6 581.7	6 792.8	7 444.5
	冻鸭制造费用/万元	2 169.8	2 075.8	1 957.6	2 039.5	2 228.8
	冻鸭其他成本/万元	6182.5	5914.7	5453.9	5735.6	6384.8
	商品鸭养殖消耗饲料/万元	63 804.4	61 041.7	56 649.3	58 296.6	63 848.8
	商品鸭养殖费用/万元	6 318.7	6 045.1	5 405.5	5 710.6	6 202.2
	商品鸭人工费/万元	4 911.5	4 698.9	4 511.3	4 670.1	5 234.1
熟食	熟食生产量/t	6 972.3	8 250.0	10 364.0	11 976.0	11 622.0
	熟食价格/(万元/t)	2.243	2.157	1.746	1.685	1.937
	熟食营业收入/万元	15 640.8	17 798.7	18 096.6	20 183.3	22 510.7
	熟食生产成本/万元	13 749.1	16 268.7	16 383.9	16 826.1	19 846.4
	熟食利润/万元	1 891.7	1 530.0	1 712.7	3 357.2	2 664.3

(2) 模型检验

a. 模型的结构合理性检验

Vensim软件的Model Check功能能够对模型中变量关系不合理、方程式不匹配及函数使用不恰当的情况进行检验，并提示模型有误，无法进行仿真运行，同时给出产生错误的原因，本节经过多次反复校正通过了模型检测。

b. 单位一致性检验

本节构建的产业链协同效应模型中，不同变量的单位不同，因而在构建模型时要注意保证单位的一致性。Vensim软件中的Model-Unit Check功能能够对变量单位不正确的情况加以提示，指出产生错误的原因。本节在进行模拟仿真的过程中，根据提示进行反复校正，最终使得单位保持了一致性。

c. 仿真程度及模拟能力检验

将华英农业各变量的实际数值输入到水禽企业产业链系统动态仿真模型中，经上机运行后把各变量的仿真值与华英农业各产业板块的实际值进行比较，在产生较大误差时，分析模型的正确性及参数的可靠性，对模型及参数进行修正，最终使模型模拟仿真实际系统。模拟曲线与时间序列的吻合有两种情况：一是绝对数据的吻合，二是趋势吻合。后者往往更为重要，因为系统动力学模型就是系统微观结构为基础建立模型，结构决定系统的行为特征，而趋势是行为特征的重要标志。饲料、鸭苗、冻鸭和熟食的营业收入、营业成本、利润的趋势对如表5.9和表5.10所示。由表5.9和表5.10可知，模拟各版块营业收入、营业成本、利润与实际各版块营业收入、营业成本、利润的数值误差不超过15%，而且趋势是基本一致的。因此，验证了模型的可靠性，说明本模型与实际系统的一致性高，模型是有效的。

表5.9 饲料、鸭苗子系统模拟结果与实际结果对比

年份	饲料营业收入			饲料生产成本			鸭苗营业收入			鸭苗生产成本		
	模拟值	实际值	误差/%	模拟值	实际值	误差/%	模拟值	实际值	误差/%	模拟值	实际值	误差/%
2012	6 783.45	6 728.4	0.8	6 615.1	6 523.8	1.4	14 750.5	14 748	0.0	14 803.5	13 711	8.0
2013	5 974.28	6 337.6	5.7	5 729.48	6 157.2	6.9	13 741.4	13 731.1	0.1	16 875.5	16 884.1	0.1
2014	4 913.86	4 570.9	7.5	5 167.83	4 497.9	14.9	20 502.6	20 515.3	0.1	17 343.8	18 293.3	5.2
2015	3 323.89	3 631.1	8.5	3 587.19	3 897.9	8.0	27 727.5	27 728.4	0.0	18 474.7	19 853.5	6.9
2016	1 570.07	1 772.5	11.4	1 937.48	1 801	7.6	23 201.4	23 205.8	0.0	17 926.7	16 703.5	7.3

表5.10 冻鸭、熟食子系统模拟结果与实际结果对比

年份	冻鸭营业收入			冻鸭生产成本			熟食营业收入			熟食生产成本		
	模拟值	实际值	误差/%	模拟值	实际值	误差/%	模拟值	实际值	误差/%	模拟值	实际值	误差/%
2012	87 387.4	97 062.8	10.0	87 453.8	90 786	3.7	15 638.2	15 640.8	0.02	13 965.1	13 749.1	1.6
2013	80 943.1	89 965.8	10.0	75 666.8	86 854.9	12.9	17 795.3	17 798.7	0.02	15 625	16 268.7	4.0
2014	79 179.3	87 967.2	10.0	77 727.9	80 559.3	3.5	18 095.5	18 096.6	0.01	16 151.2	16 383.9	1.4
2015	86 034.5	95 612	10.0	82 355.5	83 245.2	1.1	20 179.5	20 183.3	0.02	16 926.9	16 826.1	0.6
2016	95 740	106 420.7	10.0	91 281.8	91 343.1	0.1	22 511.8	22 510.7	0.00	18 535.2	19 846.4	6.6

同时，对水平变量（利润）仿真的模拟值和实际值进行对比分析，如图5.11~图5.14所示。由图5.11~图5.14可知，饲料、鸭苗、冻鸭、熟食四大子系统的利润模拟值和实际值虽然在数值上有一定差异，但是总体趋势较为接近，进一步验证了本仿真模型的适用性。

（3）仿真模拟情境设计

本节通过调节各产业价格变量，来模拟整个集团的利润构成变化，进而分析各产业板块产品价格波动以及产业链协同策略是如何影响集团绩效的。为了方便比较，让豆粕价格、玉米价格、小麦价格、饲料价格、鸭苗价格以及内部交易

系数分别相应增长20%。控制变量的情景参数如表5.11所示。

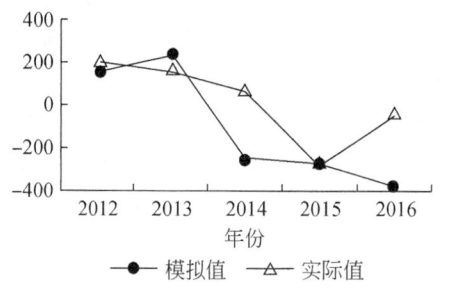

图5.11 饲料利润模拟值与实际值

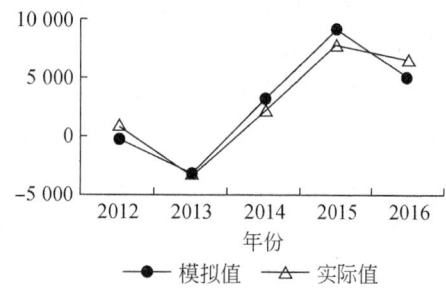

图5.12 鸭苗利润模拟值与实际值

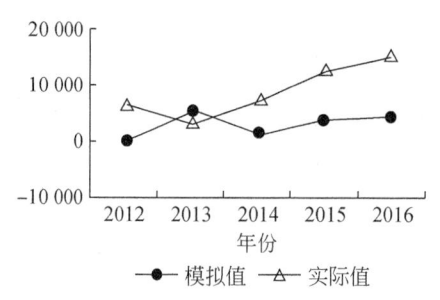

图5.13 饲料利润模拟值与实际值

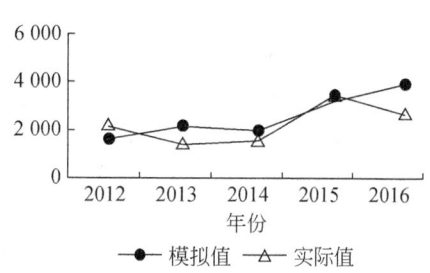

图5.14 鸭苗利润模拟值与实际值

表5.11 控制变量的情景设置

策略	边界控制变量								
	豆粕	小麦	玉米	饲料价格	内部交易系数（饲料）	鸭苗价格	内部交易系数（鸭苗）	冻鸭价格	内部交易系数（冻鸭）
现实情境	—	—	—	—	—	—	—	—	—
策略1	+20%	—	—	—	—	—	—	—	—
策略2	+20%	—	—	—	+20%	—	—	—	—
策略3	—	—	—	+20%	—	—	—	—	—
策略4	—	—	—	+20%	—	—	+20%	—	—
策略5	—	—	—	—	—	+20%	—	—	—
策略6	—	—	—	—	—	+20%	—	—	+20%

a. 饲料—鸭苗子系统仿真模拟策略

策略1使豆粕价格、玉米价格、小麦价格共同增长20%，代表饲料子系统的原材料价格上涨，这会导致饲料板块饲料生产成本增加，进而饲料板块利润下降。策略2在豆粕价格、玉米价格、小麦价格共同增长20%的情形下，由于饲料生产成本较高，利润率下降，选择将更多的饲料直接转移给鸭苗子系统作为其成本，即内部交易系数（饲料）增加20%，对比观察现实情境、策略1和策略2的集团总利润变化趋势。

b. 鸭苗—冻鸭子系统仿真模拟策略

策略3使饲料价格增长20%，代表鸭苗子系统的原材料价格上涨，这会导致鸭苗板块鸭苗生产成本增加，进而鸭苗板块利润下降。策略4在饲料价格增长20%的情形下，由于鸭苗生产成本较高，利润率下降，选择将更多的鸭苗直接转移给冻鸭子系统作为其成本，即内部交易系数（鸭苗）增加20%，对比观察现实情境、策略3和策略4的集团总利润变化趋势。

c. 冻鸭—熟食子系统仿真模拟策略

策略5使鸭苗价格增长20%，代表冻鸭子系统的原材料价格上涨，这会导致冻鸭板块冻鸭生产成本增加，进而冻鸭板块利润下降。策略6在鸭苗价格增长20%的情形下，由于冻鸭生产成本较高，利润率下降，选择将更多的冻鸭直接转移给熟食子系统作为其成本，即内部交易系数（冻鸭）增加20%，对比观察现实情境、策略5和策略6的集团总利润变化趋势。

（4）仿真结果分析

将系统参数取值根据各子系统基本方程式，输入图5.10所示水禽企业集团产业链协同系统存量流量图，仿真的结果如图5.15所示。

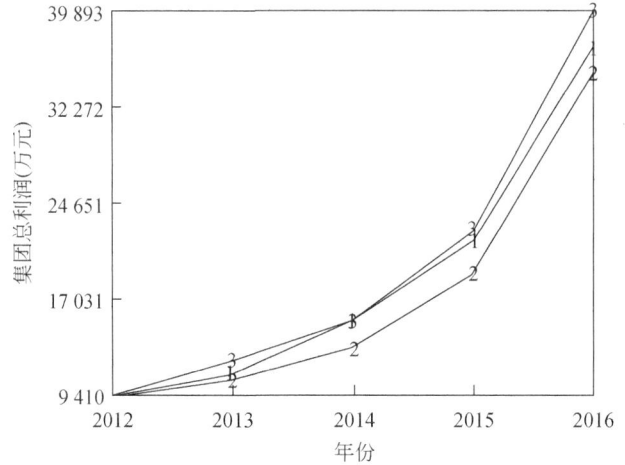

a

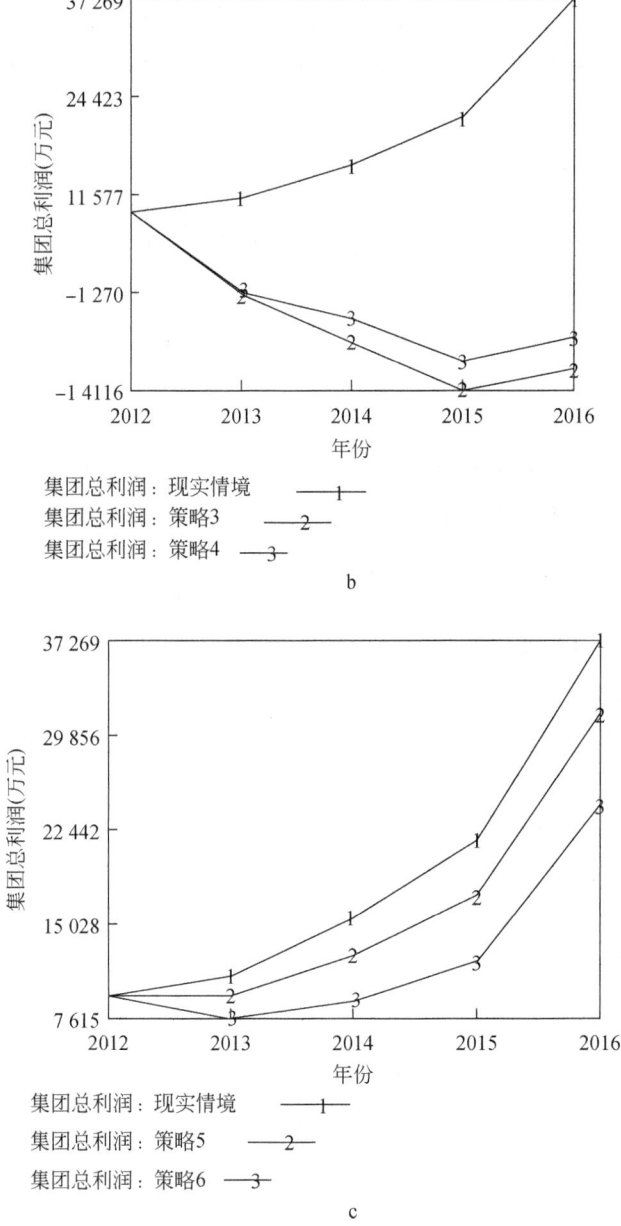

图 5.15 不同策略下集团总利润仿真结果

a. 饲料—鸭苗子系统协同效应分析

由图 5.15a 可以看出,策略 1 下由于豆粕、玉米、小麦价格上涨,影响到华英农业集团总利润,使其利润低于现实情境,但是与现实情境差距不大,这表明豆粕、玉米、小麦价格对华英农业的集团总利润影响并不明显。而策略2下，将利润率降低的饲料产品更多的用于内部交易（鸭苗），使得集团总利润不仅没有下降，反而得到上升，这表明华英农业饲料子系统—鸭苗子系统的产业链具有正协同效应。

b. 鸭苗—冻鸭子系统协同效应分析

由图5.15b可以看出，策略3下由于饲料价格上涨，使得华英农业集团总利润明显下降，呈现下降趋势，而且在2013～2016年利润降为负数，这表明饲料价格对华英农业集团总利润具有较大的影响。而策略4下，将利润率降低的饲料产品更多的用于内部交易（冻鸭），集团总利润虽然仍为负数，但是下降幅度小于策略3，这表明华英农业鸭苗子系统—冻鸭子系统的产业链具有正协同效应。

c. 冻鸭—熟食子系统协同效应分析

由图5.15c可以看出，冻鸭价格上涨使得集团总利润比现实情境低，但是依然呈现上涨趋势，这表明冻鸭价格对华英农业的集团总利润影响并不明显。同时，对比策略5和策略6可以发现，虽然鸭苗价格使得冻鸭子系统的生产成本增加，导致冻鸭利润率下降，但是这时如果过多增加内部交易（冻鸭），将会导致华英农业集团总利润不升反降。这一方面表明华英农业的冻鸭子系统—熟食子系统的产业链具有负协同效应，也从另一个侧面表明，冻鸭是华英农业的主要收入来源，如果转移过多的冻鸭，将会影响整个集团的利润水平。

d. 水禽企业集团产业链整体协同效应分析

华英农业的饲料子系统、鸭苗子系统、冻鸭子系统之间会产生有效协同，能够有效地促进产品销售，从而带来较好的绩效；而冻鸭子系统和熟食子系统之间的协同效应不显著，而且呈现负向影响的趋势，表明熟食虽然是水禽企业产业链生产的一个终端环节，但在水禽企业中所占比例并不大，因此通过两者之间的协同所带来的成本节约也相对较小。

5.3.4 水禽企业产业链效益协同策略分析

通过对华英农业不同子系统间产业协同，其结果是使集团利润继续增大，这就意味着系统内部的反馈关系以正反馈为主，内部交易成本小于外部交易成本，企业可以通过产业协同获取了更多的利润，表明集团还有进一步规模化发展的空间。企业发展的方向应依据各子系统内部销售系数提升对其他子系统的贡献度进行判断。具体说来，应充分利用饲料子系统对鸭苗子系统和冻鸭子系统的支撑来降低父母代种鸭消耗饲料和商品鸭养殖消耗饲料所消耗的成本，同时利用鸭苗子系统对冻鸭子系统的支撑来增加冻鸭消耗鸭苗数量，降低外部鸭苗采购成本，如此循环形成一个最具价值的产业链体系，而冻鸭子系统内部交易系数对熟食子系统的贡献并不明显。究其原因，水禽熟食市场高度外部市场化，完全可以经由价格机制和优化组合从外部构建成本最低的生产体系，而将其内部化以后反而因行政管理费用的增加使得内部交易成本高于外部交易成本。因此，建议华英农业下一步重点通过发展饲料、鸭苗和冻鸭来扩大集团利润，而对熟食子系统持谨慎的保守战略。

同时需要指出的是，作为水禽产业中的龙头企业，通过内部产业协同来稳定市场、降低成本和增加利润都是一种必要的精益化管理手段，但尚不足以抵御系统化的市场风险带来的冲击。从图 5.15 中可以看出，虽然增加内部销售系数 20% 以后，集团和各子系统的利润都有所上升，但上涨的幅度似乎并不大，它显然对如此规模的大型企业的发展而言贡献甚微。因此，在当前水禽市场的情况下，除了通过产业协同来节省成本，更应该通过积极的外部市场拓展来获取更大的发展，这也为当前众多水禽企业指明未来的发展方向。

通过对水禽企业的系统动力学仿真分析，当不同产业板块之间的内部销售份额增长时，水禽企业的经营绩效都比现实值有所提高，这为当前水禽企业的产业协同实现提供了理论依据，进一步增强了水禽企业通过产业协同来面对当前市场不景气的困难局面，提高了其可持续发展的能力。就不同模块的协同效应而言，鸭苗与饲料、冻鸭等产业的协同效应较好，而冻鸭与熟食之间没有产生有效的协同效应。

当前，我国正大力进行水禽产业供给侧结构性改革，推进水禽产业化进程，水禽企业应该抓住这一有利时机，积极以各种形式的资金投入来获取企业在水禽产业的发言权，进而为通过产业协同获取持续稳定的竞争优势打下基础。水禽产业协同展现出较好的公司绩效，且较为稳定，但这主要体现在饲料作为原料向鸭苗和冻鸭生产的协同方式上，而冻鸭向熟食生产端的协同效益似乎并不大。这提醒着孵、养、宰、加工和禽肉制品生产销售一体化企业的工作重点是如何通过优化饲料、鸭苗的内外销售配置，拓宽水禽行业品牌宣传渠道，从而带动我国水禽行业在新形势、新常态中自我调整和完善。

第6章
水禽肉类产品消费者行为分析

随着农产品加工品市场化程度的不断提高,越来越多的消费者不再仅仅满足于生鲜农产品的消费,而是逐渐将消费的对象转向深加工后的农产品,尤其是易保存且口感丰富的肉类加工品。禽肉作为仅次于猪肉的第二大肉类,是居民日常食品消费的重要组成部分。据统计,在长江中下游地区及我国南方地区,水禽的养殖已经开始逐渐成为促进农民增收的主要养殖产业。中国作为世界水禽第一生产和消费大国,消费水禽类食品的人群接近10亿人,拥有长期水禽肉类消费习惯的积累。消费者对于鸭肉的消费既与猪肉、牛肉有相似之处,又拥有其独特之处,其中最不同的是水禽拥有种类繁多的熟食品类,并且在全国各地逐渐发展出许多具有其本土特色的熟食品牌。因此,研究中国消费者的水禽熟食产品购买行为对开拓肉类食品新视角和引导消费者建立新的消费习惯都具有重大的现实意义。

6.1 水禽肉类消费行为的调研

近几年我国水禽业得到了迅速发展,但国内肉鸭产品同质化严重,市场风险处于较高的水平。目前水禽产品市场细分中主要面临的难题包括地域性限制,其他禽肉类产品的替代性风险以及良种繁育与多元化市场需求的不匹配等问题。通过对水禽消费市场需求的实时监控,有助于获取水禽消费市场的竞争结构,最终为水禽产品的市场细分提供依据,降低市场风险。

6.1.1 水禽肉类消费行为的线下调研方法

线下调研通常可以采取纸质问卷调查、面对面访谈、统计台账记录等方式,其中发放纸质问卷是最主要的线下调研方式。问卷调查的优点在于问卷法调查结果容易量化,问卷调查是一种结构化的调查,其调查问题的表达形式、提问的顺序、答案的方式与方法都是固定的，而且是一种文字交流的形式，因此，任何个人，无论是研究者，还是调查员都不能把主观偏见代入调查研究之中，其调查的统计结果一般都能被量化出来。但缺点也很明显，设计问卷问题时需要深入了解用户的意图、动机和思维过程，并且最后收集到的数据可能会偏离预期导致效果不佳。

关于水禽市场消费行为的线下调查工作是科学执行水禽市场细分的基础。由于目前关于水禽产业的调查仍以产业和供给层面为主，即使是涉及消费需求层面的调查，数据也主要从宏观角度统计了一些地区范围内历年来的消费趋势和走向。因此，目前掌握的有关水禽产品消费行为的数据缺乏从个体微观层面的统计，水禽产业从供给侧到需求侧之间仍然缺少直接的对话窗口。因此，我们进行水禽市场消费行为线下调查的主要目的在于构建水禽相关企业对消费者需求的直接认知，例如不同地区的消费者不同水禽产品的评价、态度和需求程度等。在具体执行中，可以依托水禽产业技术体系中分布于全国各个地区的综合试验站和相关水禽产业主管部门，采用重点调查、统计调查、抽样调查等方法，以李克特量表的形式调查不同的水禽生产销售区域的消费者行为偏好，包括产品品类偏好、购买渠道和对于不同品类水禽产品的支付意愿等，形成定期的市场消费调研报告，并通过与宏观消费趋势和走向数据的结合来分析市场需求的细微变化，增强市场消费预测的准确性，最终降低水禽企业面临的市场风险。

线下调研的开展主要依托水禽产业技术体系中分布于全国各个地区的综合试验站和相关水禽产业主管部门，不仅直接从各试验站和水禽相关企业获取第一手经济数据，而且还采用线上和线下相结合的方式发放消费者调查问卷，将调研范围向北京、上海、杭州、南京、广州等地的居民住户进行了覆盖，主要统计了所有样本住户中的基本人口统计信息、水禽产品消费偏好和消费场景信息以及不同渠道的选择信息。在基于线下调研数据的分析中，我们发现对鸭肉产品进行分级分类和市场细分能够减少水禽企业之间的恶性竞争，促进水禽产品市场的良性发展，从而有助于形成需求拉动而不是生产推动型的水禽消费市场环境；通过对水禽产品消费场景的分析也发现通过划分不同的水禽产品消费场景也能够区分具有不同代际特征的消费群体在差异化的消费场景下的偏好，例如80后，90后的年轻消费群体更习惯在线上购买一些水禽熟食产品，而线下体验更多选择诸如良品铺子、佰草集等新零售类的终端；相反，50后、60后的成熟消费群体更多习惯于传统的商超菜场购买。针对这些不同消费场景的用户群体分析最终帮助我们水禽相关企业精准地调整渠道布局和产品设计。

6.1.2 水禽肉类消费行为的线上调研方法

依托水禽产品的网络销售平台,如淘宝、天猫、京东等,以及网络社区讨论平台,如百度贴吧、天涯论坛等。通过跟踪调查一些网络销售店铺的消费记录和消费者个体信息了解消费者网络购买水禽产品的消费行为特点;通过网络爬虫技术对网络社区讨论平台的水禽关键词和用户讨论内容的抓取,实时地了解消费者对水禽产品的关注点和评价,并对用户讨论评价的内容做出实时的文本分析,抽取出不同水禽产品品类的消费者评价指标。以下是对水禽线上销售市场监控的研究方法介绍。

6.1.2.1 水禽产品网络评论的文本分析方法

该方法主要用于分析水禽网络销售渠道中来自用户的海量的评论数据。第一步需要通过相应的网络爬虫程序或直接从淘宝、天猫等商家的后台数据中获取到消费者关于水禽产品的评论;第二步通过数据清洗移除原始数据中的 HTML 标签和图片等非文本内容;第三步通过将水禽消费用户的评论数据进行文本分级,包括"段落""句子"和"词语"三个文本级别作为接下来的文本分析的数据准备;第四步通过借鉴 Netzer 等(2012)的文本分析算法,以"flow"指标计算特定水禽产品与其属性特点之间的关联和区分:

$$\text{flow}(A, B) = \frac{P(A, B)}{P(A) * P(B)}$$

式中,A 和 B 表示水禽产品 A 与产品细分属性 B,flow(A, B)则代表了水禽产品 A 与产品细分属性 B 之家的关联度,该数值越高表明水禽产品 A 在细分属性 B 上的代表性越强,也越容易以属性 B 作为产品 A 与其他产品差异化的标准。下面的例子列举了我们如何从水微博、百度贴吧及其他社交媒体中获取用户的文本评论并进行语句拆分和文本分析的,这些过程都是通过计算机程序完成并储存在相应的数据库中(表6.1,表6.2)。

表6.1 关于水禽熟食产品用户网络评论数据的文本分析示例

段落编号:24	
识别句子数量:	
识别词语数量:	
评论用户 ID:108	
评论时间:2016/4/20	

续表

段落编号：24
原始内容：周黑鸭是湖北大武汉的品牌，第一次吃是武汉的小伙伴寄给我的，然后就上瘾了，喜欢那种甜辣的感觉。第二次跟同学的朋友买的，当时就觉得价格好贵。第三次是上个月去深圳吃的，一直心心念念的周黑鸭终于买到了。回到小城市又没得吃了，小编赏我吧，一块也好，超想吃，揭阳没卖
样本数据来源：微博（周黑鸭的官方微博账号）

表6.2 关于水禽熟食产品用户网络评论数据的文本分析示例

品牌：紫燕百味鸡
段落编号：39
识别句子数量：
识别词语数量：
评论用户 ID：37
评论时间：2016/4/20
原始内容：感觉紫燕百味鸡最吸引我的地方是菜品的选择性很多，一群朋友可以自己选择爱吃的，我个人比较喜欢那种麻辣孜然的鸭锁骨，一行的朋友有的不喜欢吃辣的买了他们家的花生和卤藕就着啤酒吃也蛮喜欢吃。一群人自己挑自己喜欢吃的，也不用迁就，适合口味需求多的一群人一起吃……
样本数据来源：微博（紫燕百味鸡的官方微博账号）

6.1.2.2 水禽产品网络评论的复杂网络分析方法

根据上述的网络用户数据获取和评论文本分析，我们通过复杂网络的方式将特定的水禽产品或品牌与相应的市场细分数据关联起来。图6.1是根据我们的样本数据以水禽熟食品牌为例做出的初步的分析结果。随着对网络用户评论数据的不断获取，水禽市场不同产品之间的市场细分标准和维度会更加清晰，也能够更容易地帮助水禽养殖企业和加工企业了解市场的需求变化和产品属性位置。通过上述文本分析和复杂网络分析方法的结合能够帮助我们的水禽供给侧更清晰地了解水禽消费市场的动态变化并科学合理地做出市场细分，为自身的企业产品生产寻找更合适的定位。

基于上述列出的关于水禽消费市场的线下调查和线上用户评论的监控，我们可以帮助水禽产业的供给侧更及时和深入地了解到消费市场需求的变化情况。在前文提到的关于水禽消费市场细分所面临的一些难题也可以通过上述的市场研究方法得到一定的缓解。例如，通过对来自不同地区的水禽消费者的调查以及线上评论的跟踪观察和监控，一些地方区域性品牌在往更广的市场区域推广时可以

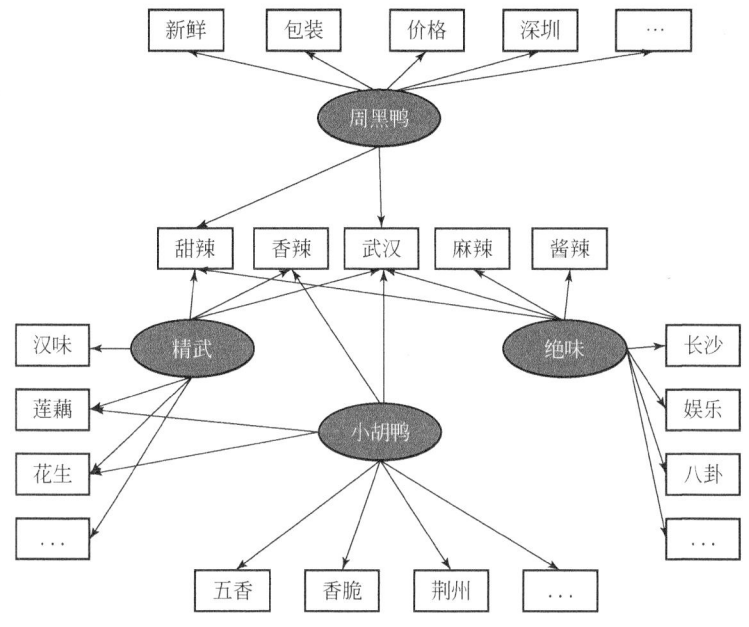

图 6.1 基于网络分析方法的水禽产品市场细分（以水禽熟食市场为例）

随时掌握全国不同地区的需求变化和来自消费者用户自身的意见反馈，从而帮助企业在提升其品牌影响覆盖能力的时候随时根据市场需求的变化和消费者反馈来调整其生产加工技术和产品线布局，最终促使一些地方区域性品牌在更广的范围内得到普遍一致的认可。另外，通过对水禽消费市场线上和线下全面的调查，能够发现一些消费者个性化的需求，而针对这些需求形成的水禽产品往往也不易受到其他禽类产品的替代性风险。最后，水禽良种的繁育如果能够建立在对消费市场多元化的需求更及时和深入的了解的基础上，水禽产品的生产也就更容易与变动的市场需求形成匹配，最终降低水禽产业的市场风险。

6.2 水禽肉类消费行为监控及细分

6.2.1 水禽产品市场的潜在风险

近几年以来，我国水禽业得到了迅速的发展，产业化水平也得到了不断地提升，随着养殖者环境意识的加强，肉鸭、蛋鸭、肉鹅的养殖方式迅速由水养转变为全室内、离水旱养模式。肉鸭和蛋鸭开始采用全室内网床饲养、厚垫料饲养，鸭网床加发酵床饲养方式、蛋鸭笼养方式在中国发展迅速，其目的是将鸭的排泄物在有氧发酵条件下，直接转变为有机肥，降低鸭排泄物对环境、水源的污染。在地方政府的政策鼓励及市场调控下，肉鸭和蛋鸭养殖经营方式迅速向集约化发展，肉鹅的养殖方式同样出现了新变化，主要是远离河流、湖泊和池塘，发展无污染的肉鹅产业；较大规模的农牧结合养鹅方式迅速发展，种草养鹅、林地种草养鹅、全室内网上养殖等饲养方式是目前我国养鹅的主体。

然而，与水禽业生产养殖实力不断发展壮大并不匹配的是水禽业较低的市场发展水平。例如，产品分类、分级不清晰，同质化严重；按照区域或产品品类的市场细分方案并不明确；水禽企业之间竞争的结构性失衡也不利于水禽产品市场的良性发展。尤其是作为市场分析的基础，来自各个地区和销售渠道的水禽产品消费行为数据缺少，导致企业生产与消费者购买之间缺少有效的关联，以及水禽生产的结构性过剩（一些水禽产品供不应求的同时，另一些水禽产品又出现滞销的情况）。

出现这些问题的根本原因在于水禽产业的供给方缺少对需求方的消费行为偏好的深入理解，其所提供的水禽类产品也并没有与市场上的需求变化保持同步。事实上，目前的水禽产业的供给侧仅仅依靠全国范围内总体层面的水禽消费统计数据并不能及时捕捉消费方向的改变，而基于历史消费总量数据的市场预测和判断也往往存在较大的误差。上述的这些问题预示了水禽产业可能存在的市场风险，也体现了水禽市场细分战略在目前水禽产业供给侧改革中的重要意义。

6.2.2 水禽产品市场细分中的具体难题

目前，我国水禽产品的主体——肉鸭产品同质化现象严重，产品质量较低，产品档次差异较小，市场细分水平较低，消费需求的规模扩张较难。在接下来的研究中，我们以肉鸭产品为例，介绍我国水禽产品市场细分目前面临的主要难题。

6.2.2.1 市场细分受地域性限制

虽然目前市场上有众多肉鸭知名品牌，例如北京烤鸭、江苏盐水鸭、汉味鸭脖、高邮双黄鸭蛋等，但它们大多数只是地方区域性品牌，对市场全覆盖的能力较弱。市场中往往出现在一个地区非常受欢迎的水禽产品到了另一个地区却没有获得相似的市场反馈。因此，结合水禽产品所具有的较强的地域性特征，不论是水禽的养殖企业还是加工企业都应该基于对水禽消费市场详尽科学的调查和监控来调整生产线以满足不同区域的水禽产品需求。而对于规模较大和具有多年市场经验的成熟产品（如北京烤鸭、江苏盐水鸭、周黑鸭等），则可以通过标准化的生产加工运作来探索能够符合更广的消费市场和具有更大的市场覆盖能力的代表性产品。

6.2.2.2 其他禽肉类产品对水禽产品的替代性

由于其他禽肉类产品对肉鸭产品具有很强的替代性，肉鸭产品很容易受到替代品的影响和冲击，常常会出现价格波动及产品销售不畅的问题。我们认为，科学丰富的市场细分能够在一定程度上降低其他禽类产品对水禽产品的替代性。具体来讲，通过详尽的市场细分，能够按照消费市场的不同需求设计水禽产品的市场定位，加深特定的水禽产品在消费者感知价值中的位置，从而避免与其他产品的定位产生重复。

6.2.2.3 良种繁育与多元化市场需求的不匹配

消费生活中的活禽现宰现食为主的方式，一方面使得产品区分度低、市场同质性强、高质量的优质名特产品价格上不去、销售市场半径无法延长，造成产业扩张困难。另一方面，肉鸭产业的良种繁育及推广与多元化的市场需求很难配套，影响着产业的市场竞争力。随着人们追求肉鸭产品质量与特色时代的到来，地方性风味肉鸭产品和特色产品逐渐受到消费者的青睐，但是其所依赖的原料主要是产业优势较弱的地方性、本土化的品种。近几年来，地方性本土化的品种由于受到外来肉鸭品种的侵入和以追求市场利润为目标的规模化生产经营企业的排斥，它们无论是品种繁育还是应用推广都受到了极大的制约，以致不能满足当前消费需求转型背景下的生产结构调整换代对地方性优质良种的需要。

基于此，我们认为，我国水禽市场细分策略有待进一步的开发，同时，关于市场中消费行为特点的调查和趋势分析也需要进一步的深入。

6.3 水禽熟食产品消费行为影响因素分析

6.3.1 消费者食品消费行为的相关研究

在有关消费者食品购买行为方面，国外率先对此进行了研究，以肉、蛋、奶、水果等食物作为研究对象，将消费者的个人特征与其购买行为联系起来，结果发现个人对食物的购买行为与消费者本身的年龄、性别、家庭结构、收入水平等个人特征均存在相关关系，例如 Gao 等（1993）针对消费者购买橙汁的行为进行分析，最后得出影响其购买行为的因素有消费者的受教育程度、年龄、性别、家庭规模以及城市化等因素。此后,国内也逐渐开展了此类研究,周洁红(2004)认为消费者十分重视农产品的购买地点和方式,并且经过处理且包装良好的鲜活农产品能够促使消费者支付更高的价格。张小霞和于冷(2006)通过调查上海市居民对绿色食品的消费情况,得出了影响消费者购买绿色食品的一系列影响因素。刘瑞峰(2014)以新疆特色农产品——库尔勒香梨为研究对象,分别探讨了消费者内部因素和外部环境因素对具有地理标志的特色农产品购买行为的影响。

近年来,随着农业供给侧改革的不断推进,针对农产品消费的研究开始逐渐深入,并且由于消费者安全意志的提高和农产品质量安全监管的进一步完善,研究对象开始转向具有安全标志的绿色农产品和有机农产品,探讨安全标志带给消费者的信任程度以及随之提升的支付意愿。Umberger 和 Feuz(2003)研究了消费者对于带有原产地信息的可追溯牛肉的支付意愿,发现73%的受访者愿意为其支付溢价,并且提供的质量安全信息越全面越能够得到消费者的信任。靳明和赵昶(2008)在研究绿色农产品的消费意愿时发现,消费者的消费意愿与实际消费行为存在不一致的情况,原因可能与消费者的家庭及认知程度有关。姜百臣等(2013)选取了"供港猪肉"这个特殊的现象进行研究,研究表明消费者的可支付溢价为44%,低于市场实际溢价,但高于国内其他认证标准的产品,并进一步分析了影响其溢价的因素。与此同时,食品市场近期出现的转基因食品也受到了许多学者的关注,郑志浩(2015)发现大多数消费者受舆论的引导,对转基因大米的接受程度较低,只有当价格显著低于普通大米时,购买概率才会有所上升。吴林海和谢旭燕(2015)针对消费市场上的猪肉进行了调查,研究结果显示消费者的食品安全意识正在逐步提高,消费者明显对于安全性较高的可追溯猪肉具有更高的支付意愿。

目前,食品消费方面已经涌现了许多成熟的理论和实证研究,但仍有其值得发展和开拓的空间,尤其是对于熟食品这类深加工农产品的研究较为匮乏。水禽熟食产品虽不属于产地明确的特色农产品,但其产品本身跻身于零食与餐品之间,兼具普遍性和特殊性的特点,因此从消费者本身特质和外部要求来探讨影响消费者购买水禽熟食产品的因素,对于完善熟食品产品的各项要素、满足消费者的更高需求以及促进整个食品行业的消费都有着重要的意义。

6.3.2 消费者行为影响因素分类

消费者行为理论在探究消费者最大效用的同时,一般将影响消费者购买决策的因素分为内部和外部两个层面。本节在近年来有关文献研究成果的基础上，结合水禽熟食产品保质期短、口味独特、品牌建设相对成熟等特点，进一步将影响消费者购买水禽熟食产品的因素分为个人特征、家庭特征、认知因素及营销要素四个类别。

6.3.2.1 个人特征

Gracia 和 De Magistris（2007）在对有机食品消费的相关研究中证实性别、年龄、婚姻状况等个人特征会对消费者的心理过程及购买决策产生影响。Li 等（2007）认为消费者的受教育程度能够通过影响消费者的消费态度间接决定消费者的购买行为。尹世久等（2013）研究发现消费者的支付能力即收入水平能够显著影响消费者购买农产品的购买意愿。同理可知，能够对收入水平产生一定影响的消费者的职业状况也可能会对消费者的购买意愿产生影响。因此，这里将可能影响消费者水禽熟食产品购买行为的个人特征分为性别、年龄、学历、婚姻状况、职业五个要素。

6.3.2.2 家庭特征

姜百臣等（2013）在对农产品支付意愿的研究中引入了对于消费者家庭状况作为变量，并从研究结果中发现家庭人口的增多会削弱消费者的购买意愿。婴幼儿和老人作为特殊人群，也极有可能会对家庭的日常消费决策带来影响，尤其是在食品的消费方面，水禽熟食产品的口感和质量安全更容易左右孩子与老人的选择。因此，在考虑消费者的家庭特征时，引入家庭人口数量、婴幼儿和老人的存在关系作为变量，同时将消费者的个人收入水平上升为家庭特征，即家庭人均月收入，来探究家庭特征对消费者购买行为的影响。

6.3.2.3 认知因素

徐迎军等（2015）在探讨消费者对有机食品的支付意愿中，将消费者态度及消费者对有机食品属性的认知作为研究变量，并证实了食品安全、口味、健康等因素对消费者购买意愿的影响。由于水禽熟食产品在保鲜和包装类别上存在一定的差异，所以选取消费者对水禽熟食产品质量安全、新鲜程度、口感及包装四种属性的重要程度作为变量，探索消费者认知水平对水禽熟食购买意愿带来的变化。

6.3.2.4 营销要素

营销要素也称外部环境因素，是产品及服务本身能够对消费者行为产生影响的要素，常见的营销要素包括产品口碑、产品价格、服务环境等。由于水禽熟食产品已经具有较为成熟的品牌效应和营销手段,因此,增加了产品品牌及产品优惠活动两项影响因素,以求进一步探究农产品品牌建设的必要性。

6.3.3 消费者数据来源与统计

6.3.3.1 数据来源

数据来源于国家水禽产业经济岗成员以线下访谈和发放调查问卷的形式,在武汉市各商城及小区共收集水禽食品居民消费者调查问卷343份,剔除无效问卷13份,共获得有效问卷330份。问卷内容主要包括消费者的基本信息,水禽熟食产品购买频率、消费者对水禽熟食产品不同品类的偏好选择、不同场景下消费者的偏好选择及相关影响因素重要程度量表。

6.3.3.2 描述性统计分析

调查中男性所占比例为37.6%,女性所占比例为62.4%;受访者中20～30岁的人数最多,所占比例为40%;受教育程度多为本科及以上学历;已婚的受访者占61.8%,未婚的受访者占38.2%;没有婴幼儿的家庭多于有婴幼儿的家庭,有老人的家庭多于没有老人的家庭;家庭人均月收入最多的层次是3001～6000元。

从表6.3对各变量的描述性统计中,我们可以初步估计受访者对认知因素和营销要素的平均要求和重视程度。在各认知因素中,消费者要求最高的是熟食产品的新鲜程度,要求最低的是熟食品的包装;在各营销要素中,消费者最为重视熟食产品的销售环境(店面卫生、服务态度),重视程度较低的是熟食产品的优惠活动。

表6.3 变量说明及描述性统计

变量名称		变量说明及赋值	均值	标准差
个人特征	性别	男性=1,女性=2	1.63	0.49
	年龄	20及以下=1,21~30岁=2,31~40岁=3,41~50岁=4,51~60岁=5,60岁以上=6	3.09	1.44
	学历	初中及以下=1,高中=2,本科(大专)=3,研究生及以上=4	2.45	0.95
	婚姻状况	未婚=1,已婚=2	1.62	0.49
	职业	生产=1,科研=2,职员=3,服务人员=4,学生=5,个体经营=6,离退休=7,其他=8	5.32	2.08

续表

变量名称		变量说明及赋值	均值	标准差
家庭特征	家庭人数	1人=1, 2人=2, 3人=3, 4人=4, 5人=5, 6人及以上=6	3.96	1.13
	是否有婴幼儿	是=1, 否=2	1.60	0.49
	是否有老人	是=1, 否=2	1.36	0.48
	家庭人均月收入	3000及以下=1, 3001~6000元=2, 6001~9000元=3, 9000元以上=4	2.08	1.00
认知因素	对产品质量安全的要求	很低=1, 较低=2, 一般=3, 较高=4, 很高=5	4.64	0.72
	对产品新鲜程度的要求	很低=1, 较低=2, 一般=3, 较高=4, 很高=5	4.76	0.59
	对产品口感的要求	很低=1, 较低=2, 一般=3, 较高=4, 很高=5	4.39	0.81
	对产品包装的要求	很低=1, 较低=2, 一般=3, 较高=4, 很高=5	3.84	1.17
营销要素	对产品品牌的重视程度	不重要=1, 不太重要=2, 一般=3, 比较重要=4, 很重要=5	4.03	1.06
	对产品销售环境的重视程度	不重要=1, 不太重要=2, 一般=3, 比较重要=4, 很重要=5	4.51	0.88
	对产品口碑的重视程度	不重要=1, 不太重要=2, 一般=3, 比较重要=4, 很重要=5	3.97	0.98
	对产品价格的重视程度	不重要=1, 不太重要=2, 一般=3, 比较重要=4, 很重要=5	3.87	0.95
	对产品优惠活动的重视程度	不重要=1, 不太重要=2, 一般=3, 比较重要=4, 很重要=5	3.56	1.23

6.3.4 消费者购买行为的模型与结果分析

为了探究各自变量与消费者购买水禽熟食产品行为之间可能存在的因果关系，构建了二元分类 Logistic 回归模型和有序 Logistic 回归模型，分别分析个人特征、家庭特征、认知因素和营销要素四类影响因素对消费者水禽熟食产品购买频率以及品牌产品支付溢价水平的影响。

将消费者每月购买水禽熟食产品的次数超过3次的设为高频率"$y=1$"，

将每月购买水禽熟食产品的次数少于 3 次的设为低频率"$y=0$",通过二元 logistic 回归模型进行回归分析,模型见式(6.1):

$$P(Y=1) = \frac{\exp(\beta_0 + \sum_{i=1}^{k}\beta_i x_i)}{1 + \exp(\beta_0 + \sum_{i=1}^{k}\beta_i x_i)} \quad (6.1)$$

式中,P 表示消费者选择高频率或者低频率购买的概率,x_i 为各类影响因素;β_i 是 x_i 对应的回归系数,β_0 是模型的截距,模型估计结果见表 6.4。

表 6.4 消费者购买频率影响因素 Logistic 模型估计结果

变量	系数	标准误	Exp(B)
性别	-0.107	0.416	0.899
年龄	-0.049	0.216	0.953
学历	0.382**	0.279	1.466
婚姻状况	0.527*	0.606	1.695
职业	0.053	0.105	1.055
家庭人数	-0.030	0.221	0.971
是否有婴幼儿	-0.571**	0.547	0.565
是否有老人	0.845***	0.490	2.327
人均月收入	0.273**	0.205	1.313
对产品质量安全的要求	-0.226*	0.341	0.798
对产品新鲜程度的要求	0.109**	0.504	1.115
对产品口感的要求	-0.195*	0.283	0.823
对产品包装的要求	-0.063	0.247	0.939
对产品品牌的重视程度	-0.330**	0.276	0.719
对产品销售环境的重视程度	0.196*	0.277	1.216
对产品口碑的重视程度	-0.017	0.246	0.983
对产品价格的重视程度	-0.081	0.299	0.922
对产品优惠活动的重视程度	0.582***	0.245	1.790
常数项	-2.789	3.122	0.061
McFadden R^2	—	0.201	—
LR	—	121.155	—

***、**、* 分别表示显著性水平为 1%、5%、10%

从个人特征来看，消费者的学历和婚姻状况能够正向影响消费者的购买频率，学历高的消费者更容易购买水禽熟食产品，而已婚的消费者相比未婚的消费者购买熟食产品的次数更多。由于消费者的个人特征往往与其消费水平和经济能力相联系，所以学历和婚姻对水禽熟食产品购买频率的影响也可以从这个方面进行解释，从平均水平来看，学历高的已婚人士经济方面更为充裕，能够承担起高频率的熟食消费。

从家庭特征来看，具有显著影响的要素有三项：是否有婴幼儿、是否有老人以及人均月收入。结果表明，有婴幼儿的家庭更容易购买水禽熟食产品，而有老人的家庭购买的次数则相对较少，家庭人均月收入较高的家庭购买熟食产品的频率相比家庭人均月收入较低的家庭更高，这也体现出水禽熟食产品的口感更受孩子和年轻人欢迎这一特点。

从认知因素来看，对水禽熟食产品质量安全和口感要求更低的消费者购买频率的更高，说明水禽熟食产品如果想要进一步扩大消费市场，则需要继续提升产品的质量安全和口感，以满足更多消费者的要求。对水禽熟食产品新鲜程度要求较高的消费者购买的频率较高，说明水禽熟食产品的保鲜技术已经能够支撑消费者的心理预期。

从营销要素来看，对水禽熟食产品销售环境和优惠活动较为重视的消费者购买的频率更高，说明目前水禽熟食产品的店面卫生、销售员的服务态度以及产品的营销手段能够满足消费者的现实要求。对水禽熟食产品品牌重视程度较低的消费者购买频率更高，说明水禽熟食产品的品牌建设仍然有待提高，非品牌的熟食产品仍占有一定的市场份额。

6.4 水禽熟食品牌溢价和支付意愿分析

根据消费者购买决策理论可知，消费者在选择产品时会自动收集产品信息进行比较和选择，而品牌作为产品有效信息之一，在一定程度上会对消费者最终的决策行为产生影响，甚至促使消费者支付更加高昂的价格，即支付溢价。所谓支付溢价，主要是指相对于同数量、同档次或较低档次品牌而言，消费者愿意为某一特定品牌所支付的额外费用。施晓峰和吴小丁（2011）将溢价支付意愿界定为在面对产品的功能性属性类似的情况下，消费者愿意为某个产品支付更高的价格去购买，或者说在这个产品涨价的时候，依然会选择购买这个产品的意愿。在本研究中，我们将支付溢价定义为：同类产品中，在功能性属性接近的情况下，消费者愿意为特定品牌支付额外费用的意愿。

6.4.1 品牌溢价和支付意愿的相关研究

国外学者已经率先对消费者的支付溢价行为进行了研究，Francisco Soler（2002）的研究也证实了消费者认为有机食品的价格高于认知价值，消费者到底愿意支付多少溢价受到消费者的人口和社会经济因素影响。Angulo（2003）研究证实了收入影响消费者的支付意愿。Krystallis 等（2005）调查发现有机水果和蔬菜是希腊最常见的也是消费者最经常购买的有机食品，消费者对这两类产品的支付意愿最高，所以消费者购买的有机食品种类也影响了支付意愿，对于经常购买的食品的支付意愿较高。Enneking（2007）以德国消费者为例，认为带有经第三方认证的食品质量标签的肉类将使消费者的支付意愿大约增加20%。Lorenz Probst（2012）研究西非的餐厅中，经认证的有机生产认证和化学品的食品安全检查的有机蔬菜，消费者的溢价支付意愿为 1.04 美元（每盘），平均溢价 19%。

近年来，国内也相继出现关于支付溢价的研究成果，其中不乏关于品牌支付溢价的研究。靳明等（2007）发现浙江消费者绿色农产品的平均溢价意愿在 20%~30%，溢价购买量意愿为 40%~50%。张海英等（2009）认为广州的消费者可以接受绿色产品的平均溢价水平为 22%，其显著影响因素是收入水平和受教育程度。刘宇翔（2013）发现有机食品的品牌知名度能够正向影响消费者的溢价支付意愿。陈明等（2016）在有关品牌溢价的研究中表示，社会体验和品牌依恋是形成消费者品牌溢价的关键性因素农产品品牌建设作为提升农产品核心竞争力的主要途径，仍处在不断地完善和发展之中，不同于其他类型产品的品牌影响力，农产品品牌仍需面临质量安全和消费者信任等亟待解决的难题。

目前市场上已经出现了许多地域性乃至全国性的水禽品牌熟食产品，受到了许多消费者的认可和青睐。为了探究水禽熟食品牌这一产品标志对消费者的购买行为带来的影响，帮助农产品生产加工企业合理定价，在品牌支付溢价的现有研究基础上，进一步调查了消费者在购买品牌水禽熟食产品时，相对于非品牌水禽熟食产品愿意支付的溢价水平，并分析个人特征、家庭特征、认知因素和营销要素四大类影响因素对消费者支付品牌熟食产品溢价的影响。由于消费者的购买频率和品牌支付溢价均属于消费者行为的范畴，故形成的消费者行为影响机制如图 6.2 所示。

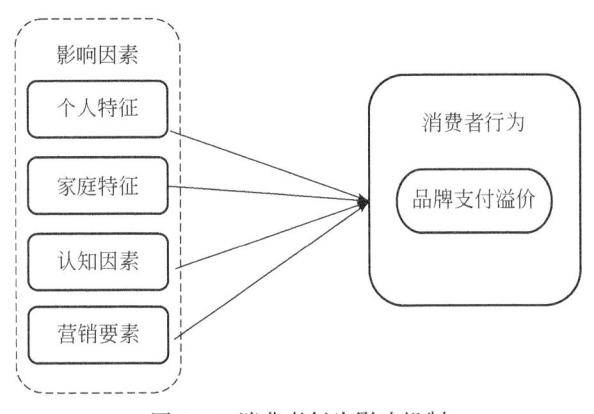

图 6.2　消费者行为影响机制

6.4.2　水禽熟食品牌溢价的描述性分析

通过线下发放消费者调查问卷的方式，在武汉市各商城及小区共回收问卷 417 份，剔除无效问卷 27 份，共获得有效问卷 390 份。问卷内容主要包括消费者的基本信息，消费者愿意为品牌水禽熟食产品支付的溢价以及消费者对水禽熟食产品各属性的重视程度量表（表 6.5）。

表 6.5　变量说明及描述性统计

变量名称	变量说明及赋值	均值	标准差
性别	男性=1，女性=2	1.57	0.49
年龄	20 及以下=1，21~30 岁=2，31~40 岁=3，41~50 岁=4，51~60 岁=5，60 岁以上=6	3.26	1.44
学历	初中及以下=1，高中=2，本科（大专）=3，研究生及以上=4	2.54	0.95
婚姻状况	未婚=1，已婚=2	1.55	0.49
职业	生产=1，科研=2，职员=3，服务人员=4，学生=5，个体经营=6，离退休=7，其他=8	5.46	2.08
家庭特征			
家庭人数	1人=1，2人=2，3人=3，4人=4，5人=5，6人及以上=6	3.89	1.13
是否有婴幼儿	是=1，否=2	1.62	0.49
是否有老人	是=1，否=2	1.44	0.48

续表

变量名称	变量说明及赋值	均值	标准差
家庭人均月收入	3000 及以下=1，3001~6000 元=2，6001~9000 元=3，9000 元以上=4	2.19	1.00
对产品口感的要求	很低=1，较低=2，一般=3，较高=4，很高=5	4.38	0.81
对产品品牌的重视程度	不重要=1，不太重要=2，一般=3，比较重要=4，很重要=5	4.11	1.06
对产品价格的重视程度	不重要=1，不太重要=2，一般=3，比较重要=4，很重要=5	3.79	0.95
对产品优惠活动的重视程度	不重要=1，不太重要=2，一般=3，比较重要=4，很重要=5	3.58	1.23
品牌支付溢价	-10~0 元/斤=1，0~10 元/斤=2，10~20 元/斤=3，20~30 元/斤=4，30 元/斤以上=5	3.37	0.66

经过统计，消费者对品牌水禽熟食产品的支付溢价水平如表 6.6 所示，与非品牌熟食产品相比，愿意每斤多支付 10~20 元的消费者所占比例最高，达 41.21%，而仍存在 3.64% 的消费者不愿意支付品牌溢价，这说明非品牌水禽熟食产品仍占有一定的市场份额，得到了少数消费者的青睐。最终统计结果显示，消费者平均意愿支付价格为 52.92 元/斤，与市场上品牌熟食产品的价格相近。

表 6.6　受访者对品牌水禽熟食产品的支付溢价比例　　（单位:%）

数量	-10~0 元/斤	0~10 元/斤	10~20 元/斤	20~30 元/斤	30 元/斤以上
比例	3.64	40.61	41.21	8.48	6.06

6.4.3　水禽熟食品牌的支付意愿建模与分析结果

为了进一步分析影响消费者品牌支付溢价的因素，将品牌产品的支付溢价水平由少到多分为五个等级作为因变量，消费者的个人特征以及对水禽熟食产品品牌、价格等因素的重视程度作为自变量，通过多元有序 Logit 回归模型进行回归分析，模型如式（6.2）所示。

$$\text{Logit}(P_i) = \text{Logit}[P(y \leq j)/P(y \geq j+1)] = -\beta_0 + \sum_{i=1}^{k}\beta_i x_i \quad (6.2)$$

式中，P_i 表示某种情况下发生的概率，指消费者选择某种购买频率的概率或者选择某种支付溢价的概率，x_i 为各类影响因素，β_i 是 x_i 对应的回归系数，

β_0 是模型的截距。模型估计结果如表 6.7 所示。

表 6.7　消费者品牌熟食产品支付溢价多元有序 Logit 模型估计结果

因素	系数	标准误
学历（初中及以下）	-4.397**	2.518
婚姻状况（未婚）	-3.291*	1.953
家庭人数（4 人）	-14.350***	2.275
家庭人数（5 人）	-17.837***	2.177
家庭人数（6 人）	-20.925***	0.952
人均月收入（3000 元及以下）	-5.351**	2.023
对水禽熟食产品口感的要求（比较高）	2.381**	1.311
对水禽熟食产品价格的重视程度（不太重要）	10.786***	1.660
对水禽熟食产品品牌的重视程度（比较重要）	2.490**	1.586
对水禽熟食产品优惠活动的重视程度（不太重要）	2.220*	1.441
McFadden R^2	0.328	
LR	84.999	

注：表中只列出显著的变量，***、**、*分别表示显著性水平为 1%、5%、10%

从对品牌熟食产品支付溢价有显著负向影响的因素来看，学历较低的消费者相比学历较高的消费者更不愿意支付品牌熟食产品的溢价；已婚的消费者品牌熟食产品的支付溢价水平比未婚消费者更高；家庭人口数较多的消费者以及家庭人均月收入较低的消费者支付的溢价水平相对较低。

从对品牌熟食产品支付溢价有显著正向影响的因素来看，对水禽熟食产品口感要求较高的消费者更愿意购买价格较贵的品牌熟食产品，对水禽熟食产品品牌较为重视的消费者支付的溢价水平较高；而对水禽熟食产品价格要求较低的消费者更愿意支付更高的溢价，同理，对水禽熟食产品优惠活动重视程度较低的消费者对品牌熟食产品支付的价格更高。

6.4.4　水禽熟食品牌溢价和支付意愿研究结论和建议

根据研究结果可知，决定消费者对水禽品牌熟食产品支付溢价的因素基本体现在消费者收入、家庭人口数量、对产品口感的要求、对产品价格的重视程度以及对品牌的重视程度五个层面。通过联系消费者的经济能力和消费意识可以发现，收入较高、家庭人口简单、对产品口感挑剔、对产品价格敏感度低且重视品牌效应的消费者愿意支付高的品牌产品溢价，反之，则品牌产品溢价支付意愿较低。

据此,针对农产品及农产品加工品消费市场提出以下建议。

第一,农产品加工企业可以针对消费者市场进行细分,向不同特征的消费人群分割出更具有差异化的产品,采用优质优价的方式,赚取另一部分低消费人群的市场份额,同时从源头上带动养殖业的发展和蜕变。

第二,重视对农产品及农产品加工品的质量安全监管,农产品如今仍然面临消费者的信任危机,只有落在实处的安全监管行为才能让消费者买得放心,吃得安心。

第三,加强农产品及农产品加工品的品牌建设,采用适宜的营销手段积极引导消费者购买有质量保证、更加安全的品牌农产品,并且对品牌农产品合理定价,不超出消费者的保留价格。

6.5 水禽熟食在线评论和消费偏好分析

随着时代的变化和技术水平的提升,水禽产品已经不再只是代表简单的生鲜食品和蛋类的输出,还可以加工成各式各样的熟食,以满足消费者更加多样的需求。特别是包装与加工技术的发展和进步使得水禽类熟食小包装方便食品应运而生,水禽类熟食制品逐渐进入了商品市场,走向千家万户。与此同时氤氲而生了很多知名的水禽类熟食品牌,以他们独特的风味,绝佳的口感受到广大消费者的欢迎。电子商务与"互联网+"的出现,使得水禽熟食除了线下门店外有了更加广阔的销售渠道,众多品牌均在网络上设有销售网点,网络的方便快捷一定程度上弥补了地域的限制,也进一步的延伸了品牌的影响力。各品牌网络旗舰店均设有累计评价一栏,通常消费者愿意在购买产品后留下评论,而消费者对产品的评价也称作口碑,产品评论包括正面评论和负面评论,评论的差异性可以体现产品的特性,包含了丰富的产品信息,具有很大的研究价值。所以很多学者纷纷开始探究在线评论对消费者和产品的销售带来的影响。

6.5.1 消费者线上口碑的相关研究

国内有不少学者对消费者的口碑进行了分析。郝媛媛(2010)以电影市场为例,研究在线评论对消费者感知与购买行为的影响,得出在线评论的数量以及情感极性两个维度对消费者总体购买行为的影响具有动态性特点的结论。崔耕(2014)等研究被操纵的消费评论对消费者带来的影响,当消费者得知评论可能被操纵,往往会产生被欺骗的情绪,以至于对消费产生负面的影响。

全珍（2014）等运用结构方程得出网络口碑的质量、时效性、极性、强度与体育用品购买决策之间呈现正向相关关系。李健（2012）研究在线手机评论时发现，评论数量和商品关注度对在线手机销量有显著影响。左文明等（2015）发现虚拟社区中消费者通过互动形成社会资本，这种社会资本可以通过影响网络口碑的质量和数量来最终决定消费者的购买意愿。黄敏学等（2010）提出由于消费者对同一产品的不同属性存在差异性的认知，将会导致评论中同时出现正负两面，使得阅读评论的消费者出现矛盾性态度。

国外也存在许多关于在线评论的研究，其中不乏针对某种产品口碑的具体分析，例如电影在某地区上映之前，其在网上的平均分会正向影响在该地区的票房（Chintagunta et al.，2010）。Mayzlin（2006）发现，亚马逊网站上某一本书的评论数量对它在网站上的销量排名是有积极影响的。Gopinath 等（2014）研究发现，口碑量可以间接地通过口碑极性来影响产品的品牌绩效。Tang 等（2014）发现评论的差异性与正负评论的数量密切相关。Chevalier and Mayzlin（2006）通过两个售书网站的数据证明，两个网站的图书销量差异与其在线评分差异呈正相关。Ye 等（2009）利用网站的数据来证明用户的在线评论与旅馆收益之间的关系。

如今在一系列最新的有关食品和农产品消费的研究中，许多研究开始以食品质量和消费者信任为切入点进行深入。岳柳青等（2017）研究发现在所有农产品质量信号当中消费者最为信任质量保证信号，服务质量信号次之。王茵和何秀荣（2017）得出消费者会主动通过电视节目、网络等途径搜寻食品的营养信息，并且这种搜寻行为与消费者的个人特征相关。徐文成等（2017）的研究指出在信息不对称的情况下，容易产生有机标签欺诈行为，这会对消费者的信任产生负面影响。

目前针对消费者在线评论的研究仍在不断的发展和扩充，不少学者不再停留在产品评分的表面，逐渐开始关注消费者具体的评论内容对产品销量的影响。由于农产品加工品的生产技术较为落后，进行在线销售的时间较迟，所以关于熟食品在线评论的研究仍然较为缺乏。但是随着电子商务的发展，熟食品的网上销售模式已经趋于成熟，并且在产品销售中所占的比例越来越高，所以对熟食品的线上销售进行研究对于熟食企业进一步制定战略和营销方向就变得尤为重要。

在之前研究的基础上，通过对产品属性进行分类，进一步探究了消费者评分差异性的来源，并选取水禽熟食为研究对象，针对在线评论的偏好差异性进行研究，探讨偏好差异性、口碑量和口碑极性三者对熟食品销量的影响及其调节效应，既在一定程度上加深了对消费者网络评论的研究，又将研究方向从消费数量较少的科技电子类产品引向消费数量庞大的食品加工类商品上，对学术探讨以及熟食企业完善线上销售模式均有重大的指导作用。

6.5.2 在线评论影响产品销量的理论基础

6.5.2.1 在线评论的差异性

根据兰卡斯特需求理论，消费者对产品的需求并不在于产品本身，而在于产品中包含的特征，并且不同消费者对与产品特征的偏好不尽相同，所以消费者对产品的不同属性的偏好具有差异性。这种基于产品属性的消费者评论的差异性，称之为偏好差异性。通过分析水禽熟食的在线评论，可以发现水禽熟食的在线评论存在一些不同于其他产品的特点。

第一，评论中会涉及消费者所具有的地域特点。在农产品前增加区域名称，能够更好地传播农产品的质量特征。大多数水禽熟食品牌都有一个发源地，也就代表着有一定地域范围的消费者群体，例如武汉周黑鸭，江西煌上煌，北京全聚德等。但是从评论的内容来看，我们发现很多消费者开始购买非本地地区的品牌食品，并且在评论中夸赞了网上购物的方便快捷，这说明网购给水禽熟食的销售提供了更加广阔的销售空间，一定程度上弥补了地域的限制。

第二，消费者的评论中基本都会提及产品的保鲜和物流速度。新鲜度作为农产品质量的外在表征，是消费者购买农产品时的重要参考因素，产品越新鲜，就会有越多的消费者购买。由于水禽熟食属于农产品加工品，不同于一般的食品，具有保质期短的特点。所以商家必须选择新鲜的产品发货，包装箱内必须配有冰袋进行保鲜，而且需要物流的极力配合，尽快送达，否则很容易超过保质期。消费者经常会就保鲜的力度进行评价，如果冰袋已经融化或者接近保质期的底线，往往会降低消费者的满意程度，带来更加消极的评论。

第三，消费者的主要评论点还在于口感。消费者往往对水禽熟食的辣味评价颇多，诸如"麻辣""甜辣""不太辣"等，说明消费者对水禽熟食的主要评判标准还在于它的口感是否符合自己的口味，而且更集中在"辣"上，这也是所有水禽熟食的主要特点。

6.5.2.2 偏好差异性的表现形式

在线评论对销量的影响机制受到了国内外众多学者的关注，而差异性作为在线口碑的重要特征之一，在许多有关在线评论的研究中都被作为一个重要的分析指标。在水禽熟食的各品牌旗舰店我们可以看到消费者对描述、服务、物流的打分以及一些多频词的汇总,其中有"味道很好"这类积极的评价,也存在"物流一般"这样中性的评价,还有"已经过期"这类负面的评价,这些都表现为评论的差异性。消费者对于同一种商品的不同属性的评价存在差异性,这种差异也称之为偏好差异性,研究发现这种偏好差异性将体现在消费者的评论当中,并且可以通过计算评论中不同属性评分的方差来描述。不同的消费者可能对某种商品的总评分是一致的,但是他们评分的侧重点却不尽相同,对商品的各种属性的感知也存在差异。

水禽熟食制品通常在口味、包装、价格方面有所区别,消费者也往往会对此做出评价。并且,熟食品还具有保质期短,不易保存的特性,使得消费者对物流的要求更为严格,这些都体现在消费者的在线评论当中。Gopinath 等(2014)提出将消费者评论归为产品属性、情感属性和推荐属性,在此基础上衍生出产品质量、产品功能、感知价值和产品服务四个产品一级维度。结合熟食和品牌特性,将在线评论分为产品质量、产品价值、交易服务、产品美誉和产品安全五种属性,并以这五种属性评分的方差为基础描述偏好差异性。

消费者对于产品质量、产品安全的预期会显著影响消费者对线上农产品的购买意愿。从相关文献中可以发现,消费者评论中用于形容产品质量的词汇最多,那么不同品牌产品质量属性上的评分若存在显著差异,会在很大程度上对品牌的偏好差异性造成影响。与此同时,消费者的食品安全意识也正在不断加强,产品安全属性也越来越受到消费者的重视。因为水禽熟食品等农产品加工品成本较低,所以各品牌产品价格差异不大,基于保留价格的定义,可以假设销量较高的品牌熟食品的市场价格不会超出消费者的保留价格。品牌口碑的影响力会对消费者的购买意愿产生显著影响,由此可以假设产品美誉的评分能够影响品牌的偏好差异性。不同于电子产品对售后服务的高要求,熟食品销售对交易服务的要求较低。基于此提出假设(图6.3)。

H1:不同品牌产品质量属性的评分会对品牌偏好差异性产生显著影响。
H2:不同品牌产品安全属性的评分会对品牌偏好差异性产生显著影响。
H3:不同品牌产品价值属性的评分不会对品牌偏好差异性产生显著影响。
H4:不同品牌产品美誉属性的评分会对品牌偏好差异性产生显著影响。
H5:不同品牌交易服务属性的评分不会对品牌偏好差异性产生显著影响。

6.5.2.3 口碑、口碑极性对偏好差异性的调节作用

由于网络口碑的质量和数量能够正向影响消费者的购买意愿,所以两者同样可以对产品的销量产生作用,其中网络口碑的质量可以用口碑极性来表示,

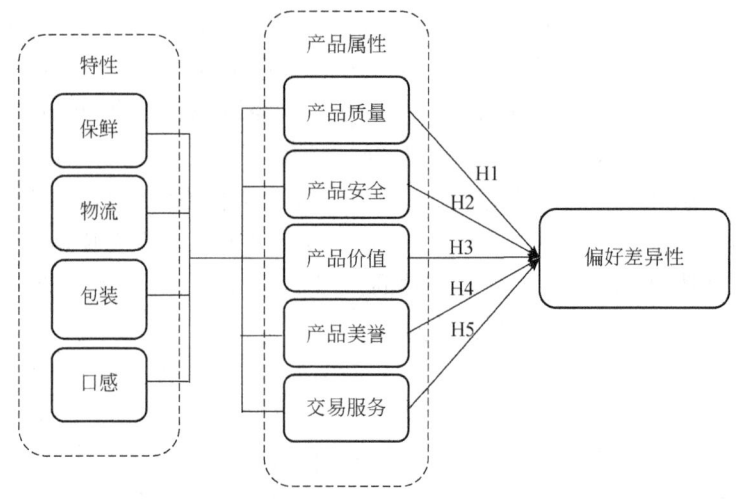

图 6.3 偏好差异性的表现形式

口碑量和口碑极性均能够在一定程度上调节异质性对产品带来的影响。

将消费者口碑的极性定义为产品总评分的平均值,正面的在线口碑信息和负面的在线口碑信息都会对消费者的感知和购买行为产生影响。正面的口碑信息能够为消费者提供这个商品或服务积极、良好的信息,使得消费者消费的可能性增加。而负面的口碑信息会使得消费者产生消极的、不良的印象,会很大程度上削弱消费的可能性。产品的总评分越高,说明消费者对产品各属性的满意程度越高,会在一定程度上降低产品的偏好差异性,因此正面的口碑信息能够正向调节偏好差异性。

口碑量也就是消费者留下的评论数量,通常口碑量对产品的销量有一个正向的作用。但是在研究偏好差异性对销量的影响过程中,口碑量的调节作用并不确定。因为口碑量的增多可能造成信息的繁杂和冗余,增加消费者找到自己需要的信息的难度,难以明确自己偏好的属性情况。但是如果口碑量对销量的正向作用很强,消费者会更愿意购买拥有大量评论数量的产品,并且认为口碑量越大,产品越受欢迎,越能满足自己的需求,这样反而能够掩盖产品偏好差异性较大带来的不利因素,增加产品的销量。

口碑量和口碑极性之间本身存在交叉作用,口碑量可以间接地通过口碑极性来影响产品的品牌绩效。在研究偏好差异性对水禽熟食销量的影响时,加入口碑量和口碑极性两个变量,探究三者的交叉作用会给偏好差异性的影响机制带来怎样的变化(图 6.4)。在此基础上提出以下假设。

H6:某水禽熟食品牌在线评论的偏好差异性越小,该品牌产品的销量越高。

H7：正面的口碑信息会正向调节偏好差异性对产品销量的作用。

H8：在线评论的口碑量会正向调节偏好差异性对产品销量的作用

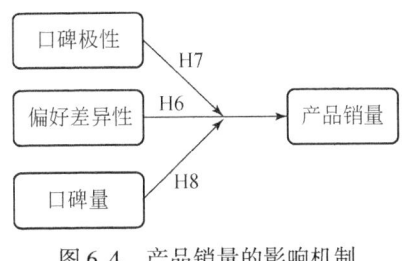

图 6.4　产品销量的影响机制

6.5.3　在线评论的抓取及文本分析

6.5.3.1　数据抓取

为了更加全面地收集水禽熟食品牌的销售数据，并且保证数据的可靠性，本研究参考了 CNPP 品牌数据库中对水禽熟食品牌的统计和分类，从水禽熟食的大品牌中选择了设有网上销售渠道的 14 种水禽熟食品牌。由于目前网络上存在很多零售商和批发商，可能导致质量和服务的不一致，进而破坏评论的可信度，而且随着消费者对食品安全的要求逐渐提高，更多的消费者会选择在更具有保障的天猫旗舰店进行消费，所以为了保证数据的一致性，本研究的数据均采自各品牌的天猫旗舰店。

本研究以一个月为期限，采集品牌对应的评论和销量数据，由于各旗舰店内商品种类繁多导致数据量庞大，所以本研究按照比例进行随机抽样，收集到的数据量如表 6.8 所示。鉴于产品的品牌知名度以及营销方式不尽相同，所以统计的销售量、评论量存在较大差异，但并不影响两者之间的相关关系以及消费者的评论内容。因为网络一定程度上削弱了地域的限制，所以我们假设外界环境对销量的影响可以忽略不计。收集的数据包括：消费者的评论、和月销量等。

表 6.8　数据收集

产品品牌	评论量/条	销量/件
周黑鸭	57 183	102 956
煌上煌	12 161	40 078
全聚德	8 402	16 892

续表

产品品牌	评论量/条	销量/件
桂花鸭	10 320	30 950
便宜坊	3 957	7 280
好棒美	787	2 128
精武路第一家	1 921	4 833
久久丫	21 164	58 104
绝味鸭脖	974	2 441
可可哥	894	2 280
舜华	7 228	15 890
万隆	6 781	10 698
小胡鸭	14 024	43 292
张鸭子	4 771	8 334

6.5.3.2 数据处理

在抓取了原始数据之后，要将产品的评论文本解析成我们可以利用的营销数据，需要完成一整套的文本分析过程。主要步骤包括数据清洗、文本分词、关键词提取、评价词打分以及属性分类。

1）数据清洗。评论文本分析之前，将与评论文本无关的数据都清洗掉。

2）文本分词。本研究的数据分析方法借鉴了中国科学院 ICTCLAS 分词系统，将评论文本分解为附带词性的单个的词。例如，"鸭子很好吃，而且很快就到了。"分词结果为：鸭子/n 很/d 好吃/a，/w 而且/c 很/d 快/a 就/d 到/v 了/y/w。

3）关键词提取。面对分词系统导出的文本，通过编写的词频统计程序进行关键词提取。如果评论中涉及与产品属性相关的名词，例如"熟食""包装"等，可以直接提取名词前的形容词，例如"好吃""精美"等。如果产品评论中未直接提及产品特征，可以利用营销词典中各属性的释义，通过相似度匹配将该评论归在同类型产品属性下，然后提取出关键词。

4）评价词打分。消费者对产品的每个属性特征都有他的评价倾向，正面评价表示正向，负面评价表示负向。如今许多系统均设有情感词词库，本研究随机调查了 12 位受访者，综合他们对提取到的评价词打出的分数，最终准确、客观地得出了消费者对具体产品特征的真实评价，并且参考程度副词的层级序列，将分词系统中的所有评价词同样量化到 $-10 \sim 10$ 的范围内。评价词打分部分内容如表 6.9 所示。

5) 属性分类。根据以往关于产品满意度的文献，再结合水禽熟食所具有的新鲜度、真空包装等特征，我们将所有产品特征归为五种产品属性：产品质量、产品价值、交易服务、产品美誉和产品安全。具体内容如表 6.10 所示。

表 6.9 评价词打分

评价词	极性	打分
好吃	正	4
上瘾	正	10
实惠	正	4
新鲜	正	6
⋮	⋮	⋮
贵	负	−4
慢	负	−4
拉肚子	负	−10
失望	负	−6
⋮	⋮	⋮

表 6.10 属性释义

属性	释义	包含的评价词
产品质量	产品的本质特征和外在表现是否令人满意	口味、分量、包装等
产品价值	产品的价格与消费者的期望相匹配的程度	价格、性价比等
交易服务	购买产品所附带的一系列服务的满意程度	物流、售后、赠品等
产品美誉	消费者消费后对产品和商家留下的基本印象	贴心、回购等
产品安全	产品的卫生和保质期是否达到消费者的预期	新鲜、干净等

6.5.3.3 数据分析

将消费者的评论通过文本处理和评价词打分后，可以得出了各品牌的不同属性的评分情况。各属性中所包含的评价词量化评分为 k_{i1}、k_{i2}、$\cdots$、k_{in}，而各评价词出现的次数为 p_{i1}、p_{i2}、$\cdots$、p_{in}，则第 i 种品牌第 j 种属性的平均分为：

$$\bar{b}_{ij} = \frac{k_{i1} p_{i1} + k_{i2} p_{i2} + \cdots + k_{in} p_{in}}{p_{i1} + p_{i2} + \cdots + p_{in}} \tag{6.3}$$

据此可以得出五种属性评分在总评分中所占的权重 w，m_{ij} 为各属性的总提及次数：

$$w = \frac{\bar{b}_{ij} m_{ij}}{\bar{b}_{i1} m_{i1} + \bar{b}_{i2} m_{i2} + \bar{b}_{i3} m_{i3} + \bar{b}_{i4} m_{i4} + \bar{b}_{i5} m_{i5}} \tag{6.4}$$

并且可以通过各属性的评分值，求出各品牌的偏好差异性 x_{i1}：

$$x_{i1} = E\{(b_{ij} - \bar{b}_i)^2\} \tag{6.5}$$

由此得出以下结论：

从产品评价体系来看，产品质量评分所占权重在大多数品牌中均居于第一的位置，说明消费者在五种属性中最关注产品质量，即产品的口感、分量、包装等环节，这也表明水禽熟食最重要的环节仍是质量方面。而其他几种属性中，产品安全和产品美誉的权重也相对较高，表明在一定程度上对消费者的购买意愿产生了影响，充分体现消费者对水禽熟食新鲜度的重视程度。而消费者在产品价值和交易服务方面提及较少，说明消费者对产品的价格并不存在太大异议，在另一方面体现出水禽熟食定价的合理性。

从品牌差异性来看，发现不同品牌的评论体现出来的消费者对属性偏好并不完全一致，并且差异性主要体现在产品质量和产品安全两个方面。例如，周黑鸭的产品评论中评分最高的属性是产品质量，说明消费者对周黑鸭的口感和包装等方面更为满意，而煌上煌的产品评论中评分最高的属性是产品安全，说明煌上煌对食品的储存和保鲜及食品保质期的管理方面更令消费者放心。而各品牌在产品价值和交易服务属性上的评分差异不大，所以消费者在产品质量和产品安全方面的不同偏好构成了消费者评论中偏好差异性的主要部分。

从品牌行为的一致性来看，发现有些品牌的某种属性的方差较大。例如，全聚德的产品安全方面评分方差达到33，说明消费者在该属性方面的认知存在较大的分歧，表现为产品在安全方面存在波动。有些品牌的某种属性的方差较小，例如，周黑鸭在产品质量上的评分方差为2.19，说明消费者在该属性上的认知基本一致。通过比较品牌各属性的方差，可以使产品在线销售时各方面的稳定情况得以明确。

6.5.4 基于线性回归的水禽熟食产品消费影响因素分析

偏好差异性、口碑量和口碑极性是否会对销量产生影响，带来的影响是积极的还是消极的,各变量之间又是否会产生交叉作用,想要得出一个最直观的解释,可以通过构建多元线性回归模型来得到结论。本研究以水禽熟食销量为因变量,偏好差异性、口碑量和口碑极性作为解释变量。在分别得出各解释变量对销量的影响后,再探讨偏好差异性对销量的影响,在口碑量和口碑极性的干扰下产生的变化。

根据解释变量的不同,本研究将构建两个模型。模型一用于口碑量、口碑极性和偏好差异性的单变量分析;模型二则用于口碑量或口碑极性对偏好差异性的调节效应分析。本研究加入百度中各品牌当月的搜索指数为控制变量,它可以在一定程度上反映消费者对品牌的熟识程度,模型的设定如下。

$$y_i = c + \beta_0 x_{iq} + \beta_1 m (q = 1, 2, 3) \tag{6.6}$$

$$y_i = c + \beta_2 x_{i1} + \beta_3 x_{i2} + \beta_4 x_{i1} x_{i2} + \beta_5 m \tag{6.7}$$

$$y_i = c + \beta_6 x_{i1} + \beta_7 x_{i3} + \beta_8 x_{i1} x_{i3} + \beta_9 m \tag{6.8}$$

式中,i 为品牌种类,j 为属性种类,品牌各属性评分的平均值为 b_{ij},各品牌的总评分均值为 $\bar{b}_i$。各品牌销量为 y_i,各品牌偏好差异性为 x_{i1},口碑极性为 x_{i2},口碑量为 x_{i3},搜索指数为 m,β 是回归系数,c 为常数项。模型评估:结果如表 6.11 所示。

表 6.11 模型评估结果

变量	系数					
	模型一			模型二		
偏好差异性	−0.919***	—	—	—	−0.993***	−0.563**
口碑量	—	0.575**	—	−1.853***	—	—
口碑极性	—	—	0.279**	—	−0.380**	—
偏好差异性×口碑量	—	—	—	1.985***	—	—
偏好差异性×口碑极性	—	—	—	—	—	0.491**
搜索指数	0.067**	0.436**	0.902**	−0.003	0.135	—
R^2	0.934	0.709	0.622	1.000	0.996	—
F	57.879	10.741	10.025	3 047 168.076	92.579	—

注:系数为标准化后的值,** 为 $P<0.05$,*** 为 $P<0.010$

6.5.4.1 模型结果分析

(1)口碑量和口碑极性对销量的影响

从回归分析的结果来看,品牌搜索指数对销量有一个正向的影响,在控制搜索指数的条件下，口碑量对销量呈现正向的促进作用，说明消费者在购买时会愿意选择评论数更多的产品，口碑量越大越能表现出产品的受欢迎程度，体现产品的可靠性。而口碑极性也对销量有正向的作用，说明口碑极性越大，产品就越符合消费者的需求，消费者能够从评论中得到自己想要的信息，并且通过这些信息加强了自己的购买意愿。

（2）偏好差异性对销量的影响

在偏好差异性与销量的关系中，我们发现它和销量是负相关的，即偏好差异性越小销量反而越大。有研究将偏好差异性看作是产品的特殊性，认为产品越特殊越能够吸引消费者，进而增加销量。我们认为这种相反的结果出现的原因是在于研究对象的不同，食品不同于电子产品，电子产品通常价高，所需的科技水平很高，容易产生突出的特点，形成异质性，消费者可能会因为偏好某种产品的某一点或几点属性而购买该产品。而食品的价格相对便宜，消耗周期短，不需要很高的技术支持，同质性很高，食品尤其是水禽熟食的关键点就在于口味、新鲜度、价格和物流过程中的保鲜，这些可以说是缺一不可，某一方面的短板都会降低消费者的购买意愿，所以水禽熟食的偏好差异性很可能就需要越小越好，消费者需要面面俱到的产品才能满足自身的需求。

（3）口碑量和口碑极性对偏好差异性的调节效应

从口碑量和口碑极性对销量的调节效应来看，两者均能在一定程度上削弱偏好差异性对销量的反作用，导致销量的增加，其中口碑量对偏好差异性带来的负面影响的削弱作用更为显著。本研究是以水禽熟食产品为研究对象，有别于一些研究中所涉及的手机这类数码产品，数码产品的营销往往需要着重渲染技术特色，突出重点。而熟食品不同，食品和农产品加工品的特点主要在于口感的区别，而不在于各属性之间的差异，这点从品牌的宣传中可以看出，有些品牌就仅仅针对其产品"麻""辣"的口味特色进行宣传，这也是偏好差异性对销量的负作用产生的原因之一。同时，我们可以发现偏好差异性对销量的影响不是笼统的，是要区别对待的，可能会因不同的研究对象而有所改变，需要更多的学者进行深入的研究。而口碑量对偏好差异性带来的影响的作用，也会因偏好差异性的改变而改变，所以研究时需要结合实际来看。

6.5.5 研究结论与建议

6.5.5.1 研究结论

在以往消费者评论研究的基础上，通过开拓偏好差异性的视角以及一系列严谨的文本处理和数据分析,以水禽熟食为研究对象得出了以下结论。

第一,消费者更注重熟食品的质量属性和安全属性,对价格属性的关注度较低。熟食品在线销售的保鲜和运输尤为重要,消费者希望得到发货及时的新鲜产品,并且对产品的口感有一定的要求。由于熟食品通常价格偏低,而且不同品牌间的价差并不明显,所以消费者往往对产品的价格缺乏关注。

第二,口碑量和口碑极性对水禽熟食的销量有正向的促进作用。这充分说明在这个信息快速传播的时代,消费者评论的数量和评论内容的好坏能够对销量产生直接的影响,生产商在进行在线销售时,需要更加重视口碑的正面作用。

第三,偏好差异性对水禽熟食的销量带来的是负面作用。这表明水禽熟食生产商需要多方兼顾,在口味、包装方面不断精进的同时,要提高产品的性价比,尤其是网上销售时更要注重食品的保鲜,让消费者更加满意和放心,进而增加产品的销量。

第四,口碑量和口碑极性能够在一定程度上缓解偏好差异性带来的负面作用。所以各水禽熟食品牌应该努力提升口碑极性,即产品评分,同时增加产品的口碑量,例如采取好评返现或者赠送礼品等措施,来促进产品的销量。

6.5.5.2 建议

结合消费者研究领域的新概念,重视消费者对产品属性的非一致性评论,并与口碑量、口碑极性结合起来,为熟食企业的网上销售提供指导性的建议。

第一,熟食企业应该积极进军线上销售市场,随着电子商务行业的不断发展,许多局限因素都得以解决,通过在线销售可以争取到更多不同年龄层和不同地域的消费者,以更少的成本扩大销售范围,有利于企业获取更大的收益。

第二,熟食品的在线销售应该更加重视产品的质量和安全,具体体现在产品的保鲜、运输等方面,并且采取相应的措施,提高消费者参与产品评论的积极性,增加评论数量,缩小消费者对产品各属性评价的差异性,使评论的极性向更有利于产品销售的方向发展。

第7章
水禽肉类与其他肉类消费替代关系研究

7.1 我国居民肉类总体消费特征分析

经济的快速发展,不仅了带动了我国城乡居民收入水平的增长,同时也推动了肉类消费方式的变革。过去30多年间,随着生活水平的提高,我国城乡居民的肉类消费水平不断提高,消费结构也不断变化升级。目前,城乡居民人均肉类年消费量达到了31.5kg,已高于世界平均水平,但其中某些肉类品种的消费量依然较低,而且城乡居民肉类消费差距也较为显著。近年来,国内外经济形势不断变化,畜禽行业也正在酝酿着深刻的结构性转变。在此背景下,把握我国城乡居民肉类消费及其结构演化的特征,并对未来趋势进行判断,对于挖掘畜禽业的新增长点,推动畜禽业产业结构调整而言是十分必要的。

7.1.1 我国居民肉类消费变化趋势分析

7.1.1.1 我国人均肉类消费量快速增长,禽肉消费增幅最高

经济快速发展无疑推动了人们饮食习惯和消费行为的迅速转变。过去30多年,我国城乡居民肉类消费发生了显著变化。1981年,全国居民人均肉类消费量仅为11.6kg,1995年达到16.1kg,15年间在波动中增长约140%。进入"九五"时期后,我国人均肉类消费进入了一个新的快速增长阶段,到2015年,已增至31.5kg,1996~2015年我国人均肉类消费年均增长2.8%,较1981年增加了近2倍。与此同时,分种类来看,各品种肉类都呈现出快速增长的态势,从消费量来看,猪肉消费量一直保持最高,1981年,全国人均猪肉消费量为10kg,到2015年增长了1倍多,达到20.2kg;从增长速度看,

禽肉消费增长最快,1981年人均禽肉消费量仅为0.9kg,但2015年已经增至8.4kg,增长了7倍多,年均增速高达6.5%。牛羊肉消费量虽然不高,但也经历了一个较快增长的过程,从1981年的0.7kg增至2015年的2.9kg,增长了2倍多(图7.1)。

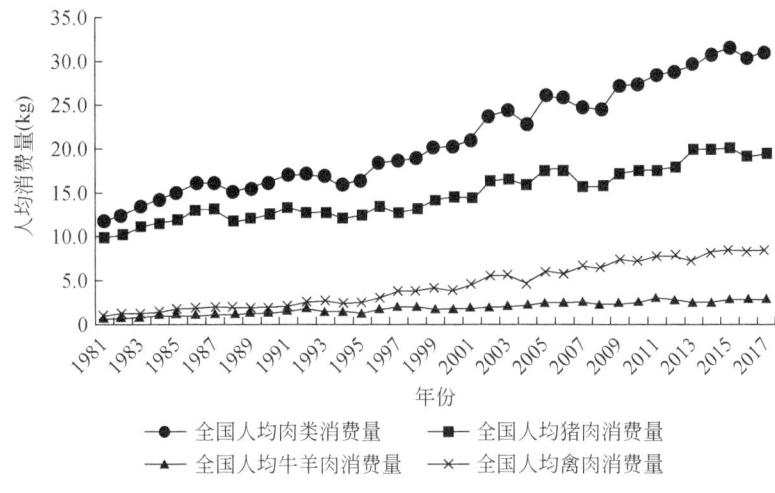

图 7.1　1981~2017年全国人均肉类消费量

数据来源：根据历年《中国统计年鉴》和《中国住户调查年鉴》的城镇居民和农村居民人均消费量加权平均所得

同时,随着居民家庭肉类消费量的增加,我国城乡居民人均肉类消费的内部结构也发生了很大变化。根据统计结果,1980年全国肉类消费结构是猪肉占87.6%,牛羊肉占6.4%,禽肉占6%;到2008年则是猪肉占65.4%,牛羊肉占9.5%,禽肉占25.1%;1980~2008年,猪肉占肉类消费比例下降了22.2个百分点,牛羊肉比例上涨了3.1个百分点,禽肉比例则增长19.1个百分点。由此可看出,虽然猪肉的消费比例在逐渐下降,但我国年人均肉类消费中猪肉所占的比例仍较大,占到肉类消费总量的60%以上;虽然牛羊肉消费量还不到肉类消费总量的20%,但牛羊肉的消费比例在逐年上升,说明还有较大的发展潜力和调整空间;禽肉的消费比例增长很快,禽肉消费量的增长也最快。因此,对于我国居民肉类消费而言,猪肉始终是肉类消费的主体,其次是禽肉消费。

7.1.1.2　城乡居民肉类消费量呈现出不同增长态势

伴随着城乡居民收入差距的动态变化,城乡居民肉类消费量也呈现出了不同态势,这在猪肉消费和禽肉消费方面表现尤为明显。从肉类总消费量来看,城镇居民1981年肉类总消费量为20.5kg,经历35年的波动性增长后,到2015年达到34kg,而农村居民1981年肉类总消费量仅为9.4kg,但2015年已增长至28.3kg,增长了2倍左右。在猪肉消费方面,城镇居民人均猪肉消费量在1981~2015年期间变化较小,接近持平,从1981年的16.9kg,小幅增长至2015年的20.7kg,而农村居民的猪肉消费则增幅显著,由1981年的8.2kg增至2015年的19.5kg,增长约1.5倍。不过相同的是,30多年间,猪肉一直是城乡居民的第一大肉类消费品(图7.2,图7.3)。

禽肉产品一直是城乡居民的第二大肉类消费品,但城乡居民的禽肉消费量在过去的30多年间的增长态势存在明显不同,城镇居民的禽肉消费经历了大幅波动,特别是在2000~2009年,经历了数次震荡性波动,但从长期趋势来看,依然保持着增长态势,由1981年的1.9kg增至2015年的9.4kg,增长了约4倍。与此同时,农村居民的禽肉消费则一直保持着稳步快速增长态势,未出现任何下降情况,特别是2013~2015年更是呈现出跳跃式增长势头。在1981~2015年,农村居民人均禽肉消费量由0.7kg增至7.1kg,增长了约9倍。

牛羊肉的消费量虽然不高,但城乡居民的人均消费量在1981~2015年期间基本上保持着稳步增长态势。其中,城镇居民人均牛羊肉消费量由1.7kg增长至3.9kg,增长了1倍多,农村居民的消费量则由0.5kg增至1.7kg,增长了2.4倍左右。

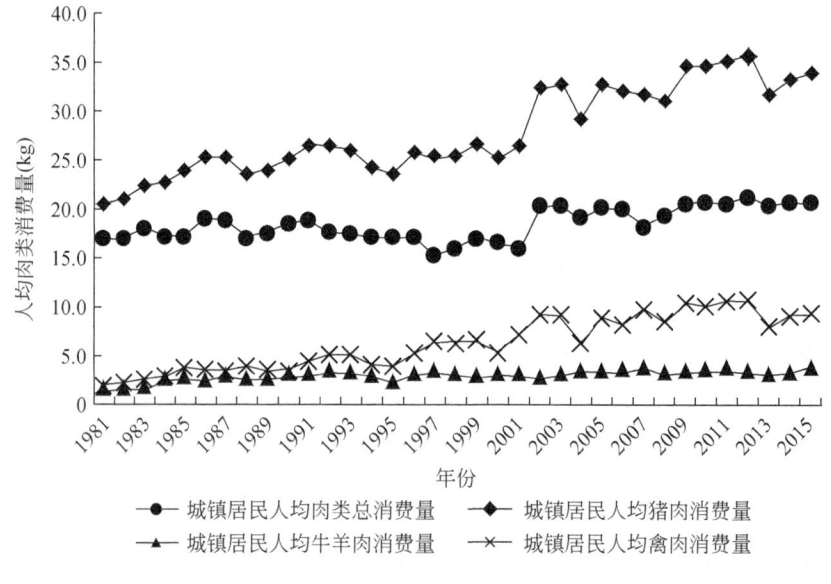

图7.2 1981~2015年城乡居民人均肉类消费量
数据来源:历年《中国统计年鉴》和《中国住户调查年鉴》

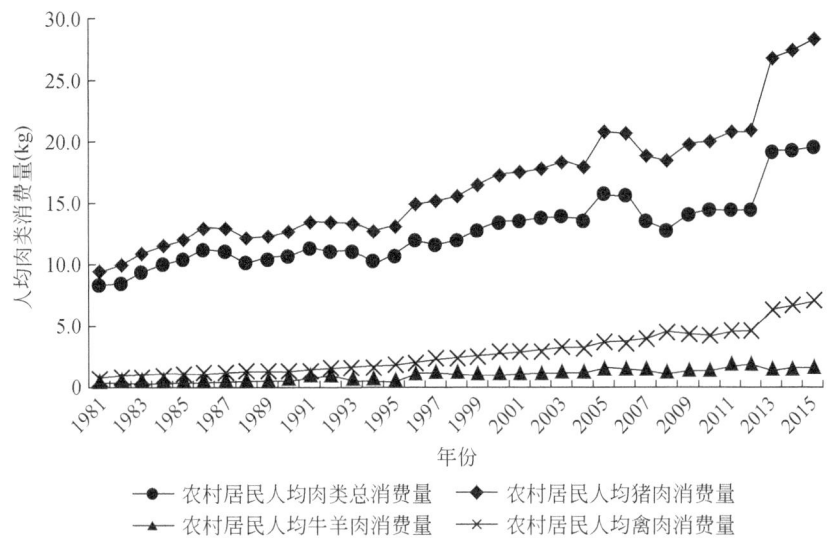

图 7.3 1981~2015 年城乡居民人均肉类消费量

数据来源：历年《中国统计年鉴》和《中国住户调查年鉴》

此外，值得注意的是，在 1996 年之前，城乡居民的牛羊肉消费量与其禽肉消费量基本持平，但在此之后，牛羊肉消费量则逐渐与禽肉消费量拉开了差距，后者快速增长，而牛羊肉消费量则呈缓慢增长态势。到 2015 年，城镇居民的牛羊肉消费量约是禽肉消费量的 41%，农村居民的牛羊肉消费量则约是禽肉消费量的 22%。城乡居民禽肉消费比例增长明显，远高于牛羊肉，这充分显示城乡居民开始增加对营养价值较高的白肉消费，而减少脂肪含量较高的红肉消费。

7.1.1.3 城乡居民肉类消费差异明显，各品种消费异化格局呈现

由于我国的改革属于渐进式改革，经济体制处于一个不断变化的过程之中，城乡居民的消费行为和消费动机也会随之改变，因此通过采用将同一时期消费量均值进行对比的方式来观察城乡居民肉类消费量差异及其变化趋势更具代表性。鉴于此，表 7.1 列举了我国"六五"时期至"十二五"时期城乡居民人均肉类消费量均值及其差额。在肉类消费量方面，城乡居民人均消费量差额一直保持在 10kg 左右，在"十一五"时期，城乡居民肉类消费量差额最大，达到 13.4kg，但随后的"十二五"期间，城乡居民肉类消费量差额降至过去七个时期的最低值，为 9.16kg。在猪肉消费方面，城乡居民消费量的差额则呈现出稳步缩小的态势，由"六五"时期的 8kg 降至"十二五"时期的

3.42kg，降幅达57.3%，这与农村居民日益改善的生活条件有关。与此同时，城乡居民的牛羊肉消费差距基本保持不变，除了"六五"时期最低差额为1.58kg外，此后的各个时期一直维持在2kg左右，较为稳定。然而，在禽肉消费方面，城乡居民的人均消费量差额则呈现出先扩大后缩小的态势。具体而言，"六五"至"十一五"期间，城乡居民禽肉人均消费量差额由1.86kg快速扩大至5.38kg，增加了1.9倍左右。但"十二五"期间，这一差额则大幅下降至3.8kg，这一结果表明城镇居民率先认识到了禽肉的营养价值，相比农村居民更早地改变了肉类消费习惯。

表7.1 不同时期城乡居民人均肉类消费量差额 （单位：kg）

时期	肉类消费量			猪肉消费量			牛羊肉消费量			禽肉消费量		
	城镇	农村	差额	城镇	农村	差额	城镇	农村	差额	城镇	农村	差额
"六五"时期 (1981~1985)	22.16	10.72	11.44	17.22	9.22	8	2.24	0.66	1.58	2.7	0.84	1.86
"七五"时期 (1986~1990)	24.7	12.56	12.14	18.16	10.6	7.56	2.9	0.72	2.18	3.64	1.24	2.4
"八五"时期 (1991~1995)	25.4	13.18	12.22	17.66	10.76	6.9	3.18	0.86	2.32	4.56	1.56	3
"九五"时期 (1996~2000)	25.78	15.84	9.94	16.38	12.26	4.12	3.34	1.2	2.14	6.06	2.38	3.68
"十五"时期 (2001~2005)	30.82	18.46	12.36	19.22	14	5.22	3.38	1.3	2.08	8.22	3.16	5.06
"十一五"时期 (2006~2010)	32.9	19.5	13.4	19.74	14	5.74	3.72	1.44	2.28	9.44	4.06	5.38
"十二五"时期 (2011~2015)	34	24.84	9.16	20.74	17.32	3.42	3.66	1.72	1.94	9.6	5.8	3.8

数据来源：历年《中国统计年鉴》和《中国住户调查年鉴》

注：各时期消费量为该期间各年份的城乡居民人均消费量的平均值；差额值由城镇人均消费量均值减去农村居民人均消费量均值所得

7.1.1.4 城乡居民禽肉消费比例快速提高，差距近乎消失

禽肉的高蛋白质、低脂肪、物美价廉等特征使得禽肉消费越来越受消费者欢迎，尤其是伴随着近年来禽肉生产的规模化程度不断提高，市场供应量快速增长，城乡居民的禽肉消费比例也随之迅速攀升。1981年，城乡居民禽肉消费比例分别仅为9.3%和5.3%，此后，两者呈现出不同的增长态势

(图7.4)。可能是由于受外部因素影响较大,城镇居民禽肉消费比例一直在震荡中保持着上升趋势,不同年份之间的上涨或下跌态势较为明显。譬如,2004年城镇居民禽肉消费比例为21.8%,但3年后的2007年就升至历史顶峰,达到30.5%,随后又呈现出轻微的跌宕起伏态势,2015年时达到27.6%。不过,这种短期波动并未对城镇居民禽肉消费的长期增长趋势产生较大影响。与城镇居民禽肉消费显著波动的特征不同,农村居民禽肉消费在过去35年间基本保持着持续增长的态势,从1981年的5.3%增长到2015年的25.1%,增长了3.7倍左右,而且与城镇居民禽肉消费比例的差距也缩小到2.5个百分点。

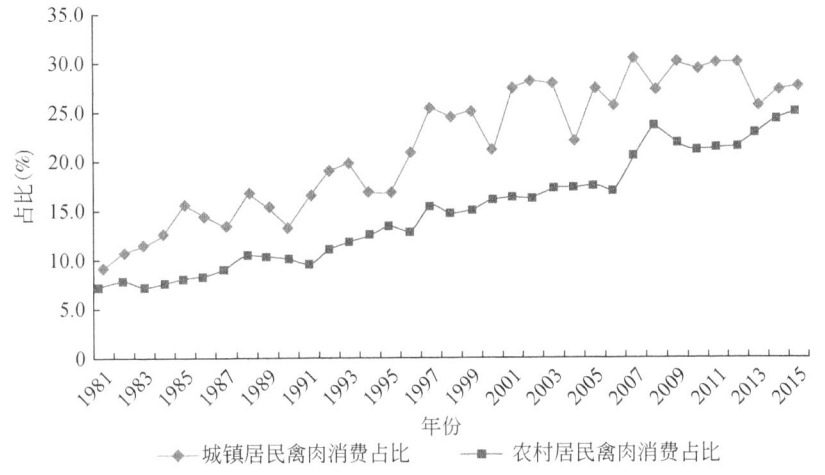

图7.4 1981～2015年城乡居民人均禽肉消费比例
数据来源:历年《中国统计年鉴》和《中国住户调查年鉴》
注:各年禽肉消费占比为该年居民人均禽肉消费量占肉类总消费量的比例

7.1.2 我国居民肉类消费演化影响因素

城乡居民肉类消费受到诸多因素影响,除去诸如动物疫病等不确定性因素外,城乡居民的收入水平、人口结构、消费方式等因素都会影响城乡居民肉类消费,并造成城乡居民肉类消费的差异。当然,这些因素都会随着经济社会变迁而不断发展变化。

7.1.2.1 收入水平

毫无疑问,在影响消费的诸多因素中,收入水平首当其冲。理论上,随着人均收入的稳步增长,肉类消费量将会随着收入的上升而上升。譬如,陈琼等

（2012）等研究发现，我国居民禽肉消费的收入弹性系数为 2.43，即收入增加 1%，禽肉消费将增加 2.43%。事实上，在扣除物价上涨因素后，城乡居民的收入在过去的 30 多年间增长了 10 倍之多，年均增速达到 7%，这在很大程度上提高了城乡居民的肉类消费能力，是肉类消费持续增长的重要推动力。但与此同时，城乡居民收入差距在 2010 年之前基本上长期保持着扩大的态势，城乡居民收入倍差由 1983 年的 1.82 倍扩大至 2009 年的历史最高点 3.33，直到 2014 年才缩小至 3 倍以下，至 2015 年城乡居民收入倍差降至 2.73。因此，无论肉类消费总量还是肉类消费结构方面，城乡居民肉类消费始终存在着各种差异。

7.1.2.2 收入结构

有学者认为，在收入既定的情况下，收入结构的差异会使居民消费表现出显著不同的消费行为特征。王小华和温涛（2015）的研究则进一步证实了这一观点，他们发现城乡居民的边际消费倾向会因为收入结构的差异而存在不同。随着大量农村劳动力向非农产业转移，农村居民的工资性收入比例持续提高，但与城镇居民的收入结构相比依然存在较大差别。2015 年，城镇居民人均可支配工资性收入占比为 62%，比农村居民高 22%。此外，城乡居民可支配经营净收入占比也存在较大差别，分别为 11% 和 39%，可支配财产净收入占比分别为 10% 和 2%；可支配转移净收入占比较为相近，分别为 17% 和 19%。收入结构的不合理，直接导致了农民消费水平低下且消费结构不合理。因此，除了收入水平外，收入结构的差异无疑进一步导致了城乡居民在肉类消费方面的差异（表 7.2）。

表 7.2 部分年份城乡居民收入结构份额比较 （单位：%）

年份	农村居民				城镇居民			
	工资收入	家庭收入	财产收入	转移收入	工资收入	家庭收入	财产收入	转移收入
2002	33.94	60.95	2.05	3.97	70.19	4.06	1.25	24.50
2005	36.08	56.67	2.72	4.53	68.88	6.00	1.70	23.41
2012	43.53	44.65	3.15	8.67	64.30	9.45	2.62	23.62
2013	45.25	42.64	3.29	8.82	64.07	9.47	2.74	23.73

7.1.2.3 人口结构

人口结构（如年龄、性别等）通过人体的生理需求差异影响热量摄入量的需求，从而影响人们的食物消费。譬如，白军飞等（2014）研究发现，人口老龄化显著影响居民人均肉类消费量，家庭中 60 岁以上老年人比例每增加 1% 会导致家庭人均肉类消费量减少 0.5%。到 2015 年，虽然城乡居民性别比相差无几（女性占比约为 48%），但城乡居民的年龄结构还是存在较大差距。具体而言，城镇人口中 15～64 岁以及 65 岁及以上人口占比分别为 76% 和 9%，而农村人口这一占比分别为 68% 和 12%。当然，除了性别和年龄外，人口结构还包括职业结构，而城乡居民的职业结构显然存在较大差距。因此，人口结构也是影响城乡居民肉类消费总量和消费结构差异的重要因素之一。

7.1.2.4 消费方式

随着经济社会快速发展变迁，城乡居民的食物消费方式发生了显著变化，特别是城镇居民在外饮食消费中的肉类消费量增长尤其显著，研究显示城市家庭人均在外肉类消费在肉类总消费中占比近 30%。当然，农村居民的食物消费方式也发生了诸多变化，譬如，越来越多的宴请选择了在餐馆进行。尽管如此，相较于农村，城镇餐饮业更加发达，居民有较大的挑选余地和在外就餐可能，收入相同的城镇居民与农村居民的食物消费模式依然可能会有一定的区别。一项调查显示，城镇居民食物在外消费决策中，社交因素例如宴请、聚会占据主要地位，比例高达 56.09%，而客观条件的制约例如上班、上学等一日三餐都在外解决等等因素也是造成城镇居民食物在外消费的重要原因之一。值得注意的是，在外就餐的食物消费结构与在家就餐往往存在不同，有学者研究表明，在外就餐的肉类消费量更高。因此，消费方式的变迁与及其在城乡之间的差异也是推动城乡居民肉类消费演化的重要因素。

7.1.2.5 市场环境

除收入水平、消费习惯等因素外，肉类价格水平也是影响城乡居民肉类消费量变动以及消费结构变化的重要因素。这里的价格水平不仅指各品种肉类的自身价格，还包括相关产品的价格。由于各种肉类产品之间存在一定的替代关系，相互比价的变化会对城乡居民肉类消费结构造成较大的冲击。例如，牛羊肉价格下降，一般会导致消费者减少购买猪肉和禽肉，增加对牛羊肉的消费。有学者研究发现，自 1995 年以来，我国牛肉/猪肉比价总体保持着增加趋势，而鸡肉/猪肉比价总体呈下降趋势。这在一定程度上解释了过去几十年我国城乡居民肉类消费结构呈现出禽肉消费比例持续上升，猪肉消费比例波动中下降，而牛羊肉消费比例基本保持稳定的态势。当然，肉类产品价格的变化离不开畜禽生产方式的变革，尤其是禽类规模化养殖方式的快速推进，推动了禽肉供应量的大幅增长，是禽肉价格变化的重要基础。此外，肉类产品屠宰加工、冷藏储运等基础条件的改善也是影响城乡居民肉类消费演化的重要的市场因素。

7.1.3 我国居民未来肉类消费形势展望

面对国内经济发展的新形势及消费者需求的不断升级，未来我国畜牧行业面临着新挑战和新机遇。结合过去30多年我国城乡居民肉类消费及其结构演化的特征，以及城乡居民收入水平、收入结构、人口结构、消费方式以及市场环境等因素的潜在变化趋势，未来我国城乡居民肉类消费以及畜牧行业发展的重要趋势主要有以下几个方面。

7.1.3.1 农村居民肉类需求增长潜力巨大，是未来畜牧行业增长的主要动力

从农村居民与城镇居民人均肉类消费的显著差异可见，我国肉类需求依然存在较大的增长潜力。随着社会经济的不断增长，未来农村居民肉类需求的增长将成为畜牧行业增长的主要动力。从当前的收入水平来看，2015年城镇居民人均可支配收入是农村居民的2.73倍，而"十二五"期间的人均肉类消费总量及猪肉、牛羊肉和禽肉消费量也分别比农村居民高9.16kg及3.42kg、1.94kg和3.8kg。考虑到收入水平对肉类消费的显著影响，如果农村居民收入水平增长到当前的城镇居民的收入水平，那么农村居民的人均肉类需求在很大程度上可以达到当前城镇居民的肉类消费水平，这些增量对于养殖行业而言就相当可观了。过去5年，农村居民人均可支配收入年均实际增长8.0%，基本上每年都达到或超过了GDP增速。如果按照当前的收入增速，那么需要约13年时间农村居民可以实现当前的城镇居民收入水平。换言之，不考虑其他因素的情况下，在未来10余年内，农村居民每年人均肉类消费量大概有9.16kg的增长空间，相当于在"十二五"期间消费量24.84kg的基础上再增长40%。当然，以上只是考虑到收入增长可能带来的影响，如果纳入消费方式变革以及收入结构变迁因素可能会使得农村居民肉类需求增长空间要比上述粗略估计的总量更高。

7.1.3.2 城镇居民肉类消费总量未来将继续增长，品质消费将占据重要地位

近年来，城镇居民收入增长较快，肉类消费量也保持着增长态势，但增速已经放缓，特别是猪肉和牛羊肉消费量的增速较为缓慢。这在一定程度上说明对于城镇居民而言，肉类需求的收入弹性在下降。不过需要注意的是，当前城

镇居民肉类消费量的绝对额依然较低，尤其是与我国台湾地区相比，内地城镇居民年人均肉类消费量还不及台湾地区的一半。这说明从长远来看，随着城镇居民收入的增长，未来城镇居民肉类消费总量将继续保持增长态势。不过考虑到肉类消费需求收入弹性会随着收入的不断增高而降低，未来城镇居民肉类消费增长将会保持一个缓慢增长的态势。更重要的是，随着城镇化水平的不断推进以及居民收入水平的提高，消费者对于肉类品质的要求将越来越高。当前，城镇居民肉类消费正处于由温饱型向质量安全型转变的阶段，居民的肉类消费将越来越重视安全、健康和品质。城镇居民将更加注重消费品质的提升，对肉类产品的营养价值以及口感味道等都将提出更高要求，这会给行业带来变革。可以预见的是，未来城镇居民对肉类产品的品质消费将是畜牧行业蓬勃发展有力的增长点。

7.1.3.3 猪肉消费仍将占据主导地位，禽肉、牛羊肉消费增长空间巨大

尽管从近30多年的变化趋势来看，城乡居民猪肉消费基本保持着下降的态势，但目前消费比例仍然在60%以上；而且，作为传统习俗，我国大部分居民一直以猪肉为主要肉类消费品种。因此，猪肉消费的主导地位在未来依然不会改变。不过作为与我国内地消费习惯最为相近的我国台湾地区，其猪肉消费占比大约为50%，较为发达的日本猪肉消费占比为40%左右。因此，从这个角度来看，未来我国城乡居民猪肉消费比例会继续下降，但依然会占据主导地位。与此同时，近年来，随着健康饮食知识的宣传以及居民健康意识的逐步提高，越来越多消费者开始意识到猪肉中所含饱和脂肪酸高于其他肉类，是造成高血压、高血脂及肥胖病等的主要因素，逐步以其他肉类替代猪肉。牛羊肉及禽肉属于高蛋白、低脂肪肉类，越来越受到消费者青睐，在高收入居民消费中占比越来越高。当前，我国城乡居民牛羊肉消费占比仅为9%，而发达国家的这一比例通常已超过25%。而我国城乡居民禽肉消费在过去30多年里分别增长了5倍和10倍，当前也依然保持着强劲的增长势头，而且增速较快，因此未来有巨大的增长空间。

7.1.3.4 城乡居民肉类需求多样化趋势日益显著，市场细分将更加深入

随着人们生活水平不断提高引起的消费习惯和消费方式的变化，人们对肉类产品的需求越来越多样化。食品安全意识的觉醒、收入水平的提高、生活方式的转变、家庭成员数量的变化，使得城乡居民的消费偏好，特别是城镇居民，持续发生着改变。一个很明显的趋势就是人们越来越倾向于分割肉的便利和易烹饪，对于预包装、预分割、预称重的肉，一些消费者已经接受，但还有

一部分消费者仍然喜欢传统的、精挑细选的买肉方式。在一些发达国家和地区，卖预先包装好的冷鲜肉和冷冻肉已是司空见惯了，也很难再买到现割肉。此外，近几年中，高档餐饮受阻，中档快餐发展加速，肉类调理食品的需求量不断上升，尤其是一些加工半成品、可以直接用于烹饪的调理性产品备受欢迎。这些以肉类为主要原料的系列加工食品，根据人们生活节奏的加快不断演变成为熟食、半加工、加工的系列调理食品。针对火锅、中餐及家庭消费需求呈现新的发展趋势，各种精深加工的分部位的冷鲜肉、半成品肉、冷冻肉、熟肉制品以及肉类为原料的方便食品、功能性食品和休闲食品的消费明显上升，市场细分程度也将进一步加深。

7.2 鸭肉与其他肉类之间的消费替代关系研究

过去的30多年，我国肉类消费在总量迅速增长的同时，其消费结构也发生了明显的变化，表现为猪肉消费比例稳步下降。猪肉、牛肉、禽肉三种最主要肉类品种合计总消费量从1980年的1367万t上升到2017年的8355万t，年均增幅为5.0%。同期猪肉消费比例则从83.0%下降到65.4%。全国人均肉类消费量总体呈现上升趋势，其中肉类消费中，禽肉一直稳居第二，且从增长速度来看，禽肉消费量的增长速度最快，超过猪肉和牛羊肉。从肉类消费结构来看，随着国家经济发展水平的不断提高，居民的肉类消费习惯正在逐渐发生变化，开始增加营养价值较高的白肉消费，而减少脂肪含量高的红肉消费，所以禽肉在肉类消费中所占的比例也在逐步提升。在我国水禽生产养殖产量持续增长的环境下，针对我国居民对于不同肉类的直接消费和相互之间的替代消费行为进行深入了解有利于实施市场预测、控制不同肉类生产加工的市场风险并最终帮助畜牧业企业进行供给侧优化改革。

7.2.1 居民肉类消费特征及影响因素的相关研究

7.2.1.1 居民肉类消费特征的相关研究

近20年以来，我国居民家庭食品的消费结构发生了非常大的变化，相关的研究从不同的家庭食品类别出发，分析了我国居民的家庭食品消费结构的变化，例如，尚旭东和李秉龙（2012）从消费结构及收入差距的视角出发，发现近20年中，鲜奶、禽肉、禽蛋及替代品消费增长较快，牛羊肉、禽肉和替代品城乡居民消费量差距拉大，同时城镇化、差旅工作、人口流动、亲友聚餐等因素推动了居民畜产品的户外消费；王祖力和王济民（2011）对比1978年与2009年统计数据，发现居民肉类消费中禽肉、奶类消费增长较快，猪肉消费比例下降明显；同时，城乡居民的消费水平有较大差异，户外消费比例不断上升。H. Frederick Gale，Kuo Huang（2007）研究发现居民食物消费更重视质量与安全性，食物支出增速超过消费量的增速；杨霞（2007）认为未来牛羊肉、禽肉、奶制品还将迅速增加，并认为居民收入增加时影响消费需求最主要的因素；陆文聪和梅燕（2008）着重研究了浙江省内城乡居民消费情况，发现随收入增长城镇居民对奶类的需求增大，农村居民对禽肉消费需求增长明显，奶类需求涨幅不大，可能与农村消费习惯有关；类似的，刘丽红（2006）对河北省畜产品消费的研究发现随收入增长，城镇居民鲜蛋、禽肉消费增长幅度较大，猪肉没有明显变化。Hongbo Liu 等（2006）选取了辽宁、山东、四川、江苏、内蒙古五个地区对畜产品消费进行分析，发现禽肉、牛肉的收入弹性比较大，猪肉的收入弹性比较小，但农村居民的猪肉收入弹性大于城镇居民，并且猪肉仍占据肉类消费的主体地位。

从上述研究的结论中，我们发现，随着国民生活水平的提高，尤其是家庭收入的增加，传统的以猪肉为主的家庭消费结构正在发生改变，而同时，我们虽然看到了鲜蛋、禽肉等消费量的迅速增长，但这些变化对于我国居民的收入具有较强的弹性。我们希望通过本次调查进一步探讨水禽食品消费在我国居民食品消费中的地位，以及水禽食品消费与其他类型的食品消费之间的关系。

7.2.1.2 居民肉类消费影响因素的相关研究

一些研究也进一步探讨了影响我国居民家庭食品消费结构变化的主要因素。例如，刘秀梅和秦富（2005）选取了城市化水平、家庭规模、地区和年度虚变量等影响因素，通过AIDS模型对1996~2004年统计年鉴数据进行了分析，研究发现我国城镇居民的价格弹性均远高于农村居民；随收入增长，城乡居民禽肉和猪肉消费明显增长；家庭规模扩大将使城乡居民减少猪肉消费，增加禽肉、牛羊肉消费；城市化水平的增加，将使农村居民减少猪肉消费，增加蛋类消费；蒋乃华等（2002）分别分析了相对价格水平、收入水平及其差异、城市化水平、地区差异（消费习惯）等对畜产品消费的影响。佟晓晨（2007）认为收入、价格、城镇化水平、家庭规模及家庭人口构成、生活模式以及烹饪模式会对畜产品消费产生影响，且未来加工畜产品的比例会逐步增长。李宁和张瑞荣（2013）对内蒙古2000~2013年的消费数据进行分析，发现收入上升1%，羊肉、牛肉、禽肉、猪肉消费量依次增长0.95%、0.845%、0.712%、0.59%，并且其认为增加收入、提升肉质、增加地区间肉类贸易将有助于提高肉类消费量。Rajika 和 Frank（2000）从湖南、湖北、山东、河南等 8 个省市中根据家庭收入、家庭规模、城乡等因素选取了 3543 户家庭，研究了女性教育水平、男性教育水平、家庭收入及城乡差别与家庭消费 20 种的关系，发现家庭中女性教育水平越高，家庭所消费食物更加营养健康，男性则无明显趋势，奶类、蔬菜、猪肉、蛋类都与教育水平、家庭收入呈正比关系。Viaene 等（2000）对消费者的购买行为做出了分析，认为消费者的决策主要受消费者特征、宣传和消费频次的影响。可见，从以往的研究来看，影响家庭食品消费结构变化的主要因素是家庭收入以及家庭人口的基本人口统计特征，包括教育水平、地理位置等。然而我们并不清楚对于我国居民选择水禽食品消费的主要影响因素有哪些，并且我们希望进一步了解的是当居民食品消费同时面临不同的类型组合时，水禽肉类的消费偏好主要受哪些因素的影响，其在其他肉类消费中的地位又是如何的。我们希望通过本次调研来进一步挖掘我国居民对于水禽食品消费的行为偏好以及与其他肉类消费之间的关系。

基于此展开以武汉市为例，依托于国家水禽产业体系，聚焦水禽肉类产品的居民消费行为研究，以抽样调查的方式调查武汉市范围内居民用户的日常肉类消费行为，研究目的在于搜集居民日常肉类消费行为的数据，分析水禽肉类消费与其他不同肉类消费之间的互补或者替代关系，从而帮助我国的水禽养殖和加工类企业了解消费市场动态，控制相应的市场风险。

7.2.2　基于回归模型的肉类替代性分析

为了分析我国居民肉类食品消费中水禽肉类和其他肉类消费的替代关系，水禽产业经济团队于 2017 年 7 月至 9 月期间以武汉市地区为例进行了为期三个月的住户跟踪调研。在此次调研中，我们采取随机走访的形式，选择了 328 个住户进行了跟踪调查和深入访谈。在整个调研过程中，我们一共获取有效样本 314 个（在此次跟踪调研过程中，有 14 位住户因为中途出差等原因中断了调查，在剩下的 314 位调查住户中，均全程记录了调研期间每日的肉类消费情况）。

7.2.2.1　居民肉类消费描述性统计

在实际调研过程中，我们以一星期为单位，跟踪记录了调查对象在调研期间对不同肉类的消费量，表 7.3 列出了我们对所有被调查住户在不同肉类消费量上的统计，包括每一种肉类的每一周最小（大）消费量，平均消费量以及购买价格。

表 7.3　调研住户不同肉类消费量描述性统计（每周消费情况）

项目	猪肉	牛肉	鱼肉	鸡肉	羊肉	鸭肉
周最小消费量/斤	1.2	1.8	1.6	1.1	0.3	0.2
周最大消费量/斤	6.9	5.6	5.7	5.4	5.7	7.4
周平均消费量/斤	4.42	3.95	3.64	2.53	1.06	1.78
周消费量标准差	1.02	1.74	2.34	1.64	2.08	3.18
消费价格/(元/斤)	22	40	14	12	55	10

从表 7.3 中我们发现，在所调查的住户中，周平均消费量最大的是猪肉，平均每一个住户一周能够消费 4.42 斤的猪肉；消费量最小的是羊肉，平均每周只有 1.06 斤的消费量；另外，我们发现，被调查的居民在水禽肉类消费上出现了较大的结构性差异，主要表现为最小和最大消费量之间差异较大，并且不同住户在实际消费量上的差异也较大（标准差=3.18），而猪肉的消费结构具有较强的一致性（标准差=1.02），这在一定程度上说明了我国居民对水禽肉类的消费产生了不同的认知和需求。一部分居民的肉类消费选择正从传统的猪肉、鱼肉和牛肉转向了水禽肉类，并体现出了相对较高的水禽肉类消费量；而另一方面，一些居民仍然依赖于传统的肉类消费习惯，对水禽肉类的消费需求非常低。在下文关于水禽肉类消费的预测中，我们将进一步探讨如何根据上述住户居民的基本信息和一些环境变量来真实预测住户居民对主要肉类消费的选择。

7.2.2.2　基于相关系数的不同肉类消费替代性分析

两种同类型商品，当其中一种商品的价格或其他因素发生变化，消费者可能会选择另一种商品作为替代品，这就称为商品间的替代效应。为了探究不同品种肉类对鸭肉的替代效应，以家庭总肉类消费量为因变量，各肉类消费量为自变量，并分别添加猪肉、牛肉、鱼肉、鸡肉、羊肉与鸭肉的交互项作为调节变量进行线性回归分析，最终的结果如表 7.4 所示。

表 7.4　基于相关系数的不同肉类之间的替代效应

居民肉类消费选择	(1) 鸭肉	(2) 猪肉	(3) 牛肉	(4) 鱼肉	(5) 鸡肉	(6) 羊肉
(1) 鸭肉	—					
(2) 猪肉	−0.856***	—				
(3) 牛肉	−0.231	−0.833***	—			

续表

居民肉类消费选择	(1) 鸭肉	(2) 猪肉	(3) 牛肉	(4) 鱼肉	(5) 鸡肉	(6) 羊肉
(4) 鱼肉	0.639***	0.563***	0.653***	—		
(5) 鸡肉	−0.638***	0.115	0.026	0.108	—	
(6) 羊肉	0.136	−0.465**	0.348**	−0.326**	0.563***	—

* 表示相关系数的显著性，其中 ** 表示<0.05，*** 表示<0.01

从表 7.4 中不同肉类消费之间的相关系数可以发现，猪肉与鸭肉交互项的系数为−0.208，鸡肉与鸭肉交互项的系数为−0.252，猪肉和鸡肉两种肉类与鸭肉的交互项系数为负，且结果显著，说明鸭肉在市场上的销售主要受鸡肉和猪肉的影响，且以受鸡肉的影响较大，鸭肉与其他肉类没有替代效应；另外，鸭肉在市场上的销售情况与鱼肉存在一定的互补效应，即根据两种肉类的食用量之间具有较高的显著的正相关性（0.639），说明被调查居民一般在食用鱼肉的时候会搭配一定量的鸭肉消费。

7.2.3 基于离散选择模型的肉类消费行为分析

在经济学中，离散选择问题是指消费者面对两个或两个以上的同等消费选择的问题，比如，是否加入某个健身俱乐部，选择何种交通方式等等。离散选择模型区别于标准消费模型之处在于标准消费模型假设每种消费品的销量为一个连续型变量，通过计算的方法得出最优解，而离散选择问题的出发点是消费者的选择而非销量，离散选择模型的结果也可以用来做数量分析，比如根据结果统计出可能做出选择车型的消费者有多少，或者统计可能选择银行的客户有多少。离散选择模型与消费者的个人属性以及各种选择自身的属性密切相关，比如说，对于肉类市场的消费者而言，不同年龄、不同职业或者不同收入的消费者可能做出不同的选择，同样，不同品种、不同质量的肉类对于同一消费者而言也会带来不同的效用。

因此，选用离散选择模型来对居民消费者在日常消费中对不同品种肉类的选择进行估计，用 n 表示消费者，$n=1, 2, \cdots, N$；选择集 J 中一共有六种选项，包括猪肉、牛肉、鱼肉、鸡肉、鸭肉、羊肉。无论他选择哪一种选项都可以获得一定水平的效用，消费者 n 从选项 j 中所获得的随机效用表示为 U_{nj}，$j=1, 2, \cdots, J$。而消费者 n 选择 j 的前提条件是 $U_{nj} > U_{nm}$，其中 m 是指不包括选项 j 在内的选择集中的任意其他一种肉类。

每一种选项 j 给消费者 n 带来的随机效用由可观测部分和不可解释部分

构成

$$U_{nj} = V_{nj} + \varepsilon_{nj} \quad (7.1)$$

式中，V_{nj}代表选择集合中的确定部分，即可观测到部分的效用；ε_{nj}代表选择集合中的随机部分，即不可观测到部分的效用，根据对ε_{nj}分布概率假设的不同而有不同的计量模型。假设X_{nk}是与个体有关的数据，代表了个体自身特征或是个体对选项特征评价的数据，例如消费者的年龄、性别以及消费者对肉类口感、营养等属性的评价。

调研通过问卷收集了三类信息来预测居民用户的肉类消费选择行为：在第一类信息中，我们主要调查了消费者的人口统计等基本信息，包括家庭收入情况、家中老人数量、家中儿童（年龄在3~15岁）数量、消费者的受教育水平；在第二类信息中，我们主要利用量表收集了调研住户对肉类产品属性的重视程度，包括肉类的口感、菜品多样性、营养价值、新鲜程度等。在第三类信息中，我们主要收集了调研住户的周边环境信息，如距离市中心的地理距离（以地图上坐标点之间的直线距离为准），住房周边大型超市或菜场的数量等。

通常情况下用线性方程来表示这些变量与效用之间的关系，即

$$V_{nj} = c_j + \beta_1 X_1 + \beta_2 X_2 \quad (7.2)$$

式中，c_j是选择方案j的固有效用，通常该参数被解释为控制了其他变量后的固有价值；β是个体对选项j的作用参数。X分别代表一个大类的变量，其中X_1代表消费者的个人特征，X_2代表肉类产品各项属性的重视程度。

ε_{nj}代表选择集合中的随机部分，即不可观测到部分的效用，根据ε_{nj}分布概率假设的不同而有不同的计量模型。假定随机误差项相互独立同分布（IID）或方案间不相关且相互独立（IIA），尺度参数服从耿贝尔分布，选择选项j的概率取决于被选项的效用相对于所有其他选项的效用的大小，因而可用多项logit模型进行估计，即：

$$P_{nj} = \frac{\exp^{\lambda V_{nj}}}{\sum_{m=1}^{M} \exp^{\lambda V_{nm}}} (m = 0, 1, \cdots, M) \quad (7.3)$$

7.2.3.1 描述性统计

模型采用武汉市居民肉类消费调研数据进行分析，选取消费者的个人特征和消费者对肉类产品各项属性的重视程度作为变量，具体的描述性统计如表7.5所示。

表 7.5 变量说明及描述性统计

变量名称	变量说明及赋值	均值	标准差
性别	男性=1，女性=2	1.63	0.49
年龄	20 及以下=1，21~30 岁=2，31~40 岁=3，41~50 岁=4，51~60 岁=5，60 岁以上=6	3.09	1.44
学历	初中及以下=1，高中=2，本科（大专）=3，研究生及以上=4	2.45	0.95
婚姻状况	未婚=1，已婚=2	1.62	0.49
家庭人数	1 人=1，2 人=2，3 人=3，4 人=4，5 人=5，6 人及以上=6	3.96	1.13
是否有婴幼儿	是=1，否=2	1.60	0.49
是否有老人	是=1，否=2	1.36	0.48
家庭人均月收入	3000 及以下=1，3001~6000 元=2，6001~9000 元=3，9000 元以上=4	2.08	1.00
对肉类价格的重视程度	不重要=1，不太重要=2，一般=3，比较重要=4，很重要=5	4.00	1.06
对肉类口感的重视程度	不重要=1，不太重要=2，一般=3，比较重要=4，很重要=5	4.42	0.88
对肉类可烹饪菜品多样性的重视程度	不重要=1，不太重要=2，一般=3，比较重要=4，很重要=5	3.92	0.98
对肉类烹饪难度的重视程度	不重要=1，不太重要=2，一般=3，比较重要=4，很重要=5	3.73	0.95
对肉类新鲜程度的重视程度	不重要=1，不太重要=2，一般=3，比较重要=4，很重要=5	4.58	1.23
对肉类安全的重视程度	不重要=1，不太重要=2，一般=3，比较重要=4，很重要=5	4.73	1.06
对肉类营养程度的重视程度	不重要=1，不太重要=2，一般=3，比较重要=4，很重要=5	4.20	0.88

7.2.3.2 基于离散选择模型的结果分析

从居民对于不同肉类消费的倾向对比矩阵来看（表 7.6），我们发现，鸭肉在生鲜市场上的主要竞争对象是鸡肉和猪肉，因此鸭肉若想要进一步占领市场，第一，需要针对猪肉和鸡肉，从开发和推广烹饪手法、提高产品的综合竞争力等渠道进行探索；第二，可以另辟蹊径，从水禽熟食产品的生产和销售入手，大力发展差异化战略；第三，尽可能扬长避短，通过宣传鸭肉的营养价值优势，进一步培养消费者的消费潜意识。另外，我们发现，一般消费鱼肉量较大的居民也会选择较大量的鸭肉的消费，这可能是由于更多选择鱼肉消费的居民具有更强的健康意识，而鸭肉作为营养价值更高的肉类对于这部分居民也具有更高的吸引力。

表7.6 不同肉类固定消费倾向对比矩阵

	鸭肉	牛肉	猪肉	鱼肉	鸡肉
鸭肉	—	1.25	2.25	0.5	2
牛肉	0.8	—	1.8	0.625	1.6
猪肉	0.45	0.56	—	0.22	0.89
鱼肉	2	2.5	4.5	—	4
鸡肉	0.5	0.625	1.125	0.25	—

从居民肉类消费的多因素替代选择矩阵来看（表7.7），在消费者进行肉类选择时，最能够对其消费行为产生影响的因素是肉类的口感以及肉类的安全。这说明，如今消费者的安全意识正在不断加强，在一如既往注重肉类口感的同时，也更加重视对肉类市场的监控以及产品的安全标识，所以水禽肉类生产加工企业需要采取更强有力的措施保证肉类产品的安全，并且想办法向消费者透露这个信息，让消费者更加放心，更加满意。

表7.7 居民肉类消费中的多因素替代选择矩阵

	价格	口感	可烹饪菜品	烹饪难度	新鲜程度	安全	营养价值
价格	—	1.29	0.44	1.11	1.04	1.29	0.71
口感	0.78	—	0.34	0.86	0.81	1	0.55
可烹饪菜品	2.28	2.94	—	2.53	2.38	2.94	1.63
烹饪难度	0.90	1.16	0.40	—	0.94	1.16	0.64
新鲜程度	0.96	1.24	0.42	1.07	—	1.24	0.68
安全	0.78	1	0.34	0.86	0.81	—	0.55
营养价值	1.40	1.81	0.62	1.56	1.46	1.81	—

从居民自身因素对肉类选择的影响来看（表7.8），居民的个人特征中最能够影响消费者对鸭肉的选择的因素是消费者收入和消费者的家庭结构，消费者家庭的人均月收入越高，越容易购买更多的鸭肉产品，即对鸭肉的消费有正向促进作用；而消费者家中小孩以及老人的数量越多，则会购买更少的鸭肉产品，即对鸭肉的消费产生负影响。

表7.8 居民自身因素对其选择不同肉类产品的影响

肉类 因素	鸭肉	牛肉	猪肉	鱼肉	鸡肉
性别	0.4	0.6	0.8	0.2	0.3
年龄	0.3	0.5	-0.8	-0.3	0.3
学历	0.4	-0.6	-0.7	0.6	0.5
婚姻状况	0.4	0.4	0.6	-0.8	0.43
家庭人数	0.43	0.76	0.87	0.43	-0.74
婴幼儿数量	-0.62	-0.35	0.77	0.35	-0.65
老人数量	-0.79	0.37	-0.54	0.73	0.63
月收入	0.93	-0.83	0.33	0.51	0.65

因此水禽肉类市场在销售方向上要合理定位，面向中青年消费者打造更加适宜的宣传方式，提升水禽产品的吸引力，并在此基础上不断对产品进行改进，以期更加匹配老人和儿童的口味，扩大产品受众市场。

7.3 基于 BP 神经网络的水禽肉类替代消费预测

7.3.1 BP 神经网络模型的应用

居民消费系统的复杂性决定了居民生活消费预测效果的不稳定性。在当前研究中，常用的预测模型有 ARIMA 预测模型、GM（1，1）预测模型、组合预测以及 BP 神经网络预测等。

贺清碧（2007）在现有研究成果的基础上，运用了一种改进的 BP（Back-Propagation）算法，建立了改进的 BP 网络模型，当对城市消费进行预测，设计了基于 BP 神经网络的城市消费预测系统。其选取了1997年1月~1998年8月各季度的数据进行实证分析，证明了该算法可以提高当前的预测精度，是一种较好的预测方法。李国柱等（2007）利用灰色预测模型、时间自变量模型以及神经网络模型，对1986~2005年的军民消费数据进行模拟分析，预测2007~2010年的居民消费水平。

在现有研究中，神经网络主要用于能源的消费及需求预测上，而在经济上的预测应用很少。例如，徐平（2007）基于 BP 神经网络的我国石油需求预测；胡雪棉和张岐山（2008）基于 MATLAB 的 BP 神经网络煤炭需求预测模型；李建中等（2010）基于主成分分析和 BP 神经网络的能源供需安全研究。

现有研究中，用神经网络来建立消费模型的有马福玉和余乐安（2013）基于神经网络对我国猪肉年度消费需求数量的预测研究；孙傲冰（2005）利用神经网络建立消费函数模型；王青青（2005）基于人工神经网络组合对居民消费水平进行预测。

指数平滑、灰色模型及回归分析等常用的预测都需要确定预测对象的数学模型，但是，许多研究数据具有复杂性和不确定性。在考虑多因素时，往往需要对各个因素先进行预测，进而预测因变量，导致预测误差增加。而神经网络不需要建立具体的数学函数模型，所需数据少、预测精度高、能够修正，可以较精确的描述因素之间的映射关系，这样可以降低预测过程的难度，弥补了在计量经济学基础上建立的模型的一些不足，如线性模型难以拟合非线性现象、指数平滑法对上升数据预测偏低、ARIMA 模型需要数据较多等。

7.3.2 基于 BP 神经网络的居民肉类消费选择模型构建

人工神经网络（artificial neural network，ANN）通常是对一组输入信号和一组输出信号之间的关系进行建模，使用的模型来源于人类大脑对来自感觉输入的刺激是如何反应的理解。在我们的实际操作中，我们通过对居民人口统计和日常行为的调查构成了一系列的输入信号，而最终的输出信号则是每一个用户的肉类消费选择。

具体来讲，在问卷中，我们收集了三类信息来预测居民用户的肉类消费行为：在第一类信息中，我们主要调查了住户的人口统计等基本信息，包括家庭收入情况、家中老人数量、家中儿童（年龄在 3~15 岁）数量、户主（或家中做出生活决策者）的受教育水平等；在第二类信息中，我们主要调查了居民用户的肉类消费基本信息，包括购买不同肉类产品的价格（以长期购买下来的平均价格为准）以及家庭消费肉类的频率等（在调查中通过询问被调查住户平均每周主餐中消费肉类的频率获取，如每天两顿或一顿主餐中会有肉类菜肴）；在第三类信息中，我们主要收集了调研住户的周边环境信息，如距离市中心的地理距离（以地图上坐标点之间的直线距离为准），住房周边大型超市或菜场的数量等。

基于此，我们对居民用户肉类消费选择行为的神经网络模型以第 j 层网络传导为例，构建神经网络如下：

$$a_1^{(j+1)} = g(\Theta_{10}^{(j)} x_0 + \Theta_{11}^{(j)} x_1 + \Theta_{12}^{(j)} x_2 + \cdots + \Theta_{1m}^{(j)} x_m)$$

$$a_2^{(j+1)} = g(\Theta_{20}^{(j)} x_0 + \Theta_{21}^{(j)} x_1 + \Theta_{22}^{(j)} x_2 + \cdots + \Theta_{2m}^{(j)} x_m)$$

$$a_3^{(j+1)} = g(\Theta_{30}^{(j)} x_0 + \Theta_{31}^{(j)} x_1 + \Theta_{32}^{(j)} x_2 + \cdots + \Theta_{3m}^{(j)} x_m)$$

$$a_i^{(j+1)} = g(\Theta_{i0}^{(j)} x_0 + \Theta_{i1}^{(j)} x_1 + \Theta_{i2}^{(j)} x_2 + \cdots + \Theta_{im}^{(j)} x_m)$$

其中，$a_i^{(j)}$ 表示第 j 层神经网络的第 i 个激活单元，在本研究中，我们选择只有一个隐藏层的伸进网络拓扑结构，事实上，我们选择的三类输入变量到最终的肉类消费的选择行为具有一定的相关性，根据经验往往只需要一层隐藏层就可以很好的模拟输入变量到最后输出变量的传导机制；$\Theta_{im}^{(j)}$ 表示从第 j 层映射到第 $j+1$ 层的权重矩阵。该矩阵的尺寸为：以第 j 层的激活单元数（如果 $j=1$，则为输入变量个数）为行数（如模型示例中的 m），以第 $j+1$ 层的激活单元数为列数的矩阵（如模型示例中的 i）；x_m 表示我们从问卷中收集的居民用户信息，主要包括之前介绍的三类。

进一步的，我们通过向量化的方法根据正向传播原则来计算上述第 j 层的神经网络模型：

$$g\left(\begin{bmatrix} \Theta_{10}^{(j)} & \cdots & \Theta_{1m}^{(j)} \\ \vdots & \ddots & \vdots \\ \Theta_{i0}^{(j)} & \cdots & \Theta_{im}^{(j)} \end{bmatrix} \times \begin{bmatrix} x_0 \\ \cdots \\ x_m \end{bmatrix}\right) = g\left(\begin{bmatrix} \Theta_{10}^{(j)} x_0 + \cdots + \Theta_{1m}^{(j)} x_m \\ \cdots \\ \Theta_{i0}^{(j)} x_0 + \cdots + \Theta_{im}^{(j)} x_m \end{bmatrix}\right) = \begin{bmatrix} a_1^{(j+1)} \\ \cdots \\ a_i^{(j+1)} \end{bmatrix}$$

我们在 R 软件中选择 neuralnet 包来实现上述预测神经网络的建模。该包建立在 R3.4.3 版本上，一些关于神经网络的研究论文也基于 neuralnet 包得到了一些稳定的训练结果，并且模型获得的最终的预测效度也非常高（Fritsch et al. 2016）。本章接下来的部分将具体介绍我们在该软件中如何训练调查所获取的居民肉类消费选择数据以及基于训练数据的居民肉类消费选择预测。

7.3.3 基于居民肉类消费选择调查数据的模型训练和检验

在一共调查的 314 个有效住户样本中，我们首先对数据集进行随机重排序，然后选择其中的 80% 的样本量作为上述神经网络模型的训练学习集，剩下的 20% 样本量作为判断训练后的神经网络模型的预测效度的依据（即测试集）。在输出变量的操作上，即如何判断居民住户是否选择水禽肉类作为重要的日常肉类消费时，我们以居民平均每周食用的水禽肉类（以鸭肉为主）的量超过所有被调查居民住户平均食用量两个标准差以上的样本定义为预测对象，以种类为标准来定义居民主要的肉类消费品种，而神经网络模型预测的对象为所有肉即

$$\text{Output}_{\text{choice},d} = \begin{cases} 0, x_{nd} < 2 * \text{std.}(x_n) + \text{average}(x_n) \\ 1, x_{nd} \geq 2 * \text{std.}(x_n) + \text{average}(x_n) \end{cases}$$

式中，Output$_{choice,d}$ 表示样本 d 用户是否选择水禽肉类作为重要的日常肉类消费，x_{nd} 表示第 n 个被调查住户平均每周消费水禽肉类的量。因此，上述神经网络模型的最终训练结果如图 7.5 所示。

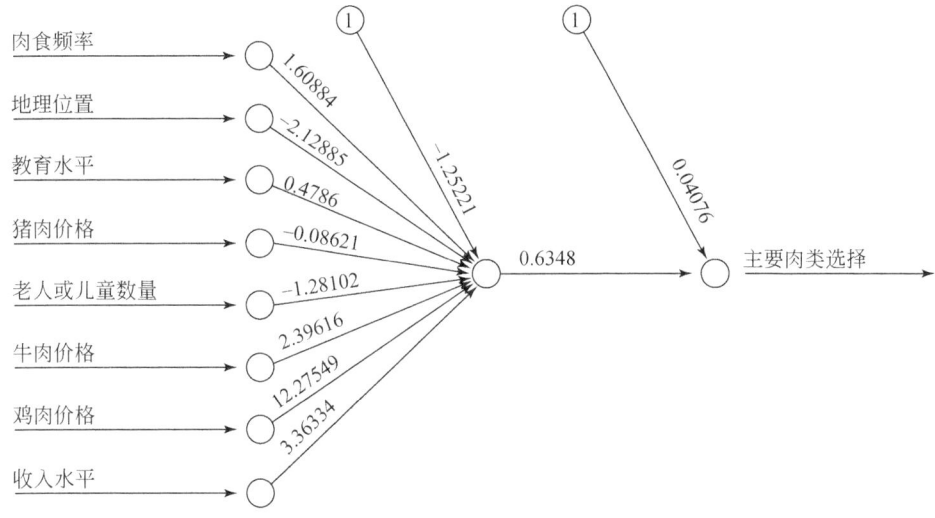

图 7.5　BP 神经网络模型训练过程结果呈现

从模型训练结果中我们可以看出，在所有调查获取的居民住户信息中，居民的肉食频率、教育水平、牛肉和鸡肉的价格及收入水平通过一个中介神经元正向传导至居民用户选择水禽肉类作为重要的日常肉类消费；相比之下，我们调查的居民用户信息中的地理位置，猪肉价格和老人或儿童数量会通过一个中介神经元负向传到至居民用户选择水禽肉类作为重要的日常肉类消费。该模型的训练一共进行了 483 次迭代就进入了收敛，其中，模型整体误差值（error）为 5.67。当我们进一步根据训练的模型来预测剩下的 20% 样本的真实值时，我们得到了 87% 的识别率，即通过训练的模型在 62 个用户组成的测试集中成功预测了其中 53 位住户在日常肉类消费中的选择行为。该模型可以在更大规模的调查中得到更新的训练，在一定程度上会进一步降低误差项，从而在新的测试集中获取更加精准的预测效度。通过该模型的训练，我们发现在众多影响居民住户肉类消费决策的因素中，居民住户所处的地理位置（即距离市中心位置的远近程度）和家中老人或儿童的数量是阻碍居民用户选择更多的水禽肉类消费的主要因素；另一方面，鸡肉价格的波动对居民用户的水禽肉类选择具有较大的影响，即当鸡肉的价格增加时，居民用户会在很大程度上选择水禽肉类产品消费作为替代。

7.3.4 神经网络预测模型训练的启示

从我们构建的神经网络预测模型训练结果来看,用户的家庭结构也对人们的水禽肉类消费量具有较大的影响,尤其是当居民家中老人和小孩的数量更多的时候,居民用户选择水禽肉类消费的量会更少,这可能是由于水禽肉类相对于传统的猪肉牛肉在食用复杂程度上更高,导致家中有更多老人和儿童的家庭没有形成水禽肉类消费的习惯,这一点需要得到我们水禽养殖和食品加工行业的一定的重视,希望通过养殖和相关的食品加工技术降低水禽肉类的食用复杂程度。另外,我们也看到居民用户的家庭收入和受教育水平均能够正向促进居民用户的水禽肉类消费量,基于该结果,我们对水禽肉类消费的宣传和推广也应该更加针对这部分的居民用户。我们从神经网络训练模型中也发现居民用户所处的地理位置也对他们的水禽消费行为产生重要的影响,作为水禽肉类供应渠道,应该更加注重水禽肉类消费的便捷性,不光在距离市中心较近的大型商超提供便捷的购买渠道,在一些城郊和相对偏远地区也应该增加供应渠道,在一定程度上降低交通距离对城镇居民用户水禽肉类消费带来的负向影响。

由于我们此次调研范围以武汉市及周边城郊地区为主,基于此数据训练的神经网络模型只能代表城镇地区居民的肉类消费情况。为了获取更加普遍性的结论,尤其是探讨城乡居民用户肉类消费的差异行为,我们需要进一步扩大调研范围。由于每一次调研都能够帮助我们对现有的神经网络预测模型进行优化和训练,未来更大范围内的跟踪调查将获取到更加稳定的居民肉类消费模型和更小的预测误差,这对于提前判断区域水禽消费市场的需求变化具有非常重要的战略意义,也能在实际应用中降低水禽肉类市场需求波动风险,真正做到从市场需求量的动态变化来指导和优化水禽肉类供给侧的改革。

第8章
水禽产品市场价格波动与预测研究

21世纪以来，我国畜牧业发展取得显著成就，尤其是自2007年以来，逐步进入了向畜牧业现代化转型的新阶段，在国家政策的大力支持下，畜牧业转型速度加快，并逐步建立起现代化的畜牧业生产体系。同时，我国居民消费的"菜篮子"里的内容发生了极大的变化。其中一个非常明显的特征就是：人均肉类消费比例上升59%，且白肉所占消费比例增加了26.7%，这对于畜牧业的生产结构和畜产品的市场价格都有较大的影响。其中，鸭肉是我国消费者主要购买的畜产品之一。鸭肉的消费在提高居民肉类产品消费质量，改善饮食结构，增强生活质量及提高生活幸福指数等方面都有重要作用。目前，我国人均占有禽肉量是13.28kg/人，其中鸭肉约5kg/人，可提升的空间很大，这也说明我国居民鸭肉消费的潜力非常大。在鸭肉消费比例持续增高的背景下，鸭肉产品价格波动于养殖户和城乡居民来说都具有较大影响。为了帮助生产者应对市场价格波动，保持市场稳定，满足城乡居民日益增长的消费需求，对水禽产品价格走势、价格预警及市场价格波动的传导机制的研究就显得迫在眉睫。

8.1 水禽产品市场价格走势分析

水禽产品品类众多，其中以毛鸭、鸭苗、鸭蛋和肉鹅最具有代表性，因此可以选择肉毛鸭价格、肉鸭苗价格、鸭蛋大宗市场批发价和活鹅大宗市场批发价为代表来分析我国近些年来的水禽市场价格走势。

所涉及的价格数据全部来自布瑞克农业数据中心，时间跨度为2015年1月到2018年12月。需要说明的是，布瑞克农业数据终端提供的数据均为逐日数据或者周数据，我们为了统一标准以及方便展示已经全部换算成月度平均数据。

8.1.1 肉毛鸭价格走势分析

首先,将 2015 年 1 月到 2018 年 12 月的肉毛鸭价格绘制成长期价格折线图,如图 8.1 所示。

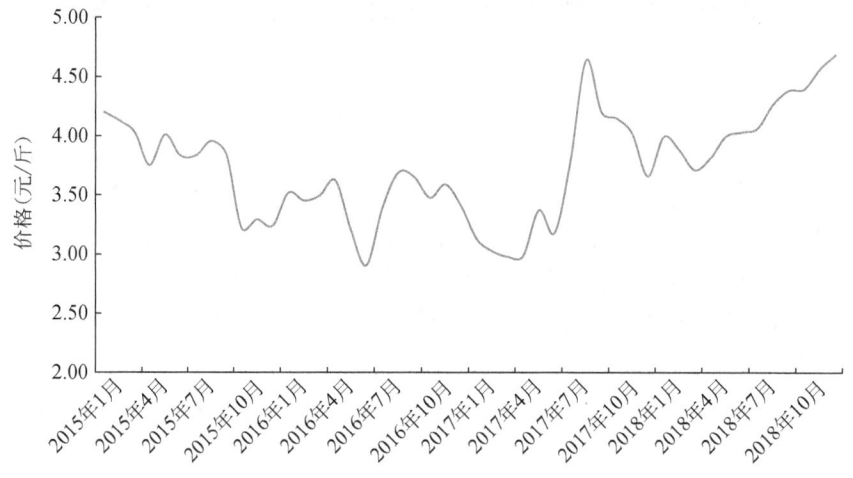

图 8.1 肉毛鸭长期价格走势图

从长期价格走势来看,近四年的肉毛鸭价格整体上呈一个 U 型走势。2015 年 1 月到 2017 年 4 月,虽然过程中时有起伏,但是整体上一直是一个下降的过程,这可能是由于 2013 年底的禽流感事件的负面影响一直长时间持续的结果,直到 2017 年第三季度,肉毛鸭价格突然有一个大幅攀升。纵观四年的肉毛鸭价格数据,每一年的第三季度都有一个价格走高的过程(这可能与 H7N9 病毒不耐热有关),而 2017 年第三季度距离 2013 年的底的禽流感事件已经过去将近四年,其负面影响已经走到了最低,正逢每年价格最有可能上涨的第三季度的到来,所以肉毛鸭价格突然有了一个大幅度的上涨。虽然在 2017 年第四季度价格又有一定程度的回落,但是进入 2018 年后,肉毛鸭价格又开始了新一轮的快速上涨。这一变化趋势一方面与环境政策的收紧有关,另一方面可能受到非洲猪瘟事件的影响,鸭肉与猪肉之间存在着替代关系,人们减少了猪肉的消费,增加了鸭肉消费,刺激了肉毛鸭价格的上涨。

将这四年的价格逐年进行详细对比,可以得到以下结果,如图 8.2 和表 8.1 所示。

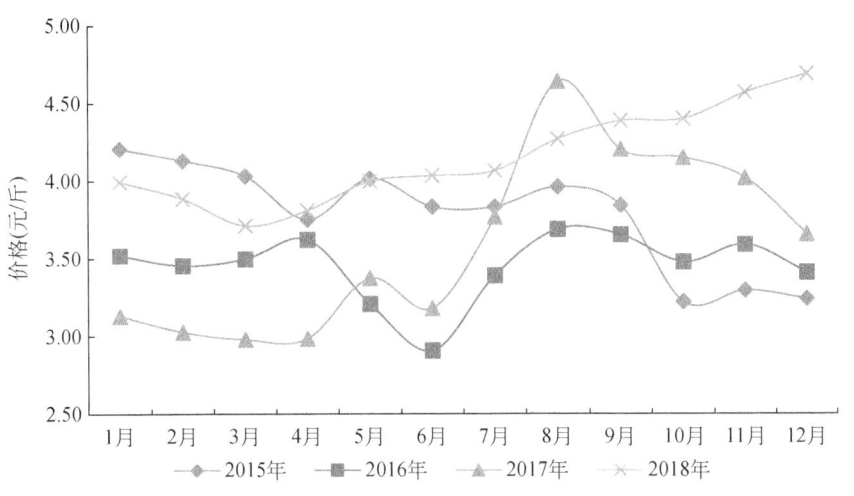

图 8.2 2015~2018 年肉毛鸭价格走势对比图

表 8.1 肉毛鸭价格分析表　　　　　　（单位：元/斤）

日期	2015 年	2016 年	2017 年	2018 年
1 月	4.21	3.52	3.13	4.00
2 月	4.13	3.45	3.03	3.89
3 月	4.03	3.50	2.98	3.71
4 月	3.75	3.62	2.99	3.81
5 月	4.01	3.21	3.37	4.00
6 月	3.83	2.91	3.18	4.03
7 月	3.83	3.39	3.77	4.07
8 月	3.96	3.69	4.64	4.27
9 月	3.84	3.66	4.20	4.39
10 月	3.22	3.48	4.15	4.40
11 月	3.30	3.59	4.02	4.57
12 月	3.24	3.41	3.66	4.69
第一季度	4.12	3.49	3.05	3.87
第二季度	3.87	3.25	3.18	3.95
第三季度	3.88	3.58	4.21	4.24
第四季度	3.25	3.49	3.94	4.55
上半年平均	4.00	3.37	3.11	3.91
下半年平均	3.57	3.54	4.07	4.40
全年平均	3.78	3.45	3.59	4.15

由图 8.2 和表 8.1 可以看出，2018 年的整体价格水平是四年之中最高的，其全年平均价格为 4.15 元/斤。从近四年的全年平均价格来看，2015~2016 年是一个下降的过程，2016~2018 年是一个上升的过程。

如果将一整年分为上下半年来看，只有 2015 年是上半年平均价格高于下半年的平均价格，其他三年都是下半年平均价格高于上半年平均价格，2015 年由于还是处于 2013 年底爆发的禽流感事件的影响期之内所以一整年都处于一个下降的趋势。而 2016 年到 2018 年的上下半年对比来看，下半年的肉毛鸭价格走势要明显好于上半年的。

如果将一整年的时间进一步细分成四个季度，可以看出 2015 年和 2016 年第一季度的平均价格高于第二季度的平均价格，而 2017 年和 2018 年的第一季度的平均价格低于第二季度的平均价格，说明第一季度和第二季度的平均价格之间并没有明显的价格规律。而近四年的第二季度的平均价格均是小于第三季度的平均价格的，这说明随着气温的上升，每一年的第三季度都会出现一个价格上涨的势头。而从第三季度和第四季度的平均价格的对比来看，2015 年到 2017 年的第三季度的平均价格均高于第四季度的平均价格，这说明随着气温的下降，肉毛鸭的价格开始下降，这可能与 H7N9 等类似不耐热病毒开始活跃有关，而 2018 年的第三季度的平均价格是低于第四季度的平均价格的，这可能与 2017 年环保政策开始收缩导致肉鸭市场供给平衡偏移有关。

8.1.2　肉鸭苗价格走势分析

本节运用和肉毛鸭相似的分析方法分析肉鸭苗的价格走势，将 2015 年 1 月到 2018 年 12 月的肉鸭苗价格绘制成长期价格折线图，如图 8.3 所示。

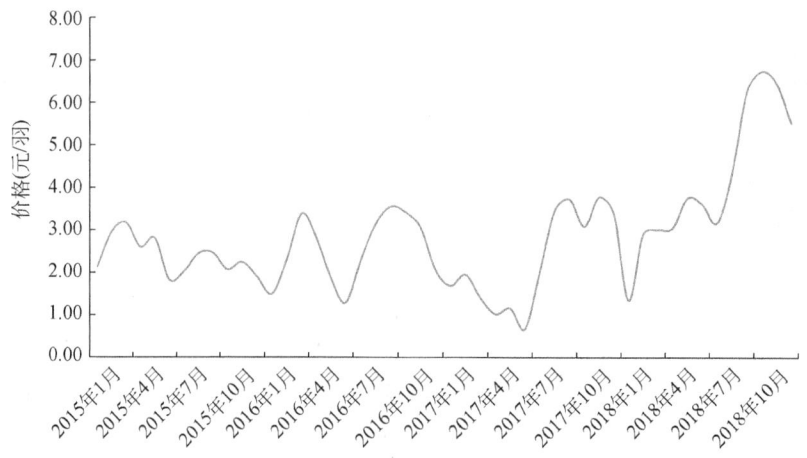

图 8.3　肉鸭苗长期价格走势

由图 8.3 可以看出，一直到 2018 年 7 月份之前，肉鸭苗的价格基本上是在一个比较狭窄的范围内上下震荡，但是从 2018 年 7 月开始一直到十月份，肉鸭苗出现了一个急剧上涨的过程，此后虽然略有下降，但是仍然处在近四年的高位上。

然后是对近四年的肉鸭苗价格进行逐年的详细对比分析，如图 8.4 和表 8.2 所示。

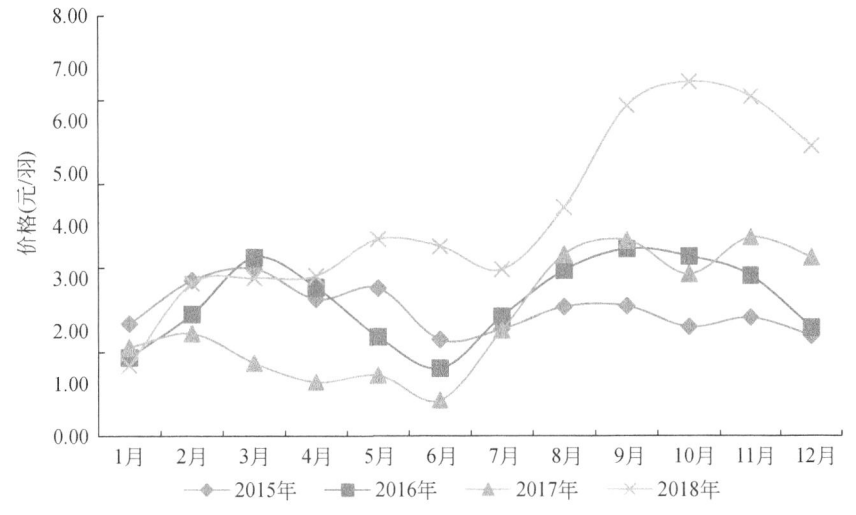

图 8.4 2015~2018 年肉鸭苗价格走势对比图

表 8.2 肉鸭苗价格分析表　　　　　　　　（单位：元/羽）

日期	2015 年	2016 年	2017 年	2018 年
1 月	2.14	1.50	1.69	1.34
2 月	2.96	2.32	1.95	2.90
3 月	3.18	3.39	1.39	3.00
4 月	2.60	2.83	1.02	3.04
5 月	2.81	1.89	1.15	3.75
6 月	1.83	1.29	0.67	3.61
7 月	2.03	2.27	2.01	3.17
8 月	2.46	3.15	3.45	4.35
9 月	2.47	3.56	3.73	6.28
10 月	2.07	3.42	3.08	6.74
11 月	2.25	3.05	3.78	6.46
12 月	1.90	2.06	3.39	5.52

续表

日期	2015 年	2016 年	2017 年	2018 年
第一季度	2.76	2.40	1.67	2.42
第二季度	2.41	2.00	0.95	3.47
第三季度	2.32	2.99	3.06	4.60
第四季度	2.08	2.84	3.42	6.24
上半年	2.59	2.20	1.31	2.94
下半年	2.20	2.92	3.24	5.42
全年平均	2.39	2.56	2.28	4.18

由图 8.4 和表 8.2 可以看出，2015 年的全年平均价格低于 2016 年的全年平均价格，而 2016 年的全年平均价格高于 2017 年的全年平均价格，2018 年的全年平均价格为近四年最高，且相较于过去三年有了很显著的增长，达到了 4.18 元/羽。2018 年的全年平均价格之所以由如此大幅度的增长，很可能是因为国家的环保政策收缩导致的父母代肉鸭养殖量下降进而导致市场供给量下降所引起的。

通过对比上下半年的平均价格可以发现，除了 2015 年，剩下三年的上半年平均价格均要小于下半年的平均价格且 2017 年和 2018 年的上下半年平均价格差距还比较大，这可能也是与国家环保政策从 2017 年开始收缩有关。

通过对比四个季度的平均价格可以看出，第一季度和第二季度的平均价格并没有明显的价格规律，但是从 2016 年开始第二季度的平均价格均要小于第三季度的平均价格，说明与肉毛鸭价格相似，肉鸭苗的价格在第三季度也有一个明显的上升趋势。2015 年和 2016 年的第三季度的平均价格均是大于第四季度的平均价格的，而 2017 年和 2018 年的第三季度的平均价格则是小于第四季度的平均价格的，同样也可能是环保政策的收缩引发的市场供求关系改变导致了这一结果。

8.1.3　鸭蛋价格走势分析

本节运用和肉毛鸭相似的分析方法分析鸭蛋的价格走势，将 2015 年 1 月到 2018 年 12 月的鸭蛋价格绘制成长期价格折线图，如图 8.5 所示。

由图 8.5 可以看出近四年的鸭蛋价格走势整体呈"V"形，从 2015 年 1 月一直到 2017 年 7 月一直是一个下降的趋势，而从 2017 年 7 月开始就进入一个比较明显的上升过程，一直到 2018 年 10 月，这个上升势头再次扭转，出现

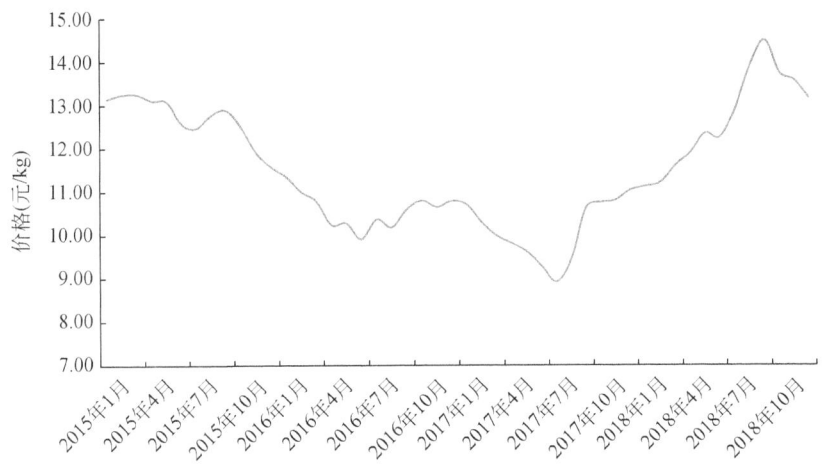

图 8.5 鸭蛋长期价格走势图

下降的势头。

然后是对近四年的鸭蛋价格进行逐年的详细对比分析，如图 8.6 和表 8.3 所示。

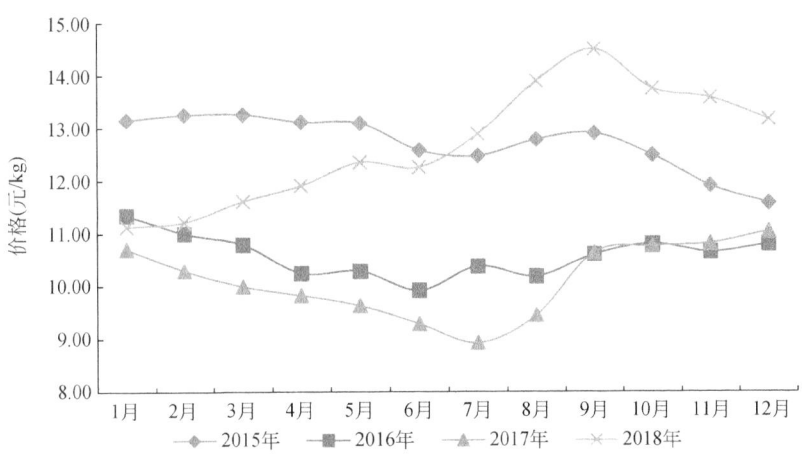

图 8.6 2015~2018 年鸭蛋价格走势对比图

表 8.3 鸭蛋价格分析表 （单位：元/kg）

日期	2015 年	2016 年	2017 年	2018 年
1 月	13.15	11.35	10.71	11.12
2 月	13.25	11.00	10.29	11.21
3 月	13.25	10.79	9.99	11.61
4 月	13.11	10.24	9.82	11.90

续表

日期	2015年	2016年	2017年	2018年
5月	13.08	10.28	9.62	12.34
6月	12.57	9.92	9.28	12.25
7月	12.47	10.37	8.92	12.88
8月	12.77	10.18	9.44	13.88
9月	12.89	10.60	10.64	14.49
10月	12.48	10.80	10.76	13.75
11月	11.90	10.65	10.81	13.57
12月	11.57	10.79	11.04	13.16
第一季度	13.22	11.04	10.33	11.31
第二季度	12.92	10.15	9.57	12.16
第三季度	12.71	10.38	9.67	13.75
第四季度	11.98	10.75	10.87	13.49
上半年	13.07	10.59	9.95	11.74
下半年	12.35	10.57	10.27	13.62
全年平均	12.71	10.58	10.11	12.68

从全年平均价格来看，2015年的全年平均价格高于2016年的全年平均价格，而2016年的全年平均价格又高于2017年的全年平均价格，说明这三年的价格一直是一个下降的趋势，而到了2018年全年平均价格来到12.68元/kg，与2015年的价格水平接近，说明经过两年的下跌，鸭蛋价格又开始复苏了。这个走势结果一方面因为持续两年多的价格低迷，部分蛋鸭养殖户减少了养殖量甚至退出了产业；另一方面可能是与2017年国家开始收缩环境政策，之前传统养殖的部分地区变成了禁养区或者限养区，制约了蛋鸭养殖生产的发展。这两方面的原因都导致蛋鸭养殖量的减少，进而减少了鸭蛋的供给，在需求维持继续缓慢上升的情况下，供求关系的调节，价格迅速攀升。

从上下半年价格对比来看，2015年和2016年的上半年的平均价格要高于下半年的平均价格，而2017年和2018年的上半年的平均价格要低于下半年的平均价格。

从四个季度的平均价格来看，2016年到2018年均是第三季度要高于第二季度的平均价格，说明进入夏天后鸭蛋价格也会出现一定幅度的上涨。

8.1.4 活鹅价格走势分析

本节运用和肉毛鸭相似的分析方法分析活鹅的价格走势，将2015年1月到 2018 年 12 月的鸭蛋价格绘制成长期价格折线图，如图 8.7 所示。

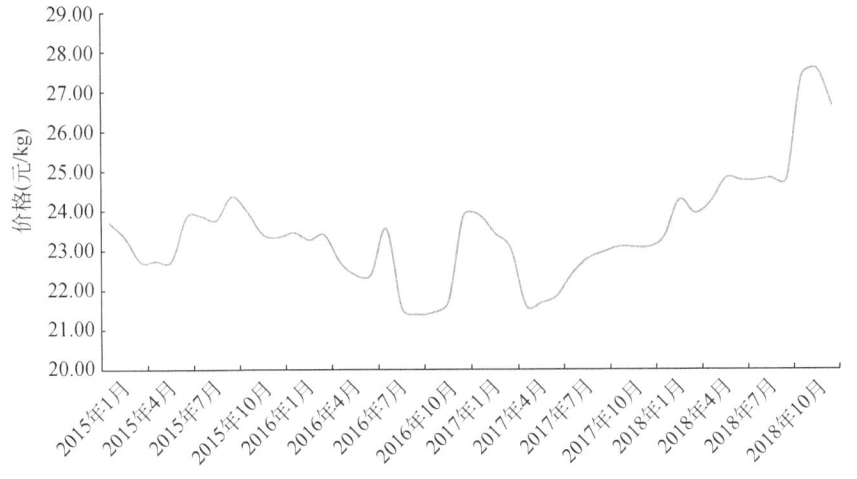

图 8.7　活鹅长期价格走势图

由图 8.7 可以看出虽然 2015 年到 2017 年底一直在较为剧烈的震荡，但其实本身的价格水平一直没有太大的变化，直到进入 2018 年，活鹅价格开始有了较大幅度的增长。这一变化趋势与肉毛鸭价格的变化类似，一方面与环境政策的收紧有关，另一方面可能受到非洲猪瘟事件的影响。

然后是对近四年的活鹅价格进行逐年的详细对比分析，如图 8.8 和表 8.4。

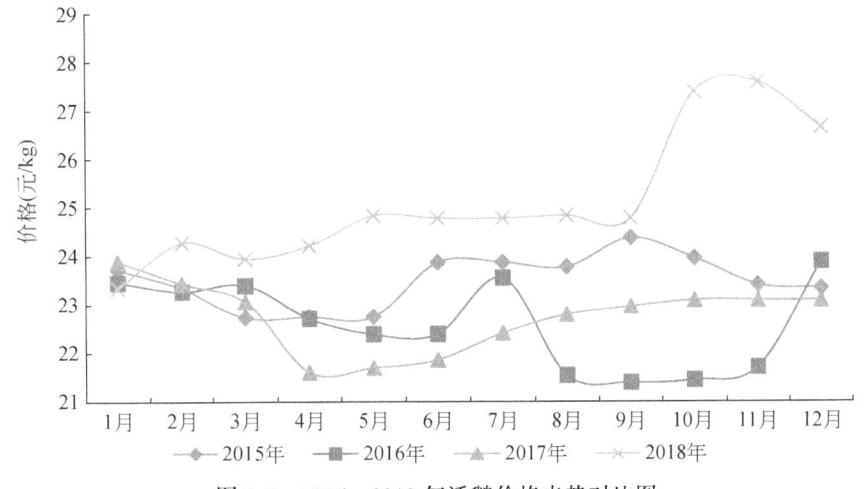

图 8.8　2015～2018 年活鹅价格走势对比图

表 8.4　活鹅价格分析表　　　　　　　（单位：元/kg）

日期	2015 年	2016 年	2017 年	2018 年
1 月	23.73	23.46	23.90	23.34
2 月	23.34	23.28	23.44	24.28
3 月	22.74	23.40	23.06	23.95
4 月	22.75	22.72	21.61	24.22
5 月	22.75	22.39	21.70	24.83
6 月	23.87	22.40	21.87	24.78
7 月	23.88	23.55	22.42	24.78
8 月	23.78	21.55	22.80	24.84
9 月	24.38	21.40	22.97	24.78
10 月	23.96	21.45	23.10	27.38
11 月	23.41	21.71	23.10	27.58
12 月	23.35	23.89	23.10	26.65
第一季度	23.27	23.38	23.47	23.86
第二季度	23.12	22.50	21.73	24.61
第三季度	24.01	22.17	22.73	24.80
第四季度	23.57	22.35	23.10	27.20
上半年平均	23.20	22.94	22.60	24.24
下半年平均	23.79	22.26	22.91	26.00
全年平均	23.49	22.60	22.76	25.12

由图 8.8 和表 8.4 可以看出，2018 年的全年平均价格要明显高于过去三年，而除了 2016 年，剩下三年的上半年价格均要小于下半年的平均价格；而从四个季度的价格走势来看，四个季度之间并没有统一的规律，但活鹅的价格总是会在年中附近出现上涨的情况，这和肉毛鸭、肉鸭苗的情况类似。

8.2　水禽市场产品价格波动预警研究

我国是水禽生产和消费的第一大国，在国内市场上，肉鸭也占有比较重要的地位。然而，在快速发展的过程中，市场规律、疫情、舆论、饲料价格、国际市场波动等作为肉鸭产业的不稳定因素，给其健康发展带来了影响和冲击。近年来，肉鸭产品价格波动频繁且幅度较大，生产成本逐年攀升，禽流感等动物疫病的威胁重大，养殖户利益不稳定，这一系列问题一直阻碍着肉鸭产业的平稳健康发展。

从水禽产业的发展现状来看，水禽产业的经济参与者无论是生产者还是消费者，抑或对肉鸭市场起着宏观调控作用的政府部门，在进行决策的时候都无法找到科学的依据，特别是一些中小规模养殖场（户）以及广大消费者，只能通过片面的价格信息来把握未来行情走势，很难形成全面准确的判断，容易出现盲目跟风的现象，做出错误的生产、消费决策，造成巨大损失的同时也给产业健康发展带来不稳定因素。

在这种背景下，深入研究和分析水禽产业生产、消费、价格和国际贸易的波动特征，在此基础上提出长期有效且可操作性较强的产业安全预警方案和调控措施，具有十分重要的意义和现实的迫切性。

虽然肉鸭产业对于预警系统的研究尚在起步阶段，但是畜牧业的其他产业乃至整个农业范围内已有前人的大量研究可供参考。例如，易泽忠（2012）拣选出猪粮比等6个指标对我国生猪市场价格风险进行评价，并采用2001~2010年数据进行实证分析。阎晓军（2011）从批发、生产到流通等各个环节的收益情况对北京市蔬菜市场展开预警研究。赵友森（2011）采用标准差技术对北京市蔬菜批发价格开展预警研究。但上述研究实证部分较弱，预警指标体系不是很完善。张瑞荣（2013）采用ARIMA和ARDL模型分别对肉鸡价格进行预测，并对两种模型的预测误差进行了比较，但构建的模型并未考虑影响肉鸡价格的内部因素和外部冲击。罗超平（2012）利用省际面板数据对我国蔬菜价格波动预警进行研究，从供给、需求、其他影响因素构建了预警指标，进行了简单的实证，只是验证了某些指标是否通过了显著性检验。刘芳（2013）采取6个一级指标、18个二级指标对生猪市场价格指数进行预警，并用BP神经网络进行实证研究。王新利（2011）对农业企业财务进行预警研究，选取17个指标作为警兆指标，构建基于偏最小二乘BP神经网络的预警模型，但未对预警指标进行分析评价。王蕾（2011）对中国食糖市场价格波动展开预警研究，从生产、消费、动向警兆指标等方面提取了13个指标，构建了预警指标体系。唐江桥（2011）的研究中涉及的畜禽品种有肉鸡、蛋鸡、散养肉牛、肉羊等，以价格波动率为警情指标，警兆指标设计为27个，只是用时差相关分析法确定了先行、同步、滞后指标，并未做指标优化检验。赵瑞莹（2006）以生猪价格风险预警为例，研究农产品市场风险预警，构建的警兆指标有17个，采用BP神经网络预警前并未对指标进行约简。

虽然这些研究有利于加深对预警指标设置和预警模型的认识，但是就肉鸭产业本身而言，首先是肉鸭的生产养殖数据难以获得，这就使得在构建指标系统时要选取合适的替代指标；其次，肉鸭的养殖周期相较于生猪等其他畜牧业种类而言更为短小，因此选取合适的预警时间跨度也是研究的关键。

8.2.1 预警体系与预警方法的介绍

构建预警体系的首要工作便是根据景气指数的原理确定指标体系。所谓景气指数，又称景气度，最初是指是对企业景气调查中的定性指标通过定量方法加工汇总，综合反映某一特定调查群体或某一社会现象所处的状态或发展趋势的一种指标。在一般模型中，景气指数介于0至200，100为景气指数的临界值，当景气指数大于100时，表明经济状况趋于上升或改善，当景气指数小于100时，表明经济状况趋于下降或恶化，处于不景气状态。更为细致的划分为：0~100为不景气区间，100~120为较景气区间，120~150为较高景气区间，150~200为高景气区间。

研究景气循环的分析方法有三种：①古典循环法，主要是观察经济时间序列绝对量本身的波动，一般观察时间序列的长期趋势及循环要素（TC）的波动；②增长循环波动也称离差循环方法，一般观察经济时间序列相对量的波动，将时间序列的长期趋势T和循环要素C分离，把循环要素C的变动看作是景气变动，即增长周期波动是循环要素C的波动；③增长率循环，观察经济时间序列的增长率（与上年同月或同季比的变化率），分析其波动的规律性；同前两种方法一样，也要对时间序列进行季节调整，对增长率序列的长期趋势及循环要素（TC）的波动进行分析。

由于肉毛鸭、肉鸭苗、鸭蛋和肉鹅的预警系统的构建过程相似，因此接下来只以肉毛鸭为例来介绍预警系统的构建过程。由于肉鸭的价格波动幅度较大，且由于政策、市场以及禽流感等因素导致不同月份之间价格波动量的绝对值差距过大，因此在研究过程中主要采用离差循环法。

本研究的最终目的是建立指标体系，将肉毛鸭价格波动率 R_t 作为警情指标，以 CPI 为基础划分警限，使用2014年4月~2017年12月的 CPI 环比数据平均值为基准划分预警区间，最终构建预警信号灯系统，并利用现有可得的数据，在 ARIMA 模型的基础上预测出肉毛鸭未来十个月的价格，并计算其波动率，通过观察预警信号灯的变动情况，来判断未来肉鸭价格波动趋势，为国家宏观政策及农户生产、消费决策提供参考的同时，保障肉鸭产业安全稳定发展。

8.2.2 价格波动预警系统的构建

经济预警一般包括明确警义、寻找警源、分析警兆和预报警度这样几个阶段（顾海兵，1997）。在此采用的是黑色预警方法对中国肉毛鸭价格波动进行预警，所谓黑色预警就是指不引入警兆信息，只考察警情指标的时间序列变化规律。

8.2.2.1 警情指标的确定

明确警义、确定警情指标是构建预警系统的第一步。一般来说，警情指标采用增长率指标比较适宜。因为在经济指标中，绝对指标往往呈递增型，而增长率指标则往往呈波动型，波动型的指标有利于方便地确定警限和警度，转换公式为：

$$R_t = (\ln P_t - \ln P_{t-1}) * 100$$

式中，P_t 和 P_{t-1} 分别表示第 t 月和第 $t-1$ 月的肉毛鸭价格，将 R_t 称为肉毛鸭价格波动率，实际上就是相邻月份肉毛鸭价格的对数 1 阶差分。本节采用肉毛鸭价格波动率 R_t 作为警情指标。

8.2.2.2 警限指标的确定

确定警限的方法有多种，概括起来可分为三大类：专家经验法、系统方法和统计方法。专家经验法是一种主观性方法；系统方法需要全面考虑经济系统的变动规律，比较复杂；统计方法包括一系列具体的警限确定原则，如多数原则、半数原则、均数原则、少数原则等。要对价格进行预警，首先应明确价格到底在一个什么样的水平上运行比较合理。不能认为价格没有波动就是合理，因为在当前的经济环境下，各个国家普遍选择轻微的通货膨胀政策以刺激经济增长。如果存在通货膨胀而肉毛鸭名义价格不变，则其实际价格就下跌了，因此以消费者价格指数（consumer price index，CPI）为基础来划分警限不失为一种可行的选择。以 CPI 为基础划分警限的原则称之为物价原则（葛慧玲，2007）。物价原则的含义是指肉毛鸭价格的波动要与近期的 CPI 相适应，如果过度偏离了 CPI，则认为出现了警情。在对 2017 年下半年至 2018 年上半年各月的肉毛鸭价格进行预警时，使用 2014 年 4 月至 2017 年 12 月的 CPI 环比数据平均值为基准，取平均值上下一个标准差为无警区间，超出 1 个标准差但在 2 个标准差内为轻警区间，超 2 个标准差为重警区间。采用双侧警限的原因是价格属于一个适中指标，无论过高还是过低，都会影响市场的稳定运行。根据国家统计局公布的数据，2014 年 4 月至 2017 年 12 月的 CPI 环比增长百分比的平均值为 0.24，即平均波动率为正的 24%，标准差为 0.81。各个警限对应的警度、信号灯和状态如表 8.5 所示。

表 8.5　警情指标的警限与警度

警限	警度	信号灯	状态
(−∞, −1.38)	负向重警	白灯	价格下跌过快
[−1.38, −0.57)	负向轻警	蓝灯	价格下跌较快
[−0.57, 1.05]	无警	绿灯	价格稳定
(1.05, 1.86]	正向轻警	黄灯	价格上涨较快
(1.86, +∞)	正向重警	红灯	价格上涨过快

注：信号灯颜色只为方便直观显示警情，一般来说用冷色调代表价格下跌，暖色调代表价格上涨，而绿色在日常生活的警示标牌中经常用来表示安全稳定（如人行道绿灯）。因此可以用白灯代表价格下跌过快，蓝灯代表价格下跌较快，绿灯代表价格稳定，黄灯代表价格上涨较快，红灯代表价格上涨过快

8.2.3　价格预测模型及预警结果分析

8.2.3.1　肉毛鸭价格预测模型的选择与应用预警结果分析

在确定警情指标之后，为了将此预警系统应用于实际，本节接下来将根据现有价格数据进行预测，并将预测价格计算波动率然后得出警情情报。由于肉鸭养殖周期较短，因此预测时间长度不应超过 1 年，本研究将预测跨度定为 8 个月。

本节的预测模型选择的是 ARIMA 模型。ARIMA 模型又称 B-J 模型，其所依赖的原理是：某些时间序列于时间 t 的一组随机变量，构成该时序的单个序列值虽然具有不确定性，但整个序列的变化却有一定的规律性，可以用相应的数学模型（即 ARIMA）近似描述。ARIMA (p, d, q) 模型的形成有四种基本类型：自回归（AR）模型、移动平均（MA）模型、自回归移动平均（ARMA）模型以及差分自回归移动平均模型（ARIMA）。ARIMA (p, d, q) 模型是通过对不平稳的序列进行 d 阶差分，将其转化为平稳时间序列，然后建立 ARMA (p, q) 模型。

设 u_t 是 d 阶单整时间序列，即 $u_t \sim I(d)$，则：

$$\omega_t = \Delta^d u_t = (1-L)^d u_t \tag{8.1}$$

ω_t 为平稳时间序列，即 $\omega_t \sim I(0)$，于是可以对 ω_t 建立 ARMA (p, q) 模型：

$$\Phi(L) = C + \Phi_1 \omega_{t-1} + \cdots + \Phi_p \omega_{t-p} + \varepsilon_1 + \theta_1 \varepsilon_{t-1} + \cdots + \theta_q \varepsilon_{t-q} \tag{8.2}$$

公式（8.2）表明如果一个序列是单整序列，那么该序列可以由其自身的滞后值以及随机扰动项来解释。即如果该序列平稳（它的行为并不会随着时间的推移而变化），那么就可以通过该序列过去的行为来预测未来。

通过 ADF 单位根检验结果表明肉毛鸭价格序列是 4 阶单整的，从而确定 $d=1$。对于季节、非季节自回归和移动平均阶数，通过观察自相关系数图和偏自相关系数图，并对比不同可能取值组合的模型拟合效果，最后确定 $p=1$、$q=1$。综上所述，模型的形式为 ARIMA（1，1，1）。由此可得模型结果，具体如表 8.6 所示。

表 8.6　ARIMA（1，1，1）模型结果

变量	系数	标准差	T 检测值	置信度
AR（1）	0.446	0.232	1.919	0.064
MA（1）	−0.768	0.158	−4.846	0.000
SMA（12）	0.841	0.042	20.113	0.000

由表 8.6 可以看出，AR（1）和 MA（1）高度显著，SMA（1）并不显著，而又由于此时间序列为白噪声数列，所以该数列是平稳的，因此模型可以表示为 $(1-0.45B)(1-B)(1-B^{12})duckpT = (1-0.76)(1-0.84B^{12})u_t$，其中 duckpT 肉毛鸭月度价格序列 u_t 表示误差项。

畜产品生产的一个显著特点在于动物有一定的生长周期。就肉鸭生产来说，在当前的技术条件下，肉鸭的养殖周期大概在 42 天左右。这意味着，作为一个肉鸭生产者来说，提前一个季度对肉鸭价格做出预警才有时间对生产规模进行调整。

预警结果显示（表 8.7），我国 2019 年 1 月~2019 年 6 月的肉毛鸭价格波动状况不容乐观，在经历了 2018 年近一年的上涨之后，2019 年肉毛鸭价格将迎来新一轮的下跌，除了 1 月、4 月和 5 月有小幅度的上涨之外，剩下的月份均有较大幅度的下跌。

表 8.7　肉毛鸭价格的预测和预警结果

日期	预测值	波动率	警度	信号灯	状态
2019 年 1 月	4.43	0.45	无警	绿灯	价格稳定
2019 年 2 月	4.32	−2.51	负向重警	白灯	价格下降过快
2019 年 3 月	4.27	−1.16	负向轻警	蓝灯	价格上涨较快
2019 年 4 月	4.31	0.93	无警	绿灯	价格稳定
2019 年 5 月	4.33	0.65	无警	绿灯	价格稳定
2019 年 6 月	4.27	−1.45	负向重警	白灯	价格下降过快

8.2.3.2 肉鸭苗、鸭蛋和肉鹅价格预警结果分析与水禽企业的应对策略

由于肉鸭苗、鸭蛋和肉鹅的价格的预测过程与肉毛鸭相似，因此就不在此赘述。首先得到肉鸭苗的价格预测和预警结果如下表8.8所示。

表8.8 肉鸭苗价格的预测和预警结果

日期	预测值	波动率	警度	信号灯	状态
2019年1月	5.76	0.51	无警	绿灯	价格稳定
2019年2月	5.69	-1.22	负向轻警	蓝灯	价格下降较快
2019年3月	5.72	0.96	无警	绿灯	价格稳定
2019年4月	5.76	1.07	正向轻警	黄灯	价格上涨较快
2019年5月	5.84	1.76	正向轻警	黄灯	价格上涨较快
2019年6月	5.79	-0.92	负向轻警	蓝灯	价格下降较快

肉鸭苗在经过2018年的"疯涨"过后，在进入2019年后开始进入"冷静"期，先是增长快速放缓，然后便开始了较大幅度地下降，不过在进入第二季度之后有可能会再度恢复上涨，但是在第二季度末还是存在较大幅度下跌的隐患。

鸭蛋价格预测和预警结果如表8.9所示。

表8.9 鸭蛋价格预测和预警结果

日期	预测值	波动率	警度	信号灯	状态
2019年1月	13.36	0.96	无警	绿灯	价格稳定
2019年2月	13.18	-1.28	负向轻警	蓝灯	价格下降较快
2019年3月	13.16	-0.026	无警	绿灯	价格稳定
2019年4月	12.92	-1.31	负向轻警	蓝灯	价格下降较快
2019年5月	13..99	0.39	无警	绿灯	价格稳定
2019年6月	13.03	0.28	无警	绿灯	价格稳定

由表8.9可以看出，未来大部分时间鸭蛋价格几乎都是处于无警状态，只有在2018年末和2019年2月份、4月份会有小幅度下滑的趋势。

活鹅价格预测和预警结果如表8.10所示。

表 8.10 活鹅价格预测和预警结果

日期	预测值	波动率	警度	信号灯	状态
2019 年 1 月	26.60	-0.65	负向轻警	蓝灯	价格下降较快
2019 年 2 月	26.41	-1.16	负向轻警	蓝灯	价格下降较快
2019 年 3 月	26.13	-1.06	负向轻警	蓝灯	价格下降较快
2019 年 4 月	26.52	1.48	正向轻警	黄灯	价格上升较快
2019 年 5 月	26.58	0.27	无警	绿灯	价格稳定
2019 年 6 月	26.51	0.32	无警	绿灯	价格稳定

由表 8.10 可以看出，在进入 2019 年 1 月后会有一个较为快速下降的趋势，在 2 月和 3 月这个下降趋势仍会保持，在进入 4 月后又会重新开始上升的势头，然后在 5、6 月份保持平稳发展。

虽然水禽产品种类不同，但是面对不同的价格警报时，企业所要做出的调整确是相似的。

当月度价格出现正向重警时，水禽企业应该严格控制生产出栏，优化经营品种，提高库存运转，积极消化内部库存，尽最大可能平衡肉鸭进出差价带来的企业损失。同时积极关注市场变化，做好市场价格进一步上涨的应对准备。

当水禽月度价格出现正向轻警时，水禽企业应该协调与零售商的关系，保证水禽企业的正常进出货量，控制存栏量的变化，防范价格进一步波动带来的库存和经营压力。

当水禽月度价格处于平稳状态时，企业应该时刻关注市场和存栏情况，充分利用市场平稳阶段开展经营，提高企业的经营效益，并且关注水禽价格波动情况，为应对波动警情做好应对准备。

当水禽价格月度波动处于负向轻警时，企业应该加强对水禽生产的管理，提高产品质量，增强水禽企业在零售商中的议价能力，同时适当增加优质产品的存量，既要把握涨价带来的机遇，同时也要防范价格继续下跌带来的经营风险。

当水禽月度价格波动处于负向重警时，企业应该优化经营品种和库存，密切关注价格变动，防范产品进一步下跌带来的经营风险，同时，要加强销售管理，尽可能的优化企业现有的销售渠道，增强企业的出货能力。

8.2.4 预警系统的评价与注意事项

在水禽产品的预警模型的构建中有以下三点需要注意：①水禽养殖虽然受

季节影响，但是它的市场价格的季节性规律表现不太明显。②水禽养殖周期比较短，因此生产者必须频繁对生产活动做出抉择，因此预警的预测期不宜过长，以季度性预测或半年预测为宜。③由于是价格预警，因此必须要考虑到通货膨胀的影响。

本研究采用基于 ARIMA 预测的黑色预警模型，此方法的优越性主要包括两个方面：一是 ARIMA 预测方法作为一种成熟的时间序列预测方法，能够获得高精度的短期预测结果；二是黑色预警方法只关注警情指标的时序变化规律，简单易行，无须进行繁琐的因素分析。基于以上两点理由和全文的分析过程可见，本书所应用的方法同样适用于进行其他种类的农产品价格波动预警。

不过这也是受限于水禽产业生产数据缺乏的权宜之法，黑色预警模型并没有显示出价格波动的原因，因此价格预测的准确性总是不如黄色预警模型。进一步的研究可以在生产数据完善的情况下，建立黄色预警模型，揭示水禽价格波动的内在机理。

8.3 水禽市场价格波动及传导机制分析

随着畜牧业的迅猛发展及人民生活水平的提高，鸭肉、鸡肉、羊肉、猪肉、牛肉的价格也在随之波动，对消费者的生活、相关肉类企业以及肉类产品市场造成影响。现在有关肉类产品的研究越来越多，且肉类产业的发展在我国国民经济发展中，尤其是在我国农村社会经济发展中发挥着越来越重要的作用。本节希望通过构建向量自回归模型（VAR）探讨鸭肉价格波动与猪肉价格、鸡肉价格、羊肉价格、牛肉价格之间的均衡关系及相互作用，为国家的相关政策及肉类产业的发展提供有价值的对策与建议。

8.3.1 研究基础与研究方法

8.3.1.1 研究基础

国外畜牧业发展历史悠久，肉类产业发展也比我国早，且发展较为成熟。有关肉类产业的研究较多也较为深入，但相对来看，国外学者对于肉类价格的研究较少，现有研究大致分为如下思路：

Paul 在 *The new U.S. meat industry* 一文中通过描述美国鸡肉产业纵向的垂直整合，分析其产业结构，最后对于鸡肉产业的市场的价格波动及分配情况作出分析；Barkema 等（2001）介绍了美国肉类产业的合并趋势，从中分析出这种趋势对于行业内价格波动及利润分配变动的影响。Cummings（2006）在分析亚洲一些具有代表性的国家的特色农产品在市场价格方面的稳定政策后，对于其发展以及长期的稳定提供相关对策建议。Drini（2011）选择阿尔巴尼亚中部和西南部城市居民进行问卷调查，研究该地区居民对于羊肉的消费偏好。

总体来说，国外学者对于肉类产业的研究的方式较多，定性分析与定量分析都有。但是具体到肉类价格的分析，国外学者大多采用构建模型与实证分析的经济计量方法，且大多研究对象为猪肉、羊肉、牛肉的价格，而对于鸭肉价格的波动研究非常少。

近年来，随着畜牧业的迅猛发展及人民生活水平的提高，我国鸭肉、鸡肉、羊肉、猪肉、牛肉的价格也在随之波动，有关肉类产业及其价格的研究越来越多，现有的研究大致可分为以下几类：

（1）关于肉类价格周期的研究

国内学者大多将其研究集中在定性与定量研究的两个方面：①利用数据分解方法进行定量研究。毛学峰和曾寅初（2008）采用H-P滤波法分析了生猪价格周期。研究发现，生猪价格存在着约为35至45个月的波动周期，且易受外部冲击的影响。②对价格的波动进行定性分析。李秉龙和何秋红（2007）对于价格的增长率进行了直观定性分析，从而划分了近20年来我国生猪价格的波动周期；并对猪肉价格的短期波动的特点、趋势等进行了详尽的解析。王明利和李威夷（2010）的研究中发现，自2000年以来，我国猪肉价格波动出现了4个波峰，分别位于2000年、2003年、2007年、2010年，持续时间一般为三到四年。在经历每一个波峰之后，价格就随之上升到一个新的台阶上。鸭肉、鸡肉价格的波动与猪肉价格的波动情况十分相似，同样呈现出四个阶段。

（2）肉类产业链价格的研究

这一类是研究肉类产业链价格在不同环节的特征及其传递规律，这类研究具有非对称性特征。孙秀玲（2016）等的研究结果表明，由于这种非对称性导致不同产业链环节利益分配不均。自中国加入WTO以来，肉类产品的价格开始受国际肉类产品市场的影响。夏龙和刘芳的研究表明肉类价格的国内价格和国际价格之间存在着较强动态相关性，国际价格对国内价格存在均值溢出的效应，反之则不存在。杨晶晶和徐家鹏（2015）利用协整检验等检验方法以及有限分布滞后模型来分析我国的玉米价格和牛肉价格之间的上下游的相关传导机制，其研究发现牛肉产品的上游与下游之间的关联度比较高，存在着均衡关系和滞后效应。

(3) 肉类价格波动与 CPI、通货膨胀之间的关系的研究

王济民（2009）对猪肉价格与 CPI 之间的关系进行实证分析，详细分析了猪肉价格、CPI 和与通货膨胀之间的内在关系，得出猪肉价格的变动会影响 CPI，但不是主因。且研究发现，猪肉价格的上涨在长期过程中并不会导致通货膨胀。

(4) 基于模型分析肉类价格之间的关系

这种类型是通过建立模型，从而分析一种肉类价格波动与其他肉类价格之间的关系及其相互影响。例如，石自忠等（2013）通过 VAR 模型发现，从长期来看，猪肉价格与鸡肉、羊肉及牛肉价格之间存在着一种稳定的均衡关系，猪肉价格的变动在不同程度上引起其他三类畜禽肉类价格的同向变动。唐江桥等（2011）通过利用 ARCH 类模型对我国的畜产品的价格波动率进行了分析，其中还包括了对于鸡蛋与其他肉类之间波动关系的分析。从中得到了畜产品之间的价格波动积聚性显著、异方差效应不显著以及非对称性波动的特征。并且在此基础上构建起一个以 BP 人工神经网络系统为基础的肉类产品价格波动的预警模型。类似的，田文勇（2015）通过实证研究发现牛肉与羊肉之间的传递效应与长期稳定关系，且牛肉价格的变动在其中趋于主导地位。

综上所述，随着我国越来越重视畜牧业的发展，有关肉类产业及其价格的研究越来越多，但大多集中于猪肉、羊肉、牛肉这几种肉类上，有关禽肉类的研究很少，尤其是水禽领域的研究更是稀缺。因此，本节选取 2016 年 1 月至 2017 年 11 月鸭肉、猪肉、鸡肉、羊肉和牛肉价格 5 组数据，通过建立 VAR 模型，利用单位根检验、协整关系检验、格兰杰（Granger）因果检验等计量方法，分析鸭肉价格与其他肉类价格之间的关系及其相互影响，并对此提出一些对策与建议。

8.3.1.2 研究方法

向量自回归模型（vector auto-regression mode，简称 VAR 模型），其推广源自于经济学家 Sims 在 1980 年发表的著作，发展到今天，VAR 模型已经由当时的二维演变成对多维度模型。在经济领域，由于经常涉及多个变量的分析，VAR 模型的应用也十分广泛。它是根据数据本身的统计属性建立的模型，建模的基本思想是利用每一个外生变量作为模型中所有的内生变量滞后项的函数来构造回归模型，整体来讲，它是一个多方程模型。

$$Y_t = A_1 Y_{t-1} + \cdots + A_p Y_{t-p} + B_r X_{t-r} + \varepsilon_t, \quad t \in [1, 2, 3, \cdots, n] \quad (8.3)$$

式中，Y_t 是 k 维度内生变量向量，X_t 是 d 维度外生变量向量，p 是滞后阶数。

一般来说，在模型中的随机扰动项会服从独立正态分布，这种情况下我们对模型中的每一个等式逐一进行 OLS 回归，从而得到有效的系数估计值，称

其为一致估计值。此外，如果是不同等式之间的扰动项存在相关性，那么只要自身是序列不相关，通过 OLS 回归得到的结果一样有效。

为了使模型具有有效性以及具备使用价值和经济意义，判别最初做出的经济假设的正确与否，我们需要对模型进行一系列的检验。主要需要识别和检验的内容如下：单位根检验、协整关系检验、格兰杰因果检验、脉冲响应和方差分解。这些检验一般遵循如下步骤：

1) 单位根检验是为了使模型中所有的变量符合平稳性要求。因此本章在建模前对所有的变量进行单位根检验，判断其是否具有稳定性。

2) 协整关系检验是对于未经过平稳性检验的变量的修正。在经济研究中，经常会出现序列不平稳的现象，那么就可以采用多阶差分的方式使其平稳。但是对于多个非平稳序列，我们就可以分析其协整关系，本章采用 Johansen 协整检验方法判断这几个变量之间是否存在协整关系，即这几个变量之间是否存在长期的关系，从而为建立模型做好准备工作。

3) 格兰杰因果检验是在建立模型之后进行的检验，它是在确保序列平稳的前提下，检验某一个变量的所有滞后项能否对其他变量的当期值产生影响。如果影响非常显著，那么说明这个变量与其他变量之间存在着格兰杰因果关系，反之则不存在。本章建立 VAR 模型后，在各种肉类价格的序列也符合了平稳性序列的要求的基础上，我们需要分析各变量之间的因果关系。根据分析结果判断其是否具备因果关系，然后剔除掉因果无关的序列。

4) 一般进行了格兰杰因果关系检验之后就是脉冲响应分析，IRF 脉冲响应函数是用来全面反映各个变量之间的动态的关系及其相互影响。在本章中是运用脉冲效应函数来反映一个变量变动的时候对于另一个变量的整体动态的影响过程。

5) 更进一步的分析就是方差分解。其是将整个模型系统内的一个变量的方差分解到各个干扰项上去，因此呈现了每个干扰项对于各个变量产生影响的一个相对程度。本章通过方差分解的方法来分析各种肉类价格波动对于鸭肉价格变动的贡献率，从中看出其他肉类对于鸭肉价格产生影响的大小。

8.3.2 水禽市场价格波动及传导机制的实证检验

8.3.2.1 数据收集及预处理

本节选取终端消费中白条鸭的批发价为鸭肉价格，白条猪的批发价为猪肉价格，白条鸡的批发价为鸡肉价格，白条羊的批发价为羊肉价格，白条牛的批发价为牛肉价格。选择全国批发市场 2016 年 1 月~2017 年 11 月鸭肉、猪肉、鸡肉、羊肉、牛肉的平均批发价格作为鸭肉价格（PD）、猪肉价格（PP）、鸡肉价格（PC）、羊肉价格（PM）和牛肉价格（PB），构成 5 组序列数据，各组数据单位为元/kg。根据所得数据，为了消除通货膨胀对于数据的影响，本节以 2016 年 1 月的消费价格指数为基数对每种肉类价格进行平减处理。然后，为了对数据进行季节性调整，用 Census X12 季节调整方法对所得数据进行季节性调整。最后，为了减少数据的波动，通过取原始数据的对数形式增强其线性趋势。最终，得到的变量记为 PDSA（鸭肉价格）、PPSA（猪肉价格）、PCSA（鸡肉价格）、PMSA（羊肉价格）和 PBSA（牛肉价格）。根据统计数据，可得到各种肉类价格的走势，具体如图 8.9 所示。

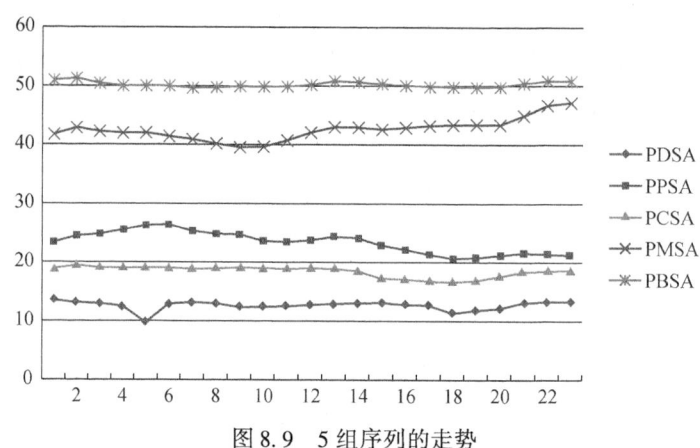

图 8.9　5 组序列的走势

数据来源：数据来自《中国畜牧业年鉴》、全国农产品价格数据库及布瑞克中国农业大数据

注：纵轴表示价格，横轴为每个月份

通过图 8.9 可以清晰地看到五种肉类价格的走势，总体而言，价格变化不大，除了鸭肉，其他四种肉类的价格走势都呈现出平稳的趋势。可以从中明显看出各种肉类的价格的差距，其中牛肉价格最高，羊肉价格稳居第二，猪肉价格第三，第四是鸡肉，鸭肉价格最低。而不论是在哪一个月份，这种差异都没有发生任何变化。可以看出，鸭肉价格相较于其他肉类的价格，并不平稳。下面，将对各种肉类之间的关系进行检验。

8.3.2.2　VAR 模型的构建

在计量分析当中需要保证数据的稳定性，如果所分析的数据是不平稳的数据，可能就会存在"伪回归"的现象而导致我们得到错误的结论，我们的计量方法也不能得到有效的利用。对于建立 VAR 模型，同样需要在建模之前对数据进行检验和处理。但是同样在这个过程中存在着一些数据，尤其是时间序列本身就是不平稳的，我们常常利用多阶差分的方法来使数据趋于平稳，但是这样的方法也有其局限性，很可能令我们无法综合的分析这些数据，丢掉一些长期性的综合信息，那么我们就可以通过协整检验来完成。因此，在建模之前，本节首先进行了平稳性检验和 Johansen 协整关系检验。

(1) 价格平稳性检验

利用具备平稳性的数据进行分析是计量分析的一个首要条件，这同样也是建立模型之前的必要准备工作。为了考察所得数据的平稳性，我们首先要对五组数据进行单位根检验，这里的检验我们运用的是 ADF 方法（表 8.11）。

表 8.11 五个价格序列的平稳性检验结果

变量	ADF 统计量	1% 临界值	检验形式	结果
鸭肉价格 PDSA	−3.7176	−3.7696	(c, t, 0)	不平稳
猪肉价格 PPSA	−1.1543	−3.7880	(c, t, 1)	不平稳
鸡肉价格 PCSA	−2.0357	−3.7880	(c, t, 1)	不平稳
羊肉价格 PMSA	−0.1958	−3.8085	(c, t, 2)	不平稳
牛肉价格 PBSA	−4.1217	−3.7880	(c, t, 1)	平稳
变量	ADF 统计量	5% 临界值	检验形式	结果
ΔPDSA	−5.9200	−3.0124	(c, 0, 0)	平稳
ΔPPSA	−2.7672	−2.6504	(c, 0, 1)	平稳
ΔPCSA	−3.0844	−3.0124	(c, 0, 0)	平稳
ΔPMSA	−3.0567	−3.0207	(c, 0, 1)	平稳
ΔPBSA	−3.5027	−3.0124	(c, 0, 0)	平稳

注：Δ 表示对序列的一阶差分。检验类型 (c, t, k) 分别表示检验方程包含常数项，趋势项和滞后阶数

从表 8.11 中的测验结果可以看出，原来的每一个价格的对数序列的 ADF 值均大于 1% 显著性水平下的临界值，则说明拒绝了不存在单位根的原假设，可以认为原序列都存在单位根，即为非平稳序列；而经过一阶差分以后，所有变量的差分序列的 ADF 值都小于 5% 显著性水平下的临界值，则认为差分序列都不存在单位根，即所有变量的一阶差分序列在该显著性水平下是平稳的。因此，可以得出所有的变量都是一阶单整序列。

(2) 价格协整关系检验

表 8.12 为五种肉类价格之间的协整关系检验。通过进行上述分析以判断其中存在的协整关系（贺鸣，2015），然后再根据其进行格兰杰因果关系检验。根据迹统计量的检验判定，又由表 8.2 可知：这五种肉类价格之间，在原假设没有协整关系（None）的前提下，该假设计算出的迹统计量值为

116.7937，大于临界值69.8189，且概率 P 值为0，则拒绝原假设，可认为至少存在一个协整关系；接下来的原假设就改为至多有一个协整关系（At most 1），在此假设下，计算出的迹统计量值为51.5173，大于临界值47.8561，概率 P 值为0.0218，则同样拒绝原假设，可以认为两者存在两个协整关系；再接下来的原假设就改为至多有两个协整关系（At most 2），在此假设下，计算出的迹统计量值为28.4449，小于临界值29.7971，概率 P 值为0.0710，大于0.05，则接受原假设。说明这五种肉类之间最多存在两个协整关系，说明变量之间存在协整方程。因此，可以认为在5%的显著水平下，上述这些变量之间存在长期均衡的关系。并且通过分析得到，在这种长期的均衡关系下，五种变量的均衡关系式为：

表8.12 鸭肉价格与四种肉类价格的协整关系

协整向量原假设	特征根	迹统计量值	5%的临界值	概率 P 值
None *	0.9553	116.7937	69.8189	0.0000
At most 1 *	0.6667	51.5173	47.8561	0.0218
At most 2	0.6146	28.4449	29.7971	0.0710
At most 3	0.3232	8.4239	15.4947	0.4212
At most 4	0.0107	0.2264	3.8415	0.6342

* 为5%显著水平下拒绝原假设

$$SER01PDSA = -0.1055SER02PPSA + 0.4122SER03PCSA \\ + 0.3975SER04PMSA - 3.8787SER05PBSA \quad (8.4)$$

从公式（8.4）中可以看出，猪肉价格、牛肉价格对于鸭肉价格的上涨是呈现负向的影响的，而鸡肉价格和羊肉价格对于鸭肉价格的上涨则是呈现出正向的影响。并且，从系数的大小中可以看出来，鸭肉价格对于牛肉价格变动的反应比较大，系数为3.878 697，这也就是说，当牛肉价格上涨了1%的时候，鸭肉的价格会下降约3.88%，其次就是鸡肉，然后就是羊肉，猪肉的影响系数反而很小。

在进行上述充足的检验以后，我们再在此基础上进行VAR模型的构建。

首先我们要进行的是模型的拟合，在此基础上，我们需要利用似然比统计量（LR）、最终预测误差（FPE）、赤池信息准则（AIC）、施瓦茨信息准则（SC）和HQ信息准则等滞后长度准则，采用少数服从多数原则，确定VAR模型的滞后期为2（表8.13）。

选取滞后期为2，建立VAR（2），计算AR特征多项式逆根。图8.10是表示单位圆中所有的点都为AR特征多项式逆根，即为AR特征根的倒数的模。

从图 8.10 可知,所有的点均处于单位圆内,表明建立的 VAR(2) 模型是稳定的,即由鸭肉价格 PD、猪肉价格 PP、牛肉价格 PB、羊肉价格 PM 和鸡肉价格 PC 组成的经济系统是稳定的。

表 8.13　VAR 合理滞后阶数的判定结果

Lag	LogL	LR	FPE	AIC	SC	HQ
0	−116.8841	NA	0.0757	11.6080	11.8567	11.6620
1	−34.3223	117.9454	0.0003	6.1259	7.6181	6.4498
2	9.6288	41.8583*	9.23e−05*	4.3211*	7.0567*	4.9148*

*指 10% 水平上显著

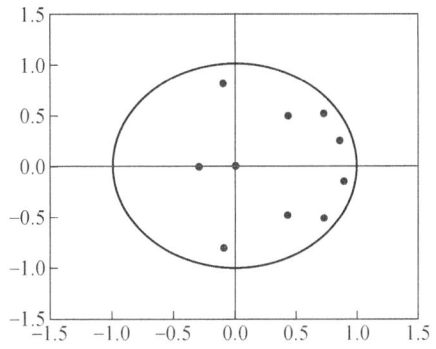

图 8.10　VAR(2) 的 AR 特征多项式逆根图

在此基础上,我们在 VAR(2) 模型当中,选取鸭肉价格 PD 作为解释变量,猪肉价格 PP、牛肉价格 PB、羊肉价格 PM 和鸡肉价格 PC 作为被解释变量,即可得到方程:

$$\begin{aligned}
\text{SER01PDSA} = & -0.3331 * \text{SER01PDSA}(-1) - 0.4271 * \text{SER01PDSA}(-2) \\
& -1.1743 * \text{SER02PPSA}(-1) + 1.1703 * \text{SER02PPSA}(-2) \\
& +1.1631 * \text{SER03PCSA}(-1) - 0.8532 * \text{SER03PCSA}(-2) \\
& -0.0593 * \text{SER04PMSA}(-1) + 0.0910 * \text{SER04PMSA}(-2) \\
& +1.9373 * \text{SER05PBSA}(-1) - 0.2682 * \text{SER05PBSA}(-2) \\
& -68.6499
\end{aligned} \quad (8.5)$$

在方程 (8.5) 中,鸭肉价格滞后 1 至 2 期对当期鸭肉价格的影响系数分别为 −0.3331 和 0.4271。随着时间的推移,影响系数逐渐增大,即影响力度在逐渐增强,且对当期的影响方向分别是负、正,即呈现交替现象。猪肉价格滞后 1 至 2 期对当期鸭肉价格的影响系数分别为 −1.1743、1.1703,影响系数逐渐减小,即影响力度在逐渐减弱,仍然呈现出正负交替的现象。同理可得,鸡肉滞后1至2期对当期鸭肉价格的影响系数逐渐减小，即鸡肉对于鸭肉价格的影响力度在逐渐减弱。羊肉的影响系数较小，影响力度较小，但在随着时间的推移而增强。牛肉滞后1期对当期鸭肉价格的影响最大，而滞后2期的时候影响很小。

综合看来，在滞后1期的时候，牛肉价格对于当期鸭肉价格的影响最大，且呈现出正向的影响。而在滞后2期的时候，猪肉价格对于当期鸭肉价格的影响是最大的，呈现出来的是负向的影响。整体而言，猪肉价格、鸡肉价格的变动对于鸭肉价格的影响比较大。羊肉价格对于鸭肉价格的影响很小。

8.3.2.3 价格波动及传导分析

事实上，大多数在研究 VAR 模型的时候，其建模后得到的方程及其系数并不是我们关注的重点对象，当然很大一部分原因也是因为在此模型中的系数的数量很庞大，难以进行分析。另一方面，每一个系数只反映其对应的滞后期的一小部分，或者说它只能关注到一个小范围的局部动态变化，所以仅仅靠系数是难以分析整个模型的。那么就有我们接下来借助格兰杰因果关系检验、脉冲响应和方差分解的方法来进一步进行分析。

（1）肉鸭价格与其他肉类价格的格兰杰因果关系检验

建立 VAR 模型后，在各种肉类价格的序列也符合了平稳性序列的要求的基础上，我们需要分析各变量之间的因果关系。根据分析结果判断其是否具备因果关系，然后剔除掉因果无关的序列，具体如表 8.14 所示。

表 8.14 鸭肉价格与猪肉、鸡肉、羊肉、牛肉价格的 Granger 因果关系检验结果

原假设	F 值	P 值	检验结果
猪肉价格不是鸭肉价格的格兰杰原因	0.0094	0.9907	5%显著水平下接受原假设
鸭肉价格不是猪肉价格的格兰杰原因	0.8020	0.4657	5%显著水平下接受原假设
鸡肉价格不是鸭肉价格的格兰杰原因	0.4171	0.0459	5%显著水平下拒绝原假设
鸭肉价格不是鸡肉价格的格兰杰原因	0.6719	0.0246	5%显著水平下拒绝原假设
羊肉价格不是鸭肉价格的格兰杰原因	0.9683	0.4009	5%显著水平下接受原假设
鸭肉价格不是羊肉价格的格兰杰原因	0.5923	0.5648	5%显著水平下接受原假设
牛肉价格不是鸭肉价格的格兰杰原因	2.5625	0.0183	5%显著水平下拒绝原假设
鸭肉价格不是牛肉价格的格兰杰原因	0.3644	0.7002	5%显著水平下接受原假设

由表 8.14 可知，在滞后 1 至 2 期的情况下，在 5% 的显著性水平的前提下，鸭肉价格不是鸡肉价格的格兰杰原因以及鸡肉价格变动不是鸭肉价格变动成因的假设都被拒绝，牛肉价格变动不是鸭肉价格变动成因的原假设同样被拒

绝,猪肉、羊肉价格变化不是鸭肉价格变动成因的原假设被接受,鸭肉价格不是猪肉、羊肉、牛肉价格的格兰杰原因的原假设同样被接受。由此可见,鸭肉价格发生了变动会在一定范围内影响鸡肉价格的变动,鸡肉和牛肉价格的变动也一定程度上导致鸭肉价格的变动,而相反的,牛肉价格的变动却不会对鸭肉价格造成影响。通过这个结果可以反映出一些肉类之间是存在替代效应的,它们之间互为替代品,这也验证了我们之前在经济理论的基础上所做的假设。当鸭肉价格呈现出不断上涨的趋势的时候,就会驱使人们选择消费其他畜禽肉类,从而引起其他肉类价格的上升。

(2) 其他肉类价格对肉鸭价格波动的脉冲响应分析

前面分析的系数只能够反映一个局部的动态关系,并不能描述出系统全面的动态关系。对于我们的研究来说,更加想了解一种肉类对于其他肉类的整个影响过程。而脉冲效应函数恰恰能够用来反映一个变量变动的时候对于另一个变量的整体动态的影响过程。在最开始的时候,我们先分别作出 PDSA、PPSA 与 PCSA,PMSA 及 PBSA 的一阶差分序列的脉冲响应函数图 (图 8.11)。图中实线表示出来的是鸭肉价格 PD 受到冲击以后的走势,其中包括鸭肉价格对自身的脉冲响应函数图,以及其他肉类价格对于鸭肉价格的冲击反映出来的下效果,还有各种肉类受其他肉类价格冲击后的对其价格的影响。而图中的虚线表示走势的两倍标准误差,图中的横轴表示本研究设定的响应期数,纵轴则是表示对冲击的响应程度。需要指明的是笔者这里做了五中肉类价格分别对于彼此的脉冲响应分析,但本节主要是以鸭肉为主体,因此,此处选取其中相关的部分列出。

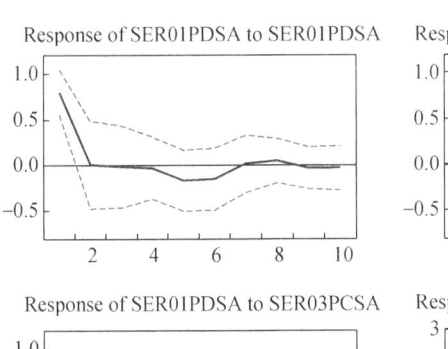
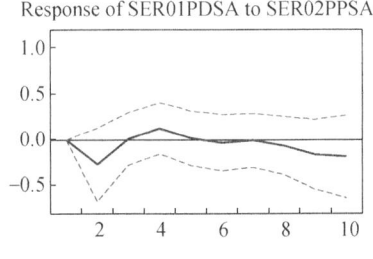
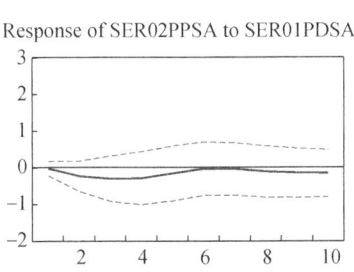

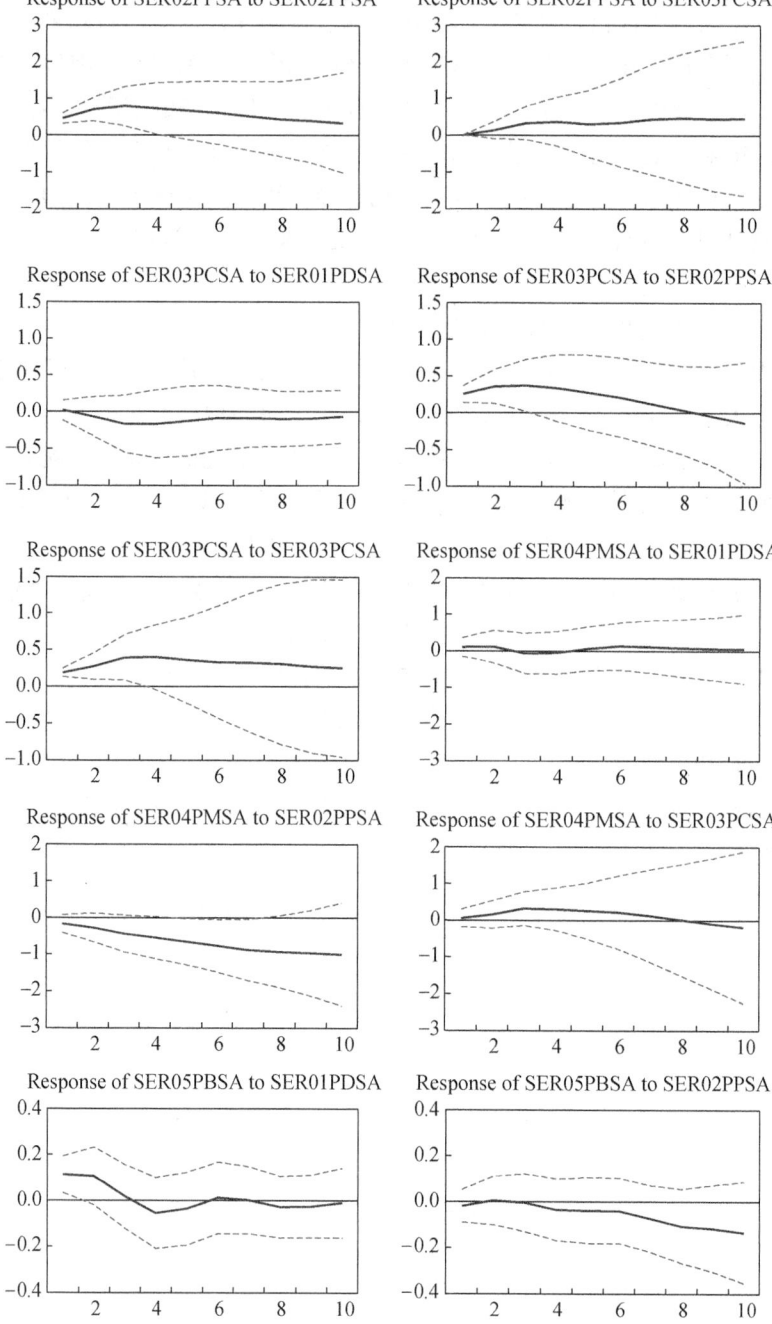

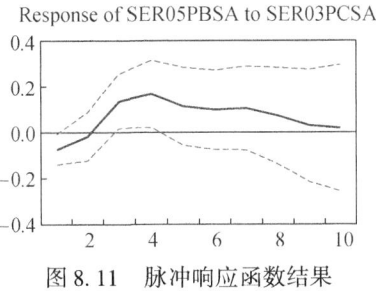

图 8.11 脉冲响应函数结果

由图 8.11 可以看出，鸭肉价格在受到自身的一个冲击后就会开始下降，而下降到一定程度后，在第 2 期以后开始趋于平稳，然后在第 4 期的时候又开始产生波动，在大概第 7 期的时候为 0。同理可以分析得到，鸭肉价格在受到鸡肉价格的冲击后就开始产生波动，且受到的是正向的冲击，在不停地波动中，于第 5 期达到最大值，然后开始下降，在第 7 期的时候将近 0，这证明鸡肉价格对于鸭肉价格的冲击开始下降。那么通过此分析可以知道，鸡肉价格对鸭肉价格有一个正向冲击作用，大约能在第 5 期的时候达到冲击效应的峰值。而相反的，鸭肉价格对于鸡肉价格则是呈现的负向的冲击，相较于鸭肉对于鸡肉的冲击来说较为平稳一些。同理可得其他肉类的结果，笔者在此就不一一列举。总体来看，鸭肉价格对猪肉、鸡肉、羊肉和牛肉的冲击都会在第 1 期就产生一定程度的影响，之后，牛肉价格的冲击效应在第 4 期的时候逐渐减弱，直至第 8 期左右开始趋于平稳；羊肉价格受到冲击后，会出现较为平缓的波动，此后逐渐减弱，直至第 8 期左右开始趋于平缓；而猪肉价格会在第 9 期之后开始趋于平稳。这表明，当期鸭肉价格冲击对牛肉价格的效应主要集中在冲击后的前四期内。而对于其他肉类的价格在前五期基本没有趋于平缓的趋势，那么说明鸭肉价格对其他肉类的冲击效应可能会持续五期乃至五期以上。由此可见，鸭肉价格的变动必然会带动其他肉类价格的冲击，只是存在正向冲击与负向冲击的区别。

根据表 8.15 可以看出，鸭肉价格本身影响最大，在鸭肉价格受到一个单位的冲击后，鸭肉价格在第 1 期就达到了最大，为 0.8030，然后开始下降，到第 10 期降为 −0.0299，这说明当期价格对未来 10 期鸭肉价格的波动在最初的时候具有正向作用，然后慢慢又呈现出副作用，不断降低，并且还存在着正负的波动。这与图 8.3 所反映的情况一致。从表 8.5 第二列来看，在猪肉价格受到 1 个单位的冲击后，鸭肉价格在第 2 期开始受到负向影响，以后逐渐增强，然后在两期之后又开始下降，且一致趋于下降趋势，说明猪肉价格波动对鸭肉未来的价格大致是具有反向作用；在给牛肉价格 1 个单位的冲击后，鸭肉价格在第2期受到正向影响，随后又呈现负向影响，并处于正负交替的状态。羊肉价格中也存在该现象。鸡肉价格的影响仅次于鸭肉本身的价格影响，给鸡肉价格一个单位的冲击后，鸭肉价格在第5期达到最大，为0.3263，从第7期对鸭肉价格的影响趋于稳定。

表8.15 脉冲响应函数结果

Period	SER01PDSA	SER02PPSA	SER03PCSA	SER04PMSA	SER05PBSA
1	0.8030	0.0000	0.0000	0.0000	0.0000
2	0.0036	−0.2718	0.0724	0.1895	0.1693
3	−0.0164	0.0104	−0.0372	0.0774	0.0611
4	−0.0324	0.1272	0.2338	0.0104	−0.1737
5	−0.1670	0.0186	0.3263	−0.0482	−0.1027
6	−0.1532	−0.0336	0.1189	−0.0548	0.0527
7	0.0153	−0.0054	0.0264	0.0032	0.0090
8	0.0486	−0.0642	0.1177	0.0721	−0.0642
9	−0.0322	−0.1624	0.1182	0.1034	−0.0118
10	−0.0299	−0.1846	0.0267	0.1147	0.0328

（3）其他肉类价格对肉鸭价格波动的方差分解

由表8.16可以清晰地看出，鸭肉的价格在第1期的时候的贡献率是100%，这说明鸭肉价格发生变动而产生的影响对于自身是最大的。但纵向来看，这个影响又是不断弱化的，随着时间的推移，贡献率逐渐降低，在第10期对鸭肉价格的贡献率为57.2092%。不同的是，鸡肉价格对鸭肉价格波动的贡献度从第2期之后逐渐增大，在第10期贡献度达到了17.2105%，整体看来，除了鸭肉自身的价格以外，鸡肉价格对其的贡献率非常高。牛肉、羊肉价格波动对鸭肉价格变动的影响程度较小，最高的贡献率分别为7.1178%和6.2256%。猪肉价格波动对鸭肉价格变动的影响居中，低于鸭肉价格和鸡肉价格，但高于羊肉价格和牛肉价格。综合来看，可以得到对于鸭肉价格波动贡献率最高的是鸭肉价格波动，其次就是鸡肉价格波动，猪肉价格波动居中，再次是牛肉价格波动和羊肉价格波动。这其实也在某种程度上说明了鸡肉是鸭肉的最主要的替代品，而猪肉次之。

表 8.16 方差分解结果

滞后时期	标准差	SER01PDSA	SER02PPSA	SER03PCSA	SER04PMSA	SER05PBSA
1	0.8030	100.0000	0.0000	0.0000	0.0000	0.0000
2	0.8879	81.7807	9.3672	0.6655	4.5532	3.6335
3	0.8944	80.6396	9.2461	0.8285	5.2373	4.0484
4	0.9498	71.6224	9.9919	6.7960	4.6562	6.9334
5	1.0245	64.2078	8.6199	15.9861	4.2232	6.9630
6	1.0460	63.7418	8.3721	16.6267	4.3259	6.9334
7	1.0465	63.7020	8.3667	16.6744	4.3227	6.9342
8	1.0606	62.2326	8.5121	17.4672	4.6702	7.1178
9	1.0850	59.5597	10.3747	17.8800	5.3718	6.8138
10	1.1077	57.2092	12.7303	17.2105	6.2256	6.6243

注：PDSA 的方差分解为 PDSA、PPSA、PCSA、PMSA、PBSA

8.3.3 研究结论及政策启示

8.3.3.1 研究结论

随着人们饮食结构的不断改变完善，肉类消费量的增加，鸭肉成为我国居民的主要肉类消费品之一，其价格波动的影响也表现地越来越明显。本章通过 VAR 模型分析鸭肉与其他肉类价格之间的关系，得到以下主要结论：

1) 通过协整关系检验的分析，得到鸭肉价格与鸡肉、猪肉和羊肉价格存在长期的平衡关系，鸭肉价格发生变动的时候会影响到其他几种肉类价格的变动，且在第一期大多呈现同方向的变动，这正好说明了肉类之间互为替代品，比如鸡肉的价格如果上涨，就会促使人们购买其他肉类作为替代品，而其他肉类的需求量的增加，又会引起其价格的上涨。整体而言，猪肉价格、鸡肉价格的变动对于鸭肉价格的影响比较大。羊肉价格对于鸭肉价格的影响很小，且这种影响具备一定的长期性和稳定性。

2) 在 VAR（2）模型中，鸭肉价格对于羊肉价格的影响系数较小，同时，羊肉的价格较高，从 2016 年 10 月开始出现缓慢增长，最高的时候达到 47.19 元/kg。从理性消费者的角度而言，会选择价格较为便宜的鸭肉。而只有当消费者对于鸭肉的需求得到满足之后，才会再选择购买羊肉。因此，羊肉与鸭肉之间的替代关系很弱，羊肉价格对于鸭肉价格的影响很小，鸭肉价格对于羊肉价格也同样如此。

3) 在格兰杰因果关系的检验中我们发现，鸭肉价格发生了变动会在一定范围内影响鸡肉价格的变动，鸡肉和牛肉价格的变动也一定程度上导致鸭肉价格的变动；而相反的，牛肉价格的变动却不会对鸭肉价格造成影响。同时，羊肉价格变化不是鸭肉价格变动成因的原假设被接受，鸭肉价格不是羊肉价格的格兰杰原因的原假设同样被接受，这与上面模型得出的结论相符合。这也进一步验证了替代品是影响肉类产品价格的一个很重要的因素。

4）在脉冲响应分析中，我们可以看出，鸭肉价格对鸡肉价格有一个正向冲击作用，大约能在第5期的时候达到冲击效应的峰值。鸡肉价格的影响仅次于鸭肉本身的价格影响，给鸡肉价格一个单位的冲击后，鸭肉价格在第5期达到最大，从第7期对鸭肉价格的影响趋于稳定。这证明了鸡肉价格的变化会导致鸭肉价格的变化，同样的，鸭肉价格变化对鸡肉的变化也能产生影响。一定程度上可以说，鸡肉和鸭肉互为替代品。这同时说明鸡肉产业与鸭肉产业之间的社会接受程度都还可以。消费者可能会因为其中的一种价格的上升而选择另一种肉类作为替代品。

5）在方差分解当中就更进一步地将每一种肉类的影响程度进行了分析排序，可以得到对于鸭肉价格波动贡献率最高的是鸭肉价格波动，其次就是鸡肉价格波动，然后是猪肉价格波动，再次是牛肉价格波动和羊肉价格波动。这其实也在某种程度上说明了鸡肉是鸭肉的最主要的替代品，而猪肉次之。

当然，影响肉类价格波动的因素有很多，替代效应只是其中的一种，所以我们可以看到在 VAR（2）模型中各个影响系数并不是很大。并且，由于选取的样本数量有限，所反映的为该样本区间内的分析所得结论，具有一定的特殊性，经济问题也常常会有其不确定性。在前面我们也对肉类价格的影响因素做了具体的分析，并将其与经典经济理论相联系，科学合理地做出了解释。本节的研究不是忽略这些因素的影响，而是在考虑了这些因素的基础上，着重研究鸭肉价格与其他肉类价格之间的关系，从而更好地聚焦到肉类价格之间的相互影响。并且，对于其他因素的分析我们都可以从他人的研究以及一些科学的经典理论中得到佐证，而有关肉类价格之间的实质关系的具体研究却很少，因此笔者选取了这个角度去进行分析，这也算是本研究的一个创新点，能踩着前人的脚印更往前走一步。笔者希望通过此研究得出科学可靠的结论，提供切实可行的对策建议。

8.3.3.2 政策启示

我国是世界上主要的鸭肉生产国和消费国，宏观经济因素、国内生产总值、市场利率等都会对其价格存在影响；又由于在我国同时还是猪肉、鸡肉、牛肉等肉类的重要消费国，因此鸭肉产业又会存在于这几种肉类产业的夹缝之中。同时，鸭肉的价格的波动也会影响着市场内的其他肉类产品的价格，进一步对宏观经济产生冲击。这从另一个方面说明鸭肉产业的社会经济关联范围比较广，影响也比较复杂。所以为了更好地发展鸭肉产业，使得我国国民经济又好又快的发展。有如下建议：

1）从政府的角度来看，政府加大力度促进产业环境的优化升级，给肉类产业，尤其是肉鸭产业更多的扶持与帮助。①政府应密切关注几种肉类价格的波动变化，分析其价格变动趋势，以及其对于产业发展的影响，尤其提高对于鸡肉价格和猪肉价格的关注度。这样可以为养殖户生产决策，销售者的销售决策，消费者的购买决策提供科学合理的依据。比如，我们可以在一些消费者偏好消费鸭肉的地区增加鸭肉的供给量，或者采取相关举措刺激居民消费鸭肉。②在分析清楚各种肉类价格关系的基础上，进一步了解消费者的消费偏好与倾向，避免只对单一价格进行调控，尽量做到对肉类价格的全方位系统调控，实施尽量大范围覆盖所有肉类价格的调控措施。例如，本章中的得出猪肉价格对于鸭肉价格的反向影响即可作为其中参考关系，又比如鸭肉和鸡肉二者互为替代关系，是消费者首选的替代品。一种肉类价格的上升就会引导消费者选择购买其替代品。所以二者的价格变动是可以起到相互推动的作用的。我们从方差分解的分析当中同样可以看出，每种肉类价格的影响程度是不同的，所以有针对性的区别对待，因"肉"施控就十分重要。③建立健全价格机制，合理规划产业布局，协调产业均衡发展，做好肉鸭产业预测与指导工作，及时发布产业市场信息。鸭、鸡的生长周期相较于猪、牛、羊来说是相对较短的，在较短时间内增加供给量较为容易，所以利用其供给量来控制价格是较为合理的方法。因此健全价格机制，在猪肉、牛肉等价格上涨的时候，及时增加鸡肉、鸭肉的供给量就能够起到缓解作用。④促进水禽尤其是鸭肉产品的继续深加工，延长鸭肉产业的产业链并使得产业利润的多面化。为养殖户和商家提供尽可能大的利润空间及最小化的风险。⑤推动活鸭期货上市，为产业和市场提供更加全方位并且更加安全完善的风险管理工具，降低成本，提高经济效益，实现多方共赢。

2）从企业的角度来看，加大科研开发和科技投入的力度，提高肉类产品的生产能力、产品质量和产品的附加值，降低成本。加强企业内部对于肉类价格的监控，从以鸭肉为主体的企业而言，在注意观测当期鸭肉价格的同时，要密切关注替代性较高的鸡肉和猪肉价格的每一期变化情况，从而对鸭肉的价格和产量做出科学的决策。

3）从消费者的角度来看，从本书的研究中，我们可以知道，在鸭肉价格上升时，理性的消费选择应该是选择购买鸡肉和猪肉作为替代品。因此，企业在面临不同的消费者时，应该采取适当的市场细分和产品分级以适应消费者不同层次和不同场景下的产品需求。

第 9 章
水禽产品市场供给与需求的分析与预测

9.1 水禽产品生产与供给预测

中国水禽产业进入 21 世纪以后,基本走了一条从千家万户自给自足的小规模分散饲养向产业化、规模化、市场化的发展之路转型。随着市场化程度的加深,一些新的问题也相应地暴露出来。其中最突出的问题是产品市场价格的剧烈波动和生产的大起大落。分析产品价格波动和产业涨落的原因,传统经典的理论是市场的自由化和生产的无秩序,今天典型的经济学解释是市场信息不对称所引起的蛛网波动和从众心理及羊群效应。那么究竟有没有办法防止这种市场波动给产业发展及生产经营者带来的损失,能否事先知道未来的市场供给状况和走势呢? 经过人们不断地探索和努力,人们创造了预测的方法,试图通过历史上的市场数据、变化规律来预测未来的发展及市场状况。基于此,本章借助水禽产业技术体系产业经济学团队在全国 21 个主产省(自治区、直辖市)调查获得的数据及从 FAO 收集到的有关统计数据,采用 ARIMA 模型、线性回归、比例预测、经验调整等方法,对我国的肉鸭、鹅的存栏量、出栏量、产肉量、产蛋量和市场价格等产业发展情况和市场供需状况进行短期预测。

我国水禽市场分为肉鸭、蛋鸭和肉鹅三个主要的组成部分,接下来我们分别进行研究。本书主要研究肉鸭和肉鹅这两个市场。

9.1.1 畜禽产业经济预测的文献回顾

目前在家畜产业经济预测领域已有较多的研究成果,其中比较具有代表性的研究主要集中于猪、牛、羊、鸡等家禽的供给、需求与贸易行为的预测分析。预测方法主要采用 AIDS 模型、线形支出系统模型、线性函数模型、对数线性函数模型、三时点预测模型、VAR 模型、趋势预测法、经验调整法、马尔可夫模型和人工神经网络等。但是针对肉鸭产业经济预测的文献并不多，预测方法也相当简单，多表现为时间序列的一元线性回归模型、二元线性回归模型、定性预测法等。马林静等运用 ARIMA 模型、线性回归、比例预测、经验调整等方法对我国肉鸭的出栏量、产肉量和价格进行了预测。戚羽凡等用回归分析预测法对主要畜禽产品的供求趋势分析中，在对消费与生产两方面进行调研的基础上，采用一元线性回归分析预测法，对未来余姚市的主要畜禽产品需求量与生产量进行趋势分析。李志强等（2000）在我国畜产品消费及消费市场前景分析中，通过一次比较系统的城乡居民入户抽样调查，对全国主要畜产品的消费和市场状况进行比较全面和系统的分析，以此为依据对畜产品的消费和市场状况做一个基本判断，认为畜产品质量成为消费增长的重要制约因素；并认为我国目前的畜产品市场已处于暂时性的相对饱和状态，从城乡消费水平比较、畜产品消费结构和动态发展的观点来看，我国的畜产品消费市场仍然蕴藏着巨大的潜力；同时，随着收入水平的提高，对加工食品的需求量呈不断增加趋势。廖正录等（2004）在贵州畜产品市场供需现状与预测浅析中，利用 1995～2002 年贵州省人口变化与收入变化两个因素，通过建立简单的二元线性回归模型对贵州省 2005～2015 年畜产品未来市场供需状况进行预测，认为从预测趋势来看，我国肉类（包括肉鸭）需求呈上升趋势。申秋红（2007）在我国禽肉生产与消费分析中，通过对我国禽肉生产的现状、区域布局、消费现状研究，认为我国经济的快速发展推动着禽肉生产和加工的快速发展，并提出了通过政府支持、生产规范、消费引导、疾病预防等四个方面来促进了我国禽类发展的建议。而在 2012 年我国肉鸭产业发展与市场前景分析中，从国内和国际两个市场层面进行了简单定性预测，目前我国对鸭产品需求量在逐年增加，我国的鸭产品市场很少有国外产品进入的压力，将为我国肉鸭业的发展提供更为优越的发展空间。同时，商务部中国食品进输出商会提供的数据显示，连续 3 年我国鸭肉的输出量、输出额年均增长率均高于 8%。未来仍将保持较高的增长率。

实证预测研究表明一元或多元回归模型预测是从经济发展的趋势角度进行预测，数据的随机性、不确定性大大影响了预测的精确度；而定性预测则包含主观成分较多，个人臆断存在不可靠性，会使得预测偏差较大。肉鸭产业是具有市场风险和疾病等自然灾害风险的双重风险产业，年度数据的随机波动性较大，利用消费或生产数据，简单回归方程或定性预测都不能准确的预知未来市场状况。考虑到以上模型及方法的预测精度有可能不高，有时预测误差偏大的客观原因，本章采用 ARIMA 模型、线性回归模型、对比调整法等方法对我国肉鸭产业经济发展进行实证预测分析，并对预测数据利用调整系数进行技术调整，主要是考虑水禽产业经济发展的趋势及实际，最终结合三种预测方法对我国肉鸭出栏量、产肉量以及价格走势进行了综合预测。

9.1.2 肉鸭产品生产与供给预测

进入21世纪以来，中国肉鸭产业实现了从农户零星分散饲养到企业化、规模化集中饲养的华丽转身，一跃成为我国现代农业和畜牧业的重要组成部分，为满足城乡居民的禽肉需求、农民的收入增长做出了重要贡献。但是，由于规模化、市场化程度的提高，使市场风险与冲击也随之而来，以致肉鸭产品及价格经常发生波动与震荡，对养殖企业和农户的收益及产业的稳定造成了一定的影响。为了防止产业波动和震荡，给养殖企业和农户一个很好的市场预期，以便其科学决策、规避风险，保障产业的稳定持续发展。因此，有必要做好我国肉鸭产业发展的经济预测，以便对我国肉鸭养殖户、企业以及合作社等产业组织的生产决策和政府的宏观调控提供参考。鉴于我国肉鸭产业由于长期缺乏系统的统计数据，以致按照常规的统计预测方法进行预测比较困难，国家水禽产业技术体系产业经济研究团队充分利用FAO统计数据、国家水禽产业技术体系产业经济研究团队所调研统计的21个主产省份和典型示范县的数据，采用了ARIMA模型、线性回归模型、对比调整法等方法对肉鸭产业经济发展进行了综合预测。

9.1.2.1 研究方法于数据说明

ARIMA模型是由统计学家Box和Jenkins提出的，又称B-J模型（博克思-詹金斯法），其所依赖的原理是：某些时间序列于时间t的一组随机变量，构成该时序的单个序列值虽然具有不确定性，但整个序列的变化却有一定的规律性，可以用相应的数学模型（即ARIMA）近似描述。通过对该数学模型的分析研究，能够从本质上认识时间序列的结构与特征，达到最小方差意义下的最优预测。ARIMA（p，d，q）模型的形成有四种基本类型：自回归（AR）模型、移动平均（MA）模型、自回归移动平均（ARMA）模型以及差分自回归移动平均模型（ARIMA）。ARIMA（p，d，q）模型是通过对不平稳的序列进行d阶差分，将其转化为平稳时间序列，然后建立ARMA（p，q）模型。ARIMA（p，d，q）模型一般用于非平稳时间序列的分析，p为自回归项的阶数，q为移动平均项的阶数，d为时间序列成为平稳时所做的差分次数。其数学表达式为：

$$y_t = c + \phi_1 y_{t-1} + \phi_2 y_{t-2} + \cdots + \phi_p y_{t-p} + u_t + \theta_1 u_{t-1} + \theta_2 u_{t-2} + \cdots + \theta_q u_{t-q}$$

ARIMA 模型的建立可以分为以下四个步骤：第一步，对原序列进行平稳性检验，判断其是否平稳，并确定 d 的值；第二步，对通过 d 阶差分后平稳序列的自相关图以及偏相关图进行分析，确定 ARIMA（p，d，q）模型中 p 和 q 的值；第三步，对参数进行估计，检验是否具有统计学意义，并根据 AIC 和 SIC 准则以及残差序列相关性择优选择出最佳方程；第四步，利用已通过检验的模型进行预测分析。考虑到数据的可获性及数据本身的特征，我们选择了此模型进行肉鸭出栏量、产肉量的预测。

针对肉鸭出栏量、产肉量和白条鸭价格数据资料，本预测研究采用的样本数据为年度和月度数据，利用 FAO 1987～2013 年统计数据、国家水禽产业技术体系产业经济研究团队所调研统计的 21 个主产省份和典型示范县的 2010～2017 年数据，分析预测我国肉鸭 2018～2020 年度出栏量和白条鸭价格。由于获得数据的有限性，统计范围和标准不同，FAO 数据与我国水禽产业技术体系经济学团队调查数据之间存在差异，需要将预测值与统计值进行比对而得出调整系数，进而再根据该调整系数将预测值修正以接近真实值。

9.1.2.2　实证分析

对 1987～2018 年 FAO 肉鸭出栏量和肉鸭价格的时间序列数据做 ADF 单位根检验，检验结果见表 9.1。

表 9.1　中国肉鸭价格和出栏量的平稳性检验结果

变量	检验类型（C，T，K）	ADF 统计检验	P 值	检验结果
出栏量	C，0，0	-0.5638	0.8624	非平稳
Δ 出栏量	C，0，0	-6.1757	0.0000	平稳
价格	C，0，2	-1.8742	0.2485	非平稳
Δ 价格	C，0，0	-5.8742	0.0002	平稳

数据来源：FAO 统计数据

注：检验类型（C，T，K）中 C，T，K 代表常数项、趋势项和滞后阶数，根据 AIC、SC 最优信息准则确定

表 9.1 显示，出栏量和产量这两个序列都是非平稳的，但都是一阶单整。为了消除原序列的非平稳性，要通过对序列出栏量和产量做 ADF 单位根检验分析，将该时间序列做平稳化处理后方可利用 ARIMA 模型进行预测。因此，通过 EVIEWS6 软件分析，对三个序列进行一阶差分处理并检验。一阶差分处理后，表 9.1 中 ADF 统计检验和 P 值的检验值都通过了检验，序列不平稳趋势已经消除。自相关函数一阶截尾，偏自相关函数出现拖尾，序列是非白噪声

序列，可以利用该序列数据建立 ARIMA 模型。故用价格的一阶差分和出栏量的一阶差分的自相关图和偏自相关图以及对比 AIC 和 SC 的值并检验残差的序列相关性，最后选择建立 ARIMA（1，1，1）和 ARIMA（2，1，2）两个最优模型。由此，基于 FAO 原始数据的肉鸭出栏量、产肉量和白条鸭价格 ARIMA 模型参数估计的结果如表9.2和表9.3所示。

表9.2 中国肉鸭价格的 ARIMA（1，1，1）模型参数估计结果

模型	回归系数	t 统计量	P 值
C	314.64	9.42	0.00
AR（1）	0.32	1.80	0.09
MA（1）	−1.86	−1.2137	0.25
R^2	0.72	Adj-R^2	0.68
F	24.01	P	0.00

表9.3 中国肉鸭出栏量的 ARIMA（2，1，2）模型参数估计结果

模型	回归系数	t 统计量	P 值
C	69 937.35	15.23	0.00
AR（1）	−0.30	−0.93	0.02
AR（2）	0.59	2.65	0.02
MA（1）	−0.10	−0.25	0.80
MA（2）	−0.92	−2.07	0.05
R^2	0.29	Adj-R^2	0.14
F	1.96	P	0.15

从表9.4的预测误差结果可知，通过对比实际数据和预测数据，我们所选择 ARIMA（1，1，1）模型对肉鸭的价格的预测有着较高的精度，预测值和实际值差异较小，说明该模型预测取得了很好的效果。

表9.4 2008～2020 年肉鸭价格 ARIMA 模型预测值与实际值的对比

年份	实际产值（万元）	预测产值（万元）	预测误差率
2008	7 456 213.82	7 089 524.53	0.05
2009	7 666 521.67	7 397 452.63	0.04
2010	7 958 465.25	7 558 745.22	0.05
2011	8 288 685.41	8 141 658.17	0.02
2012	8 482 769.21	8 527 891.10	−0.01

续表

年份	实际产值（万元）	预测产值（万元）	预测误差率
2013	8 191 623.97	8 369 723.70	−0.02
2014	8 858 826.76	8 457 452.77	0.05
2015	9 000 908.55	8 862 108.21	0.02
2016	8 351 432.08	8 652 470.00	−0.03
2017	8 545 789.67	8 463 585.01	0.01
2018	8 741 231.21	8 684 231.11	0.01
2019	—	8 874 216.56	—
2020	—	8 795 213.53	—

数据来源：FAO 统计数据

根据表 9.4 我们发现，预测模型的误差率全部在 0.05 以下说明预测模型的整体预测结果是比较理想的。需要注意的是，随着预测外推的时间变长，模型的预测效度会逐渐降低，因此，该模型对我国肉鸭价格的预测没有做出对更长时间的预测（超过 2020 年的预测不再适用于该模型）。

基于 ARIMA 模型的预测结果，我们发现，在未来的几年内（从 2018 年到 2020 年），我国的肉鸭价格将继续逐步增加，但肉鸭价格并不会达到 10 000 元/t 的历史高水平上（表 9.5）。而从表 9.5 预测误差结果可知，通过对比实际样本数据，ARIMA（2，1，2）模型对肉鸭出栏量的预测具有相对较高的精度，预测值和实际值差异比较的平均误差控制在 ±7% 以内。具体来看，我们的预测值普遍略低于实际值的 5%。以上结论也说明了我们选择的该模型在预测我国肉鸭的出栏量方面具有一定的参考意义。

表 9.5　2008~2020 年肉鸭出栏量 ARIMA 模型预测值与实际值的对比

年份	实际出栏量（千只）	预测出栏量（千只）	预测误差率
2008	2 671 242	2 680 322	−0.01
2009	2 701 364	2 495 172	−0.07
2010	2 816 241	2 714 136	−0.04
2011	2 897 433	2 666 473	−0.07
2012	3 084 300	2 885 862	−0.06
2013	3 039 778	2 836 150	−0.06
2014	2 974 820	2 915 886	−0.02
2015	3 061 438	3 004 503	−0.02
2016	3 107 981	3 084 522	−0.01

续表

年份	实际出栏量（千只）	预测出栏量（千只）	预测误差率
2017	3 221 758	3 171 778	−0.02
2018	3 252 026	3 200 106	−0.02
2019	—	3 338 174	—
2020	—	3 418 608	—

基于ARIMA模型的预测结果，我们发现，在未来的几年内，我国的肉鸭出栏量将继续逐步增加，总出栏量将维持在33亿只左右。根据预测结果的分析，在2020年之前肉鸭产业的出栏量和产值都将呈现平稳增长的态势，但是出栏量在屡创新高的同时，肉鸭产值却始终没有突破历史高水平。为了保证产业稳定持续发展，建议在未来的发展中做好以下几件事情：

1）要加强肉鸭产业内部各个企业的团结程度，最好建立产业联盟，从供应源头上把控肉鸭的市场投放数量，确保肉鸭产品的价格合理健康，防止出现价格异常变动时养殖户与企业疯狂涌入或退出肉鸭市场所带来的对肉鸭产业的不利影响。

2）着重发展具有地方特色的肉鸭产品，推动地方性品种发展，给予消费者更多的选择。

3）继续深入挖掘肉鸭产品的附加价值，肉鸭产业链的尽头不应该只是熟食产品而已，还应逐步开发出更多元化的利润模式。

4）要使不同经营主体和不同经营环节间的产业利润更加合理的分配，避免产业利润过分集中于产业链条中的某一区块，确保养殖企业和农户、产业化龙头企业、政府之间的三赢合作。

9.1.3 蛋鸭产品生产与供给预测

我国是蛋鸭养殖和消费第一大国。近十年来，我国蛋鸭产业总体发展平稳，前景广阔。据统计，2018年全国主要产区均饲养量超过2亿只，年产蛋量300多万t，全国主要产区蛋鸭总产值超过420亿元；各类蛋品价格、淘汰老鸭价格和行业总体的经济效益受H7N9影响较小。当前，蛋鸭产业进入了一个产量平稳发展、质量稳步提高、综合生产能力不断增强的新阶段。但其主要的饲养方式仍落后，劳动生产率低，饲料转化率低等，制约了集约化养殖的发展。

传统的地面结合湖泊、河流、池塘的养殖模式弊端诸多，养殖水域环境不断恶化，直接导致水域面积减少，水质变差，对环境污染严重；蛋壳表面污粪、有害细菌及微生物超标、鸭蛋破损率高，导致蛋品质量安全得不到保障，严重制约了我国蛋鸭产业的健康发展。

下面，我们利用 FAO 和国家水禽产业技术体系所得到的数据构建 ARIMA 模型，对我国蛋鸭产业 2020 年之前的产值进行预测。

9.1.3.1 建立蛋鸭产值和产蛋量预测的 ARIMA 模型

利用 EViews6.0 软件对原序列进行 ADF 检验，P 值大于 0.1，如表 9.6 所示，所以不能拒绝原序列有单位根的原假设，原序列是非平稳的，而当我们对蛋鸭产值的序列做一阶差分之后，即 Δ 蛋鸭产值，ADF 检验的 P 值表明该序列已经是平稳序列，因此建立 ARMA（p，1，q）模型。

表 9.6　中国蛋鸭产值的平稳性检验结果（1987～2018 年）

变量	检验类型（C，T，K）	ADF 统计检验	P 值	检验结果
蛋鸭产值	C，0，2	-1.02	0.27	非平稳
Δ 蛋鸭产值	C，0，0	-16.74	0.00	平稳
产蛋量	C，0，2	-1.21	0.38	非平稳
Δ 产蛋量	C，0，0	-6.94	0.00	平稳

数据来源：布瑞克农业数据终端

注：检验类型（C，T，K）中 C，T，K 代表常数项、趋势项和滞后阶数，根据 AIC、SC 最优信息准则确定

根据原序列的自相关图和偏相关图，建立模型 ARIMA（3，1，3）和 ARIMA（2，1，2）两个最优模型，模型回归结果如表 9.7 和表 9.8 所示。

表 9.7　中国蛋鸭产值的 ARIMA（3，1，3）模型参数估计结果

模型	回归系数	t 统计量	P 值
C	-0.02	-4.05	0.00
AR（1）	-0.47	-11.19	0.00
AR（2）	0.31	5.65	0.00
AR（3）	0.78	19.16	0.00
MA（1）	0.45	30.81	0.00
MA（2）	-0.44	-28.27	0.00
MA（3）	-0.98	-95.77	0.00
R^2	0.24	Adj-R^2	0.21
F	8.25	P	0.00

表9.8 中国蛋鸭产蛋量的ARIMA (2, 1, 2) 模型参数估计结果

模型	回归系数	t统计量	P值
C	61 267.35	18.51	0.00
AR (1)	−0.37	−1.12	0.02
AR (2)	0.64	2.15	0.02
MA (1)	−0.09	−0.35	0.72
MA (2)	−0.87	−2.11	0.05
R^2	0.34	Adj-R^2	0.13
F	1.82	P	0.14

9.1.3.2 预测结果分析

根据上述模型对蛋鸭产值和产量进行预测,具体结果如表9.9和表9.10所示。

表9.9 中国蛋鸭产值预测表

年份	实际产值(万元)	预测产值(万元)	预测误差率
2010	3 452 147.85	3 038 669.20	0.14
2011	3 654 238.23	3 304 624.17	0.11
2012	3 826 449.54	3 613 302.22	0.06
2013	4 048 059.99	3 725 822.62	0.09
2014	4 217 411.06	3 982 776.33	0.06
2015	5 055 890.84	4 346 074.84	0.16
2016	4 487 095.22	4 503 230.61	0.00
2017	4 183 350.51	4 565 556.18	−0.08
2018	4 322 876.64	4 278 687.64	0.01
2019	—	4 484 410.88	—
2020	—	4 341 863.36	—

表9.10 中国蛋鸭商品蛋量预测表

年份	实际蛋量(t)	预测蛋量(t)	预测误差率
2010	3 138 316.23	2 762 426.55	0.13
2011	3 322 034.75	3 004 203.79	0.10
2012	3 478 590.49	3 284 820.20	0.07
2013	3 680 054.54	3 387 111.47	0.08

续表

年份	实际蛋量（t）	预测蛋量（t）	预测误差率
2014	3 834 010.05	3 620 705.75	0.06
2015	4 596 264.40	3 950 977.13	0.15
2016	4 079 177.47	4 093 846.01	0.01
2017	3 803 045.92	4 150 505.62	−0.07
2018	3 929 887.85	4 092 987.55	−0.03
2019	—	4 076 737.16	
2020		3 947 148.51	

由表 9.10 可以看出，蛋鸭产值和商品蛋量的预测误差率都在一个比较小的范围，说明该预测模型比较符合实际。通过预测结果可以看到，蛋鸭产业未来的走势略有放缓但是下降幅度不大，在 2020 年之前应该都能维持 435 亿元的水平。而商品蛋量的走势与蛋鸭产值的走势相似，在 2020 年之前应该会维持在 400 万 t 水准。

为了改变近几年蛋鸭产业增长放缓的现状，蛋鸭产业必须尽快从主要追求产量和依赖资源消耗的粗放经营转到数量质量效益并重、注重提高竞争力、注重农业科技创新、注重可持续的集约发展上来，高产高效生态友好型养殖模式是未来畜牧业发展的方向。开展和推广健康养殖模式——规模化蛋鸭笼养是蛋鸭业实现由数量效益型向低耗、环保、生态、质量、效益为一体的"又好又快"型增长方式转变的必由之路。配套系的利用将逐步增多，目前蛋鸭生产上还是采用单一地方品种为主，生产性能相对落后，今后，利用各种专门化品系，进行配套杂交或经济杂交，加快遗传资源的利用。产品加工将成为产业链中重要一环，鸭蛋主要是通过加工成皮蛋、咸蛋等产品消费的，同时鸭体可以加工成酱鸭、卤鸭等美味食品。因此，蛋鸭业的发展将依赖加工技术的进步。

9.1.4 中国肉鹅产业市场预测

鹅肉产品是我们国家老百姓餐桌上一道十分重要的食材。伴随着市场消费者对鹅肉及其加工产品的喜好越来越强烈，鹅肉的市场消费潜力日渐增强，肉鹅养殖也逐渐成为现代农业中促进农民增收的重要来源。我国养鹅历史悠久，饲养量位居世界第一。近年来，肉鹅产业逐渐走向规模化、专业化，蓬勃兴起的产业化经营是未来肉鹅产业发展最好的道路选择。它能够延长产业链条，增加鹅产品的附加值，不仅能够稳定市场供给，还能大幅度提高肉鹅养殖的经济效益。但是，置身于市场经济大潮之中的肉鹅产业化经营也会受到内部成本与外部政策、疫情等因素的影响而产生异常波动，因而给养殖户和经营企业的经营决策带来障碍。为此，做好肉鹅产业经济预测工作，对于稳定市场供给，预防价格大幅波动，规避市场风险，防止产业动荡，促进产业又好又快可持续发展，保障企业、农户利益，提升企业竞争力与农民收入有重大现实意义。

9.1.4.1 数据说明与预测模型的建立

本节将利用1991~2014年FAO与国家水禽产业技术体系统计的肉鹅生产数据，采用ARIMA方法对2018~2020年鹅的存栏量、鹅肉产量以及活鹅价格进行预测。

由于FAO的统计数据提供的肉鹅产业的出栏量数据是包含了珍珠鸡的出栏量的，因此该项数据与国家水禽产业技术体系经济学团队统计的数据有较大差异，而由于国家水禽产业技术体系的数据不早于2010年，数据时间跨度较短不利于准确预测。为了保证预测的准确性，我们将对此项数据进行修正。具体的调整方法是：用国家水禽产业技术体系提供的2010~2013年肉鹅产业的出栏量数据的数值分别除以FAO提供的2010~2013年的对应数据的数值，然后再将得到的结果取平均值，这个平均值即为修正系数T1。根据国家水禽产业技术体系经济学团队的测算，肉鹅出栏量的修正系数T1=0.61。因此在根据FAO提供的出栏量数据进行预测得到结果之后，还需要再乘以修正系数T1才能得到最终的肉鹅出栏量的预测结果。

ARIMA通常借助时间序列的随机性特征来描述事物的发展变化规律，即运用时间序列的过去值、当期值以及滞后随机扰动项的加权来建立模型，从而解释并预测时间序列的变化规律，它可以处理包括季节趋势的时间序列。其数学表达式为：

$$y_t = c + \phi_1 y_{t-1} + \phi_2 y_{t-2} + \cdots + \phi_p y_{t-p} + u_t + \theta_1 u_{t-1} + \theta_2 u_{t-2} + \cdots + \theta_q u_{t-q}$$

式中，u_t 是白噪声序列。为了方便分析，引入滞后算子，将上式以滞后算子多项式的形式表示为：

$$(1 - \phi_1 L - \phi_2 L^2 - \cdots - \phi_p L^p) y_t = c + (1 + \theta_1 + \theta_2 L^2 + \cdots + \theta_q L^q) u_t$$

式中，L 是滞后算子，L_i 表示滞后 i 阶，即对序列组序差分 i 次。根据差分多项式的性质，令：

$$\phi(Z) = (1 - \phi_1 - \phi_2 Z^2 - \cdots - \phi_p Z^P) = 0$$
$$\theta(Z) = (1 + \theta_1 + \theta_2 L^2 + \cdots + \theta_q L^q) = 0$$

则ARIMA模型平稳性的充分必要条件是多项式 $\phi(Z)$ 的全部根都位于单位圆之外，其根的倒数位于单位圆之内，ARIMA模型可逆的充分必要条件是多

项式 $\theta(Z)$ 的根都在单位圆外，即其根的倒数位于单位圆内，ARIMA 模型是白噪声的线性组合，其模型的平稳性完全取决于自回归过程 AR (p) 的参数，而与移动平均过程的参数无关。

由于之前得到的修正系数 T1 只是利用 2010~2013 年的数据进行的测算，可能会导致整个预测结果出现不可预计的偏差，因此本节先采用 FAO 的出栏量数据进行预测，在得到结果之后在进行修正处理。采用 ADF 单位根的检验方法，对序列进行平稳性检验，检验结果如表 9.11 所示。

表 9.11 鹅的序列出栏量、产肉量、价格的平稳性检验结果

变量	检验形式（C，T，L）	ADF 统计量	P 值	检验结果
鹅出栏量	C，N，1	-0.94	0.76	非平稳
Δ 鹅出栏量	C，N，0	-7.08	0.0000	平稳
鹅产肉量	C，N，0	-1.11	0.69	非平稳
Δ 鹅产肉量	C，N，0	-5.26	0.00	平稳
产值	C，N，0	-0.22	0.84	非平稳
Δ 产值	N，N，0	-3.71	0.000	平稳

注：检验形式（C，T，L）中，C，T，L 代表截距项、趋势向和滞后项，C = N 代表不含截距项，T = N 代表不含趋势向，L 表示差分算子

以上结果显示，出栏量、产肉量和产值这三个序列都是非平稳的，但都是一阶单整。因此，对其进行平稳化处理，将这三个序列进行一阶差分，用 D（出栏量）、D（产肉量）、D（产值）建立模型。

因为差分后的数据有可能是随机序列数据，也就没有建模的需要，因此还要检验其相关性。通过分析序列 D（出栏量）、D（产肉量）、D（产值）的相关图和偏相关图以及对比 AIC 和 SC 的值并检验了残差的序列相关性，最后判断出应该建立 ARIMA（1，1，3）、ARIMA（3，1，3）和 ARIMA（7，1，7）三个最优模型。模型结果如表 9.12 所示。

表 9.12 序列 D（出栏量）、D（产肉量）、D（产值）的 ARIMA 模型回归结果

ARIMA（1，1，3）	回归系数	t 统计量	P 值
C	9 202.5	19.22	0.00
AR（1）	-0.63	-5.57	0.00
MA（3）	0.99	12.08	0.00
拟合度	0.39	Adj-R^2	0.35
F 值	12.79	P	0.00

ARIMA (1, 1, 3)	回归系数	t 统计量	P 值
C	88 378.86	2.904 691	0.009 9
AR (3)	0.413 566	2.006 91	0.060 9
MA (1)	−0.873 841	−9.305 213	0.000 0
MA (3)	0.950 823	21.761 43	0.000 0
拟合度	0.495 065	Adj-R^2	0.405 9
F 值	5.555 898	P	0.007 6
ARIMA (7, 1, 7)	回归系数	t 统计量	P 值
C	0.22	2.55	0.03
AR (7)	0.49	3.04	0.01
MA (7)	0.98	27.43	0.00
拟合度	0.89	Adj-R^2	0.87
F 值	38.21	P	0.00

9.1.4.2 预测结果分析

利用软件 EVIWEWS7.2 和以上三个方程进行预测，其中存栏量的预测结果需全部乘以修正系数 T1，然后得到表 9.13。其中，实际出栏量是指国家水禽产业技术体系发布的数据中的肉鹅出栏量，误差率是指预测出栏量和实际出栏量的差值再除以实际出栏量所得到的结果，可以反映出预测结果相对于实际情况的偏差程度。

表 9.13 肉鹅出栏量 ARIMA 模型预测值与实际出栏量的对比

年份	实际出栏量（千羽）	预测出栏量（千羽）	误差率
2010	419 217	381 936	−0.09
2011	396 058	395 631	−0.00
2012	400 126	409 325	0.02
2013	418 972	423 019	0.01
2014	455 033	524 055	0.08
2015	514 759	540 489	0.05
2016	522 254	556 922	0.07
2017	531 082	573 355	0.08
2018	589 788	578 328	0.02
2019	—	586 220	—
2020	—	602 653	—

从误差率可以看出，对于出栏量的预测还是控制在一个比较小的误差范围之内，所得到的预测结果应该有较高的合理性。得到的鹅肉产量预测结果见表9.14。其中误差率是指预测产肉量与实际产肉量的差值再除以实际产肉量的结果。

表 9.14　鹅肉产量 ARIMA 模型预测值与实际产量的对比

年份	实际产肉量（t）	预测产肉量（t）	误差率
2010	2 433 505	2 348 794	−0.04
2011	2 440 200	2 438 579	−0.00
2012	2 664 953	2 521 267	−0.05
2013	2 704 578	2 609 839	−0.04
2014	3 007 712	2 962 886	−0.02
2015	3 041 767	3 059 398	0.01
2016	3 075 008	3 152 222	0.03
2017	3 150 975	3 248 103	0.03
2018	3 341 450	3 387 591	0.01
2019	—	3 436 898	—
2020	—	3 530 604	—

从表9.14的误差率可以看出，鹅肉产量的预测也保证了较高的精确度，误差也控制在较为合理的范围内，所得到的预测结果具有较高的可信度。得到的活鹅价格预测结果见表9.15。其中，误差率是指预测价格与实际价格的差值再除以实际价格的结果。

表 9.15　肉鹅产值 ARIMA 模型预测值与实际产值的对比

年份	实际产值（万元）	预测产值（万元）	误差率
2008	2 158 635.21	1 984 523.21	−0.08
2009	2 316 842.56	2 120 462.11	0.09
2010	2 517 442.71	2 377 421.85	0.09
2011	2 756 552.66	2 658 234.87	0.06
2012	3 025 412.89	2 989 423.23	0.04
2013	3 206 192.91	3 370 324.44	0.01
2014	3 921 899.52	4 040 559.20	−0.05
2015	4 007 055.21	4 131 260.50	−0.03
2016	4 325 718.79	4 489 045.10	−0.03

续表

年份	实际产值（万元）	预测产值（万元）	误差率
2017	5 312 809.70	4 774 749.79	−0.04
2018	5 060 569.54	4 952 625.49	−0.02
2019	—	5 152 956.92	—
2020	—	5 384 482.92	—

由表 9.15 可以看出，该模型的误差率控制的还不错，说明该预测模型是比较符合实际的。根据 ARIMA 方法预测出的 2019～2020 年的鹅出栏量的平均值为 5.9 亿只左右，鹅肉产量平均值为 348 万 t 左右，产值均值约为 520 亿元左右，相比之前几年均呈上升趋势。

经过 2013 年媒体报道人患 H7N9 事件的冲击，以及 2014 年水禽产业的结构调整，我国的肉鹅产业又面临着新的组织形式和市场竞争的挑战。目前来说，肉鹅产业的产业化程度相对薄弱，良种繁育体系没有建立，饲养方式和饲养技术处于较为落后的状态，这在一定程度上制约了产业化的发展。事实证明，规模化与产业化是我国肉鹅产业的唯一出路，企业在做好引导消费的同时，要大力开发肉鹅产品深加工，进一步延伸产业链，提高企业效益和抗风险的能力，但产业链条中不能仅靠企业组成，要形成企业与农户联盟，只有企业与农户紧密结合，利益共享，风险共担，才能形成肉鹅稳定、完善的产业化经营模式。

9.2 水禽产品消费预测

9.2.1 畜禽产品消费预测的文献回顾

作为经济结构调整的要点和拉动经济增长的重要引擎，如何扩大消费尤其是居民消费一直以来都是经济发展的重点任务之一。党的十八大报告明确指出："要牢牢把握扩大内需这一战略基点，加快建立扩大消费需求长效机制，释放居民消费潜力，保持投资合理增长，扩大国内市场规模。"在扩大内需和控制"三公"消费的双重背景下，很多学者对于未来的居民消费及相关产业的消费进行了预测。刘爱芹借助组合模型对中国未来几年的能源消费总量进行了预测，该模型预测准确性较高、稳定性较好，有助于改进我国能源消费预测方法，并指出未来几年我国能源消费总量将以更快的速度稳步上升。林卫斌等

(2011)考虑不同部门电力需求具有不同的决定因素和机制,构建不同的电力需求方程,分别预测了居民生活、农业、工业、建筑业和服务业等五个部门的电力需求。覃东海等利用神经网络模型预测国际石油价格的未来走势,分析石油价格波动的宏观经济效应。汪萍等利用神经网络的特点,建立神经网络预测模型,并对我国石油需求量进行预测。吕晓玲利用真实的网购数据,分析了电商网站用户的用户特征和购买行为,利用了关联规则分别建立了客户购买和商品之间的联系,更准确的预测用户的消费。陈洁使用了 BG/NBD 模型对电商平台消费者的购买概率进行预测,通过历史数据预测了消费者在未来一周内的购买情况。

先进国家食物消费变化的经验事实显示,一个国家在进入上中等收入阶段后,人均食物消费存在峰值,食物消费结构发生重要变化,但粮食消费总量是不断增长的。中国目前食物消费已经进入结构转型期。未来除了口粮消费会下降外,其他农产品的食用消费都还有较大增长空间。预测结果表明,未来 10 年,中国粮食消费、畜产品和水产品消费都将快速增长。随着经济发展和国民收入水平提高,中国城乡居民粮食消费需求已经显现出由满足温饱向均衡营养转变趋势。现有研究对城乡居民未来粮食消费结构变化也进行一些有益探讨。李国祥等(2001)估计 20 世纪 80 年代以来我国口粮消费的递减特征:消费总量递减,城市递减速度明显快于农村。高启杰(2004)研究认为,居民的人均生活用粮数量和结构在城乡之间、地区之间差异明显,并对中国原粮消费总量进行推算。廖永松和黄季焜(2004)在宏观层次上指出,影响口粮消费的两大主要原因是收入水平和城镇化率。肖国安(2005)估测城市口粮、饲料用粮、工业用粮、种子用粮和粮食总需求中短期变动曲线,直观细致地展现了中国粮食需求结构的动态演化特点和路径。罗良国(2005)研究表明,随着中国经济的增长和人民收入的提高,中国粮食需求结构会发生巨大变化。

虽然食品消费以及畜牧产品消费预测的相关文献十分丰富,但是涉及水禽产品消费预测的研究还比较匮乏。不过,食品和畜牧产品的消费预测方法对于水禽产品同样是适用的。又由于即便再复杂全面的预测模型也难以支撑长时间预测的精确度,因此对水禽产品消费的预测的终止时间还是定在 2020 年。由于是短期预测,因此我们选用适于短期预测的 SVM 模型。

9.2.2 预测模型的构建与数据的说明

SVM 法即支持向量机(Support Vector Machine)法,由 Vapnik 等人于 1995 年提出,具有相对优良的性能指标。该方法是建立在统计学习理论基础上的机器学习方法。通过学习算法，SVM可以自动寻找出那些对分类有较好区分能力的支持向量，由此构造出的分类器可以最大化类与类的间隔，因而有较好的适应能力和较高的分准率。该方法只需要由各类域的边界样本的类别来决定最后的分类结果。支持向量机算法的目的在于寻找一个超平面H（d），该超平面可以将训练集中的数据分开，且与类域边界的沿垂直于该超平面方向的距离最大，故SVM法亦被称为最大边缘（maximum margin）算法。待分样本集中的大部分样本不是支持向量，移去或者减少这些样本对分类结果没有影响，SVM法对小样本情况下的自动分类有着较好的分类结果。

SVM方法是通过一个非线性映射p，把样本空间映射到一个高维乃至无穷维的特征空间中（Hilbert空间），使得在原来的样本空间中非线性可分的问题转化为在特征空间中的线性可分的问题。简单地说，就是升维和线性化。升维，就是把样本向高维空间做映射，一般情况下这会增加计算的复杂性，甚至会引起"维数灾难"，因而人们很少问津。但是作为分类、回归等问题来说，很可能在低维样本空间无法线性处理的样本集，在高维特征空间中却可以通过一个线性超平面实现线性划分（或回归）。一般的升维都会带来计算的复杂化，SVM方法巧妙地解决了这个难题，应用核函数的展开定理，就不需要知道非线性映射的显式表达式；由于是在高维特征空间中建立线性学习机，所以与线性模型相比，不但几乎不增加计算的复杂性，而且在某种程度上避免了"维数灾难"。这一切要归功于核函数的展开和计算理论。

模型中涉及的数据均是根据历年的《中国统计年鉴》和《中国住户调查年鉴》的城镇居民和农村居民人均消费量加权平均所得。如表9.16所示。

表9.16　中国人均肉类消费量表　　　　　（单位：kg）

年份	总肉类	猪肉	牛羊肉	禽肉	水禽
2008	24.8	15.6	2.6	6.6	1.8
2009	24.4	15.8	2.3	6.3	1.7
2010	27.0	17.1	2.5	7.3	2.0
2011	27.3	17.5	2.6	7.2	1.9
2012	28.2	17.6	3.0	7.6	2.2
2013	28.7	18.0	2.9	7.8	2.3
2014	29.5	19.8	2.5	7.2	2.1
2015	30.6	20.1	2.5	8.0	2.4
2016	31.5	20.2	2.9	8.4	2.5
2017	32.1	20.4	2.9	8.8	2.6
2018	32.7	20.6	3.0	9.1	2.7

数据来源：历年《中国统计年鉴》和《中国住户调查年鉴》

为构建 SVM 模型,对数据进行归一化处理,本文采用最大最小法对数据进行预处理。对于核函数的选择,采用 Libsvm 中默认的 RBF 核函数,涉及主要参数包括 c 和 g。关于 c 和 g 的选择,本文借鉴李洋(2010)改进的交叉验证方式进行自动的查找和识别。SVM 主要程序段如下:

```
[bestmse,bestc,bestg]=SVMcg For Regress(p,x,-10,10,-10,10,3,0.5,0.5,0.05);
cmd=['-c',num2str(bestc),'-g',num2str(bestg),'-s 3 -p 0.01'];
model=svmtrain(p,x,cmd);
[predict,mse]=svmpredict(p,x,model);
```

需要说明的是,在 MATLAB 平台上的 SVM 预测过程中,将前若干组数据作为训练集,对模型进行训练;以最后一组数据作为测试集,将测试集带入模型进行测试,以检验模型的外推效果;最后,利用训练好的模型对 2018~2020 年的相关价格进行预测。

9.2.3 预测结果分析

将 2008 年至 2018 年中国各种肉类的人均消费量数据带入构建好的 SVM 模型,应用 MATLAB 运算得到预测结果如表 9.17。

表 9.17 中国人均肉类消费量表 (单位:kg)

年份	总肉类	猪肉	牛羊肉	禽肉	水禽
2019	33.2	20.9	3.0	9.3	2.8
2020	33.8	21.2	3.1	9.5	2.9

虽然 SVM 模型在小样本的时间序列预测中往往具有良好的预测准确度,不过为了最终预测数据的合理性还是需要对预测结果进行误差率的检测。下面我们以总肉类人均消费量和水禽人均肉类消费量进行误差检验。首先是总肉类消费量预测的误差率检测,如表 9.18 所示。

表 9.18 总肉类消费量预测结果与误差率表 (单位:kg)

年份	实际消费量	预测消费量	误差率
2008	24.8	24.7	0.00
2009	24.4	25.9	−0.06
2010	27	26.6	0.02
2011	27.3	27.1	0.01

续表

年份	实际消费量	预测消费量	误差率
2012	28.2	27.6	0.02
2013	28.7	28.5	0.01
2014	29.5	28.9	0.02
2015	30.6	29.5	0.04
2016	31.5	30.8	0.02
2017	32.1	31.7	0.01
2018	32.7	32.4	0.01
2019	—	33.2	—
2020	—	33.8	—

由上表可以看出在预测总肉类消费高的时候,误差率最大是−0.06,其他所有年份的误差率均在0.05以下,说明该预测模型具有良好的预测精度。下面我们对人均水禽肉消费量的预测结果进行误差率检验,如表9.19所示。

表9.19　人均水禽肉消费量预测结果与误差率表　　（单位:kg）

年份	实际消费量	预测消费量	误差率
2008	1.8	1.7	0.06
2009	1.7	1.8	−0.06
2010	2	1.9	0.05
2011	1.9	2	−0.05
2012	2.2	2.1	0.05
2013	2.3	2.2	0.05
2014	2.1	2.2	−0.05
2015	2.4	2.2	0.09
2016	2.5	2.4	0.04
2017	2.6	2.5	0.04
2018	2.7	2.6	0.04
2019	—	2.8	—
2020	—	2.9	—

由于人均水禽消费量数值相对较小,因此即便是细微的变化也会导致较大的误差率,从上表可以看到,除了2016年、2017年和2018年,其他的误差率全部在0.05以上,不过即使在2015年最高的误差率0.09,其数值仍然在0.1以下,说明该模型预测的精度虽然不如总肉类消费量高,但是仍然是可接受的。

经过对各项肉类消费量的误差率进行检验,该预测模型对人均肉类消费量的预测结果可以接受,因此在之前表 9.15 得到的预测结果是具有可信度的。从表 9.19 可以看出,中国总肉类人均消费量仍然保持每年 0.5kg 左右的速度平缓增长,说明未来几年,随着生活水平的逐渐改善,人们对于肉类的消费还是稳步提升的。猪肉的人均消费量保持在每年 0.3kg 的速度匀速增长,而牛羊肉从 2012 年以后就几乎保持在 3kg 的水平几乎没有出现较大的变动,说明对于羊肉和牛肉这种比较贵且替代性较强的肉类对于现在的生活水准来说人们的消费量已经接近饱和,下一次较大幅度的提升可能要等到生活水平进入下一个较大改善的阶段。禽肉的增长几乎保持在每年 0.2kg 的速度,其百分比甚至还大于猪肉的增长速率,说明在未来几年人们对于禽肉的消费意愿可能会大于猪肉的消费意愿。而人均水禽肉消费量也保持一个较为均匀的增长速度,其增长幅度也是大于禽肉的增长幅度的,说明在未来几年人们对水禽肉的消费意愿可能是大于除水禽肉之外的其他禽肉的。

9.3 水禽产品市场供求的影响因素分析

9.3.1 农产品供求及影响因素分析的文献回顾

农产品市场研究中,供给与需求的关系往往是研究的重要切入点。马克思在其著作《资本论》中曾指出:供求关系是指在商品经济条件下,商品供给和需求之间的相互联系、相互制约的关系,它是生产和消费之间的关系在市场上的反映。

在分析供给时,曼昆在《微观经济学》中提出的影响供给的因素有商品价格、生产成本、政府政策、生产者的价格预期等。本文将其分为生产环节中直接影响供给的因素和在社会、经济、贸易、文化和习俗等间接影响供给的因素。其中,在生产环节中直接影响供给的因素有商品价格和生产成本,而在社会、经济、贸易、文化和习俗等间接影响供给的因素有政府政策、生产者的价格预期、进出口量等。

在生产环节中直接影响供给的因素中,其一,商品价格引起的影响举足轻重,在对我国供给对价格的反应程度的研究(李锁平和王利农,2006)表明,我国蔬菜对价格的反应程度较大,且上年蔬菜价格仍然在本年生产决策中起到重要作用,说明蔬菜供给对价格的反应存在滞后性。其二,在对禽类生产成本的研究中,通常将其分为种苗成本、饲料成本以及人工成本,对肉鸡生产成本(陈琼,2013)的分析表明,我国肉鸡养殖成本中饲料成本所占比例最大,在短期内,从投入要素来看,精饲料价格对肉鸡生产的影响最大,其次是劳动力价格和雏鸡价格。

在社会、经济、贸易、文化和习俗等间接影响供给的因素中,首先,政府的税收以及扶持政策首当其冲,以畜禽良种补贴为例,在对山东、青海的调研(李冉等,2015)中发现,政策实施以来,2012 年我国畜禽良种补贴覆盖率为 48.4%,较上年上涨 9.3%,良种覆盖率的提高对保障我国肉类产品供给发挥了巨大作用,尤其在自然条件恶劣、草原环保压力大的少数民族边疆地区,良种的应用对保障当地肉类供应、维护边疆稳定发挥了至关重要的作用。

然后,在生产者的价格预期方面,在对粮食的价格预期的研究中(赵玉和严武,2016)发现,农户会根据粮食价格、油料价格和化肥价格调整其种植行为,粮食价格预期增加 1%,粮食种植面积约增加 0.13%;油料价格预期增加 1%,粮食种植面积约增加 0.16%,有效灌溉面积约增加 0.30%,化肥投入量约增加 0.29%;化肥价格增加 1%,粮食种植面积约减少 0.08%,化肥投入量约减少 0.20%。

最后,国际贸易中的进出口量也会影响国内市场的供给格局。在对中国大豆进口影响因素的实证分析(郭天宝等,2013)中表明,大豆大量的进口降低了国内大豆的价格,从而危害了国内豆农的生产积极性,进而影响国内大豆的供给。同样的,曼昆在分析需求时也提出了一些影响需求的因素,例如替代品价格、消费者收入等。其中,消费环节中直接影响需求的因素有替代品的价格等,间接影响的因素有消费者收入、城镇化率等。

在消费环节中直接影响需求的因素中,替代产品的价格的影响程度不容忽视。在对猪肉的替代品研究中(宁攸凉和乔娟,2010),猪肉的替代品主要包括牛肉、羊肉、鸡肉与鸡蛋等。替代品价格升高会使猪肉需求曲线向右平移,在其他条件不变的情况下,猪肉需求量增加;反之,如果替代品价格降低,猪肉需求量减少。在社会、文化、政策、贸易等间接影响需求的因素中,首先,消费者的收入对需求的影响程度显著,在对不同消费群体对不同层次可追溯食品的需求研究(吴林海等,2013)中发现,不同收入水平的消费者对不同层次的可追溯食品具有不同的需求,收入与可追溯食品层次性需求呈正向关系。城镇化率对需求也是有影响的,在对城镇化的研究(刘厚莲,2013)中表明,人口城镇化率与居民消费率呈现正相关关系。

在对农产品的供求关系及预测的研究领域中,首先是对农产品发展态势的研究,例如陆文聪和黄祖辉(2004)基于 CARMEN 模型得出了我国粮食供求关系在总体上会保持基本稳定的发展态势,国内外粮价回升可使我国粮食生产在近期内取得恢复性增长的结论。韩一军(2014)利用一般动态均衡模型得出了在现有政策不变的情景下,中国小麦产量将平稳增长,口粮消费基本稳定,饲料消费将有所上升,种子消费平稳,而工业用粮略有下降的结论。其次,对农产品供求的研究中加入了对某些国家生态环保政策的考量,例如,丁丽娜和肖海峰

(2014)采用局部均衡模型的方法得出了肉羊养殖效益对我国肉羊存栏数量有显著的正向影响,而禁牧政策在现有生产条件下对我国肉羊存栏量产生了制约;肉羊存栏数量和胴体重水平对我国羊肉产量的影响较显著;收入水平和羊肉价格对人均羊肉消费量有显著影响;未来我国羊肉产量和人均羊肉消费量均将不断增加,羊肉价格将不断上涨,我国羊肉进出口逆差增大的趋势将在较长时间内持续的结论。最后,从社会学角度研究农产品供求关系的研究也不在少数,刘春鹏和肖海峰(2016)则在总结已有研究对我国牛肉未来供求趋势预测基础上,从城镇化、老龄化等方面分析我国牛肉未来供求格局变化,发现我国牛肉消费仍将快速增长,但受养殖成本快速提高、牛胴体重提升缓慢等因素影响,未来牛肉供给增长相对缓慢,牛肉市场供求将进一步失衡,牛肉进口会大量增加。

通过上述文献梳理,可以将国内肉鸭产量、消费量、国内市场价格、玉米价格、国内出栏量、国际出口量、国际进口量、国内生产总值、国内出口量、汇率、城镇化率确定为接下来将要进行供求关系研究的变量,其中国内肉鸭产量可以代表肉鸭市场的供给,消费量可以代表肉鸭市场的需求,因此将国内肉鸭产量和消费量分别作为被解释变量,其他变量作为解释变量,构建两个模型分别研究各解释变量所代表的影响因素对供给和需求的影响关系。

9.3.2 模型的构建与数据说明

首先要构建指标体系,具体变量指标如表9.20所示。

表9.20 肉鸭产品市场供求影响因素的指标体系

被解释变量	指标说明
$Y1$	国内肉鸭产肉量
$Y2$	鸭肉消费量
解释变量	指标说明
$X1$	国际出口量
$X2$	国际进口量
$X3$	国内出栏量
$X4$	国内生产总值
$X5$	国内市场价格
$X6$	玉米价格
$X7$	国内出口量
$X8$	汇率
$X9$	城镇化率

上述数据均来自四个部分：一是1991~2013年FAO汇总整理数据；二是2010~2018年国家水禽产业技术体系产业经济岗团队统计汇总的水禽产业数据资料；三是1991~2017年中国统计年鉴；四是中国畜牧业网站数据。其中消费量的数据来自于《中国统计年鉴》和《中国住户调查年鉴》。

所要构建的模型是利用计量经济学中的多元线性回归分析法，采用EVIEWS6软件进行计量分析。所采取的具体多元线性回归模型如下所示：

$$Y1 = C1 + \beta_1 X1 + \beta_2 X2 + \beta_3 X3 + \beta_4 X4 + \beta_5 X5 + \beta_6 X6 + \beta_7 X7 + \beta_8 X8 + \beta_9 X9$$

$$Y2 = C2 + \gamma_1 X1 + \gamma_2 X2 + \gamma_3 X3 + \gamma_4 X4 + \gamma_5 X5 + \gamma_6 X6 + \gamma_7 X7 + \gamma_8 X8 + \gamma_9 X9$$

模型中，$Y1$ 表示国内肉鸭产肉量，$Y2$ 表示消费量，$X1$、$X2 \cdots X9$ 分别表示国际出口量、国际进口量、国内出栏量、国内生产总值、肉鸭价格、玉米价格、国内进口量、国内出口量、城镇化率，C 为常数量，β_1、$\beta_2 \cdots \beta_9$，γ_1、$\gamma_2 \cdots \gamma_9$，分别为影响系数。

9.3.3 实证结果的分析

根据计量结果可知：①说明所构建模型的拟合优度很高；②在给定 $\alpha = 0.05$ 显著水平下，F-statistic = 1184.83，Prob(F-statistic) = 0.00，说明方程显著；③但是大多数变量 t 值不显著，说明多数解释变量对方程没有显著影响。故还需要对模型进行剔除变量等修正工作（表9.21）。

表9.21 关于肉鸭产肉量的线性回归模型参数估计

定义变量	参数	标准差	t统计量	置信水平
C	-101 144.61	141 327.71	-0.71	0.48
$X1$	-0.38	0.37	-1.02	0.32
$X2$	1.10	0.53	2.04	0.06
$X3$	1.07	0.10	9.96	0.00
$X4$	0.61	0.23	2.55	0.02
$X5$	2.88	2.65	1.08	0.29
$X6$	44.0	126.05	0.34	0.73
$X7$	0.33	1.47	0.22	0.82
$X8$	9 204.48	13 971.20	0.65	0.52
$X9$	3 214.17	5 310.50	0.60	0.55

由于模型统计检验中的多数解释变量的 t 检验没有通过，因此需要重新考虑方程的多重共线等问题，采用循环剔除法，最终得到结果如表9.22所示。

表9.22 关于肉鸭产肉量的线性回归修正模型的参数估计

定义变量	参数	标准差	t统计量	置信水平
X2	0.79	0.26	3.01	0.00
X3	1.15	0.03	30.13	0.00
X4	0.52	0.08	6.61	0.00
X5	3.51	1.90	1.84	0.08

从表9.22可知修正模型的估计结果为：

$$Y1 = 0.79X2 + 1.15X3 + 0.53X4 + 3.51X5$$

在修正的模型中，在给定 α=0.05 显著水平下，方程通过了一系列必需的统计检验，拟合优度很好，t 检验表明国际进口量 X2、国内出栏量 X3、国内生产总值 X4、国内市场价格 X5 对方程有显著的影响。

模型 Y1 结果表明：在循环剔除之后，对国内产肉量影响最大的因素是 X5 国内市场价格，其次按影响从大到小依次是国内出栏量、国际进口量、国内生产总值。其中，国内市场价格每升高 1%，将会促使国内产肉量提升约 3.52%；国内出栏量每提升 1%，将促使国内产肉量提升约 1.15%；国际进口量每提升 1%，将促使国内产肉量提升约 0.80%；国内生产总值每提升 1%，将促使国内产肉量提升约 0.53%。

由于数据的有限性，其他的变量的线性影响虽然没有体现，但是并不能说它们对国内肉鸭产量就毫无影响。例如玉米价格 X6，当玉米价格上升的时候，意味着饲养肉鸭的成本会随之上升，从而引起市价格的变动；而之所以在上述模型中没有表现出明显的相关性，可能是由于长期以来肉鸭产业利润空间比较可观，加之近年来的技术进步促使了饲料转化率的不断提高，单位产肉量所消耗的饲料越来越少，为了追逐更高的超额利润，相对于玉米价格变化所带来的成本波动，可以忽视。又例如涉及国际贸易的国际出口量 X1，国内进出口量 X7，汇率 X8，由于国际市场和国内市场的进出口规模都相对较低，因此这几个变量的影响都受到制约，而若将来国际贸易进一步打开，相信它们的影响会进一步加大。至于城镇化率 X6，一般来说城镇化率越高意味着消费水平的提高，但是根据恩格尔定律，消费水平提高意味着食品在消费中所占比例会下降，因此消费水平的提高对于用于食品的那部分消费的提高程度是有限的，最终导致对肉鸭的消费预算提高量影响也是有限的。

利用对 Y1 模型相似的处理方法，经过循环剔除法，可以得到关于 Y2 的多元回归修正模型的参数估计，如表9.23所示。

表 9.23 关于鸭肉消费量的线性回归修正模型的参数估计

定义变量	参数	标准差	t 统计量	置信水平
$X4$	0.84	0.41	8.67	0.00
$X5$	1.53	0.09	44.52	0.00
$X9$	0.36	0.07	4.99	0.00

从表 9.23 可知修正模型的估计结果为：

$$Y2 = 0.84X4 + 1.53X5 + 0.36X9$$

在修正的模型中，在给定 $\alpha=0.05$ 显著水平下，方程通过了一系列必需的统计检验，拟合优度很好，t 检验表明国内生产总值 $X4$、国内市场价格 $X5$、城镇化率 $X9$ 对方程有显著的影响。

模型 $Y2$ 结果表明：在循环剔除之后，对鸭肉消费量影响最大的因素是 $X5$ 国内市场价格，其次按影响从大到小依次是国内生产总值和城镇化率。其中，国内市场价格每升高 1%，将会促使鸭肉消费量提升约 1.53%；国内生产总值每提升 1%，将促使鸭肉消费量提升约 0.84%；城镇化率每提升 1%，将促使鸭肉消费量提升 0.36%。对于实证结果，可以得到一些能对以肉鸭为代表的水禽产业有帮助的结论与启示。

首先，在所列出的 9 个解释变量中，国内市场价格对产肉量和消费量的影响都是最大的，而通过置信检验的变量中，对产肉量影响最大的依次是国内市场价格、国际进口量、国内出栏量、国内生产总值，对消费量按影响从大到小依次是国内市场价格、国内生产总值和城镇化率。因此在制定下一阶段的生产计划时，可以将市场价格走势作为首要的参考因素，同时可以将国际进口量、国内出栏量、国内生产总值、城镇化率作为辅助参考。

其次，实证分析中已经得出市场价格是对产肉量和消费量影响最大的因素。因此，在提高肉鸭市场产值的道路选择上可以从提高鸭肉本身价格方向上入手，可以学习一些成功的鸭类产品品牌化加工生产销售模式，加快肉鸭产品结构调整，大力发展肉鸭"高、精、深"加工，提高肉鸭的附加价值。

再次，由于禽流感事件的影响逐渐削减，消费者对肉鸭的接受程度也应该会随之增加，肉鸭的价格预期会上升，因此，对来年的肉鸭市场的预期也会更乐观，肉鸭产业应当选择更加开放的生产计划，拓展生产。

最后，由于传统水禽的养殖方式对水资源有一定的依赖，未来国家的环保政策势必会对肉鸭产业形成冲击，在东部一些较为发达的省份已经开始实施针对水禽产业的比较严格的环保政策，其对水禽产业的负面影响已经开始显现。因此肉鸭产业应该优化养殖方式，摒弃先污染后治理的观念，提前预防，在离水养殖、规模饲养、技术引进等方面注意环保问题，保持当地肉鸭产业的可持续发展。

第 10 章
研究结论及政策启示

水禽产业是农业产业和畜牧产业的重要组成部分,水禽产业经济的发展,在我国国民经济发展在中起到了积极作用。其生产经营规模和产业产值在畜牧业中所占的比例都处于上升的发展趋势,但相较于国民经济持续稳定的发展趋势来看,水禽产业发展还不能完全适应整个国民经济和社会发展的速度,对国民经济和社会发展的影响力还有待提升。水禽产业质量安全、技术水平、组织经营等方面也还存在进一步提升的空间。

10.1 主要研究结论

10.1.1 产业布局呈现"东退西进,北向南移"的趋势

我国水禽品种资源丰富,其养殖区域主要分布在长江流域及其以南地区,以及山东、河北和东北三省。这些地区江河纵横、湖泊众多,水生动植物资源丰富,为水禽养殖提供了得天独厚的自然地理环境,因此,水禽产业也呈现出明显的区域性分布特征。但随着市场经济的发展和产业化、规模化和一体化的推进,水禽产业养殖分布格局逐渐改变,水禽产业集中分布所依托的优势正由传统的资源优势向现代化技术、资本优势转变。改革开放以来,我国的珠三角、长三角和环渤海地区等由于率先开发,资本和技术聚集,市场活跃,吸引和催生了水禽产业的发展。近年来华东、华北地区的水禽产业产量产值不断受到来自其他区域的冲击,水禽产业的布局在不断地优化;同时,环境约束虽然对于水禽产业的产量扩张有着一定的限制作用,但也激发了水禽产品质量优化和水禽产业转型升级的步伐。

10.1.2 生产总量呈现平稳增长的态势

在生产总量上看,据 FAO 1987～2013 年统计数据、国家水禽产业技术体系

产业经济研究团队所调研统计的全国主产省区和典型示范县 2010~2017 年的主要水禽产业(肉鸭、蛋鸭和肉鹅)的出栏量、产值等相关生产数据,采用 ARIMA 模型预测可知,在 2020 年之前,我国水禽产业基本保持平稳发展,并不会出现较大幅度的增长或下降。我国的肉鸭出栏量在 2020 年之前将继续增加,总出栏量将维持在 33 亿只左右,肉鸭产业的出栏量和产值都将呈现平稳增长的态势,但是出栏量在屡创新高的同时,肉鸭产值却始终没有突破历史最高水平。蛋鸭产业未来的走势略有放缓但是下降幅度不大,在 2020 年之前应该都能维持 435 亿元总产值的水平,产量在 2020 年之前应该会维持在 400 万 t 左右。鹅出栏量在 2020 年之前基本可维持在 5.9 亿只的水平,鹅肉产量为 348 万 t 左右,肉鹅产值约为 520 亿元左右。

10.1.3 养殖效率有待进一步优化

通过分析养殖模式、养殖规模、养殖周期、养殖品种等因素对养殖收益的影响,发现水养模式具有最高的产出收益,网上平养模式次之,且水养模式符合水禽生活习性,产品品质也更易得到消费者认可,但由于水养模式受资源条件限制以及现有环境政策的约束,不易大规模展开。水禽养殖并不完全符合规模经济特征,随着养殖规模增大,养殖收益并不总是增加,而是呈现先增加后递减的倒 u 型趋势;在品种单一的情况下盲目扩大规模,不仅会促使市场竞争加剧,水禽产品价格下降,成本上升,养殖收益也随之下降,而且会诱导养殖户为了降低养殖风险和成本采取一些非常规手段,最终影响产品品质。

在投入产出效率分析方面,基于 2012~2018 年全国 29 个省份水禽投入、产出数据分析,约有 2/3 的省份水禽 TFP 增长率为负值。其原因可能:一是由于禽流感等疫病的发生,使得水禽物种患病率增加,投入的医药费用大幅增加,且各种安全配套措施不断新增并完善,劳动力和资本投入进一步增加,而产量表现出震荡上行的趋势,加之受 H7N9 禽流感媒体报道事件的影响,水禽产品市场进入艰难时期,消费者对水禽产品需求量出现波动,许多养殖企业面临较大的生产风险;二是水禽产业市场不够完善,水禽养殖成本变化快,致使产品供给量不稳定,市场价格波动较大,使得水禽产业利润出现大幅波动的现象。因此,需要进一步加强水禽疫病防治工作,真正建立起水禽疫病的防预监控体系;加强对水禽产品相关替代品行业的市场监控,建立灵活的市场反应体系;建立高效的产业联盟,合理控制养殖规模和养殖品种,选择经济环保的养殖模式,确保水禽产业的优质高效发展。

10.1.4 消费总量持续增加,消费结构持续优化

在消费演变趋势上,通过对历年的《中国统计年鉴》和《中国住户调查年鉴》的城镇居民和农村居民人均消费量进行加权平均得到人均消费量,然后通过支持向量机模型(SVM)对总肉类、猪肉、牛羊肉、禽肉和水禽肉的人均消费量进行预测。中国总肉类人均消费量仍然保持每年0.5kg左右的速度平缓增长,说明未来几年,随着生活水平的逐渐改善,人们对于肉类的消费还是稳步提升的。猪肉的人均消费量保持在每年0.3kg的速度匀速增长,而牛羊肉从2012年以后就几乎保持在3kg的水平,说明对于羊肉和牛肉这种比较贵且替代性较强的肉类的消费量已经接近饱和。禽肉的增长几乎保持在每年0.2kg的速度,其增长百分比甚至还大于猪肉的增长速率,说明在未来几年人们对于禽肉的消费意愿可能会大于猪肉的消费意愿。

10.1.5 个体消费行为呈现多元化发展趋势

为了进一步得出肉类之间的替代关系,通过对武汉市居民日常肉类消费的调研数据进行了分析,得出鸭肉与猪肉和鸡肉存在较强的替代关系,而与鱼肉有一定的互补性;并且用户的家庭结构也对人们的水禽肉类消费量具有较大的影响,尤其是当居民家中老人和小孩的数量更多的时候,居民用户选择水禽肉类消费的量会减少,这可能是因为水禽肉类相对于传统的猪肉牛肉在食用复杂程度上更高,有更多老人和儿童的家庭没有形成水禽肉类消费的习惯而导致的。

当前消费生活中,仍以活禽现宰现食为主,且水禽熟食品等农产品加工品成本较低,一般品牌产品差异不大,使得产品区分度低,市场同质性强、高质量的优质名特产品价格上不去、销售市场半径无法延长,产业扩张困难。同时,随着社会经济发展和人民生活水平的提高,人们开始追求水禽产品质量与特色,地方性风味产品和特色产品逐渐受到消费者的青睐。从个体消费者行为看,消费者的不同个体特征(包括消费者的性别、年龄、收入状况等一系列相关因素)会对消费者购买水禽产品的频率产生不同的影响,具有不同个体特征的消费者对水禽产品内在属性的要求也不同。与此同时,对于线上销售渠道,产品的口碑和偏好差异性以及线上的口碑量均会对产品的线上销量产生重要影响。为迎合市场需求,水禽生产企业应针对不同的消费者需求设计不同的产品结构,并针对不同的细分市场在包装、服务、价格、渠道、物流配送等方面强调差异,进一步推动了消费多元化的发展。

10.1.6 市场价格受其他肉类相关产品价格影响显著

在市场价格方面,通过对肉毛鸭、肉鸭苗、鸭蛋和活鹅分别进行长期价格变动的比较分析发现,水禽产品价格在每年的第三季度都会有一个较大幅度的走高趋势。鸭肉价格与鸡肉、猪肉和羊肉价格存在长期的平衡关系,鸭肉价格发生变动的时候会影响到其他几种肉类价格的变动。整体而言,猪肉价格、鸡肉价格的变动对于鸭肉价格的影响比较大,牛肉和羊肉价格对于鸭肉价格的影响很小。在脉冲响应分析中,我们可以看出鸭肉价格对鸡肉价格有一个正向冲击作用,大约能在第 5 期的时候达到冲击效应的峰值,而鸡肉价格的影响仅次于鸭肉本身的价格影响,给鸡肉价格一个单位的冲击后,鸭肉价格在第 5 期达到最大,从第 7 期对鸭肉价格的影响趋于稳定,一定程度上可以说,鸡肉和鸭肉互为替代品。

10.1.7 市场供求呈现出动态均衡的特点

从市场供求来看,对水禽市场的供求关系进行分析预测发现,最大的影响因素是国内市场价格,其次按影响从大到小依次是国内出栏量、国际进口量、国内生产总值。其中,国内市场价格每升高 1%,将会促使国内产肉量提升约 3.515%;国内出栏量每提 1%,将促使国内产肉量提升约 1.153%;国际进口量每提升 1%,将促使国内产肉量提升约 0.799%;国内生产总值每提升 1%,将促使国内产肉量提升约 0.530%。对鸭肉消费量影响最大的因素是国内市场价格,其次按影响从大到小依次是国内生产总值和城镇化率。其中,国内市场价格每升高 1%,将会促使鸭肉消费量提升约 1.53%;国内生产总值每提升 1%,将促使鸭肉消费量提升约 0.84%;城镇化率每提升 1%,将促使鸭肉消费量提升 0.36%。需要说明的是,虽然其他影响因素因为循环剔除法的处理被剔除了,但这只是受限于数据的可获得性和有限性而使得它们在模型中并不太显著,并不是说明它们对市场供求没有影响。

10.2 提升水禽产业经济发展水平的路径选择

10.2.1 加强水禽育种攻关协作,力争品种自主化

一是加强对我国自主化地方良种北京鸭、青壳系列蛋鸭等的纯种选育、提纯

复壮、新品系培育等的支持,促进优质种群和高产配套系规模的扩大,使其增加优中选优的概率;二是支持地方建立保种场、育种场和良种繁殖场,使水禽育种走向良性循环,保证地方性良种的普及和推广;三是引导支持育种单位及水禽产业化龙头企业的联合协作攻关,充分利用现代化的育种技术、快繁技术和企业资本,加快自主良种繁育的速度,力争形成多元化、多品种育种的格局,早日育成优质、高产、抗病的水禽新品种。

10.2.2 因地制宜,走可持续发展道路

在工业化发展与环境保护的取舍中,一方面,东部沿海及长三角水禽主产区应积极利用工业化带来的资金、技术优势,加快水禽产品结构调整,大力发展水禽"高、精、深"加工。另一方面,中西部及东北水禽发展较为落后地区,应摒弃先污染后治理的观念,提前预防,在规模饲养、技术引进等方面注意环保问题,保持当地水禽产业的可持续发展。应积极加强与先进地区的资源优势互补,培养地区核心竞争力。同时,加强对新饲养模式及新技术开发与应用的扶持与引导,发展低碳经济,加强对水禽生产造成的废弃物的综合利用。在产业发展中注重环境保护,走低碳、环保、经济、高效的可持续发展之路。

10.2.3 建立产业联盟,提升水禽产业竞争力

第一,整合水禽养殖业,建立标准化、集约化、规模化的现代养殖基地,统一规范管理,提高水禽养殖农户组织化程度,引导发展大规模专业化和专业化养殖区域,将千家万户的小规模分散养殖聚集起来,形成水禽专业化大规模养殖模式。第二,发展有较强实力和辐射带动力大的龙头企业,通过对现有大型水禽企业进行重组,形成水禽饲养、孵化、屠宰加工、羽绒生产加工、销售一体化发展的龙头企业,促进公司+基地+农户模式发展。第三,合理进行产业链条上各利益主体的利益分配,切实保证养殖户的利益,把产业联盟建立在利益连接和互惠互利的基础上,以促进水禽产业的壮大和市场竞争力提升。

10.2.4 做精做细国内市场,积极开拓国际市场

水禽产品经营企业要保持国际和国内市场信息搜集的迅捷性、全面性、准确性,并及时做出决策调整。近几年,国内水禽市场的增速已经放缓,国内消费者对水禽产品消费趋向多元化、时尚休闲化、绿色安全化,对水禽产品生产的要求

不断提高。水禽企业应做精做细国内市场,做好产品研发及食品质量安全工作,同时把疫病防治工作当作长期重要工作来抓,时刻不能松懈。另外,国际市场有着广阔的发展空间,面对复杂多变的国际市场环境,国内企业一方面要关注国际性的大市场,还要苦修内功,强化生产标准,积极与国际市场接轨,克服产业的食品安全及技术壁垒,提高产品质量,积极扩大水禽产品出口业务,走出中国,占领国际市场。

10.2.5 加强市场监控,建立灵活的市场反应体系

猪肉、鸡肉产品消费仍是人们大众化生活消费的主导,对水禽产品有较强的替代作用,而水禽产品对它们的替代力相对较弱。例如,现实生活中,人们就餐时会因为水禽价格相对鸡肉较高时,选择鸡肉产品,而由于水禽肉类消费有较大的地域差异,鸡肉价格高了,不一定会选择水禽。由于水禽产业具有在猪肉、鸡肉等家畜家禽产业夹缝中生存与发展的特殊性,水禽产业相对其他家畜家禽产业的社会接受度还较小,故鸡肉、猪肉极易对水禽形成替代作用,但水禽对二者的替代作用则很小,说明水禽产业相对他们还比较弱小,还需要政府区别对待,给予更多优惠保护。因此,水禽产业应加强对相关替代品行业的市场监控,建立灵活的市场反应体系,以预防相关替代品市场变化所带来的不利冲击或迎接市场新的有利的发展机遇。

10.2.6 紧密结合地区经济,顺势壮大水禽产业

近二十多年的水禽产业发展经验表明,水禽产业发展与国民经济的快速发展是密不可分的,经济发展水平对肉鸭产业的带动作用是非常巨大的。长期以来,我国GDP一直保持高速增长,人民收入水平大幅增加,生活水平也大幅提高,为水禽产品消费的快速增长提供了强大的经济保障。因此,肉鸭企业应该顺势而为,乘着国内经济发展的东风,迎合、引导、创造市场消费需求,积极抓住经济发展的大好机遇,将水禽产业做大做强。

10.3 水禽产业发展的政策支撑

目前在市场竞争的背景下,水禽产业正在向规模化、产业化、现代化的方向转型,小规模的农户分散饲养日趋消亡。但是,规模化的集中养殖,需要有较大的整块土地从种植业向水禽产业转移,需要有强有力的免疫防疫措施及较大较

宽防疫隔离带,需要有更好环境保护和污染防治处理系统。为此,政府要在水禽养殖场的建设用地指标批准、标准化养殖建场和环境保护、污染处理系统建设的资金投入等方面给予倾斜支持,以保证水禽产业向现代化、工厂化的方向迈进。

10.3.1 制定行业标准和规范,保证产业发展有章可循

积极开展水禽相关法律法规的制定与实施,建立并完善水禽产业质量安全标准和监控体系,加强水禽产品的质量安全管理,对一体化产业链从原材料、饲料、饲养、加工、流通、服务的全过程进行全程监督,将水禽产品质量安全深入到产业链的每一个环节,真正建立从养殖基地到饭店餐桌、从生产养殖到产品消费、从科技研发到市场销售等各环节的产品质量安全追溯体系和科技研发与产业服务体系。同时制定规范的产业标准,实现水禽生产全过程的科学化、标准化和无公害化,保证水禽产品质量安全。在制定产业标准时,应注意与当前国际标准的接轨,通过借鉴国际先进技术、法规和标准,使产业标准国际化,为水禽产品的国际进出口贸易和国际消费市场的扩张奠定基础,促进水禽产业的可持续发展,提高水禽产业竞争力。

10.3.2 因地制宜,合理布局,避免低水平重复建设

环渤海水禽经济圈、长三角水禽经济圈与珠三角水禽经济圈的产业竞争力优势较为明显,可以说是遥遥领先,占据全国较高的市场份额。该地区的水禽产业已经是优势产业,一方面,在规模上,因为已经具有很大的市场规模,应该强化市场风险防范意识,保持市场规模,维护市场领先地位,继续发挥规模效益;另一方面,应加大科研力度,大力发展产品深加工业,调整产品结构,重视产品质量安全,塑造优势品牌,以长远利益为目标,占据市场制高点,提高并维护产业领先地位。

以重庆、四川为首的西南经济圈和以辽宁、黑龙江为首的东北经济圈与其他地区相比具有自身独特的发展优势与潜力。该区域政府应采加大扶持政策,加大资本、科技投入等,以高科技为主要手段,发展产品精加工和深加工,不断提高其生产效率,以品牌和特质产品创市场,争取更高的市场份额,提升产业地位。同时也应密切关注产业发展动态,寻找产业空白点,及时抓住机遇,加快发展步伐。也可以考虑与其他相邻区域进行优势互补,开展产业合作,共同开发。

10.3.3 加强疫病防控工作,保证水禽产业的健康发展

近几年水禽产业之所以能够迅速扩展,主要得益于水禽的疾病相对较少和抗病能力较强,养殖风险较小。但是,我们也应该看到传染性疾病对水禽产业发展所构成的威胁,鸭的病毒性肝炎、传染性浆膜炎、大肠杆菌病等老的传染病仍然时有流行,新的传染病也不断发生,仅2010年6月以来所发生的鸭出血性卵巢炎(也称黄病毒病),就使1.2亿只蛋鸭、1500多万只肉鸭种鸭发病,造成的经济损失至少在45亿元以上。为此,一定要进一步加强疫病防控工作:一是真正建立起水禽疫病的防预监控体系,加大对防疫人员的培训、指导、考核力度,对于规模化的养殖企业和农户要定期抽查,不仅要检查其防疫设施条件,而且要检查免疫程序和措施的执行情况;二是要加大免疫密度,提高免疫质量,加强免疫执法,确保免疫效果;三是加强活禽、禽肉、禽蛋的产地检疫和产地标识,防止在活禽及禽产品流通中的疫病传染,增强生产经营者责任意识和疫病防控意识,防止疫病异地流行。

10.3.4 以人为本,完善水禽产业人才培育机制

长期以来,由于利益驱动或产业环境等因素,我国水禽产业人才就比较乏,加剧了产业分布的极不平衡的现状。因此,产业内部必须加强对人才的培养,同时在产业范围内让人才合理流动起来。首先要通过政策杠杆加大产业调控力度,加强政府对人才流动政策的引导和监督,推动水禽产业、区域人才协调发展,促进人力资源有效配置。其次,要为人才流动提供制度保障,积极利用国家水禽产业技术体系的技术优势、人才优势,同时建立水禽产业内部的人才区域合作机制。最后,建立功能齐全服务多样化的人才市场,推进人市场体系建设,完善市场服务功能,健全人才市场供求、价格、竞争机制。

参 考 文 献

白军飞,闵师,仇焕广,等.2014.人口老龄化对我国肉类消费的影响.中国软科学,(11):17-26.

曹晓雪,于长春,周泽将.2009.费用"粘性"研究:来自中央企业的经验证据.产业经济研究,(1):40-46.

陈长喜,张宏福,王兆毅,等.2010.畜禽健康养殖预警体系研究与应用.农业工程学报,(11):215-220.

陈超,谭涛,刘洪波.2006.猪肉行业供应链效率研究——以江苏省为例.南京农业大学学报(社会科学版),(2):54-58.

陈明,温韵雅,蔡志明.2016.智能手机社会体验与品牌溢价:品牌依恋的中介作用.华南理工大学学报(社会科学版),18(3):37-44.

陈琼,吕新业,王济民.2012.我国禽肉消费及影响因素分析.农业技术经济,(5):20-28.

陈琼,王济民.2013.我国肉鸡生产现状与存在的问题分析.中国食物与营养,(7):27-31.

陈文虎,李瑞.2005.蚕茧收购价格预测模型的建立与应用.丝绸,(11):5-7.

陈艳红.2015.黑龙江省稻米优质优价产业链整合研究.哈尔滨:东北农业大学硕士学位论文.

戴孝悌.2013.中国农业产业空间布局现状、问题与对策分析.农业经济,(12):50-51.

戴迎春,朱彬,应瑞瑶.2006.消费者对食品安全的选择意愿——以南京市有机蔬菜消费行为为例.南京农业大学学报(社会科学版),6(1):47-52.

邓宗兵,封永刚,张俊亮,等.2013.中国粮食生产空间布局变迁的特征分析.经济地理,33(5):117-123.

丁丽娜,肖海峰.2014.我国羊肉供求的影响因素及未来趋势.中国人口科学,(9):22-31.

方伟,梁俊芬,林伟君,等.2013.食品企业质量控制动机及"优质优价"实现状态分析——基于300家国家级龙头企业调研.农业技术经济,(2):112-113.

冯伟,蔡学斌,杨琴,等.2016.中国农产品加工业的区域布局与产业集聚.中国农业资源与区划,37(8):97-102.

冯小亮,黄敏学,张音.2013.矛盾消费者的态度更容易受外界影响吗——不同态度成分的变化差异性研究.南开管理评论,(1):92-101.

高启杰.2004.城乡居民粮食消费情况分析与预测.中国农村经济,(10):20-25,32.

葛慧玲. 2007. 中国大豆市场的预测预警研究. 哈尔滨: 东北农业大学硕士学位论文.

龚立. 2016. 我国城镇居民户外消费特征及影响因素研究. 北京: 中国农业科学院博士学位论文.

龚诗阳, 刘霞, 刘洋, 等. 2012. 网络口碑决定产品命运吗——对线上图书评论的实证分析. 南开管理评论, 15(4): 118-128.

郭天宝, 王云凤, 郝庆生. 2013. 中国大豆进口影响因素的实证分析. 农业技术经济, (11): 103-111.

郭宗杰, 孙仙冬. 2014. 关于我国价格预警立法问题研究. 价格理论与实践, (2): 35-37.

韩一军. 2014. 中国小麦中长期供求预测及政策选择. 中国农村经济, (5): 13-19, 61.

郝妙, 傅新红, 陈蓉. 2014. 灰色系统理论在生猪价格预测中的应用. 中国农学通报, (14): 310-314.

郝鑫. 2015. 黑龙江省农产品区域品牌效应研究. 哈尔滨: 东北林业大学.

郝媛媛, 邹鹏, 李一军, 等. 2009. 基于电影面板数据的在线评论情感倾向对销售收入影响的实证研究. 管理评论, 21(10): 95-103.

郝媛媛. 2010. 在线评论对消费者感知与购买行为影响的实证研究. 哈尔滨: 哈尔滨工业大学硕士学位论文.

何桦. 2009. 四川省芦山县肉鹅产业发展现状及对策研究. 中国禽业导刊, (4): 65-69.

何砚, 赵弘. 2017. 京津冀城市可持续发展效率动态测评及比较研究——基于超效率CCR-DEA模型和Malmquist指数的度量. 工业技术经济, 36(11): 29-36.

何忠伟, 刘芳, 王琛. 2013. 中国生猪价格波动与调控机制研究. 北京: 中国农业出版社.

贺艳辉, 袁永明, 张红燕. 2010. BP人工神经网络在罗非鱼价格预测中的应用. 安徽农业科学, (35): 20443-20445.

侯水生. 2009. 我国水禽产业发展趋势与技术需求. 中国家禽, 31(17): 1-5.

侯水生. 2014. 我国肉鹅产业发展应重视的问题与建议. 水禽世界, (3): 6-9.

黄敏学, 冯小亮, 谢亭亭. 2010. 消费者态度的新认知——二元化的矛盾态度. 心理科学进展, 18(6): 987-996.

黄敏学, 王贝贝, 廖俊云. 2015. 消费者评论中偏好差异性对销量的影响机制研究. 营销科学学报, 11(3): 1-17.

黄武, 韩喜秋, 朱国美. 2012. 花生种植户新品种采用的影响因素分析——以安徽省滁州市为例. 农业技术经济, (12): 12-21.

黄秀路, 韩先锋, 葛鹏飞. 2017. "一带一路"国家绿色全要素生产率的时空演变及影响机制. 经济管理, 39(9): 6-19.

黄泽颖, 王济民. 2015. 2004~2014年我国禽流感发生状况与特征分布. 广东农业科学, (4): 93-98.

霍腾飞, 周申蓓, 申映华. 2014. 基于DEA-Malmquist的中国建筑业大型承包商全要素生产率分析. 工程管理学报, 28(2): 143-147.

季明川, 宋玉丽, 杨萍, 等. 2015. 当前我国现代农业利益主体协同机制的问题及对策. 农村经济与科技,26(5):40-42,116.

江伟,胡玉明,曾业勤.2015.融资约束与企业成本粘性——基于我国工业企业的经验证据.金融研究,(10):133-147.

江伟,胡玉明.2011.企业成本费用粘性:文献回顾与展望.会计研究,(9):74-79.

江伟,姚文韬.2015.所有权性质、高管任期与企业成本粘性.山西财经大学学报,37(4):45-56.

江心英,李献宾,顾大福,等.2009.全球价值链类型与OEM企业成长路径.中国软科学,(11):34-41.

姜百臣,朱桥艳,欧晓明.2013.优质食用农产品的消费者支付意愿及其溢价的实验经济学分析——来自供港猪肉的问卷调查.中国农村经济,(2):23-34.

蒋德权,徐巍.2016.费用粘性会影响盈余信息质量吗——来自我国上市公司的经验证据.商业经济与管理,(8):77-86.

蒋德权.2014.投资效率、费用粘性与货币政策——来自中国上市公司的经验证据.山西财经大学学报,36(4):27-37.

蒋乃华,辛贤,尹坚.2002.我国城乡居民畜产品消费的影响因素分析.中国农村经济,(12):48-54.

金晓斌,陈代云,路颖,等.2002.公司特质、市场激励与上市公司多元化经营.经济研究,(9):67-75.

靳明,赵昶.2008.绿色农产品消费意愿和消费行为分析.中国农村经济,(5):44-55.

寇光涛,卢凤君,王文海.2016.新常态下农业产业链整合的路径模式与共生机制.现代经济探讨,(9):88-92.

冷崇总,罗友根.2013.关于价格监测预警的思考.价格月刊,(7):1-8.

李丹凤.2011.价值链视角下产业链整合实例分析.商业时代,(30):116-117.

李谷成,范丽霞,成刚,等.2013.农业全要素生产率增长——基于一种新的窗式DEA生产率指数的再估计.农业技术经济,(5):4-17.

李国祥,陈劲松.2001.对"十五"期间粮食生产与粮食安全的分析与建议.中国经贸导刊,(14):19-20.

李宏.2012.负面在线评论及其补救措施对顾客购买意愿的影响.上海:东华大学博士学位论文.

李建平,杜秀玲.2004.对绿色农产品"优质不能优价"的现象解析.价格理论与实践,(11):40-41.

李健.2013.在线商品评论对产品销量影响研究.现代情报,32(1):164-167.

李江,刘文蕾,梁钰.2015.中国大健康产业全要素生产率分析.中国人口·资源与环境,25(S2):62-64.

李俊青.2015.水果市场价格预测与波动预警研究.武汉:华中农业大学硕士学位论文.

李宁,张瑞荣.2013.内蒙古地区城镇居民肉类消费需求研究.财经理论研究(4):59-65.

李平.2016.提升全要素生产率的路径及影响因素——增长核算与前沿面分解视角的梳理分

析. 管理世界,(9):1-11.

李茜. 2015. 内蒙古通辽市牛产业链延伸研究. 呼和浩特:内蒙古师范大学.

李冉,沈贵银,王莉. 2015. 我国畜禽良种补贴政策实施情况——基于山东、青海的调研. 中国畜牧业,(5):30-32.

李胜. 2012. 黑龙江省鹅产业发展现状勾对策简析. 黑龙江畜牧兽医,(5):36-43.

李锁平,王利农. 2005. 我国蔬菜供给对价格的反应程度分析. 农业技术经济,(5):59-62.

李小峰. 2014. 农产品电子商务模式选择的影响因素分析. 武汉:华中农业大学硕士学位论文.

李艳,刘军. 2011. 农产品价格预测系统设计与实现. 湖北农业科学,(14):2976-2978.

梁上坤,董宣君. 2013. 行业竞争程度与成本费用粘性. 现代管理科学,(7):75-78.

廖鹏飞,雷萌. 2017. 基于 DEA-AHP 模型的零售业标杆选择. 天津商业大学学报,37(6):54-59.

廖永松. 2005. 21世纪我国粮食安全保障与灌溉需水预测. 建设节水型社会与现代节水技术论文及有关材料选编集. 南宁:广西壮族自治区科学技术协会.

林卫斌,陈彬,俞燕山. 2011. "十二五"及2020年电力需求预测研究. 中国人口·资源与环境,21(7):1-6.

刘春鹏,肖海峰. 2016. 中国牛肉供求现状及趋势分析. 农业经济与管理,(4):79-87.

刘芳,王琛,何忠伟. 2013. 我国生猪市场价格预警体系研究. 农业技术经济,(5):78-85.

刘峰,王儒敬,李传席. 2009. ARIMA 模型在农产品价格预测中的应用. 计算机工程与应用,(25):238-239,248.

刘贵富,赵英才. 2006. 产业链:内涵、特性及其表现形式. 财经理论与实践,27(3):114-117.

刘厚莲. 2013. 人口城镇化、城乡收入差距与居民消费需求——基于省际面板数据的实证分析. 人口与经济,(6):63-70.

刘丽红. 2006. 吉林省发展现代畜牧业的研究. 长春:吉林农业大学硕士学位论文.

刘瑞峰. 2014. 消费者特征与特色农产品购买行为的实证分析——基于北京、郑州和上海城市居民调查数据. 中国农村经济,(5):51-61.

刘昕. 2005. 保护环境实现畜禽养殖产业可持续发展. 畜禽养殖,(1):31-33.

刘秀梅,秦富. 2005. 我国城乡居民动物性食物消费研究. 农业技术经济,(3):25-30.

刘雪芬,王雅鹏. 2012. 中国水禽产业发展的现状和问题及对策. 农业现代化研究,33(2):140-144.

刘雪芬,杨志海,王雅鹏. 2013. 我国水禽产业竞争力的特点和影响因素与提升路径. 农业现代化研究,34(3):308-312.

刘洋,廖貅武. 2013. 基于在线评分和网络效应的应用软件定价策略. 管理科学,26(4):60-69.

刘宇翔. 2013. 消费者对有机粮食溢价支付行为分析——以河南省为例. 农业技术经济,(12):43-53.

陆文聪,黄祖辉. 2004. 中国粮食供求变化趋势预测. 经济研究,(8):94-104.

陆文聪,梅燕.2008.收入增长中城乡居民畜产品消费结构趋势实证研究——以浙江省为例.技术经济,(2):81-85.

吕连菊,阚大学.2017.中国全要素生产率的测算及其变动分析.统计与决策,(20):133-136.

吕明,欧阳金琼,王雅鹏,等.2014.我国水禽养殖户新型养殖模式采纳决策影响因素及差异性分析——基于5省(市)养殖户的微观调查数据.南方农业学报,45(7):1302-1308.

罗长寿,周丽英.2013.季节时间序列模型在平菇价格预测中的应用.贵州农业科学,(11):202-204,209.

罗良国,李宁辉.2005.结构调整与区域比较优势对我国粮食主产区农业增长的影响.中国农业大学学报(社会科学版),(2):21-27.

罗永恒.2013.基于ARMA模型的中国农产品价格的分析与预警.经济数学,(1):96-99.

马闯,邹剑敏.1996.我国水禽生产发展战略研究.中国家禽,(9):2-4.

马洪伟,蓝海林.2001.我国工业企业多元化程度与绩效研究.南方经济,(9):25-28.

马林静,王雅鹏.2014.我国肉鹅产业经济预测研究.中国家禽,(6):26-31.

马孝斌,王婷,董霞,等.2007.向量自回归法在生猪价格预测中的应用.中国畜牧杂志,(23):4-6.

马永强,张泽南.2013.金融危机冲击、管理者盈余动机与成本费用粘性研究.南开管理评论,16(6):70-80.

麦尔旦·吐尔孙,闫建伟,王雅鹏.2013.中国肉鸭产业的区域优势分析——基于全国21个水禽主产省(市、区)的研究.农业现代化研究,(4):477-481.

闵师,白军飞,仇焕广,等.2014.城市家庭在外肉类消费研究——基于全国六城市的家庭饮食消费调查.农业经济问题,(3):90-95.

宁攸凉,乔娟.2010.中国生猪价格波动的影响与成因探究.畜牧经济,(2):52-56.

牛文学.2007.供应链演化的内涵及其机制研究.商业研究,(11):34-36.

农业部市场与经济信息司.2010.农产品市场监测预警工作手册.北京:中国农业出版社.

潘洪刚,王礼力.2008.基于"蛛网理论"的农产品市场风险成因与对策研究.安徽农业科学,(3):1234-1235.

彭玉珊,孙世民,陈会英.2011.养猪场(户)健康养殖实施意愿的影响因素分析——基于山东省等9省(区、市)的调查.中国农村观察,(2):16-25.

平平,刘大有,杨博,等.2010.组合预测模型在猪肉价格预测中的应用研究.计算机工程与科学,(5):109-112.

卿硕.2013.绿色农产品营销渠道探讨.农业经济,(5):125-126.

全珍.2014.网络口碑对鞋服体育用品购买决策的影响研究.泉州:华侨大学硕士学位论文.

任永玲.2000.发展优质农产品的对策探讨.山西农业科学,(3):93-96.

尚旭东,李秉龙.2012.我国城乡居民畜产品消费特征与问题分析——基于消费结构与收入差距视角.生态经济,(6):45-52.

佘德勇.2009.皖西地区白鹅产业发展现状与对策畜牧与饲料科学.畜牧与饲料科学,(2):

45-52.

史峰,王小川,郁磊,等.2010.MATLAB神经网络30个案例分析.北京:北京航空航天大学出版社.

宋洪远,翟雪玲,曹慧,等.2012.农产品价格波动、机理分析与市场调控.农业技术经济,(10):4-13.

孙超,孟军.2011.中国粮食价格的影响因素分析与预测比较——基于支持向量机的实证研究.农业经济,(1):29-31.

孙红敏,吴静婷,李晓明.2013.基于改进BP神经网络的价格预测模型研究.东北农业大学学报,(8):133-137.

孙琳琳,任若恩.2005.资本投入测量综述.经济学,(4):823-842.

孙倩,穆月英.2011.蔬菜价格变动影响因素及价格预测——以北京市批发市场为例.中国蔬菜,(9):9-14.

孙素芬,罗长寿.2011.基于RBF神经网络的蔬菜价格预报研究.中国农学通报,(28):269-273.

孙文博.2001.全面落实优质优价政策积极优化农产品品质.中国物价,(6):3-6.

孙喜民,刘客,刘晓君.2015.基于系统动力学的煤炭企业产业协同效应研究.资源科学,37(3):555-564.

孙喜民,王静,崔涛.2014.国有企业多元化、产业协同和公司绩效——以煤炭企业集团为例.河南社会科学,22(11):54-57.

孙香玉.2010.在外就餐与食品消费结构关系研究——基于南京城镇居民的调查.首都经济贸易大学学报,(4):72-79.

汤国辉,张锋.2010.农户生猪养殖新技术选择行为的影响因素.中国农学通报,26(14):37-40.

唐博文,罗小锋,秦军.2010.农户采用不同属性技术的影响因素分析——基于9省(区)2110户农户的调查.中国农村经济,(6):49-57.

唐建荣,孔钰婷.2014.新能源行业成本粘性行为及其驱动因素研究.统计与信息论坛,29(2):70-74.

唐江桥,雷娜.2011.2011中国鸡蛋价格波动预警研究.西部论坛,(6):44-49.

唐江桥,雷娜.2012.我国畜产品价格波动预警指标体系构建.管理学刊,(6):31-36.

唐江桥.2011.中国畜产品价格预测预警研究.福州:福建农林大学博士学位论文.

陶红军,陈体珠.2014.农业区划理论和实践研究文献综述.中国农业资源与区划,35(2):59-66.

田文君,申长军,郑文刚,等.2012.农产品价格信息采集与预警系统设计与实现.计算机工程与设计,(5):1816-1821.

佟晓晨.2007.中国畜产品消费分析.内蒙古民族大学学报(社会科学版),(3):86-89.

汪晓银.2013.中国柑橘市场预警研究.武汉:华中农业大学博士学位论文.

王宝维.2011.保障我国水禽业健康可持续发展的策略.水禽世界,(1):10-13.

王川,王克.2008.基于BP神经网络的我国农产品市场风险预警研究.农业经济问题,(S1):152-156.

王川.2008.我国农产品市场风险的形成及防范研究.中国食物与营养,(9):33-36.

王桂红,杨勇,吴华瑞,等.2013.一种提高农产品市场价格预测精度的改进算法.浙江农业学报,(6):1383-1389.

王会娟,肖佳宁,曲双石.2013.中国玉米批发价格的短期预测及预警.中国农村经济,(9):44-53.

王健宇,徐会奇.2010.收入性质对农民消费的影响分析.中国农村经济,(4):38-47.

王洁,杨天宇,陈明.2017.我国肉鸭生产现状分析及改进方案.畜禽业,28(8):70-71.

王进.2014.有机食品购买行为、支付意愿及其影响因素研究——基于武汉市消费者的调查.武汉:华中农业大学硕士学位论文.

王磊,但斌.2014.基于消费者选择行为的生鲜农产品保鲜和定价策略研究.管理学报.11(3):449-454.

王萍.2018.基于DEA分析的我国个人所得税制度运行效率评价.德州学院学报,(1):82-87.

王小华,温涛.2015.城乡居民消费行为及结构演化的差异研究.数量经济技术经济研究,(10):90-107.

王晓峰.2016.扬州市肉鹅产业市场竞争优势分析.水禽世界,(4):6-7.

王雅鹏,刘灵芝,刘雪芬.2015.中国水禽产业经济发展研究.北京:科学出版社.

王雅鹏,刘雪芬,何朝秋.2012.我国水禽产业发展的趋势与政策建议.华中农业大学学报(社会科学版),(5):8-12.

王祖力,王济民.2011.我国畜产品消费变动特征与未来需求预测.农业展望,(8):55-59.

吴浩宁,胡胜德.2016.消费者对优质稻米购买意愿的影响因素分析.中国商论,(Z1):107-110.

吴林海,卜凡,朱淀.2012.消费者对含有不同质量安全信息可追溯猪肉的消费偏好分析.中国农村经济,(10):13-23.

吴林海,高宁,朱淀.2013.不同消费群体对不同层次可追溯食品的需求研究.财贸研究,(5):39-45.

吴林海,谢旭燕.2015.生猪养殖户兽药使用行为的主要影响因素研究——以阜宁县为案例.农业现代化研究,36(4):630-635.

吴瑛,王雅鹏.2011.我国水禽产业农民专业合作社发展模式的研究.中国家禽,33(20):17-25.

吴瑛,王雅鹏.2013.我国水禽产业化的发展历程、趋势与对策研究.华中农业大学学报(社会科学版),(3):89-94.

肖国安.2005.我国粮食供求中短期预测.经济学动态,(3):61-64.

肖红叶,郝枫.2005.资本永续盘存法及其国内应用.财贸经济,(3):55-62.

谢获宝,惠丽丽.2014.代理问题、公司治理与企业成本粘性——来自我国制造业企业的经验证据. 管理评论,26(12):142-159.

徐涵蕾. 2010. 资源型城市产业协同机会和能力评价研究. 中国人口·资源与环境,20(2):134-138.

徐迎军,尹世久,宋洪杰,等. 2015. 消费者支付意愿研究综述:以有机食品为例. 营销科学学报,11(3):120-138.

闫建伟. 2014. 我国水禽产业布局优化与发展的实证研究. 武汉:华中农业大学.

严进. 2015. 消费者矛盾态度对网购决策的影响研究. 武汉:武汉纺织大学硕士学位论文.

杨澄. 2018. 差异化战略、产业政策与成本粘性. 暨南学报(哲学社会科学版),40(2):72-83.

杨春,王明利. 2013. 基于Malmquist指数的农户肉牛养殖全要素生产率研究. 农业经济与管理,(3):69-75,89.

杨楠. 2015. 消费者有机食品购买行为影响因素的实证研究. 中央财经大学学报.(5):89-95.

杨天和,薛庆根,褚保金. 2006. 中国农产品质量安全问题研究. 世界农业,(10):8-10.

杨霞. 2007. 我国畜产品消费分析及预测. 中国食物与营养,(5):28-30.

杨子超,邓晓. 2016. 我国省级全要素生产率的测算与解释——基于1986~2014年省级面板数据. 商业经济研究,(11):136-138.

尹世久,陈默,徐迎军. 2015. 食品安全认证标识如何影响消费者偏好——以有机番茄为例. 华中农业大学学报(社会科学版),(2):118-125.

尹世久,徐迎军,陈默. 2013. 消费者有机食品购买决策行为与影响因素研究. 中国人口·资源与环境,(7):136-141.

尹义省. 1998. 中国大型企业多角化实证研究. 管理工程学报,12(3):1-12.

余鹏翼,李善民,张晓斌. 2005. 上市公司股权结构、多元化经营与公司绩效问题研究. 管理科学,18(1):79-83.

喻永红,张巨勇. 2009. 农户采用水稻IPM技术的意愿及其影响因素——基于湖北省的调查数据. 中国农村经济,(11):77-86.

张德志,李晓维. 2004. 论农产品的优质与优价问题. 价格理论与实践,(12):35-38.

张利庠,张喜才,陈姝彤. 2010. 游资对农产品价格波动有影响吗——基于大蒜价格波动的案例研究. 农业技术经济,(12):60-67.

张小霞,于冷. 2006. 绿色食品的消费者行为研究——基于上海市消费者的实证研究. 农业技术经济,6(5):30-35.

张晓勇,李刚. 2001. 上海市居民的农产品消费行为研究. 中国农村观察.(6):23-29.

张秀芳,岳书铭. 2008. 我国蔬菜产业的SWOT分析及出口定位. 山东经济,(1):152-156.

张仲威. 2008. 农业区划空间发展战略研究. 中国农业资源与区划,29(6):46-48.

赵瑞莹,杨学成. 2008. 农产品价格风险预警模型的建立与应用——基于BP人工神经网络. 农业现代化研究,(2):172-175.

赵双琳,朱道才. 2009. 产业协同研究进展与启示. 郑州航空工业管理学院学报,27(6):16-18.

赵文,程杰. 2011. 中国农业全要素生产率的重新考察——对基础数据的修正和两种方法的比较. 中国农村经济,(10):4-15,35.

赵绪福,王雅鹏. 2004. 农业产业链的增值效应与拓展优化. 中南民族大学学报(人文社会科学版),24(4):107-109.

赵玉,严武. 2016. 市场风险、价格预期与农户种植行为响应——基于粮食主产区的实证. 农业现代化研究,(1):50-56.

郑树周,郑树伟,李冠伟,等. 2007. 优质农产品生产面临的困境及其解脱思路研究. 安徽农学通报,(13):12-14.

郑文智,叶民强. 2009. 基于投入产出的福建石化产业协同效应. 集美大学学报(哲学社会科学版),12(1):27-33.

郑志浩. 2015. 城镇消费者对转基因大米的需求研究. 管理世界,(3):66-75.

钟甫宁,向晶. 2012. 人口结构、职业结构与粮食消费. 农业经济问题,(9):12-16.

周兵,钟廷勇,徐辉,等. 2016. 企业战略、管理者预期与成本粘性——基于中国上市公司经验证据. 会计研究,(7):58-65,97.

周洁红. 2004. 消费者对蔬菜安全的态度、认知和购买行为分析——基于浙江省城市和城镇消费者的调查统计. 中国农村经济,(11):44-52.

朱萌,齐振宏,罗丽娜,等. 2015. 不同类型稻农保护性耕作技术采纳行为影响因素实证研究——基于湖北、江苏稻农的调查数据. 农业现代化研究,(4):624-629.

朱增勇,张利宇. 2013. 中国与主要发达国家牛羊禽肉与猪肉比价分析. 中国食物与营养,(7):47-51.

祝华军,田志宏. 2013. 稻农采用低碳技术措施意愿分析——基于南方水稻产区的调查. 农业技术经济,(3):62-71.

庄道元,卓翔之,黄海平,等. 2013. 农户小麦补贴品种选择行为的影响因素分析. 西北农林科技大学学报(社会科学版),13(3):81-86.

Anderson M C, Banker R D, Chen T L, et al. 2001. Drivers of Stickiness in the Cost of Sales at Service Firms. Richardson:The University of Texas at Dallas.

Anderson M C, Banker R D, Janakiraman S. 2003. Are selling, general, and administrative costs "sticky". Journal of Accounting Research,(3):47-62.

Andrés P D, Fuente G D L, Velasco P. 2017. Does it really matter how a firm diversifies:Assets-in-place diversification versus growth options diversification. Journal of Corporate Finance, 43:316-339.

Beamon B M. 1998. Supply chain design and analysis:Models and methods. International Journal of Production Economics,55(3):281-294.

Berger P, Ofek E. 1995. Diversification's Effect on Firm Value. Journal of Financial Economics, 37(1):39-65.

Bhandari R, Smith F J. 2000. Education and food consumption behavior in China:household analysis and policy implications. Journal of Nutrition Education,2000,32(4):1-9.

Box G E P, Jenkins G M. 1976. Time Series Analysis: Forecasting and Control. San Francisco: Holden Day.

Box G E P, Jenkins G M. 1970. Time series analysis, forecasting and control. Journal of the Operational Research Society,22(2):199-201.

Box G E P, Jenkins G M. 1976. Time Series Analysis: Forecasting and Control. San Francisco: Holden Day.

Burton M, Dan R, Young T. 1999. Analysis of the determinants of adoption of organic horticultural techniques in the UK. Journal of Agricultural Economics,50(1):47-63.

Cao M, Zhang Q. 2010. Supply chain collaborative advantage: A firm's perspective. International Journal of Production Economics, 128(1):358-367.

Chandler A D. 1992. Organizational capabilities and the economic history of the industrial enterprise. Journal of Economic Perspectives, 6(3):79-100.

Chevaller J A, Mayzlin D. 2006. The effect of word of mouth on sales: Online book reviews. Journal of Marketing Research,43(3):345-354.

Dunne A J. 2008. The impact of an organization's collaborative capacity on its ability to engage its supply chain partners. British Food Journal, 110(5):361-375.

Ellen J van Loo, Diem M N H, Pieniak Z, et al. 2013. Consumer attitudes knowledge and consumption of organic yogurt. Wim Verbeke Journal of Dairy Science, 96:1-12.

FAO. 2008. Growing demand on agriculture and rising prices of commodities, February 2008. http://www.ifad.org/events/gc/31/roundtable/food.pdf[2017-8-18].

Feder G, Zilberman D. 1985. Adoption of agricultural innovations in developing countries: A survey. Economic Development & Cultural Change,33(2):255-298.

Frohlich M T, Westbrook R. 2001. Arcs of integration: an international study of supply chain strategies. Journal of Operations Management, 19(2):185-200.

Gale H F, Huang K. 2007. Demand for Food Quantity and Quality in China. Social Science Electronic Publishing, (32)69-115.

Gao X M, Reynolds A, Lee J Y. 1993. A structural latent variable approach modeling consumer perception: A case study of orange juice. Agribusiness,9(4):317-324.

Genius M, Tzouvelekas V, Pantzios C J. 2006. Information acquisition and adoption of organic farming practices. Acta Radiologica,41(2):116-121.

Gopinath S, Thomas J S, Krishnamurthi L. 2014. Investigating the relationship between the content of online word-of-mouth, advertising, and brand performance. Marketing Science,33(3):241-258.

Gordana R, Garcia B P. 2008. Organic agriculture: The future opportunity for small producers in Popovo Polje Valley. Agronomy Journal, 70(3): 309-321.

Grace A, De Magistris T. 2007. Organic food product purchase behavior: A pilot study for urban consumers in the south of Italy. Spanish Journal of Agricultural Research,5(4):439-451.

Gunasekaran A, Lai K H, Cheng T C E. 2008. Responsive supply chain: A competitive strategy in a networked economy. Omega, 36(4):549-564.

Henry L M. 1917. Forecasting the Yield and the Price of Cotton. New York:The Macmillan Company.

Holt C C. 1957. Forecasting seasonals and trends by exponentially weighted moving averages. International Journal of Forecasting,20(1):5-10.

Hopkins J A. 1927. Forecasting cattle prices. Journal of Farm Economics,9(4):433-446.

Jarrett F G. 2010. Short term forecasting of Australian wool prices. Australian Economic Papers, 4(1-2):93-102.

Kalavathi S, Krishnakumar V P, Thomas R J, et al. 2010. Improving food and nutritional security of small and marginal coconut growers through diversification of crops and enterprises. Journal of Agriculture & Rural Development in the Tropics & Subtropics, 111(2):101-109.

Kaplan R S, Norton D P. 1996. The Balanced Scorecard:Translating Strategy into Action. Boston: Harvard Business Review Press.

Kogut B. 1985. Designing global strategies: Comparative and competitive value-added Chains. Sloan management review, 26(4):15-28.

Kvaløy O, Tveterås R. 2008. Cost structure and vertical integration between farming and processing. Journal of Agricultural Economics, 59(2):296-311.

Lee K, Peng M W, Lee K. 2008. From diversification premium to diversification discount during institutional transitions. Journal of World Business, 43(1):47-65.

Li J H, Zepeda L, Could B W. 2007. The demand for organic food in the US: A empirical assessment. Journal of Food Distribution Research,38(3):54-69.

Li X, Rwegasira K. 2010. Diversification and the internal capital market building motive in China. Journal of Transnational Management, 15(2):103-116.

Mahoney J T, Pandian J R. 1992. The resource-based view within the conversation of strategic management. Strategic Management Journal, 13(5):363-380.

O'Donoghue E J, Roberts M J, Key N. 2009. Did the federal crop insurance reform act alter farm enterprise diversification. Journal of Agricultural Economics, 60(1):80-104.

Palich L E, Cardinal L B, Miller C C. 2000. Curvilinearity in the diversification- performance linkage:An examination of over three decades. Strategic Management Journal, 21(2):155-174.

Radovanović G B, Pérez G. 2008. Organic agriculture the future opportunity for small producers in Popovo Polje Valley. Agronomy Journal,(3):117-213.

Rajika B, Frank J S. 2000. Education and Food Consumption Patterns in China: Household Analysis and Policy Implications. Journal of Nutrition Education, 32(4): 214-224.

Robins J, Wiersema M F. 1995. A resource-based approach to the multibusiness firm: Empirical analysis of portfolio interrelationships and corporate financial performance. Strategic Management Journal, 16(4):277-299.

Rumelt R P. 1974. Strategy Structure and Economic Performance. Cambridge: Harvard University.

Russo M V. 1992. Power plays: Regulation, diversification, and backward integration in the electric utility industry. Strategic Management Journal, 13(1):13-27.

Sarle C F. 1925. The forecasting of the price of hogs. American Economic Review. 15(3):1-22.

Schmitz A, Watts D G. 1970. Forecasting wheat yields: An application of parametric time series modeling. American Journal of Agricultural Economics,52(2):247-254.

Seok H, Nof S Y. 2014. Collaborative capacity sharing among manufacturers on the same supply network horizontal layer for sustainable and balanced returns. International Journal of Production Research, 52(6):1622-1643.

Souza-Filho H M D. 1997. The Adoption of Sustainable Agricultural Technologies: A Case Study in the State of Espirito Santo, Brazil. Aldershot, England Brookfield: Ashgate Publishing Ltd.

Subramaniam C, Watson M. 2016. Additional evidence on the sticky behavior of costs. Advances in Management Accounting,26:275-305.

Sueyoshi T, Goto M, Shang J. 2009. Core business concentration vs. corporate diversification in the US electric utility industry: Synergy and deregulation effects. Energy Policy, 37 (11): 4583-4594.

Sun M. 2012. How does the variance of product ratings matter. Management Science, 58 (4): 696-707.

Thode S F, Maskulka J M. 1998. Place-based marketing strategies, brand equity and vineyard valuation. Journal of Product & Brand Management, 7(5):379-399.

Umberger W J, Feuz D M. 2003. Country of Origin Labeling of Beef Products: U. S. Consumers' Perceptions. Journal of Food Distribution Research,34(3):103-116.

van Loo E J, Mnh D, Pieniak Z. 2013. Consumer attitudes knowledge and consumption of organic yogur. Journal of Dairy Science,96(4):2118-2129.

Verbeke W A J, Viaene J. 2000. Ethical challenges for livestock production: meeting consumer concerns about meat safety and animal welfare. Journal of Agricultural & Environmental Ethics,12(2):141-151.

von Braun J. 2007. The World Food Situation: New Driving Forces and Required Actions, December. http://www.ifpri.org/pubs/fpr/prl8.pdf[2017-8-17].

Wong C Y, Jonsson P, Boon-Itt S. 2011. The moderating effects of technological and demand uncertainties on the relationship between supply chain integration and customer delivery performance. International Journal of Physical Distribution & Logistics Management, 41(3):253-276.

Ye Q, Law R, Gu B. 2009. The impact of online user re-views on hotel room sales. International Journal of Hospitality Management,28(1):180-182.

Yeh W C, Chuang M C. 2011. Using multi-objective genetic algorithm for partner selection in green supply chain problems. Expert Systems with Applications, 38(4):4244-4253.

Yusuf Y Y, Gunasekaran A, Adeleye E O, et al. 2004. Agile supply chain capabilities: Determinants of competitive objectives. European Journal of Operational Research, 159 (2): 379-392.